Brehms Neue Tierenzyklopädie

12 Bände in Farbe
mit 5000 farbigen Großfotos

Aufbau des Gesamtwerkes:
Band 1-4 Säugetiere
Band 5-8 Vögel
Band 9-12 Reptilien, Amphibien,
Fische, Wirbellose

Brehms Neue Tierenzyklopädie

Band 5: Vögel 1

Prisma Verlag

Der Text dieser Ausgabe wurde nach der 2., überarbeiteten Auflage von Brehms Tierleben 1876 ff gekürzt, überarbeitet und ergänzt.

Schriftleitung: Dr. THEO JAHN, Professor für Biologie an der Pädagogischen Hochschule Freiburg i. Br.
Bearbeitung: Dr. Theo Jahn, Eberhard Braun, Dr. Peter Götz, Odwin Hoffrichter, Dr. Anne Krauß, Dr. Herbert Lange

Die italienische Originalausgabe erschien unter dem Titel
IL MONDO DEGLI ANIMALI bei Rizzoli Editore Mailand
© der Originalausgabe: Rizzoli Editore SpA Mailand
© der deutschen Ausgabe: Verlag Herder KG, Freiburg im Breisgau
Sonderausgabe für Prisma Verlag GmbH, Gütersloh 1981
Alle Rechte an der deutschen Ausgabe vorbehalten
Satzarbeiten: Herder Druck Freiburg im Breisgau
Druck und buchbinderische Verarbeitung:
Mohndruck Graphische Betriebe GmbH, Gütersloh
ISBN 3-570-08605-4

Band 5

Ordnung der Sperlingsvögel	29	Pfeifdrosseln	232
Finken	33	Eigentliche Drosseln	232
Webervögel	89	Zaunkönigdrosseln	248
Tangaren	110	Spottdrosseln	249
Organisten 111 *Schillertangaren* 112			
Samttangaren 112 *Feuertangaren* 112		Zaunkönige	254
Türkisvögel 112		Wasseramseln	264
Stärlinge	113		
Bootsschwänze 115 *Reisstärlinge* 116		Haarvögel	269
Trupiale 121 *Kuhstärlinge* 121		Stachelbürzler	274
Waldsänger	123	Timalien	274
Nektarvögel	126	*Stelzenkrähen* 282	
Kleidervögel	127	Baumläufer	284
Honigfresser	128	Kleiber oder Spechtmeisen	289
Stare	129	Meisen	294
Glanzstare 136 *Atzeln* 136		*Schwanzmeisen* 296 *Beutelmeisen* 301	
Madenhackerstare 141 *Mainas* 142		*Eigentliche Meisen* 302	
Lappenkrähen	142	Paradiesvögel und Laubenvögel	309
Würger	143	Paradiesvögel	309
		Sichelschnäbel 311 *Paradieselstern* 312	
Schwalbenstare	149	*Sichelschwänze* 316	
Seidenschwänze	150	*Eigentliche Paradiesvögel* 321	
Stelzen	152	Laubenvögel	326
Stelzen 153 *Pieper* 161			
Braunellen	166		
Fliegenschnäpper	169		
Grasmücken	174		
Rohrsänger 184 *Schwirle* 189			
Laubsänger 190 *Spötter* 202			
Cistensänger 203 *Schneidervögel* 205			
Goldhähnchen	205		
Drosseln	209		
Rotschwanzverwandte	212		
Schmätzer	226		

Band 6: Vögel 2
Ordnungen der:
Sperlingsvögel (Forts.)
Spechtartigen
Rackenartigen
Trogons
Mausvögel
Seglerartigen
Schwalmvögel
Eulenvögel
Kuckucksartigen

Band 7: Vögel 3
Ordnungen der:
Papageivögel
Taubenvögel
Wat- und Möwenvögel
Kranichvögel
Hühnervögel

Band 8: Vögel 4
Ordnungen der:
Greifvögel
Gänsevögel
Flamingovögel
Stelzvögel
Ruderfüßer
Röhrennasen
Lappentaucherartigen
Seetaucherartigen
Steißhuhnartigen
Kiwivögel
Kasuarvögel
Nanduvögel
Straußenvögel
Pinguinvögel

Register

Im Register stehen nach dem Stichwort die Verweise auf die Textseiten, nach ⒷⒷ die Verweise auf die Bilder, nach Ⓣ die Verweise auf die Tabellen.

Acridotheres 142; – cristatellus 142; – tristes 142
Acrocephalus 184; – arundinaceus 184; – dumetorum 188; – melanopogon 189; – paludicola 188; – palustris 186; – schoenobaenus 188; – scirpaceus 186
Adler 21
Aegithalidae 295
Aegithalinae 296
Aegithalos caudatus 296; – concinnus 296
Aethopyga ignicauda 127
Afrikanische Nachtigall 222
Ailuroedus 326; – buccoides 326; – crassirostris 326
Albert-Paradiesvogel 315
Alpenbraunelle 167; Ⓑ 168
Alpendohlen Ⓑ 29
Amadina fasciata 108
Amakihi 127
Amandava amandava 106
Amarant, Kleiner Ⓑ 92
Amblycercus 123
Amblyornis 326; – inornatus 327; – macgregoriae 327; – subalaris 327
Amerikanische Spottdrossel 249; Ⓑ 249f
Ammern 34
Amsel 234ff; Ⓑ 234ff 240f
Amydrus morio 136
Anthoscopus 301
Anthus campestris 165; – cervina 165; – pratensis 161; – richardi 165; – spinoletta 165; – – petrosus 165; – trivialis 162
Aplonis 130; – metallica 130
Arabischer Seidenschwanz 151
Arachnothera chrysogenys 127
Ararauna Ⓑ 11
Archaeopteryx 28
Archboldia papuensis 326; – – sanfordi 326
Artamidae 149
Artamus fuscus 149; – minor 149; – superciliosus 149
Aruensischer Großer Paradiesvogel 321
Astrapia 312; – mayeri 314; – nigra 314; – stephaniae 314
Atlasgrasmücke 183
Atzeln 136
Auriparus flaviceps 301
Austernfischer Ⓑ 28
Australkleiber 289
Aves 9; Ⓣ 9
Azurkleiber 289

Bachstelze 154ff; Ⓑ 157
Bachwasseramsel 266
Bali-Honigfresser 128
Balistar 134
Baltimore-Trupial 121; Ⓑ 122
Bandfink 108; Ⓑ 108
Bandwürger Ⓑ 145
Bartgrasmücke 182
Bartmeise 276 282; Ⓑ 277 282f
Baumläufer 284ff; Ⓑ 286ff –, Kurzzehiger 286f
Baumpieper 162; Ⓑ 154 158 161
Baumrutscher 289
Baumsteiger 289
Baumstelze 161
Beo 136f; Ⓑ 136f

Bergbraunelle 168
Bergfink 36ff; Ⓑ 36
Berghänfling 45
Berglaubsänger 191ff
Beutelmeisen 295 301f; Ⓑ 301
Bindenkreuzschnabel 68
Birkenzeisig 46; Ⓑ 46
Blaßspötter 203
Blauflügel-Waldsänger 126
Blaugrautangare 113
Blaukehlchen 216ff; Ⓑ 216 221
Blaumeise 304ff; Ⓑ 10 38f 305
Blaumerle 233f; Ⓑ 233
Blaunacken-Strahlenparadiesvogel 316
Blautangaren 113
Bluthänfling 45
Blutparadiesvogel 324
Blutschnabelweber 90; Ⓑ 93
Bobolink 116
Bombycilla cedrorum 151; – garrulus 151; – japonica 151
Bombycillidae 150
Bombycillinae 150
Bootsschwänze 115f
Borstenschwanz 205
Brachpieper 165; Ⓑ 161
Brandgans Ⓑ 15
Braunellen 166; Ⓑ 167
Braunflügelglanzstar 136
Braunkehlchen 227f; Ⓑ 227f
Braunkopfkleiber 289
Braunkuhstärling 121
Braunliest Ⓑ 27
Brillenbuschsänger 125
Brillengrasmücke 182
Brillenwürger 143
Buchfinken 34 35f; Ⓑ 33ff 37
Bülbüls 269ff; Ⓑ 269
Buntastrild 104
Buntspecht Ⓑ 21
Buphaginae 141
Buphagus africanus 142; – erythrorhynchus 141
Buschrohrsänger 188
Buschwürger 143

Cacicus 123
Calcarius lapponicus 86
Callaeas cinerea 142
Callaeidae 142
Campephagidae 274
Campylorhynchus 256; – brunneicapillus 256
Canyonzaunkönig 256
Carduelinae 34
Carduelis cannabina 45; – carduelis 41; – chloris 48; – flammea 46; – flavirostris 45; – hornemanni 46; – pinus 44; – sinica 48; – spinus 42
Carola-Strahlenparadiesvogel 316
Carpodacus erythrinus 62
Catherpes mexicanus 256
Cephalopyrus flammiceps 301
Cercotrichas galactotes 222
Certhia 284; – brachydactyla 286; – familiaris 288
Certhiidae 284
Cettia 189; – cetti 189
Chaimarrornis leucocephalus 225
Chamaea fasciata 276
Chaparraltimalie 276
Chickadeemeise 308
China-Grünling 48

Chlamydera 327f; – cerviniventris 328; – lauterbachi 328; – maculata Ⓑ 328; – nuchalis 328
Chloris 48
Cicinnurus regius 316
Cinclidae 264
Cinclosomatinae 275
Cinclus cinclus 266; – leucocephalus 266; – mexicanus 266; – pallasii 266; – schulzi 266
Cistensänger 203f; Ⓑ 200 203
Cisticola 203; – juncidis 203
Cistothorus palustris 256 261
Clamatores 32
Climacteris 289
Cnemophilus macgregorii 311
Coccothraustes coccothraustes 69
Cochoaninae 212
Coliuspasser jacksoni Ⓑ 105
Coliuspasser progne 103
Conopophila picta 128 [222
Copsychus malabaricus 222; – saularis
Cosmopsarus regius 136
Cyanerpes 112; – caeruleus 112
Cyphorinus aradus 256

Daphoenositta 289
Darwinfinken 34f
Dayaldrossel 222
Dendroica petechia 125; – virens 123
Dendronanthus indicus 161
Dickichtvögel 32
Dickkopfschnäpper 170
Diglossa 113
Diphyllodes 316; – magnificus 316
Distelfink 41f; Ⓑ 42
Dolichonyx 116; – oryzivorus 116
Dominikanerwitwe Ⓑ 106
Dompfaff 54ff; Ⓑ 55f 61ff
Donacobius 249
Dorndreher 146; Ⓑ 146
Dorngrasmücke 181; Ⓑ 181
Dreifarbenglanzstar 136; Ⓑ 134 139
Dreiganglaubenvogel 328
Drepanidiae 127
Drepanornis 311; – bruijnii 312
Drosseln 209ff; Ⓑ 209ff –, Eigentliche 232ff
Drosselrohrsänger 184ff; Ⓑ 184f
Drosselschnäpper 212
Droßlinge 276
Dryoscopus cubla 143
Dschungeltimalien 275
Dulidae 151
Dulus dominicus 151
Dumetella carolinensis 251

Eigentliche Kleiber 289ff
Eigentliche Meisen 302ff
Eigentliche Paradiesvögel 321ff
Einfarbstar 134
Einsiedlerdrossel 248
Eisvögel Ⓑ 27
Elsterndrossel 136
Emberiza aureola 85; – caesia 76; – calandra 82; – cia 84; – cirlus 75; – citrinella 74; – hortulana 76; – melanocephala 85; – pusilla 85; – rustica 85; – schoeniclus 81
Emberizinae 34
Enicurinae 212
Epimachus 311f; – fastuosus 312; – meyeri 312

Erdspottdrossel Ⓑ 252 257
Erithacus rubecula 213
Erlenzeisig 42ff; Ⓑ 43
Erythropygia galactotes 222
Erzglanzstar 136
Estrilda astrild 91
Eucometis penicillata 113
Euphonia 111
Euplectes 103; – orix 102
Europäischer Seidenschwanz 151; Ⓑ 151

Fächerschwanzschnäpper 170
Fadenhopf 315
Feldschwirl 189f; Ⓑ 190
Feldsperling 101; Ⓑ 101
Felsenkleiber 293; Ⓑ 292
Felsenzaunkönig 256
Feuerkopfmeise 301
Feuerschwanz-Nektarvogel 127
Feuertangaren 112
Feuerweber 103
Ficedula 170; – albicollis 172; – hypoleuca 172; – parva 174
Fichtenkreuzschnabel 64ff; Ⓑ 58 65ff
Fichtenzeisig 44
Finken 33ff
Fischreiher Ⓑ 10
Fitislaubsänger 191ff; Ⓑ 196
Flachschnabelschnäpper 170
Flamingo Ⓑ 18f
Flammengesichttangare 112; Ⓑ 109
Fleckenbaumläufer 289
Fliegenschnäpper 169ff; Ⓑ 170 172; –, Grauer 170f; Ⓑ 170f
Flüevögel 166
Fringilla coelebs 35; – montifringilla 36; – teydea 36
Fringillidae 33
Fringillinae 34
Furchenvogel 311; Ⓑ 309

Gabeldrosseln 212
Galápagosfinken 34f
Garrulax leucolophus 276
Gartenammer 76; Ⓑ 76
Gartenbaumläufer 286f; Ⓑ 286
Gartengrasmücke 176; Ⓑ 174
Gartenrotschwanz 224f; Ⓑ 220 224f
Gärtnervögel 326
Gebirgsstelze 156; Ⓑ 155
Gelbbandgärtner 326
Gelbbauchorganist Ⓑ 111
Gelbbrauenlaubsänger 193
Gelbhaubengärtner 326f
Gelbohr-Spinnenjäger 126f
Gelbscheitelgirlitz 44
Gelbschnabelmadenhacker 142; Ⓑ 136
Gelbspötter 202; Ⓑ 198 202
Geospizinae 34
Gimpel 54ff; Ⓑ 55f 61ff
Girlitz 50ff; Ⓑ 52
Glanzkuhstärling 121; Ⓑ 121
Glanzstare 136; Ⓑ 140
Goldammer 74f; Ⓑ 74
Goldflügel-Waldsänger 125
Goldhähnchen 205ff; Ⓑ 205f 208
Goldhähnchenlaubsänger 201
Goldmeise 301
Goldvögel 327
Goldweber 102f; Ⓑ 102
Göttervogel 321; Ⓑ 317
Gouldsamandine Ⓑ 92
Gracula religiosa 136

Grasmücken 174ff; B 174f 204; –, Echte 174
Grasmückenverwandte 203
Grauammer 82f; B 82f
Graubülbül 274; B 269 271 274
Graukardinal B 73
Graukopflaubenvogel 328; B 327
Graumeisen 308
Grauortolan 76
Graureiher B 10
Grauschnäpper 170f; B 170f
Grauschwalbenstar 149
Graustar 134
Grauwangendrossel 248
Grauwasseramsel 266
Großraumbrillenwürger 143
Großspornpieper 165; B 165
Grünfink 47
Grünkardinal B 73
Grünkatzenvogel 326; B 326
Grünling 47f; B 38f 47f
Grünrücken-Nektarvogel B 126
Grünschwanzglanzstar 136
Grünwaldsänger 123
Gubernatrix cristata B 73
Gymnostinops 123

Haarvögel 269ff; B 269
Häherlinge 276
Hahnschweifwidah 103
Hakengimpel 63; B 65
Hakenschnäbel 113
Halbsingvögel 32
Halsbandschnäpper 172
Hänfling 45; B 45
Haubenmaina 142
Haubenmeise 308; B 308
Hausrotschwanz 223f; B 223
Haussperling 94ff; B 94ff 101
Hauszaunkönig 261
Heckenbraunelle 166; B 166f
Heckensänger 222; B 222
Heteralocha acutirostris 142
Hippolais 202; – icterina 202; – olivetorum 203; – pallida 203; – polyglotta 203
Hirtenmaina 142
Honigfresser 128; B 127f
Hügelatzel 136; B 136f
Huia 142; B 142
Hüttengärtner 327
Hüttensänger 225
Hylocichla 248; – mustelina 248
Hypocoliinae 150
Hypocolinus ampelinus 151

Icteria virens 125
Icteridae 113
Icterus 121; – galbula 121; – icterus 121
Isabellsteinschmätzer 230
Italiensperling 96; B 96

Japanischer Seidenschwanz 151
Java-Schwanzmeise 296

Kaiser-Paradiesvogel 324
Kaktuszaunkönig 256
Kalifornien-Sichelspötter 251; B 253
Kamerunstelzenkrähe 284; B 280 285
Kampf-Honigfresser 128
Kanaren-Buchfink 36
Kanarienvogel 49f; B 49ff 53 59
Kap-Honigfresser 128; B 128
Kappenammer 85; B 84
Kappenbuschmeise 296
Kappenkleiber 289
Kardinal 34; –, Roter 72f; B 71f
Karminimpel 62
Karolinakleiber 289
Karolinameise 308
Kastanienkleiber 291
Katzendrossel 251; B 250
Katzenvögel 326

Kernbeißer 69ff; B 11 69f 77f
Kiefernkreuzschnabel 68
Klappergrasmücke 181; B 183
Kleiber 289; B 290f; –, Eigentliche 289f; –, Korsischer 292; –, Skandinavischer 291
Kleidervögel 127f
Klein-Orthonyx 275
Kleinschnäpper 170
Kletterwaldsänger 125
Klippenkleiber 293
Kohlmeise 302ff; B 297 302f
Königsglanzstar 136
Königsparadiesvogel 316; B 316
Kormoran B 22
Kragenhopf 316; B 314
Kragenlaubenvogel 327f; B 328; –, Großer 328
Kronwasseramsel 266
Krummschnabelspottdrossel 249
Kuckuck 186; B 186
Kuhstärling 121f; –, Nordamerikanischer 121f
Kuhstelze 156

Lachmöwe B 15
Lamprotornis caudatus 136; – chalybaeus 136; – splendidus 136
Langschnäbeliger Sumpfzaunkönig 261
Langschwanzfiskal B 144
Langschwanzglanzstar 136
Laniarius atrococcineus 141 143
Laniidae 143
Laniinae 143
Lanius cabanisi 145; – collurio 146; – excubitoroides 145; – minor 146; – nubicus 146; – senator 146
Lappenhopf 142; B 142
Lappenkrähen 142
Lappenparadiesvogel 311; B 309
Lappenstar 142
Lapplandmeise 308
Lärmdrosseln 275; B 276
Lasurmeise 307
Laubengangbauer 327f
Laubenvögel 309 326ff
Laubsänger 190ff; B 191ff 201; –, Grüner 193; –, Nordischer 190f; B 193
Laufflöter 275
Leierschwanzwidah B 105
Leiothrix argentauris 281; – lutea 276 281
Leucopsar rothschildi 134
Lichmera indistincta 128
Locustella 189; – certhiola 190; – fasciolata 190; – fluviatilis 190; – lanceolata 190; – luscinioides 190; – naevia 189
Lophorina superba 316
Loxia curvirostra 64; – – corsicana 65; – leucoptera 68; – pytyopsittaca 68
Luscinia calliope 221; – luscinia 216; – megarhynchos 213; – svecica 216
Lusciniola melanopogon 189

Machaerirhynchus flaviventer 170
Macronyx 165
Madenhackerstare 141f; B 141
Mainas 142
Malachit-Nektarvogel 126
Malaconotinae 143
Malurinae 174 205; B 204
Malurus lamberti B 204
Mandarinente B 12
Manucodia chalybata 311
Manukode, Grüne 311
Marabu B 14
Mariskensänger 189; B 189
Maskengrasmücke 182
Maskenwürger 146
Mauerläufer 289 294; B 293f
Meisen 294f; B 295 298f; –, Eigentliche 302ff
Melanochlora sultanea 308
Meliphaga ornata 128; – virescens 128

Meliphagidae 128
Merlen 234
Mexikomeise 308
Meyer-Sichelschnabel 312; B 311
Mimidae 249
Mimus polyglottos 249
Misteldrossel 246ff; B 237 247
Mistel-Honigfresser 128
Mittelmeersteinschmätzer 230
Mniotilta varia 125
Mohrenweber 90
Molothrus 121; – ater 121; – badius 121; – bonariensis 121
Molukken-Paradiesvogel B 310
Monarcha 170
Monarchen 170
Monarchinae 170
Mönchsgrasmücke 175; B 175
Monticola 234; – saxatilis 232; – solitarius 233
Montifringilla nivalis 91
Motacilla alba 154; – – yarrellii 154; – cinerea 156; – citreola 156; – flava 156
Motacillidae 152
Möwen B 16
Mückenfänger 174
Müllerchen 181
Muscicapa 170; – striata 170
Muscicapidae 169
Muscicapinae 170
Myiagrinae 170
Myiophoncinae 232
Myiophoneus caeruleus 232

Nachtigall 213ff; B 213ff 219; –, Afrikanische 222; –, Chinesische 281; B 278f
Nachtigallrohrsänger 190
Nachtschattenfresser 150f
Naumanndrossel 248
Nectarinia famosa 126; – minima 126; – superba 126
Nectariniidae 126
Nektarvögel 126f; B 125 126
Neositta 289
Nesomimus trifasciatus 252
Neuguineakleiber 289
Neuntöter 146; B 146
Niltava sundara B 177
Nonnenmeise 308

Oenanthe 229; – hispanica 230; – isabellina 230; – leucura 230; – oenanthe 229
Olivenspötter 203
Organisten 111; B 111
Orpheusgrasmücke 181; B 176
Orpheusspötter 202f; B 202
Orthonyx temmincki 275
Orthotomus sutorius 205
Ortolan 76; B 76
Oryxweber B 103
Oscines 32

Pachycephalinae 170
Pagodenstar 136
Palmschmätzer 151
Panurus biarmicus 276 282
Papageien B 11
Papageischnabeltimalien 276 282
Papua-Flachschnabel 170
Paradieselstern 312f
Paradiesschnäpper 170; –, Indischer B 178f
Paradiesvogel 309ff; B 310; –, Aruensischer Großer 321; –, Blauer 322; B 324f; –, Eigentlicher 321ff; –, Großer 321f; B 317 321ff; –, Kleiner 321; B 324; –, Raggis Großer 321f; B 321f
Paradieswitwe 104
Paradigalla carunculata 311
Paradisaea 321; – apoda 321; B 317; – – apoda 321; – – raggiana 321; – guilielmi 324; – minor 321; – rubra 324; – rudolphi 322

Paradisaeidae 309
Paradisaeinae 309
Paradoxornithinae 276 282
Paridae 282 294
Parinae 302
Parotia carolae 316; – lawesii 316; – sefilata 316
Parulidae 123
Parus ater 307; – atricapillus 308; – caeruleus 304; – carolinensis 308; – cinctus 308; – cristatus 308; – cyanus 307; – lugubris 308; – major 302; – montanus 308; – palustris 308; – sclateri 308
Passer domesticus 94; – – italiae 96; – hispaniolensis 96; – montanus 101
Passeriformes 29; T 30f
Pastor roseus 133
Pechmeise 307
Pelikan B 11
Pellorneinae 275
Pellorneum ruficeps 275
Perlstar 130
Petronia petronia 91
Pfau B 12
Pfeifdrossel 232; B 238; –, Blaue 232
Pfeilergärtner 326
Philesturnus carunculatus 142
Philetairus socius 92
Phoenicurinae 212
Phoenicurus erythrogaster 225; – ochruros 223; – phoenicurus 224
Phonygammus keraudrenii 311
Phylloscopus 190; – bonelli 191; – borealis 191; – collybita 191; – inornatus 193; – proregulus 201; – sibilatrix 191; – trochiloides 193; – trochilus 191
Picathartes 276 282; – gymnocephalus 284; – oreas 284
Picathartinae 276 282
Pieper 161ff; B 162
Pieperwaldsänger 126
Pinguin B 22
Pinicola enucleator 63
Pinseltangare 113
Piranga 112; – olivacea 112
Platysteira peltata 170
Platysteirinae 170
Plectrophenax nivalis 88
Ploceidae 89
Ploceus galbula 102; – nigerrimus 90
Polarbirkenzeisig 46
Polioptilinae 174
Pomatorhininae 275
Pomatostomus isidori 275
Prachtfinken 106
Prachtglanzstar 136
Prachtnektarvogel 126
Prachtparadiesvogel 316; B 315 319
Prachttreifelvogel 314
Prinzessin-Stephanie-Paradiesvogel 314; B 313
Prionodura newtoniana 326
Prionopinae 143
Prionops plumata 143
Promerops cafer 128
Protonotaria citrea 125
Protonotar-Waldsänger 125
Provencegrasmücke 182; B 182
Prunella collaris 167; – modularis 166; – montanella 168; – strophiata 168
Prunellidae 166
Psaltria exilis 296
Psaltriparus minimus 296
Psarocolius 123
Pteridophora alberti 315
Ptilogonatinae 150
Ptilonorhynchinae 309 326ff
Ptilonorhynchus 327; – violaceus 327
Ptiloris magnificus 314
Purpurbootsschwanz 116; B 113
Purpurgrackel 116
Purpur-Honigsauger 112; B 120
Pycnonotidae 269

Pycnonotus barbatus 274; – jocosus 272; – leucogenys Ⓑ 270; – melanicterus Ⓑ 270; – tricolor 274; – xanthopygos 274
Pyrrhula pyrrhula 54
Pytilia melba 104

Quelea quelea 90
Quiscalus 115; – quiscula 116

Raggis Großer Paradiesvogel 321f; Ⓑ 321f
Ramphocelus 112; – passerinii 112
Raubwürger 143
Raupenfresser 274
Regulidae 205
Regulus 206; – ignicapillus 206; – regulus 206
Reisfink 108; Ⓑ 108
Reisstärlinge 116f; Ⓑ 116
Remizidae 295
Remizinae 301
Remiz pendulinus 301
Rhipidurinae 170
Rhodopechys githaginea 62
Richmondena cardinalis 72
Richmondeniae 34
Riesenkleiber 289
Riesenrotschwanz 225
Riesenschwirl 190
Ringdrossel 242; Ⓑ 242
Rohrammer 81; Ⓑ 80ff
Rohrdrossel 184
Rohrsänger 184ff; Ⓑ 180
Rohrschwirl 190; Ⓑ 190
Rosengimpel 62
Rosenstar 133ff
Rostflügeldrossel 248
Rotbauchfliegenschnäpper Ⓑ 177
Rotbauchwürger 143; Ⓑ 138
Rotbrust-Braunelle 168
Rotbürzeltangare 112; Ⓑ 111
Rotdrossel 246; Ⓑ 246
Rothaubengärtner 327
Rotkäppchentimalie 276
Rotkehlchen 213; Ⓑ 17 209ff 217
Rotkehldrossel 248
Rotkehlhüttensänger 225
Rotkehlpieper 165
Rotkehlwasseramsel 266
Rotkehl-Zaunkönig 256
Rotkopfwürger 146
Rotohrbülbül 272; Ⓑ 272f
Rotparadiesvogel 324
Rotrückenwürger 146; Ⓑ 146
Rotscheitelmeise 301
Rotschnabelmadenhacker 141
Rotschwanzverwandte 212ff
Rotsichelspötter 251; Ⓑ 251
Rotstirnschwanzmeise 296
Rubinkehlchen 221

Salpinctes obsoletus 256
Salpornis 289
Samtgoldvogel 328
Samtkopfgrasmücke 181f; Ⓑ 182
Samtstirnkleiber 289; Ⓑ 289
Samttangare 112; Ⓑ 111
Sandregenpfeifer Ⓑ 24
Sanfords Gärtner 326
Sänger-Honigfresser 128
Sardengrasmücke 183
Saxicola rubetra 227; – torquata 226
Saxicolinae 226
Scenopoeetes dentirostris 326
Schafstelze 156; Ⓑ 153 160
Schamadrossel 222; Ⓑ 239
Scharlach-Honigfresser Ⓑ 118
Scharlachtangare 112; Ⓑ 112
Schilfrohrsänger 188; Ⓑ 188
Schillertangaren 112; Ⓑ 109f
Schlagschwirl 190
Schließbeutelmeisen 301
Schlüpfer 254ff; Ⓑ 254ff

Schmätzer 226ff
Schneeammer 88; Ⓑ 87f
Schneeballwürger 143
Schneefink 101; Ⓑ 93
Schneidervogel 205
Schreivögel 32
Schwalbe Ⓑ 9 25
Schwalbenstare 149; Ⓑ 149
Schwan Ⓑ 10 22
Schwanzmeisen 295ff; Ⓑ 296
Schwarzdrossel 234
Schwarzhaubengelbbülbül Ⓑ 270
Schwarzkehlchen 226; Ⓑ 218 226f
Schwarzkehl-Lappenschnäpper 170; Ⓑ 169
Schwarzplättchen 175
Schwarzstirnwürger 146; Ⓑ 143
Schwirle 189
Seggenrohrsänger 188
Seidenbandparadiesvogel 314; Ⓑ 312 318
Seidenlaubenvogel 327f; Ⓑ 320
Seidensänger 189
Seidenschwänze 150
Seidenschwanz 150f; Ⓑ 150; –, Eigentlicher 150; –, Europäischer 151; Ⓑ 151
Seiurus aurocapillus 126
Seleucidis melanoleuca 315
Semioptera wallacei 316
Sericulus 327; – chrysocephalus 328
Serinus canaria 49; – canicollis 44; – citrinella 44; – – corsicanus 44; – serinus 50
Sialia 225; – sialis 225
Sichelschnabel, Roter 311f
Sichelschwänze 316
Sicheltimalien 275
Siebenfarbentangare 112
Siedelspelings 92f; Ⓑ 91
Siedelweber 92f; Ⓑ 91
Silberohrsonnenvogel 281; Ⓑ 276
Singdrossel 245f; Ⓑ 245
Singstare 130
Singvögel 32
Sitta 289; – azurea 289; – canadensis 289; – carolinensis 289; – europaea 289; – castanea 291; – europaea 291; – frontalis 289; Ⓑ 289; – krueperi 292; – magna 289; – neumayer 293; – pusilla 289; – pygmaea 289; – tephronota 293; – whiteheadi 292
Sittidae 289ff
Sommergoldhähnchen 206ff; Ⓑ 199 207
Sonnenvogel 276 281; Ⓑ 278f 281
Spechtmeisen 289ff
Speculipastor bicolor 136
Sperber Ⓑ 20
Sperbergrasmücke 174
Sperlingsvögel 29ff; Ⓣ 30f
Spiegelstar 136
Spinnenstar 130
Spodiopsar cineraceus 134
Spornammer 86; Ⓑ 86
Spornpieper 165
Spottdrosseln 249ff
Spötter 202f
Spreo superbus 136
Sprosser 216
Stachelbürzler 274
Stadtamsel 235; Ⓑ 241
Star 129ff; Ⓑ 129ff; –, Gemeiner 130ff; Ⓑ 130ff
Stärlinge 113ff; Ⓑ 113f
Steganura paradisea 104
Steinkleiber 293
Steinrötel 232f; Ⓑ 232
Steinschmätzer 229f; Ⓑ 229f
Steinsperling 91
Stelzen 152ff; Ⓑ 152
Stelzenkrähen 276 282f; Ⓑ 285
Stieglitz 41f; Ⓑ 40ff
Stieglitzverwandte 34
Stipiturus malachurus 205
Stirnvögel 123

Stocherfink Ⓑ 32
Strahlenparadiesvogel 316; Ⓑ 314
Strandpieper 165
Streifenschwirl 190
Streifentimalie 275
Strichelschwirl 190
Sturnidae 129
Sturnopastor contra 136
Sturnus unicolor 132; – vulgaris 130
Suboscines 32
Südseegrasmücken 174 205; Ⓑ 204
Sultansmeise 308
Sumpfmeise 308; Ⓑ 300 307
Sumpfrohrsänger 186f; Ⓑ 187
Sumpfzaunkönig 256; –, Langschnäbeliger 261
Sylvia 174; – atricapilla 175; – borin 176; – cantillans 182; – communis 181; – conspicillata 182; – curruca 181; – deserticola 183; – hortensis 181; – melanocephala 181; – nana 183; – nisoria 174; – ruepelli 182; – sarda 183; – undata 182
Sylviidae 174
Sylviinae 174

Tangara 112; – chilensis 112; – parzudakii 112
Tangaren 110ff; Ⓑ 109ff 119
Tannenmeise 307; Ⓑ 305
Teichrohrsänger 186; Ⓑ 180 186
Telophorus quadricolor 143
Temenuchus pagodarum 136
Tennenbauer 326
Terpsiphone 170
Teydefink 36
Thraupidae 110
Thraupis 113; – virens 113
Tichodroma muraria 289 294
Tigerfink 106f; Ⓑ 97
Timalia pileata 276
Timalien 274ff; Ⓑ 276; –, Eigentliche 276
Timaliidae 274
Timaliinae 276
Toxostoma redivivum 251; – rufum 251
Trauermaina 142
Trauermeise 308
Trauerschnäpper 172ff; Ⓑ 27 172f
Trauersteinschmätzer 230; Ⓑ 231
Trauerstelze 154; Ⓑ 156
Troglodytes aedon 261; – troglodytes 256
Troglodytidae 254
Trompeterparadiesvogel 311
Trupiale 121; Ⓑ 122
Turdidae 209
Turdinae 232
Turdoides leucopygia 276
Turdoidinae 276
Turdus 234 246 248; – eunomus 248; – iliacus 246; – merula 234; – migratorius 242; – naumanni 248; – obscurus 248; – philomelos 245; – pilaris 244; – ruficollis 248; – torquatus 242; – viscivorus 246
Türkenkleiber 292
Türkisvögel 112; Ⓑ 120

Uferpieper 165
Urvogel 28

Vermivora chrysoptera 125; – pinus 126
Vielfarbenstaffelschwanz Ⓑ 204
Vielfarbentangare Ⓑ 110
Vierfarbenwürger 143
Viridonia virens 127

Wacholderdrossel 244; Ⓑ 244
Waldammer 85
Waldamsel 235
Waldbaumläufer 288
Walddrossel 248; Ⓑ 248
Waldflüevogel 166
Waldlaubsänger 191ff; Ⓑ 191f 197

Waldohreule Ⓑ 13 26
Waldpieper 162; Ⓑ 161
Waldsänger 123ff; Ⓑ 123f
Waldschwirrvogel 196
Wallace-Paradiesvogel 316
Wanderdrossel 242ff; Ⓑ 243
Wasseramsel 264ff; Ⓑ 260 264 266
Wasserpieper 165; Ⓑ 164
Weberstar 130
Webervögel 89ff; Ⓑ 24 89f 91f 99f
Weidenammer 85
Weidenlaubsänger 191ff; Ⓑ 194f 201
Weidenmeise 308
Weidensperling 96
Weißbartseeschwalbe Ⓑ 25
Weißbrauendrossel 248
Weißbrauen-Schwalbenstar 149
Weißbrustkleiber 289
Weißbürzeldrößling 276
Weißflügel-Trupial 121; Ⓑ 115 117
Weißhaubenhäherling 276; Ⓑ 275
Weißkehlchen 181
Weißkehlkatzenvogel 326
Weißkehlstelzenkrähe 284; Ⓑ 284
Weißkopfrotschwanz 225
Weiß-Sichelschnabel 312
Weißwangenbülbül Ⓑ 270
Wellenastrild 91
Widahvogel 104
Wiesendrossel 248
Wiesenpieper 161; Ⓑ 163
Wiesenstelze 156
Wimpelträger 315
Wintergoldhähnchen 206ff; Ⓑ 205
Witwenstelze 152
Würger 143; –, Eigentliche 143
Wüstengimpel 62
Wüstengrasmücke 183

Zahnkatzenvogel 326
Zaunammer 75f; Ⓑ 76
Zaungrasmücke 181
Zaunkönigdrosseln 248
Zaunkönige 254ff; Ⓑ 254ff
Zedernseidenschwanz 151
Zeisig 42ff; Ⓑ 43
Zeledonia coronata 248
Zeledoniidae 248
Zilpzalp 191ff; Ⓑ 194f 201
Zippammer 84f; Ⓑ 85
Zippe 245
Zitronengirlitz 44f; Ⓑ 44
Zitronenstelze 156
Zitronsänger 125
Zwergammer 85; Ⓑ 84
Zwergdrossel 248
Zwergkleiber 289
Zwergnektarvogel 126
Zwergrotrückenwürger Ⓑ 147
Zwergschnäpper 174
Zwergschwalbenstar 149

Karten der Verbreitungsgebiete

Braunellen 166
Drosseln 209
Fichtenkreuzschnabel 68
Finken 32
Fliegenschnäpper 169
Honigfresser 128
Laubenvögel 326
Meisen 295
Nachtigall 213
Nektarvögel 125
Paradiesvögel 309
Schwalbenstare 149
Seidenschwänze 150
Stare 130
Tangaren 110
Webervögel 89
Würger 142

Vögel

"Den Vogel erkennt man an seinen Federn." Dieses gängige Sprichwort hebt bereits den wichtigsten Unterschied der Vögel gegenüber allen anderen Wirbeltieren hervor. Wenn man dieser Aussage hinzufügt, daß die Kiefer mit Hornscheiden bekleidet sind und einen zahnlosen, meist spitzen Schnabel bilden, daß die Vordergliedmaßen zu Flügeln umgebildet sind und nur noch die beiden hinteren Gliedmaßen zum Abstützen auf dem Boden und zum Gehen verwendet werden, daß die Körpertemperatur konstant hochgehalten wird und die Jungen von den Altvögeln aus hartschaligen Eiern erbrütet werden, sind die wichtigsten Kennzeichen der Vögel *(Aves)* genannt, die innerhalb der Wirbeltiere wie z.B. die Säugetiere und die Reptilien eine eigene Klasse bilden. Selbstverständlich unterscheidet der Fachmann bei den Vögeln zahlreiche weitere Eigenarten, auf die zum Teil in den folgenden Kapiteln noch näher eingegangen wird.

Da die überwiegende Mehrzahl der Vögel Tagtiere sind, die beim Flug durch die Luft, bei der Nahrungssuche am Boden, am Futterhäuschen und im Geäst der Bäume leicht zu beobachten sind, haben sie seit jeher starke Beachtung bei den Menschen gefunden. Besondere Aufmerksamkeit erregten der wohltönende Gesang vieler in unmittelbarer Nähe der menschlichen Wohnungen lebenden Singvögel, das prächtige Gefieder vieler Arten und das gelegentlich massenhafte Auftreten der Vögel. Diesem allgemeinen Interesse an den gefiederten Gesellen soll die ausführliche Darstellung der Vögel entgegenkommen.

Eigentümlichkeiten des Bauplans

Die wesentlichsten Eigenarten der Vögel hängen unmittelbar mit der Fähigkeit zusammen, sich frei im Luftraum bewegen zu können. Nahezu alle wichtigen anatomischen Besonderheiten sind daher als Anpassung an die fliegende Lebensweise zu deuten, so daß der Bauplan des Vogelkörpers zum großen Teil von Strukturen geprägt ist, die im Dienst des Flugvermögens stehen. Selbstverständlich stehen

Klasse Vögel
Ordnungen
Sperlingsvögel (Passeriformes)
Spechtartige (Piciformes)
Rackenartige (Coraciiformes)
Trogons (Trogoniformes)
Mausvögel (Coliiformes)
Seglerartige (Apodiformes)
Schwalmvögel (Caprimulgiformes)
Eulenvögel (Strigiformes)
Kuckucksartige (Cuculiformes)
Papageivögel (Psittaciformes)
Taubenvögel (Columbiformes)
Wat- und Mövenvögel (Charadriiformes)
Kranichvögel (Gruiformes)
Hühnervögel (Galliformes)
Greifvögel (Falconiformes)
Gänsevögel (Anseriformes)
Flamingovögel (Phoenicopteriformes)
Stelzvögel (Ciconiiformes)
Ruderfüßer (Pelecaniformes)
Röhrennasen (Procellariiformes)
Lappentaucherartige (Podicipediformes)
Seetaucherartige (Gaviiformes)
Steißhuhnartige (Tinamiformes)
Kiwivögel (Apterygiformes)
Kasuarvögel (Casuariformes)
Nanduvögel (Rheiformes)
Straußenvögel (Struthioniformes)
Pinguinvögel (Sphenisciformes)

Vögel sind die Gruppe unter den Wirbeltieren, die sich an die Lebensweise im freien Luftraum angepaßt haben. Fliegend wechseln die meisten Vögel ihre Standorte, sei es, um Nahrung zu suchen, einen Geschlechtspartner ausfindig zu machen oder um einem Feind zu entfliehen. Viele

Eigenarten im Körperbau der Vögel stehen dementsprechend im Zusammenhang mit dem Erwerb eines hoch spezialisierten Flugvermögens. Da Vögel schnell große Entfernungen durchfliegen, können sie sich auch in Gebieten ansiedeln, in denen sie nur in bestimmten Jahreszeiten ausreichend

Nahrung finden. Bei ungünstigen Lebensbedingungen verlassen sie oft in großen Scharen – wie die abgebildeten Schwalben – das Brutgebiet (Foto J. Burton – Photo Researchers).

die Vögel als Tiergruppe nicht vollkommen isoliert da. Sie haben sich ebenfalls aus einfacher gestalteten, vierfüßigen Landwirbeltieren entwickelt. Dementsprechend finden sich trotz zahlreicher Unterschiede auch viele Gemeinsamkeiten mit anderen Wirbeltierklassen, und die Besonderheiten der Vögel sind in einem solchen Vergleich oft unmittelbar als Umbildungen gleicher Grundstrukturen zu erkennen. So weicht der Grundaufbau des Skeletts nur geringfügig vom Skelett der Kriechtiere und Säugetiere ab. Zwar ist das vordere Gliedmaßenpaar zu Flügeln umgebildet, und nur die hinteren Gliedmaßen tragen den Körper beim Gehen, doch sind sie aus den gleichen Knochenelementen aufgebaut wie bei anderen Landwirbeltieren. Erst in der Gestaltung der Einzelteile kommen die typischen Vogelmerkmale zum Ausdruck.

Am Kopfskelett fallen bei Vögeln die großen Augenhöhlen, die große Schädelkapsel, der am Hinterhauptsloch (der Austrittstelle des Rückenmarks) schräg nach unten liegende, einfache Gelenkkopf und die zahnlosen Kiefer auf. Die Wirbelsäule besteht aus einer wechselnden Anzahl von Wirbeln. Je nach Länge des Halses schwankt – im Gegensatz zu den Säugetieren, bei denen selbst die langhalsigen Giraffen nur sieben Halswirbel besitzen – die Anzahl der Halswirbel erheblich, manche Papageienarten haben lediglich 11, Schwäne dagegen 25 Halswirbel. Gewöhnlich sind etwa 15 Halswirbel ausgebildet, die gegeneinander sehr gelenkig sind und damit dem Kopf einen großen Aktionsradius ermöglichen. Die an den Hals anschließende Brustregion besteht aus 3–10 Brustwirbeln. An sie setzen zum Brustbein führende Rippen an. In vielen Fällen sind die Brustwirbel teilweise miteinander verwachsen. Starr untereinander verbunden sind auch die weiteren Rumpfwirbel, die zusammen das Kreuzbein und damit einen Teil des Beckens bilden. Von den etwa 13 Schwanzwirbeln sind nur die vorderen 4–7 freibeweglich, die hinteren sind zu einer dreieckigen Knochenplatte, dem Pygostyl, verschmolzen und dienen den langen Schwanzfedern als Ansatzfläche.

Die bandförmigen Rippen tragen, mit Ausnahme der ersten und letzten, am hinteren Rand hakenförmige Fortsätze, die sich auf den oberen Rand der nachfolgenden Rippen legen und zur Festigung des Brustkorbes wesentlich beitragen. Das Brustbein, die Ansatzstelle der kräftigen Flugmuskeln, läßt sich mit einem großen Schild vergleichen, auf dessen Mitte der Kamm aufgesetzt ist. Bei guten Fliegern, z.B. bei Raubvögeln, ist der Kamm sehr hoch und stark gebogen, bei einigen flugunfähigen Laufvögeln fehlt er gänzlich. Der Schultergürtel besteht aus den beiden langen, schmalen, den Rippen

Der Fisch- oder Graureiher ist ein sehr langbeiniger Vogel, der im Wasser stehend mit seinem speerartigen Schnabel Fische und andere Wassertiere erbeuten kann. Im Flug und oft auch beim Stehen trägt er den langen Hals S-förmig eingezogen (Foto J.-B. Blossom – N.H.P.A.).

Oben links: Vögel gibt es in einer Vielfalt von Formen, dennoch weist ihr Bauplan eine bemerkenswerte Einheitlichkeit auf. Am bekanntesten sind die Singvögel, die – wie die abgebildete Blaumeise – den allgemeinen Vogeltypus gut darstellen (Foto Dalton – N.H.P.A.).

Bei den Wasservögeln bildet das wasserabstoßende, lufthaltige Gefieder einen guten Schwimmkörper. So können Schwäne ohne Kraftanstrengung auf dem Wasser ruhen. Mit dem langen Hals gründeln sie gewöhnlich in der Uferzone nach Nahrung (Foto D. Baglin – N.H.P.A.).

den Lungen ausgehenden Luftsäcke die Knochen durchziehen. Durch starke Verkalkung und durch Knochenspangen, die als dünne, innere Verstrebungen den Knochen verstärken, ist die Widerstandsfähigkeit des Knochengerüstes trotz wesentlicher Gewichtseinsparung sehr groß. Aufgrund dieser Leichtbauweise macht das Gewicht der Knochen nur 8–9% des gesamten Körpergewichts aus, während der Gewichtsanteil des Skeletts beim Menschen etwa 20% beträgt.

Von den Muskeln ist besonders die am Brustbein liegende Flugmuskulatur stark entwickelt. Außerdem sitzen am Ober- und Unterschenkel kräftige Muskeln, so aufliegenden Schulterblättern, die sich vorn mit den sogenannten Rabenbeinen zur Bildung des Schultergelenkes verbinden, und den an ihrem vorderen Ende verschmolzenen Schlüsselbeinen, die zusammen das Gabelbein darstellen. Der Flügel besteht aus dem Oberarm, einem langen, luftgefüllten Röhrenknochen, dem Unterarm mit einer starken Elle und der verhältnismäßig schwachen Speiche, zwei, höchstens drei Mittelhandknochen und drei Fingern.

Die Beine werden aus dem Ober- und dem Unterschenkel, dem Lauf und dem eigentlichen Fuß oder den Zehen gebildet. Am Unterschenkel ist das Wadenbein nur noch als ein verkümmerter, mit dem starken Schienbein verwachsener Knochen erkennbar; der Lauf besteht aus einem langen Röhrenknochen, der sich von dem Mittelfußknochen und den hinteren Fußwurzelknochen ableiten läßt. Die vorderen Fußwurzelknochen sind mit dem Schienbein verwachsen. Während das Lauf- oder Fersengelenk meist gut sichtbar ist, liegt das Kniegelenk sehr hoch und ist gewöhnlich im Federkleid versteckt. Von den Zehen sind in der Regel drei nach vorn und eine nach hinten gerichtet. Bei manchen Arten, z. B. Spechten, Kuckucken, Eulen und Papageien, ist jedoch außer der 1. Zehe auch die 4. Zehe nach hinten gewendet.

Die Knochen sind im Hinblick auf die fliegende Lebensweise gegenüber denen bei Säugetieren ziemlich verändert. Sie sind gewöhnlich dünnwandig, hohl und luftgefüllt, indem Ausstülpungen der von

Der gewaltige, hakenförmige Oberschnabel des Papageis stellt keine gefährliche Waffe zum Erlegen von Beutetieren dar, sondern wird vor allem als Werkzeug beim Umherklettern im Astwerk verwendet. So frißt der prächtig gelbblau gefärbte Ararauna nur pflanzliche Kost (Foto A. Steiner).

Als Anpassung an die Ernährungsweise ist die Schnabelform beim samenfressenden Kernbeißer (oben rechts) sehr dick, beim fischfangenden Pelikan (unten rechts) ist am Unterschnabel ein großer Hautsack ausgebildet (Fotos B. Hawkes – N.H.P.A. und N. Poroniev – Jacana).

daß die Hauptmasse der Muskulatur am Rumpf konzentriert ist und damit günstig zum zentralen Schwerpunkt liegt. Am eigentlichen Fuß verlaufen nur Sehnen. Er ist dadurch leicht und ziemlich unempfindlich gegen Kälte. Am sehr beweglichen Hals ist die Muskulatur wiederum gut entwickelt.

Beim Vogelgehirn, das gewichtsmäßig mit dem von Säugetieren verglichen werden kann, überwiegen das Großhirn und das Kleinhirn. Das Kleinhirn kontrolliert und steuert vor allem die Bewegungen; das an seiner Oberfläche nicht gefaltete Großhirn speichert Erfahrungen, ist zuständig für Umweltwahrnehmungen und birgt Zentren für Stimmungen (wie Hunger, Flucht, Angriff, Balz) und spontane Handlungen. Das Großhirn ist sehr kompakt gebaut und hat – wahrscheinlich als Folge von Gewichtseinsparungen – kaum flüssigkeitsgefüllte Hohlräume.

Unter den Sinnesorganen steht das Auge in der Bedeutung für den Vogel an erster Stelle. Es folgt das Ohr mit dem Gehör- und Gleichgewichtssinn. Weniger leistungsfähig sind die chemischen Sinne wie Geruchs- und Geschmackssinn. Das

Links: Das oft prächtig gefärbte Gefieder der Vögel spielt als Ausdrucksmittel im sozialen Verhalten eine wesentliche Rolle. Wie bei der ostasiatischen Mandarinente ist besonders das Männchen vor allem zur Brutzeit prächtig bunt gefärbt (Foto B. Losier)

gute Sehvermögen des Vogelauges erstreckt sich vor allem auf die Wahrnehmung bewegter Gegenstände, während ruhende Bilder oft nicht so gut aufgelöst werden können wie vom Säugetierauge. Gewöhnlich können Vögel mit ihren seitlich sitzenden Augen und einer leistungsstarken Netzhaut, in der Sinneszellen für das Farbensehen über die gesamte Fläche verteilt sind, nahezu ihre ganze Umgebung gleichzeitig überblicken. Zudem besitzen sie ein starkes zeitliches Auflösungsvermögen, so daß in einer Sekunde bis 150 aufeinanderfolgende Bilder noch einzeln wahrgenommen werden können. Beim Menschen verschmelzen die Einzeleindrücke bereits ab einer Bildfolge von 20 pro Sekunde. Außer der Verteilung der Zapfen (die Sinneszellen für das Farbensehen) und ihrer Dichte auf der Netzhaut dient auch ein besonderer Fächer oder Kamm aus Nervenstützgewebe und Blutgefäßen, der sich von der Austrittsstelle der Augennerven in den Glaskörper erstreckt, dem Bewegungssehen. Neben den beiden Augenlidern besitzen die Vögel noch ein drittes, halbdurchsichtiges Lid, die sogenannte Nickhaut, die im vorderen Augenwinkel liegt und seitwärts vorgezogen werden kann.

Im Gegensatz zu den Säugetieren sind bei Vögeln keine äußeren Ohrmuscheln ausgebildet. Die großen Ohröffnungen liegen seitwärts am hinteren Teil des Kopfes und sind bei vielen Vögeln mit strahligen Federn umgeben oder bedeckt, die die Schallwellen nicht abhalten. Bei den Eulen wird die Muschel durch eine häutige, höchst bewegliche, aufklapp- und verschließbare Falte ersetzt. Der Gehörgang ist kurz und häutig und schließt mit einem elliptischen Trommelfell ab. Anstatt der drei Gehörknöchelchen der Säugetiere ist nur ein einziger Gehörknochen im Mittelohr vorhanden, der die Schwingungen des Trommelfells auf das Innenohr überträgt.

Sehr vollkommen sind die Organe des Blutkreislaufs und der Atmung. Das Herz ist vierkammerig. Eine rasche Durchblutung des Körpers sorgt für eine konstante Temperatur, die im Durchschnitt 41–43° C beträgt. Nur bei Kiwis und Pinguinen werden 38° C als Normaltemperatur gemessen. Die Anzahl der Herzschläge pro Minute ist meist hoch, z.B. beim Truthahn sind es 100, beim Haushuhn 300, beim Haussperling 400–800 Herzschläge, und bei Kolibris schlägt das Herz sogar 1000mal in der Minute.

Zu beiden Seiten des Herzens liegen die Lungen, die sich weiter nach unten als bei den Säugetieren erstrecken, wie überhaupt eine scharfe Trennung zwischen Brust- und Bauchhöhle fehlt. Von den Lungen gehen noch Luftsäcke aus, die den ganzen Körper durchziehen und sogar in die Knochen hineinragen. Sie dienen zwar nicht dem Gasaustausch, der nur in den verhältnismäßig kleinen, gut durchbluteten Lungen stattfindet, doch stabilisieren sie im gefüllten Zustand den Vogelkörper als prallen Flugkörper, vergrößern das Gesamtvolumen des Vogels, ohne das Gewicht nennenswert zu verändern, so daß dadurch das spezifische Gewicht verringert wird, und ermöglichen eine sehr gute Ausnutzung der Atemluft. Die Vogellungen werden nämlich beim Ein- und Ausatmen voll von der Atemluft durchströmt, da im Gegensatz zu sonstigen Lungen keine blind endenden Lungenbläschen vorliegen. Die Luftröhre besteht aus knöchernen, durch Haut verbundenen Ringen und besitzt neben dem eigentlichen, oberen Kehlkopf *(Larynx)* einen zweiten, der Stimmbildung dienenden unteren Kehlkopf *(Syrinx).* Der untere Kehlkopf liegt am Ende der Luftröhre vor der Teilung in die Bronchien und ist eigentlich nur eine Umbildung der letzten Luftröhrenringe. An jeder Seite des unteren Kehlkopfes liegen 1–9 Muskelpaare, die für die schnellwechselnde Feineinstellung des tonerzeugenden Apparates sorgen. Bei wenigen Vögeln fehlen diese Muskeln gänzlich, bei anderen, zu denen die meisten Singvögel zählen, sind 5–7 Paare vorhanden. Höchst eigentümlich ist der Verlauf der Luftröhre bei manchen Vögeln; denn z.B. bei Kranichen und Schwänen bildet sie in einer Aussparung des Brustbeinkamms mehrere Schlingen und stellt damit einen großen Resonanzkörper dar.

Die Verdauungsorgane der Vögel unterscheiden sich von denen der Säugetiere schon deshalb wesentlich, weil jene keine Zähne haben und alle Bissen ganz

Linke Seite oben: Vögel reagieren gewöhnlich besonders stark auf optische Reize. Das wohl auffälligste und prächtigste Signal in der Vogelwelt ist das hochaufgerichtete Federrad des balzenden Pfauenmännchens. Die langen Oberschwanzfedern, die weit über die eigentlichen Schwanzfedern hinausragen, tragen sehr dekorativ wirkende Augenzeichnungen. Die Farbeindrücke beruhen auf eingelagerten Farbstoffen und auf bestimmten Lichtreflexionen an den feinen Federstrukturen (Foto Aarons).

Die als Ohren bezeichneten Federbüschel der Waldohreule sind ebenfalls optisch wirkende Artkennzeichen. Sie dienen nicht dem Hörvermögen. Gut erkennbar ist auf der Abbildung die Nickhaut, ein bei Vögeln ausgebildetes drittes Augenlid (Foto G. Quedens).

verschlucken. Speicheldrüsen sind vorhanden; eine wirkliche Durchspeichelung in der Mundhöhle aber findet kaum statt, weil der Bissen vor dem Verschlingen nicht gekaut wird. Bei vielen Vögeln gelangt er zunächst in eine Ausbuchtung der Speiseröhre, die man Kropf nennt, und wird hier vorläufig aufbewahrt und vorverdaut; bei anderen kommt er unmittelbar in den drüsenreichen Vormagen, eine Erweiterung der unteren Speiseröhre. Der eigentliche Magen kann sehr verschieden gebildet sein. Bei denen, die vorzugsweise oder ausschließlich von tierischer Nahrung leben, ist er gewöhnlich dünnhäutig; bei denen, die sich von Pflanzenstoffen nähren, sehr starkmuskelig und innen mit einer harten, gefalteten Haut ausgekleidet. Diese Haut wird von kräftigen Muskeln bewegt; sie zerkleinert und zermalmt harte Pflanzenkost, der oft Sandkörner und Kieselchen beigemischt sind. Im Darmschlauch fehlt der Dickdarm. Der Enddarm erweitert sich gegen sein Ende zur sogenannten Kloake, in welche die beiden Harnleiter, die Samengänge bzw. die Eileiter münden. Eine Harnblase fehlt. Der Harn wird zusammen mit dem Kot laufend abgegeben.

Die Haut der Vögel gleicht im Aufbau der Säugerhaut. Auch sie besteht aus der Oberhaut und der Lederhaut. Die Oberhaut ist dünn und faltenreich, verdickt sich aber an den Füßen und Zehen zu hornigen Schuppen und bildet an den Kiefern den für die Vögel typischen Hornschnabel. Die Lederhaut ist unterschiedlich dick, bei einigen Vögeln sehr dünn, meist aber stark, stets gefäß- und nervenreich und nach innen zu oft mit einer dichten Fettschicht bedeckt.

Das auffälligste Hautgebilde der Vögel ist die Feder, die eine der wesentlichsten Baueigentümlichkeiten der Vögel darstellt. Sie erfüllt eine ganze Reihe wichtiger Aufgaben: das Körpergefieder schützt den warmblütigen Vogel vor Abkühlung, gewährt auch Schutz vor mechanischen Einwirkungen und umkleidet den Körper stromlinienförmig, die Flügel- und Schwanzfedern bilden große, leichte Flächen und dienen der Fortbewegung in der Luft, eingeölt mit Fett aus der Bürzeldrüse stoßen Federn Wasser ab, als auffällige Farbsignale haben Federn zudem Aufgaben im sozialen Verband und können andererseits durch unscheinbare Färbung vortrefflich tarnen.

Die Federn entwickeln sich in Taschen der Haut, die ursprünglich gefäßreiche, an der Oberhaut liegende Wärzchen waren, jedoch allmählich in Einsenkungen der Lederhaut aufgenommen wurden. In die Federtasche oder den Federbalg ragt ein Fortsatz der Lederhaut, außen ist diese embryonale Federanlage jedoch ganz von einer dünnen, der Oberhaut zugehörigen Hornschicht umkleidet. Mit Ausnahme dieser inneren Vorstülpung der Lederhaut, die eine Feder während des Wachstums ernährt und deren Reste bei der fertigen Feder als hornige Federseele übrigbleiben, sind Federn Erzeugnisse der Oberhaut. Sie sind ähnliche Gebilde wie Haare, Stacheln oder Schuppen der Säugetiere, bei den verschiedenen Vögeln aber unterschiedlich gestaltet und auch an den verschiedenen Teilen des Vogels selbst abweichend gebildet. Man unterscheidet bei einer typischen Feder, wie z. B. einer größeren Rumpfkonturfeder, einen harten, mittleren Längsteil, den Federkiel, und die rechts und links davon ausgehende, flächige Federfahne. Die Fahne fehlt nur am unteren, in der Haut steckenden Teil des Federkiels, der – im Gegensatz zum fahnentragenden Federschaft – Federspule genannt wird. Die Fahne wird von dünnen Federästen gebildet, die zweiseitig, dicht an dicht, schief

Große und schwere Vögel haben gewöhnlich sehr lange Flügelschwingen. Mit den großen Tragflächen kann der aasfressende Marabu, ein in tropischen Gebieten lebender Storchenvogel, gut segeln und dabei nach Nahrung Ausschau halten (Foto Holmes-Lebel).

Rechte Seite oben: Die Lachmöwe ist ein sehr gewandter Flieger. Beim Landen bremst sie durch die hochgestellten Flügel den Flug elegant ab und setzt dann ganz weich auf. Auch sie kann segeln (Foto J.-C. Chantelat).

Rechts: Der Start und das Landen auf der Wasserfläche ist für schwere Schwimmvögel eine schwierige Flugphase. Wie bei dieser auch an deutschen Meeresküsten vorkommenden Brandgans geht es dabei nicht ohne Spritzer ab (Foto J.-C. Stoll – Jacana).

vom Schaft ausgehen und ihrerseits in der gleichen Ebene wieder zweizeilig Fiedern oder Federstrahlen tragen. Diese haben feine Häkchen, die den innigen Zusammenhang der einzelnen Federstrahlen und damit der ganzen Federfahne herstellen. Unter den Federn werden vor allem zwei Haupttypen unterschieden: die Konturfedern und die Flaumfedern oder Dunen. Die Konturfedern werden in Körper-, Schwung-, Steuer- und Deckfedern, die Schwungfedern in Hand-, Arm- und Schulterschwingen eingeteilt. Am Handteil des Flügels stehen gewöhnlich zehn Handschwingen oder Schwungfedern erster Ordnung; während die Anzahl der Armschwingen oder Schwungfedern zweiter Ordnung schwankend ist. Der Schwanz wird in der Regel aus zwölf Steuerfedern gebildet. Von der Wurzel vieler Außenfedern zweigt oft eine Nebenfeder, der Afterschaft ab, der meist sehr klein bleibt, bei dem Emu aber dieselbe Länge wie die Hauptfeder hat.

Bei den Dunen ist im Gegensatz zu den Konturfedern die Fahne weitstrahliger, lockerer und biegsamer, da hier keine feste Häkchenverbindung zwischen den einzelnen Strahlen besteht. Sie sitzen gewöhnlich unter den Deckfedern oder bilden als Nestdunen das erste Federkleid der Jungvögel.

Die zahlreichen Federn (ein Schwan hat etwa 25000 Konturfedern, von denen

80% allein am langen Hals sitzen) fallen gewöhnlich ein- bis zweimal jährlich während der Mauser aus und werden durch neue ersetzt. Bei vielen Arten wechselt bei einer halbjährlichen Mauser ein prächtig gefärbtes Brutkleid der Männchen mit einem unscheinbaren Schlichtkleid ab.

Fortpflanzung und Entwicklung

Alle Vögel entwickeln sich aus hartschaligen Eiern, denen in der Regel von den brütenden Eltern über längere Zeit gleichmäßig Wärme zugeführt wurde. Nur in wenigen Fällen, z. B. den Großflughühnern, dienen gärende Pflanzenstoffe als Wärmespender während der embryonalen Entwicklungsphase im Ei. Die Eigröße schwankt wie die Körpergröße erheblich. Bei kleinen Kolibris wiegt es nur 0,25 g, jedoch beim Strauß bis 10 kg. Verglichen mit dem Körpergewicht macht das Eigewicht des Straußes aber nur 1,7% aus, das Eigewicht des Zaunkönigs dagegen 13% und bei den etwa hühnergroßen Kiwis sogar etwa 25%. Die Anzahl der Eier eines Geleges schwankt von 1–24; Gelege von 4–6 Eiern sind am häufigsten.

Viele Vogelarten, z. B. Gänse, Hühner und die meisten Sperlingsvögel, beginnen erst nach Ablage des vollständigen Geleges zu brüten, so daß alle Jungvögel etwa gleichzeitig ausschlüpfen. Bei anderen, z. B. Greifvögeln, manchen Eulen, Papageien und Reihern, wird bereits nach Ablage des ersten Eis mit dem Brüten begonnen; die ältesten Jungen können dann fast 2 Wochen älter als ihre jüngsten Nestgeschwister sein. Die Brutdauer schwankt zwischen 11 Tagen bei manchen Kolibris und fast 80 Tagen beim Kiwi. Als mittlere Brutdauer können 18–26 Tage angesehen werden. Oft brüten beide Partner und wechseln sich regelmäßig ab; bei den Kolibris, vielen Hühner- und Singvögeln übernimmt allein das Weibchen das Brutgeschäft und bei anderen, z. B. Kiwis und Kaiserpinguinen, brütet allein das Männchen.

Die Fortpflanzungszeit beginnt bei den meisten Vogelarten mit dem Frühling. Die männlichen Vögel werben dann um die Weibchen, einige durch anhaltendes Rufen oder Singen, andere durch zierliche Tänze, andere durch Flugspiele usw. Oft wird die Werbung sehr stürmisch, und das Männchen jagt stundenlang hinter dem Weibchen her, dieses scheinbar im Zorn vor sich hertreibend; in der Regel aber erhört das Weibchen seinen Liebhaber bald und beginnt dann gewöhnlich mit der Nestbildung. In der Regel steht das Nest ungefähr im Mittelpunkt des Wohngebiets oder Reviers, das vor allem vom Männchen gegen andere männliche Vertreter der gleichen Art heftig verteidigt wird. Die Raubvögel bevorzugen die Höhe zur Anlage ihres Horstes und nisten nur selten auf dem Boden; fast alle Laufvögel hingegen bringen hier das Nest an; die Wald- und Baumvögel stellen es in die Zweige, auf die Äste, in vorgefundene oder von ihnen ausgemeißelte Höhlen, in das Moos am Boden usw., die Sumpfvögel zwischen Schilf und Röhricht, Ried und Gras am Ufer, auf kleine Inselchen oder schwimmend auf das Wasser selbst; einzelne Meeresvögel verbergen es in Klüften, selbstgegrabenen Höhlen und an ähnlichen Orten. Die Familien- oder Ordnungsangehörigkeit eines Vogels läßt nicht den Rückschluß zu, daß er sein Nest in derselben Weise errichtet wie seine Verwandten, denn gerade hinsichtlich des Standortes unterscheiden sich die verschiedenen Glieder einer Familie, ja

Bei dem auffliegenden Möwenschwarm ist deutlich die unterschiedliche Flügelstellung beim Auf- und Abwärtsschlagen zu erkennen. Beim Aufschlag sind die Flügel leicht angewinkelt und die äußeren Schwingen gespreizt. In der wirksamen Phase des Abschlags sind die Flügel dagegen völlig ausgestreckt (Foto M. Clark – N.H.P.A.).

Rechte Seite: Die auffällig rot gefärbte Brust des Rotkehlchens spielt bei innerartlichen Auseinandersetzungen eine große Rolle. Auf ein revierbesitzendes Männchen wirkt selbst eine Attrappe aus roten Federn als Signal zum Angriff (Foto J. Markham).

sogar die einer Gattung erheblich. Auch der Mensch beeinflußt den Standort eines Nestes oft wesentlich. Alle Schwalbenarten, die in Häusern brüten, haben diese freiwillig mit Felsnischen oder Baumhöhlungen vertauscht; Sperling und Hausrotschwanz, Turm-, Rötel- und Wanderfalk, Schleiereule, Käuzchen, Mauersegler, Dohle, Hirtenstar, Wiedehopf und andere sind ohne Zutun des Menschen zu Hausbewohnern geworden. Der Star, manche Meisen, viele Weißstörche und andere Vögel nisten regelmäßig in den ihnen vom Menschen besonders angebotenen Nistgelegenheiten.

Die einfachsten Nistplätze benutzen Vögel wie Pinguine, manche Tölpel, Kormorane und Zehenvögel, die ihre Eier ohne jede Vorbereitung auf den Boden ablegen. An sie reihen sich jene an, die wenigstens eine kleine Mulde für die Eier scharren, wie viele Möwen und Hühnervögel. Hierauf folgen die, die diese Mulde mit weicheren Stoffen auskleiden. Dieselbe Steigerung wiederholt sich bei denen, die statt auf dem flachen Boden in Höhlen brüten, und in gewissem Sinne auch bei jenen, die ein schwimmendes Nest errichten. Unter den Baumnestern gibt es fast ebenso viele verschiedenartige Bauten wie Baumvögel. Die einen tragen nur wenige Reiser unordentlich zusammen, die anderen richten wenigstens eine ordentliche Unterlage her, die in der Mitte ausgemuldet ist und innen mit Ried und feinem Reisig, andere wiederum mit Reisern, Würzelchen, Haaren und Federn ausgepolstert werden. Mehrere Vogelarten überwölben die Mulde, und einzelne verlängern auch noch das Schlupfloch röhrenartig. Die Reisignesterbauer werden noch von den Webern übertroffen, die nicht bloß Grashalme, sondern auch wollige Pflanzenstoffe verflechten, verweben und verfilzen und sogar mit vorgefundenen oder selbstbereiteten Fäden die Nester förmlich zusammennähen.

Eine besondere Technik wenden beim Nestbau die „Maurer" unter den Vögeln an. So bauen Schwalben aus einem Gemisch von schlammiger Erde und Speichel ihre Nester an Wänden; große Schlammnester errichten auch die südamerikanischen Töpfervögel. Vorwiegend aus getrocknetem Speichel bestehen die Nester der im tropischen Asien lebenden Salanganen, die in China als „eßbare Schwalbennester" bekannt sind.

In der Regel dient das Nest nur zur Aufnahme der Eier und zur Wiege und Kinderstube der Jungen; einige Vögel aber erbauen sich auch Spielnester oder Winterherbergen, benutzen die Nester wenigstens als solche, z. B. mehrere Webervögel und die Spechte, die immer in Baumhöhlen schlafen, oder unsere Sperlinge, die während des Winters im Nest Nachtruhe halten.

Das Weibchen baut, das Männchen trägt zu. Dies ist die Regel; aber auch das Umgekehrte findet statt. Bei den Webervögeln z. B. bauen die Männchen allein, und die Weibchen helfen höchstens bei der Innenausfütterung des Nestes ein wenig mit. Bei den meisten übrigen Vögeln übernimmt das Männchen wenigstens das Amt des Wächters am Nest.

Der im Ei weitgehend fertig entwickelte Jungvogel macht sich gegen Ende der Brutzeit durch Bewegungen und durch piepsende Laute bemerkbar. Das Ausschlüpfen geschieht in der Regel in den frühen Morgen- und Vormittagsstunden und wird fast immer ohne Hilfe der Altvögel allein von den Jungen geleistet. Diese bohren zunächst mit dem Eizahn, einem Höcker auf der Spitze des Oberschnabels, ein Loch in die Eischale, die durch den teilweisen Verbrauch des Kalks durch den heranwachsenden Embryo dünn geworden ist. Das Loch wird dann allmählich erweitert, bis die Schale vollends gesprengt werden kann. Der Schlüpfvorgang dauert meist mehrere Stunden und bei Albatrossen und Sturmvögeln sogar 3–4 Tage.

Bei den ausgeschlüpften Jungvögeln lassen sich zwei deutlich verschiedene Entwicklungsstadien beobachten. So besitzen die frischgeschlüpften Küken vieler am Boden lebender Vögel und Wasservögel, wie Hühnervögel, Kraniche, Rallen, Trappen, Gänse und Enten, ein dichtes Dunenkleid, sie können bereits sehen und bald laufen bzw. schwimmen. Diesen Nestflüchtern stehen die nackten, ziemlich unfertigen Nesthocker gegenüber, deren Augen noch geschlossen und deren Füße noch schwach sind. Die Jungvögel beider Formen werden von den Altvögeln betreut. Sie werden durch Hudern warmgehalten, gegen Feinde verteidigt, gefüttert oder bei der Futtersuche begleitet. Diese Pflege dauert oft über das Flüggewerden der Jungvögel an.

Die im Nest hockenden Jungvögel müssen regelmäßig gefüttert werden. Sperlingsvögel füttern vom frühen Morgen bis zum Sonnenuntergang nahezu ununterbrochen. Eine Kohlmeise bringt dabei bis 60 mal in der Stunde Nahrung an das Nest. Nur wenn bei einem Anflug größere Nahrungsbrocken gereicht werden, können die Fütterungsabstände groß sein. Adler füttern gewöhnlich zweimal täglich, Sturmvögel bringen sogar nur jede zweite Nacht Futter an das Nest, dann allerdings in größerer Menge. Außer der Futterbeschaffung besorgen viele Altvögel auch die Beseitigung des Kots, der bei Sperlingsvögeln von einer Schleimschicht überzogen ist und dadurch gut transportiert werden kann.

Doppelseite: Flamingos sind sehr langbeinige und langhalsige Vögel. Sie sieben mit ihrem eigenartigen Hakenschnabel in flachen Salzseen kleine Nahrungsteilchen aus. An solchen Seen kommen sie gewöhnlich in riesigen Schwärmen vor (Foto Holmes-Lebel).

Linke Seite: Raubvögel bauen in der Regel als Niststätten große Horste in Bäumen. Die heranwachsenden Jungen werden von beiden Elternvögeln mit Futter versorgt, das bei dem abgebildeten Sperber vorwiegend aus kleinen Vögeln besteht (Foto A. Anderson – N.H.P.A.).

Spechte zimmern mit ihrem kräftigen, meißelförmigen Schnabel Bruthöhlen in Baumstämme. Der häufige Buntspecht bevorzugt dafür morsche Laub- oder Nadelbäume. Er nimmt aber auch Nistkästen an (Foto A. Fatras).

Trotz der intensiven Brutpflege sind die Jungvögel mancherlei Gefahren ausgesetzt. Ungünstige Witterung, zahlreiche Feinde und verschiedene Krankheiten fordern erhebliche Opfer, so daß in vielen Fällen kaum die Hälfte der geschlüpften Jungvögel die ersten Wochen und Monate überlebt. Beispielsweise werden von 100 Jungamseln einer Brutsaison im Durchschnitt nur 28 ein Jahr alt und von diesen überstehen das 2. Lebensjahr etwa 10 Tiere.

Ähnliche Sterblichkeitsraten gelten für viele Arten. Die einzelnen Vögel können jedoch ein beachtliches Alter erreichen. Von Wiederfunden beringter Wildvögel weiß man, daß freilebende Silbermöwen, Austernfischer, Brachvögel und Küstenseeschwalben etwa 30 Jahre alt werden. Nachgewiesene Höchstalter von Singvögeln in freier Natur liegen zwischen etwa 6 Jahren bei der Weidenmeise und 20 Jahren beim Star und bei der Saatkrähe. In der Gefangenschaft gehaltene Vögel haben allerdings ein wesentlich höheres Alter erreicht. Ein Kolkrabe lebte 69, ein Uhu 68, ein Ara-Papagei 64, ein Pelikan 52 und ein Steinadler 46 Jahre.

Verbreitung

Vögel sind mehr als alle anderen Gruppen der Wirbeltiere Weltbürger. Man kann sie nahezu überall finden. In der Nähe der Pole wie am Äquator, auf dem Meer wie auf oder über den höchsten Spitzen der Gebirge, im fruchtbaren Land wie in der Wüste, im Urwald wie auf kahlen Felsen. So wurden nur 240 km südlich des Nordpols Möwen und sogar Singvogel, die Schneeammer, beobachtet. Als warmblütige Tiere können Vögel in solche kalten Regionen vordringen und diese bei sehr schlechten Lebensbedingungen dank ihres Flugvermögens auch schnell wieder verlassen.

Auch für die Vögel gilt, daß die Mehrzahl der Arten jeweils nur in bestimmten Regionen vorkommt. Wie im ersten Band bei den Verbreitungszonen der Säugetiere bereits ausgeführt worden ist, lassen sich die meisten Vogelarten in große, von der Tiergeographie unterschiedene Tierregionen einordnen. Hierbei wird vor allem der Brutort berücksichtigt, da ja viele Arten außerhalb der Brutzeit große Wanderungen unternehmen.

Die einzelnen Lebensräume der Vögel können sehr unterschiedlich sein. Ein solcher extremer Aufenthaltsort kann z.B. inmitten einer Wüste liegen, die auf den ersten Blick eigentlich kaum ein Geschöpf zu ernähren vermag. Die Mehrzahl der Vögel sind jedoch ebenso an das Vorkommen von Pflanzen gebunden, wie die meisten Säugetiere. So entfalten die Vögel erst in lichten Wäldern ihre große Mannigfaltigkeit. Vor allem in den warmen Ländern, und zwar dort, wo es sehr vielseitige Lebensräume gibt, ist auch die Zahl der verschiedenen Vogelarten groß. Dem entspricht, daß es nicht die großen Waldungen sind, die die größte Mannigfaltigkeit zeigen, sondern vielmehr Gegenden, in denen Wald und Steppe, Berg und Tal, trockenes Land und Sumpf und Wasser miteinander abwechseln, da jede Art hier gerade den ihr besonders zusagenden Kleinlebensraum findet.

Als Gegenbeispiel sind viele Meeresküsten zu nennen. Hier finden sich oft riesige Vogelschwärme, in denen manchmal mehrere Millionen Einzeltiere versammelt sind, doch gehören alle Tiere gewöhnlich nur wenigen Arten oder sogar nur einer Art an.

Die Besonderheit eines bestimmten Lebensraumes für eine Vogelart ist durch ein bestimmtes Nahrungsangebot und durch die hier gebotene Nistgelegenheit gekennzeichnet. Für die Nahrungsbeschaffung ist jede Art wiederum durch spezielle Anpassungen im Körper- und Schnabelbau und typische Verhaltensweisen besonders ausgerüstet. Deshalb können beispielsweise auch Körnerfresser neben reinen Insektenfressern vorkommen, ohne sich gegenseitig bei der Nahrungssuche zu behelligen.

Bewegungsweisen

Vögel sind vor allem Flugtiere. Fliegend wechseln die meisten ihre Standorte, sei es um Nahrung zu suchen, einen Geschlechtspartner ausfindig zu machen, die Nestjungen zu füttern oder einem Feind zu entfliehen. Wie bereits bei den Baueigentümlichkeiten ausgeführt wurde, ist der gesamte Körperbau weitgehend durch das Flugvermögen ge-

Für den Nahrungserwerb im Wasser können Schwäne (rechts oben) nur mit dem langen Hals eintauchen, Kormorane (unten links) tauchen ganz unter, und Pinguine (unten rechts) schwimmen fast immer unter Wasser (Fotos V. Renaud – Jacana und J. Solaro – Jacana).

prägt. Im Gegensatz zu technischen Fluggeräten wie Flugzeugen, Fluggleitern und Raketen fliegen Vögel, indem sie – wenigstens wenn sie auffliegen – mit langfedrigen Flügeln auf- und abwärtsschlagen. Daneben können viele Vögel segeln. Die verschiedenen Vogelarten fliegen aber keineswegs alle gleich, sondern haben mehrere Flugtechniken entwickelt. So wird vor allem die häufigste Flugart, der Ruderflug mit raschen Flügelschlägen, unterschiedlich abgewandelt.

Das Hauptproblem ist bei allen Flugweisen, den Vogelkörper, der stets schwerer als Luft ist, am Herunterfallen zu hindern und vorwärtszutreiben. Dies wird beim Ruderflug dadurch erreicht, daß der schnell abwärts geschlagene Flügel auf einen großen Luftwiderstand stößt und dadurch den Vogelkörper anhebt. Während des aufwärts geführten Flügel-

schlags sinkt der Körper zwar wieder etwas ab, doch haben die Flügel dabei einen geringeren Luftwiderstand zu überwinden als beim Abschlag, da die Flügelfläche durch leichtes Anwinkeln der Handflächen verkleinert wird und die Handschwingen oft schlitzförmig gespreizt werden. Zudem wirken die im Profil leicht nach oben gewölbten körpernahen Armschwingen stabilisierend und erzeugen wie beim Gleitflug einen Auftrieb. Die Vorwärtsbewegung wird beim Ruderflug durch die Stellung der großen Handschwingen erreicht, die beim Abwärtsschlag wie eine Propellerfläche nach hinten schräg aufwärts gerichtet sind. Die Anzahl der Flügelschläge pro Sekunde schwankt bei den einzelnen Vogelarten: Eine Amsel macht in einer Sekunde durchschnittlich 5,6 Flügelschläge, ein Fasan 9 und eine Saatkrähe nur 2,3. Bei einer Abwandlung des Ruderflugs, dem Rüttelflug, führen manche Kolibris sogar bis etwa 80 Flügelschläge in der Sekunde aus. Dabei werden die Flügel fast horizontal geschlagen, so daß der Vogel an der gleichen Stelle in der Luft schwebt.

Eine andere Flugart ist das Gleitfliegen mit ausgebreiteten, nahezu unbewegten Flügeln. Da die Flügel im Profil nach oben gewölbt sind, staut sich der Luftstrom an der Unterseite etwas, gleichzeitig entsteht an der Flügeloberseite durch die schnell vorbeigleitende Luft ein Sog, so daß der Höhenverlust gering gehalten wird. Eine Taube verliert beim Gleitflug von 9 m nur 1 m an Höhe, und ein Albatros kann bei diesem Höhenverlust sogar 20 m weit fliegen.

Der Segelflug ist ebenfalls ein Gleitflug, bei dem jedoch aufsteigende Luftmassen, die Aufwinde, ausgenutzt werden. Gute Segelflieger unter den Vögeln wie Albatrosse, Störche, Möwen und Geier können oft stundenlang ohne einen Flügelschlag in der Luft segeln.

In der Regel sind die guten und ausdauernden Flieger beim Gehen mehr oder weniger unbeholfen; es gibt aber auch unter den Vögeln einige, die sich mit Leichtigkeit am Boden bewegen. Der Gang selbst ist recht verschieden; es gibt Renner, Traber, Läufer, Springer, Schreiter und endlich ungeschickte Watschler oder Rutscher unter den Vögeln. Einige vortreffliche Flieger, wie z. B. die Mauersegler, können gar nicht mehr richtig gehen.

Nicht wenige Vögel leben überwiegend auf dem Wasser und führen schwimmend die meisten Handlungen aus. Bei ihnen stehen die Federn sehr dicht und werden beständig reichlich eingefettet. Der auf der Oberfläche des Wassers fortschwimmende Vogel erhält sich ohne irgendwelche Anstrengungen in seiner Lage. Zum Schwimmen benutzt er gewöhnlich nur die Füße, die er zusammengefaltet vor-

wärts zieht, ausbreitet und dann mit voller Kraft gegen das Wasser drückt. Mit dem Schwimmen ist oft Tauchfähigkeit verbunden. Einige Vögel, wie die Pinguine schwimmen unter der Oberfläche des Wassers schneller als auf ihr und wetteifern mit den Fischen; andere sind nur dann imstande zu tauchen, wenn sie sich aus einer gewissen Höhe in das Wasser stürzen.

Eine weitere, gelegentlich anzutreffende Bewegungsweise der Vögel ist das Klettern. Hierzu benutzen sie vorzugsweise die Füße, daneben aber auch den Schnabel und den Schwanz. Ziemlich schwerfällig wirkt das Klettern der Papageien, wenn sie mit dem Schnabel einen höher stehenden Zweig ergreifen, sich an ihm festhalten und den Körper nachziehen, sehr geschickt dagegen klettern die Spechte, die sich dabei mit den Füßen und dem Stützschwanz fortbewegen.

Vogelwanderungen

Jedes Jahr verlassen Milliarden Vögel ihre Brutgebiete, um der dort durch klimatische Bedingungen verursachten Nahrungsverknappung auszuweichen, und kehren dorthin zurück, sobald hier wieder genügend Nahrung zu finden ist. Vergleichende Beobachtungen haben bestätigt, daß der Vogelzug — damit sind im allgemeinen weitere, regelmäßige, meist einem klimatischen Jahreszyklus folgende und räumlich festliegende Wanderungen gemeint — tatsächlich eine Reaktion der Vögel auf lebensfeindliche Bedingungen ist. Auch zeigen sie, daß beim Vogelzug eine große Vielfalt an Zugarten und -formen nebeneinander vorkommen und daß es zahlreiche vermittelnde Übergänge gibt zwischen den Vogelarten, die als Standvögel im Brutgebiet ausharren, und denen, die ihr Brutgebiet als Zugvögel verlassen.

In den polnahen Gebieten verlassen alle Vögel das Brutgebiet. Nicht so sehr die winterliche Kälte als vielmehr der ausbleibende oder nur sehr kurz während Tag verwandeln ihre Brutheimat in ein

Links: Recht primitiv sind die „Nester" vieler Strandvögel. Sie legen ihre schutzfarbenen Eier einfach auf den nackten Boden wie hier der Sandregenpfeifer. Die Jungvögel, die in solch primitiven Nestern erbrütet werden, sind Nestflüchter (Foto A. Fatras).

Linke Seite oben: Vogelarten, deren Jungtiere Nesthocker sind, bauen oft Nester, die besonders gut die Gelege und Jungvögel vor Feinden und vor Klimaeinflüssen schützen. Die eindrucksvollsten Nestbauten sind die überdachten Nester der Webervögel (Foto R. Michaud – Images et Textes).

Eine Reihe von Wasservögeln baut, wie hier die Weißbartseeschwalbe, Schwimmnester. Oft sind es nur unordentliche Haufen aus Gräsern und Schilf. Doch schützen diese Bauten das Gelege bereits vor Bodenfeinden und entgehen der Gefahr, bei steigendem Wasser überflutet zu werden (Foto A. Fatras).

extrem lebensfeindliches Land. In den gemäßigten Zonen ist ebenfalls der Vogelzug reich entfaltet. Wie die nicht ziehenden Vogelarten dieser Gebiete zeigen, ist es nur indirekt das kalte Klima, das die übrigen Arten zum Fortzug veranlaßt. Da hier in der Hauptsache reine Fruchtfresser, Arten, deren Nahrung zu einem Großteil aus Insekten und deren Larven besteht, und Wasser- und Sumpfvögel, denen das gefrierende Wasser den Zugang zur Nahrung verwehrt, Zugvögel sind, wird deutlich, daß das Klima über die Nahrungsverknappung die Vögel zum Wegzug zwingt. So beobachtet man auch in tropischen Gebieten, in denen zyklische Wechsel von Regen- und Trockenzeit besonders die Blüte- und Fruchtzeit der Vegetation und das Massenauftreten vieler Insekten stark bestimmen, regelmäßige Vogelwanderungen. Zu diesen Zugvögeln gehören u.a. Kuckucke, Racken, Ziegenmelker und viele insektenfressende Sperlingsvögel. Nur die Vögel der tropischen Regenwälder neigen wegen der das ganze Jahr über gleichbleibenden Umweltbedingungen kaum zu größeren Ortsveränderungen.

Auch im Zugverhalten unterscheiden sich die Vogelarten sehr stark. Diese Unterschiede bestehen sowohl zwischen einzelnen Familien, Gattungen und Arten wie auch innerhalb dieser systematischen Kategorien, also auch innerhalb derselben Art. Hierbei verhalten sich sogar Individuen einer Population sehr unterschiedlich. Alle Vögel zeigen außerhalb der Brutzeit eine bedeutend geringere Bindung an einen bestimmten Ort. So ziehen bereits die Standvögel, teilweise zu Trupps zusammengeschlossen, in der näheren Umgebung des Brutplatzes umher. Vertreter anderer Vogelarten zerstreuen sich aber während der nahrungsärmeren Zeit über ein weites Gebiet, in dem sie unregelmäßig als Strichvögel umherziehen. Hierbei zeigen manche Arten in einem weiter entwickelten Stadium eine bestimmte Vorzugsrichtung. Gestaffelte Übergänge führen so zu den eigentlichen Zugvögeln, die regelmäßig zwischen Brut- und Überdauerungsgebiet hin- und herwandern. Diese Übergänge beobachtet man auch innerhalb einer Art oder sogar innerhalb ihrer Teilpopulationen. Diese Arten sind Teilzieher: manche Individuen sind echte Zugvögel, andere verbleiben dagegen als Standvögel in Brutplatznähe. Solche Teilzieher sind besonders in der europäischen Vogelwelt häufig. Sie vermitteln uns eine Vorstellung davon, wie sich das jahreszeitliche Phänomen des Vogelzugs im Verlauf der Evolution als Antwort auf regelmäßige Änderungen in der Umwelt entwickelt haben könnte, wozu einige Beispiele angeführt werden sollen. So gehört die Amsel zu den Teilziehern. Die westlichen Populationen verbleiben als Standvögel das ganze Jahr über im Brutgebiet. Schon in Deutschland und besonders im Norden und Osten ihres Verbreitungsgebietes neigen die Populationen dazu, in südwestlicher Richtung abzuwandern, wobei die Jungvögel und Weibchen weitaus stärker zu den ziehenden Individuen gehören als die Männchen. Die gleiche Beobachtung macht man beim Buchfinken, weshalb Linné diesem Vogel den Artnamen *coelebs* (= Witwer) gab; denn in Skandinavien überwintern, wenn überhaupt, nur die Männchen. Weitere bekannte europäische Teilzieher sind das Rotkehlchen, der Star, die Bachstelze, die Singdrossel, der Kiebitz und der Graureiher. Doch ist der englische Graureiher ein Standvogel, die nord- und osteuropäische Form ein ausgesprochener Zugvogel und die westeuropäische Population Teilzieher. Beim Girlitz konnte man sogar genau feststellen, wie ein Teil der Population ein Zugverhalten entwickelte. Dieser Vogel hat nämlich in den letzten 100 Jahren sein Verbreitungsgebiet über ganz Kontinentaleuropa bis zur Ostsee ausgedehnt und bewohnte früher nur den Mittelmeerraum. Dort war er ein ausgesprochener Standvogel, doch hat er sich in den neu erworbenen Brutgebieten wegen der durch die strengeren Winter verursachten Nahrungsverknappung zum Zugvogel entwickelt. Solche Teilzieherarten zeigen

Nur den noch kleinen Nestjungen der Eulen und Greifvögel zerteilen die Elternvögel die Nahrung und reichen jeweils kleine Futterbrocken. Halbwüchsige Jungvögel reißen sich aus größeren Beutestücken oft selbst Nahrungsteile heraus oder verschlingen – wie die abgebildeten Jungen der Waldohreule – die von den Altvögeln herbeigetragene Beute unzerkleinert (Foto A. Fatras).

Rechte Seite oben: Singvögel füttern ihre Nestjungen ganz überwiegend mit Insekten und deren Larven. Hier bringt ein Trauerschnäpper eine Raupe zu dem in einer Baumhöhle angelegten Nest (Foto A. Fatras).

häufig nicht nur Unterschiede im Zugverhalten, sondern auch in ihrer Morphologie (Flügelform) und Physiologie. Dieser Befund ist nicht verwunderlich, wenn man bedenkt, daß der Zug über weitere Strecken von dem Vogel außerordentliche Anstrengungen verlangt, da er zudem den klimatischen Bedingungen viel stärker ausgesetzt ist. Diese Bedingungen bedeuten denn auch eine schärfere Selektion in Anpassung an große Flugleistungen, der die Standvögel nicht unterworfen sind.

Bei den Zugvögeln unterscheidet man zusätzlich zwischen Instinkt- und Wettervögeln. Bei den ersteren, zu denen die Mauersegler und Kuckucke zählen, bestimmen innere, periodisch sich ändernde physiologische Vorgänge die Zugzeit, wobei allerdings die innere Periodik über die zunehmende und abnehmende Tageslänge beeinflußt wird. Wettervögel werden dagegen durch die innere Periodik in Zugdisposition gebracht, doch lösen erst Klimaverschlechterungen das Zugverhalten aus. Beispiele sind hierfür Star und Feldlerche.

Der Vogelzug wurde in den letzten 100 Jahren unter den verschiedensten Fragestellungen wissenschaftlich untersucht. Zuerst waren es einfache, genaue Feldbeobachtungen, dann kam vor 70 Jahren die

Vogelberingung auf, bei der jeder Vogel mit einem durchnummerierten Ring am Lauf versehen wird und Ort und Zeit der Beringung sowie des Rückfundes genau notiert werden. Sie ermöglichte recht schnell, über Zugstraßen und Ausweichgebiete Auskunft zu erhalten, auch wenn die Rückfunde noch nicht ein Prozent der Beringungen erreichen. In neuerer Zeit spielt die Radarbeobachtung eine immer wichtigere Rolle.

Bei diesen Untersuchungen wurden auch fast unvorstellbare Flugleistungen einiger Vogelarten festgestellt, die zweimal im Jahr Strecken von über 10 000 km überwinden. So überwintern die Steinschmätzer Alaskas in Afrika. Um ihr Winterquartier zu erreichen, überfliegen sie ganz Asien in mehr als 12 000 km. Die Küstenseeschwalbe verläßt im Spätsommer ihr arktisches Brutgebiet und begibt sich auf eine über 15 000 km lange Reise in die Antarktis. Über den Verlauf der Zugwege stellte sich heraus, daß es bei einigen Arten festliegende Routen gibt, andere Arten jedoch in breiter Front zum Ziel fliegen. Es zeigte sich aber, daß die Wegwahl von der Umwelt stark abhängig ist, indem die Art entsprechend ihrer Flugweise die für sie möglichst günstigen Routen wählt. Besonders rätselhaft erschien dabei die Orientierungsfähigkeit der Vögel. Wie zahlreiche, oft äußerst geschickte Versuche zeigen, orientieren sich

Links: Eisvögel schleudern die gefangene und getötete Beute gewöhnlich vor dem Fressen so in die Luft, daß der Beutefisch mit dem Kopf voraus verschluckt werden kann. Der asiatische Braunliest fängt auch auf dem Land lebende Kleintiere (Foto A. Visage – Jacana)

die Vögel nach dem Stand von Sonne und Sternen, wozu sie über eine exakt gehende „innere Uhr" verfügen müssen. Doch finden sie sich auch durch Lernen der Zugwege oder markanter Landschaftspunkte zurecht. Aber alle diese Befunde erklären immer noch nicht alle Beobachtungen, so daß noch vieles untersucht werden muß. Fest steht nur, daß sich der Vogel nicht nur einer einzigen Methode bedient.

Der Vogelzug ist für den Vogel ein risikoreiches Unternehmen; denn er durchfliegt über weite Strecken Landschaften und Lebensräume, denen er wenig oder gar nicht angepaßt ist, er verfügt über kein inneres „Wetter-Vorhersagesystem", denn viele Millionen werden durch ungünstige meteorologische Bedingungen total erschöpft, meilenweit abgetrieben oder auf die offene See verdriftet und gehen zugrunde. Dennoch ist der Vogelzug für die Erhaltung der jeweiligen Art von Vorteil; hohe Verluste werden durch hohe Vermehrungsraten aufgehoben.

Stammesgeschichtliche Entwicklung

Mehreren Tiergruppen ist es in verschiedenen Erdzeitaltern gelungen, den Luftraum zu erobern. Ein Tier mit Flugvermögen konnte einem an den Erdboden gebundenen Feind geschickt entfliehen, konnte über größere Entfernungen hinweg neue Nahrungsquellen ausfindig machen und sonst nur schwer zugängliche Stellen erreichen.

Innerhalb der Gruppe der Wirbeltiere gelang es zunächst einigen Kriechtieren durch Umbildung der Gliedmaßen zu Flügeln sich aktiv in den Luftraum zu erheben. So durcheilten im Erdmittelalter vor etwa 150 Millionen Jahren Flugsaurier die Luft. Diese Echsen hatten Flughäute, die sich zwischen den Vorder- und Hintergliedmaßen ausbreiteten und eine Flügelspannweite bis 9 m erreichten. Vollkommen und vielgestaltige Flieger unter den Wirbeltieren sind allerdings nur die Vögel geworden. Die Ausbildung von Federn als Wärmeschutz und zur Flächenvergrößerung der allein zu Flügeln umgewandelten Vordergliedmaßen, von leichten, luftgefüllten Knochen, der Stromlinienform sowie des leistungsfähigen, von warmem Blut durchflossenen Kreislaufs waren die entscheidenden Entwicklungsmerkmale.

Eine derartige Entwicklung vollzog sich in einzelnen Teilschritten während einer Zeitspanne von vielen Millionen Jahren. Leider gibt es wenig Fossilfunde früher Vogelstadien, so daß die einzelnen Stationen der stammesgeschichtlichen Entwicklung der Vögel nur mangelhaft zu belegen sind. Gewiß ist allerdings, daß einfache Kriechtiere als die Urahnen der Vögel zu gelten haben und keineswegs die hochorganisierten Flugechsen.

Die einzigen Versteinerungen stammesgeschichtlicher Frühformen des Vogelgeschlechts sind aus dem etwa 150 Millionen Jahre alten Juraschiefer der Fränkischen Alb bekannt. In nur 3 Exemplaren hat man Abdrücke eines Urvogels, *Archaeopteryx*, gefunden. Dieser etwa krähengroße Urvogel hatte Flügel, trug ein Federkleid und hatte auch sonst die Gestalt eines Vogels; sein mit Zähnen bewehrter Kiefer, die drei bekrallten Finger, das nicht verwachsene Schienbein und Wadenbein und die lange Schwanzwirbelsäule waren jedoch ausgesprochene Kriechtiermerkmale.

Die weitere Entwicklung der Vögel scheint über bezahnte, flugfähige Tauchvögel gegangen zu sein. Häufigere Skelettfunde liegen aber erst aus Schichten vor, die jünger als 60 Millionen Jahre sind. Zu dieser Zeit lebten aber schon Vögel, die teilweise bereits den heutigen Vögeln entsprechen und den gleichen Ordnungen zugerechnet werden müssen. Ursprüngliche Formen waren Seetaucher, verschiedene Raubvögel, aber auch langbeinige Schreitvögel sowie Hühnervögel. Aus sehr altem Geschlecht stammen auch Strauß, Emu, Nandu, Kasuar und Kiwi, obgleich ihre Flugunfähigkeit auf einer sekundären Rückbildung der Flugeinrichtungen beruht. Aufgrund des geringen Fossilmaterials ist es schwierig, einen genauen Stammbaum der Vögel und damit auch eine allgemeingültige Klassifikation aufzustellen. Eine weitgehende Übereinstimmung besteht heute bei den verschiedenen Systematikern wohl bei der Abgrenzung der verschiedenen Vogelordnungen, doch schon bei der Einteilung der Familien gehen die Meinungen auseinander, so daß jeder gewählten Vogelsystematik eine gewisse Unsicherheit und Vorläufigkeit anhaftet.

Viele Vogelarten bilden große Gemeinschaften. Besonders häufig ist das bei Strandvögeln, die zur Zeit der Ebbe im freiliegenden Watt ihre Nahrung suchen und während der Flut gemeinsame Schlaf- und Ruheplätze aufsuchen. Ein solcher Verband ist ziemlich lose, und die einzelnen Glieder einer solchen Gemeinschaft kennen sich – eventuell mit Ausnahme der Familienmitglieder einer Brutgemeinschaft – nicht persönlich. Deshalb werden Neuankömmlinge gewöhnlich ohne weiteres in den Verband eingegliedert. Die Abbildung zeigt eine solche Schlafgemeinschaft der Austernfischer (Foto M. Brosselin – Jacana).

Ordnung der Sperlingsvögel

Von den insgesamt etwa 8600 Vogelarten gehören allein etwa 5100 Arten zu einer einzigen Ordnung. Diese so ungemein artenreiche Ordnung sind die Sperlingsvögel *(Passeriformes)*. Bei der erheblichen Artenzahl und Vielgestaltigkeit der Sperlingsvögel ist es schwierig, allgemeine Merkmale aufzustellen. So schwankt die Größe zwischen der des 62 cm langen Kolkraben und der des etwa 8 cm langen Goldhähnchens. Manche Leierschwänze erreichen mit ihren stark betonten Federschleppen des Schwanzes sogar eine Gesamtlänge von über 1 m. Die Beschaffenheit und Färbung des Gefieders sind ebenfalls sehr unterschiedlich.

Die Gemeinsamkeit aller Sperlingsvögel liegt in der Übereinstimmung des anatomischen Grundbauplans, doch können bestimmte Merkmale, wie die Ausbildung der Gaumenknochen, die Zehenstellung, die Eigenart der Muskulatur und der Struktur des stimmbildenden Organs, der Syrinx, nur vom Fachspeziali-

Keine Gruppe der Vögel hat sich in so zahlreiche Arten aufgespalten wie die Sperlingsvögel. Allein diese eine stammesgeschichtlich junge Vogelordnung hat am Gesamtbestand von rund 8600 Vogelarten einen Anteil von etwa 60%. Die in ihrer Entwicklung so erfolgreichen Sperlingsvögel sind dementsprechend weltweit verbreitet und besiedeln lediglich die unwirtlichen polaren Gebiete nicht. Viele Arten bevorzugen Wälder oder buschreiche Landschaften, aber auch offenes Gelände wird von Sperlingsvögeln bewohnt, und selbst die vegetationsarmen Hochgebirgshöhen werden – wie der abgebildete Schwarm Alpendohlen zeigt – nicht gemieden (Foto Bille).

Sperlingsvögel (Passeriformes)

Familien	Gattungen
Finken (Fringillidae)	Buchfinken (Fringilla), Stieglitze (Carduelis), Girlitze (Serinus), Gimpel (Pyrrhula), Wüsten-, Rosen- und Hakengimpel (Rhodopechys, Carpodacus, Pinicola), Kreuzschnäbel (Loxia), Kernbeißer (Coccothraustes, Hesperiphona, Eophona), Kardinäle (Richmondena, Paroaria, Gubernatrix), Ammern (Emberiza), Sporn-, Schnee- und Singammern (Calcarius, Plectrophenax, Melospiza), Grundfinken (Geospiza), Laubsängerfinken (Certhidea), Stocherfinken (Cactospiza) und andere
Webervögel (Ploceidae)	Blutschnabelweber (Quelea), Siedelweber (Philetairus), Sperlinge (Passer), Steinsperlinge (Petronia), Schneefinken (Montifringilla), Weber (Ploceus), Prachtweber (Malimbus), Scharlachweber (Anaplectes), Feuerweber (Euplectes), Büffelweber (Bubalornis), Starweber (Dinemellia), Paradies-, Atlas-, Königs- und Glanzwitwen (Steganura, Hypochera, Tetraenura, Vidua), Amadinen (Amadina), Nonnen (Lonchura), Reisfinken (Padda), Zebrafinken (Taeniopygia), Astrilde (Estrilda) und andere
Tangaren (Thraupidae)	Organisten (Euphonia), Schiller-, Samt- und Feuertangaren (Tangara, Ramphocelus, Piranga), Diadem-, Schwarz- und Blautangaren (Stephanophorus, Tachyphonus, Thraupis), Pinsel-, Finken- und Papageitangaren (Eucometis, Chlorospingus, Chlorornis), Schwalben- und Plüschkopftangaren (Tersina, Catamblyrhynchus), Hakenschnäbel (Diglossa), Türkisvögel (Cyanerpes), Zuckervögel (Euneornis) und andere
Stärlinge (Icteridae)	Bootsschwänze (Quiscalus), Reisstärlinge (Dolichonyx), Trupiale (Icterus), Kuhstärlinge (Molothrus), Stirnvögel (Psarocolius, Gymnostinops, Cacicus, Amblycercus), Hordenvögel (Agelaius), Soldatenstärlinge (Pezites), Lerchenstärlinge (Sturnella) und andere
Waldsänger (Parulidae)	Grünwaldsänger (Dendroica), Pieper-, Kappen- und Schnäpperwaldsänger (Seiurus, Wilsonia, Setophaga), Kletter-, Spitzschnabel- und Finkenwaldsänger (Mniotilta, Vermivora, Granatellus), Rotwaldsänger (Ergaticus), Waldhähnchen (Basileuterus), Kegelzuckervögel (Conirostrum) und andere
Vireos (Vireonidae)	Vireos (Vireo), Hylophilus, Würgervireos (Vireolanius), Großschnabelvireos (Cyclarhis)
Brillenvögel (Zosteropidae)	Brillenvögel (Zosterops, Chlorocharis, Lophozosterops)
Blütenpicker (Dicaeidae)	Blütenpicker (Prionochilus), Mistelfresser (Dicaeum), Fruchtfresser (Melanocharis), Panthervögel (Paradalotus)
Nektarvögel (Nectariniidae)	Kurzschnabelnektarvögel (Anthreptes), Nektarvögel (Nectarinia), Seidennektarvögel (Aethopyga), Spinnenjäger (Arachnothera)
Honigfresser (Meliphagidae)	Honigschmecker (Myzomela), Gelbbandhonigfresser (Notiomystis), Lederköpfe (Philemon), Honigfresser (Meliphaga), Lichmera und andere
Kleidervögel (Drepanididae)	Grünkleidervögel (Viridonia, Paroreomyza, Loxops, Hemignathus), Schwarzrotkleidervögel (Apapanes, Palmeria, Vestiaria)
Stare (Sturnidae)	Singstare (Aplonis), Stare (Sturnus), Rosenstare (Pastor), Grau-, Elster- und Pagodenstare (Spodiopsar, Sturnopastor, Temenuchus), Glanzstare (Pholia, Lamprotornis, Cosmopsarus, Lamprospreo, Spreo, Speculipastor), Mainas (Acridotheres), Atzeln (Gracula, Ampeliceps, Basilornis, Streptocitta, Sarcops), Madenhackerstare (Buphagus) und andere
Lappenkrähen (Callaeidae)	Lappenkrähen (Callaeas), Lappenstare (Philesturnus), Lappenhopfe (Heteralocha)
Würger (Laniidae)	Buschwürger (Malaconotus, Rhodophoneus, Laniarius, Lanioturdus, Nilaus, Dryoscopus, Telophorus), Eigentliche Würger (Lanius), Elsternwürger (Urolestes), Gelbschnabelwürger (Corvinella), Kahlkopfwürger (Pityriasis), Brillenwürger (Prionops, Eurocephalus) und andere
Blauwürger (Vangidae)	Blauvangas (Leptopterus), Kleibervangas (Hypositta), Vangas (Vanga) und andere
Schwalbenstare (Artamidae)	Schwalbenstare (Artamus)
Seidenschwänze (Bombycillidae)	Seidenschwänze (Bombycilla), Seidenschnäpper (Ptilogonys, Phainoptila, Phainopepla), Nachtschattenfresser (Hypocolius)
Palmschmätzer (Dulidae)	Palmschmätzer (Dulus)
Stelzen (Motacillidae)	Stelzen (Motacilla), Baumstelzen (Dendronanthus), Pieper (Anthus), Großspornpieper (Macronyx)
Braunellen (Prunellidae)	Braunellen (Prunella)
Fliegenschnäpper (Muscicapidae)	Wollschnäpper (Batis), Lappenschnäpper (Platysteira), Brillenschnäpper (Dyaphorophyia), Flachschnäbel (Machaerirhynchus), Ringschnäpper (Arses), Gelbbrüstchen (Eopsaltria), Monarchen (Monarcha), Paradiesschnäpper (Terpsiphone), Dickkopfschnäpper (Pachycephala), Meisenwürger (Falcunculus), Fächerschnäpper (Rhipidura), Schwalbenschnäpper (Chelidorynx), Schnäpper (Muscicapa), Trauerschnäpper (Ficedula), Niltavas (Niltava), Australschnäpper (Microeca) und andere
Grasmücken (Sylviidae)	Grasmücken (Sylvia), Rohrsänger (Acrocephalus), Seidenrohrsänger (Cettia), Schwirle (Locustella), Laubsänger (Phylloscopus), Spötter (Hippolais), Cistensänger (Cisticola), Schneidervögel (Orthotomus, Phyllergates), Meckergrasmücken (Camaroptera), Kleibergrasmücken (Sylvietta), Feinsänger (Apalis), Borstenschwänze (Stipiturus), Staffelschwänze (Malurus), Mückenfänger (Polioptila) und andere
Goldhähnchen (Regulidae)	Goldhähnchen (Regulus), Buschhähnchen (Leptopoecile)
Zaunkönigdrossel (Zeledoniidae)	Zaunkönigdrossel (Zeledonia)
Drosseln (Turdidae)	Rotkehlchen (Erithacus), Nachtigallen (Luscinia), Heckensänger (Erythropygia), Schamadrosseln (Copsychus), Rotschwänze (Phoenicurus), Weißkopfrotschwänze (Chaimarrornis), Hüttensänger (Sialia), Schmätzer (Saxicola), Steinschmätzer (Oenanthe), Pfeifdrosseln (Myiophoneus), Erddrosseln (Zoothera), Steinrötel (Monticola), Drosseln (Turdus), Walddrosseln (Hylocichla), Nachtigalldrosseln (Catharus), Trugdrosseln (Myadestes), Gabeldrosseln (Enicurus), Drosselschnäpper (Cochoa) und andere
Spottdrosseln (Mimidae)	Spottdrosseln (Mimus), Katzendrosseln (Dumetella), Sichelspötter (Toxostoma), Krummschnabelspottdrosseln (Donacobius) und andere
Zaunkönige (Troglodytidae)	Kaktuszaunkönige (Campylorhynchus), Rotkehl-Zaunkönige (Cyphorinus), Sumpfzaunkönige (Cistothorus), Felsenzaunkönige (Salpinctes), Zaunkönige (Troglodytes) und andere

Sperlingsvögel (Passeriformes)

Familien	Gattungen
Wasseramseln (Cinclidae)	Wasseramseln (Cinclus)
Haarvögel (Pycnonotidae)	Bülbüls (Pycnonotus), Finkenbülbüls (Spizixos), Fluchtvögel (Hypsipetes) und andere
Blattvögel (Irenidae)	Blattvögel (Chloropsis), Ioras (Aegithina), Elfenblauvögel (Irena)
Stachelbürzler (Campephagidae)	Raupenfresser (Pteropodocys, Coracina, Camphochaera, Campephaga), Mennigvögel (Pericrocotus) und andere
Timalien (Timaliidae)	Laufflöter (Orthonyx, Cinclosoma, Melampitta), Dschungeltimalien (Trichastoma, Pellorneum, Leonardina), Baumtimalien (Stachyris, Dumetia, Timalia), Droßlinge (Turdoides, Garrulax, Leiothrix), Papageischnabeltimalien (Paradoxornis), Bartmeisen (Panurus), Stelzenkrähen (Picathartes) und andere
Baumläufer (Certhiidae)	Baumläufer (Certhia)
Kleiber (Sittidae)	Kleiber (Sitta), Australkleiber (Neositta), Neuguineakleiber (Daphoenositta), Baumrutscher (Climacteris), Baumsteiger (Salpornis), Mauerläufer (Tichodroma)
Meisen (Paridae)	Schwanzmeisen (Aegithalos, Psaltria, Psaltriparus), Beutelmeisen (Remiz, Anthoscopus, Cephalopyrus, Auriparus), Waldmeisen (Parus), Sultansmeisen (Melanochlora), Laubsängermeisen (Sylviparus)
Paradies- und Laubenvögel (Paradisaeidae)	Sichelschnäbel (Epimachus, Drepanornis), Paradieselstern (Astrapia), Reifelvögel (Ptiloris), Wimpelträger (Pteridophora), Fadenhopfe (Seleucidis), Kragenhopfe (Lophorina), Strahlenparadiesvögel (Parotia), Sichelschwänze (Diphyllodes), Königsparadiesvögel (Cicinnurus), Paradiesvögel (Paradisaea), Katzenvögel (Ailuroedus), Zahnkatzenvögel (Scenopoeetes), Gelbbandgärtner (Archboldia), Pfeilergärtner (Prionodura), Gärtnervögel (Amblyornis), Seidenlaubenvögel (Ptilonorhynchus), Goldvögel (Sericulus), Kragenlaubenvögel (Chlamydera) und andere
Drosselstelzen (Grallinidae)	Drosselstelzen (Grallina), Bergkrähen (Corcorax), Gimpelhäher (Struthidea)
Flötenwürger (Cracticidae)	Flötenwürger (Cracticus), Flötenvögel (Gymnorhina), Würgerkrähen (Strepera)
Rabenvögel (Corvidae)	Unglückshäher (Perisoreus), Trauerhäher (Platysmurus), Wanderelstern (Dendrocitta), Elstern (Pica), Blauelstern (Cyanopica), Blauraben (Cyanocorax), Blauhäher (Cyanocitta), Elsterhäher (Calocitta), Jagdelstern (Cissa), Eichelhäher (Garrulus), Tannenhäher (Nucifraga), Dornhäher (Zavattariornis), Wüstenhäher (Podoces), Höhlenhäher (Pseudopodoces), Bergkrähen (Pyrrhocorax), Raben und Krähen (Corvus) und andere
Pirole (Oriolidae)	Pirole (Oriolus), Feigenpirole (Sphecotheres)
Drongos (Dicruridae)	Drongos (Dicrurus), Bergdrongos (Chaetorhynchus)
Schwalben (Hirundinidae)	Rauchschwalben (Hirundo), Klippenschwalben (Petrochelidon), Mehlschwalben (Delichon), Sägeflügelschwalben (Psalidoprocne), Felsenschwalben (Ptyonoprogne), Maskenschwalben (Phedina), Uferschwalben (Riparia), Baumschwalben (Tachycineta), Trugschwalben (Pseudochelidon) und andere
Lerchen (Alaudidae)	Wüstenlerchen (Ammomanes), Baumlerchen (Mirafra), Langkrallenlerchen (Eremopterix), Ohrenlerchen (Eremophila), Dickschnabellerchen (Calendula), Heidelerchen (Lullula), Haubenlerchen (Galerida), Feldlerchen (Alauda), Zirplerchen (Chersomanes), Langschnabellerchen (Certhilauda) und andere
Dickichtvögel (Atrichornithidae)	Dickichtschlüpfer (Atrichornis)
Leierschwänze (Menuridae)	Leierschwänze (Menura)
Lappenpittas (Philepittidae)	Lappenpittas (Philepitta), Nektarpittas (Neodrepanis)
Neuseelandpittas (Xenicidae)	Zwergschlüpfer (Acanthisitta), Neuseelandschlüpfer (Xenicus), Stephenschlüpfer (Traversia)
Pittas (Pittidae)	Pittas (Pitta), Sichelpittas (Anthocichla)
Pflanzenmäher (Phytotomidae)	Pflanzenmäher (Phytotoma)
Flammenköpfe (Oxyruncidae)	Flammenköpfe (Oxyruncus)
Tyrannen (Tyrannidae)	Boden-, Wasser- und Rohrtyrannen (Agriornis, Fluvicola, Arundinicola), Rubinköpfchen (Pyrocephalus), Gabel-, Diebs- und Höhlentyrannen (Muscivora, Legatus, Myiodynastes), Satrapen (Tyrannus), Bentevis (Pitangus), Fliegen-, Wander- und Königstyrannen (Myiarchus, Empidonax, Onychorhynchus), Spatel-, Zwerg- und Misteltyrannen (Todirostrum, Perissotriccus, Tyranniscus) und andere
Schnurrvögel (Pipridae)	Pipras (Pipra), Fadenpipras (Teleonema), Chorpipras (Chiroxiphia), Säbelpipras (Manacus)
Schmuckvögel (Cotingidae)	Kotingas (Cotinga), Glockenvögel (Procnias), Felsenhähne (Rupicola), Bekarden (Pachyramphus), Gabelkotingas (Phibalura), Tityras (Tityra), Schirmvögel (Cephalopterus), Kapuzinervögel (Perissocephalus), Nackthalsschmuckvögel (Gymnoderus) und andere
Rallenschlüpfer (Rhinocryptidae)	Turkos (Pteroptochos), Bürzelstelzer (Scelorchilus), Krallenschlüpfer (Acropternis), Trugbürzelstelzer (Psilorhamphus) und andere
Mückenfresser (Conopophagidae)	Mückenfresser (Conopophaga, Corythopis)
Ameisenvögel (Formicariidae)	Ameisenfresser (Formicivora), Ameisenvögel (Formicarius), Ameisenwürger (Thamnophilus), Feueraugen (Pyriglena), Ameisendrosseln (Chamaeza), Waldwächter (Hylophylax), Nacktaugen (Phlegopsis), Ameisenstelzer (Grallaria), Ameisenstelzlinge (Grallaricula) und andere
Töpfervögel (Furnariidae)	Töpfervögel (Furnarius), Erdhacker (Geositta), Wüstenhacker (Upucerthia), Uferwipper (Cinclodes), Buschschlüpfer (Synallaxis), Klettertöpfervögel (Philydor), Holzpicker (Pygarrhichas), Blattwender (Sclerurus), Steigschnäbel (Xenops) und andere
Baumsteiger (Dendrocolaptidae)	Bänderbaumhacker (Dendrocolaptes), Spechtdrosseln (Dendrocincla), Streifenbaumsteiger (Lepidocolaptes), Rindenpicker (Glyphorhynchus), Sichelbaumhacker (Campylorhamphus), Meißelbaumhacker (Xiphorhynchus) und andere
Breitrachen (Eurylaimidae)	Breitrachen (Eurylaimus, Psarisomus, Corydon, Smithornis, Pseudocalyptomena), Kellenschnäbel (Cymbirhynchus), Smaragdracken (Calyptomena)

sten richtig gewertet werden. Auffälligere Kennzeichen aller Sperlingsvögel sind, daß die blind und nur wenig bedunt oder nackt schlüpfenden Jungen den fütternden Altvögeln ihren weitgeöffneten Schnabel entgegensperren und daß die dicken Schnabelwülste und der Rachen bei den Nestlingen lebhaft gefärbt sind. Ein vergleichbares Schnabelsperren der Jungvögel kommt nur noch bei den Kukkucken und Mausvögeln vor.

Der außerordentlich hohen Artenzahl entsprechend haben die Sperlingsvögel ein riesiges Verbreitungsgebiet. Sie besiedeln nahezu die ganze Erde und fehlen nur auf dem antarktischen Kontinent und auf den freien Ozeanen, die manche Arten jedoch bei ihren regelmäßigen jährlichen Wanderungen überfliegen. Mit diesen wenigen Ausnahmen bilden sie unter der gefiederten Tierwelt überall einen wesentlichen Anteil. Besonders häufig sind sie in bewaldeten Gebieten, die auch wohl als der ursprüngliche Lebensraum der Sperlingsvögel angesehen werden müssen. Ihr stets vierzehiger Fuß ist mit der einen, nach hinten gerichteten Zehe nämlich gut zum Sitzen auf Zweigen eingerichtet, und es sind bei den zahlreichen Arten keine wesentlichen Abweichungen der Fußstruktur und auch nie Schwimmhäute ausgebildet worden. Viele Arten sind jedoch zu Bodenbewohnern geworden, andere können geschickt an Baumstämmen oder Felsen umherklettern. Nur ganz wenige Arten scheuen nicht das Wasser. Die Wasseramsel hat sich sogar ganz auf diesen Lebensraum spezialisiert und kann in strömenden Bächen unter Wasser auf dem Grund laufen und hier nach Beutetieren jagen.

Die meisten Sperlingsvögel ernähren sich vorwiegend von anderen Tieren: von Kerb- und Weichtieren sowie Würmern aller Art. Die größeren Arten dieser Ordnung jagen zudem wie die Raubvögel allerlei kleine Wirbeltiere, wie Mäuse, Eidechsen, Frösche und Kleinvögel. Fast alle aber, die sich überwiegend von anderen Tieren ernähren, verzehren nebenbei auch Früchte, Beeren und Körner, und die vorwiegend Pflanzennahrung fressenden Arten jagen fast ausnahmslos zeitweilig Kerbtiere. So werden nahezu alle Jungvögel dieser artenreichen Ordnung mit tierischer Kost aufgezogen.

Je nachdem, ob der Hauptteil der Nahrung aus tierischen oder aus pflanzlichen Stoffen besteht, sind viele Sperlingsvögel gezwungen, das heimatliche Gebiet zu verlassen, wenn im Winter die Nahrung knapp wird, oder sind in der Lage, jahraus, jahrein weitgehend das gleiche Gebiet zu bewohnen. Alle in warmen Ländern lebenden Sperlingsvögel unternehmen keine großen Wanderungen, sondern streichen höchstens von einem Gebiet zum andern. Bei uns zulande werden Wald und Flur im Herbst zum großen Teil von ihnen entvölkert; denn nur verhältnismäßig wenige von den bei uns heimischen Arten der Ordnung sind befähigt, hier den Winter zu bestehen, und nicht nur die meisten Kerbtierräuber, sondern auch viele Körnerfresser wandern nach Süden.

Besonders die Männchen vieler Sperlingsvögel sind ausgezeichnete Sänger. Der Gesang dient vor allem der innerartlichen Verständigung bei der Revierabgrenzung und der Paarbildung. Die Paare ziehen gewöhnlich gemeinsam 1–3 Bruten im Jahr auf. Die Nester sind entsprechend der Artenfülle sehr unterschiedlich, doch gerade in dieser Vogelordnung gibt es mit den Weberfinken und den Beutelmeisen hervorragende Baumeister. Das Gelege besteht in der Regel aus 4–12 oft buntfarbigen Eiern; die Brutdauer schwankt zwischen 11 und 21 Tagen, nur der riesige Leierschwanz brütet bis 40 Tage lang.

Sperlingsvögel sind stammesgeschichtlich die jüngste, aber auch erfolgreichste Vogelordnung. Die Aufspaltung in die Vielfalt von Gruppen hat sich überwiegend erst in den letzten 50 Millionen Jahren vollzogen. In diesem für die Evolution relativ kurzen Zeitraum haben sich die Grundmerkmale nur wenig geändert. Variiert worden sind vor allem die Größe, die Gefiederfärbung und die Schnabelform. Körnerfresser haben z. B. gewöhnlich dicke kräftige Schnäbel, während insektenfressende Formen meist mittellange, schmale Schnäbel besitzen. Die weitgehende Übereinstimmung des Grundbauplans macht eine systematische Einteilung dieser ungemein artenreichen Ordnung in Verwandtschaftsgruppen sehr schwierig. Für die Gliederung in 4 Unterordnungen dienen Eigentümlichkeiten der Fußmuskulatur und des Stimmorgans, der Syrinx.

Diese 4 Unterordnungen sind: die Singvögel (Oscines) mit dem Großteil aller Familien der Sperlingsvögel und rund 4000 Arten; die Halbsingvögel (Suboscines) mit den beiden Familien Leierschwänze und Dickichtvögel; die Schreivögel (Clamatores) mit 13 Familien von den Lappenpittas bis zu den Baumkletterern (vgl. Tabelle); die Zehenkoppler (Desmodactylae) mit der einen Familie der Breitmäuler. Die Aufgliederung in Familien ist immer noch im Fluß. Im vorliegenden Buch wird die Ordnung in 68 Familien unterteilt (vgl. Tabelle), doch muß darauf verwiesen werden, daß in anderen Büchern teilweise verschiedene Familien zu einer Familie zusammengefaßt werden oder daß andererseits noch stärker aufgespalten wird.

Oben: Das Verbreitungsgebiet der etwa 430 Finkenarten erstreckt sich über große Teile der Erde. In den von ihnen bewohnten Gebieten besiedeln sie als Baum- oder Bodenbewohner die verschiedensten Lebensräume von der Küste bis in die Hochgebirge.

Finken

Viele Arten aus der großen Familie der Finken *(Fringillidae)* sind dem Naturliebhaber als typische Singvögel bekannt, denn hierzu gehören z.B. der Buchfink, der Stieglitz, der Zeisig, die Goldammer und der häufig gehaltene Kanarienvogel. Insgesamt werden zu den Finken etwa 430 Arten gezählt, die nahezu weltweit verbreitet sind. Sie fehlen nur in den Polargebieten, auf vielen Inseln Ozeaniens und weitgehend in Australien. Gemeinsame Merkmale dieser Singvogelfamilie sind ein meist konisch zulaufender kurzer, kräftiger Schnabel, mit dem die überwiegend aus Sämereien bestehende Nahrung in der Regel unter Mithilfe der Zunge enthülst wird, 10 Handschwingen, von denen die äußerste Feder gewöhnlich stark reduziert ist, 12 Schwanzfedern und die mit kurzen Federn bedeckten Nasenlöcher. Neben Körnernahrung fressen diese Singvögel auch Knospen, Früchte und Insekten. Finken sind gewöhnlich klein. Ihre Gefiederfärbung variiert stark. Die meist napfförmigen Nester werden oft allein vom Weibchen gebaut, das auch bei vielen Arten allein die 3–7 Eier in 11–14 Tagen erbrütet, doch beteiligt sich das Männchen an der Aufzucht der Jungen.

Da klar abzugrenzende Merkmale feh-

Linke Seite unten: Der auf den Galápagosinseln beheimatete Stocherfink benützt bei der Nahrungssuche einen Kaktusdorn als Werkzeug, mit dem er vor allem Insektenlarven aus ihren Fraßgängen im Holz oder unter Rinden heraussochert. Die Verhaltensweise des Stocherns mit Kaktusdornen ist ihm angeboren, doch muß er die gezielte Anwendung als Werkzeug erst lernen. Durch diesen Werkzeuggebrauch gelangt er an Nahrung, die sonst nur den Spechten zugänglich ist (Foto Okapia).

Der Buchfink ist außer im hohen Norden ein in ganz Europa häufiger Singvogel. Da er sich auch gern in Gärten und Parkanlagen aufhält, ist er leicht zu beobachten (Foto J. Markham).

len, fällt die eindeutige Einteilung in Untergruppen ziemlich schwer und wird deshalb auch von verschiedenen Autoren unterschiedlich vorgenommen. Gewöhnlich gliedert man die Familie Finken *(Fringillidae)* in 5 Unterfamilien: Buchfinken *(Fringillinae)*, Stieglitzverwandte *(Carduelinae)*, Kardinäle *(Richmondeniae)*, Ammern *(Emberizinae)* und Darwinfinken *(Geospizinae)*.

Die 14 Arten der Darwin- oder Galápagosfinken sind von besonderem Interesse, da sie ein Musterbeispiel für die Artenbildung sind und damit die Arbeitsweise der Evolution demonstrieren. Diese nur auf den Galápagosinseln und in einer Art auf der knapp 100 km davon entfernt liegenden Cocosinsel beheimateten Finken stammen wahrscheinlich von einer schwarzammerähnlichen Finkenart Mittelamerikas ab, von der vermutlich einige Vögel vom Festland auf die Inseln verschlagen worden sind.

Die Darwinfinken unterscheiden sich voneinander durch verschiedene Schnabelformen, im Bau des Schädels, der Schädelmuskulatur, der Zunge und in der Magen- und Herzgröße. Darwin, der diese Finkenvögel 1835 entdeckte, schloß daraus, daß von der Ursprungsform abweichende, zufällig aufgetretene Formen sich neue Nahrungsquellen erschließen

Oben: Buchfinken sind vor allem durch ihre auffallenden weißen Flügelbinden leicht zu erkennen. Das Männchen ist zudem auf der Unterseite rötlichbraun gefärbt. Sein lauter Finkenschlag gehört zu den bekanntesten Singvogelgesängen (Foto L. Gaggero).

konnten und ihre Lebenschancen unabhängig von anderen Nahrungskonkurrenten stiegen. Er vermutete bereits damals, was heute als fundiertes Wissen gilt, daß diese nahverwandten Finken infolge Anpassung an verschiedene Ernährungsbedingungen und Lebensräume entstanden sind. Die Schnäbel sind gewöhnlich kräftig und dick, doch variieren sie etwas in ihrer Stärke. Das gilt sowohl für die auf verschieden große und harte Samen spezialisierten Formen, z. B. Grundfinken (Geospiza), als auch für Insektenjäger. Dagegen hat der Laubsängerfink (Certhidea) einen schlanken, spitzen Schnabel. Eine Art, der Stocherfink oder Spechtfink (Cactospiza pallida), benutzt sogar einen Kaktusdorn als Werkzeug, mit dem er unter der Rinde und in Löchern im Holz nach hier verborgenen Insekten stochert. Mit diesem eigenartigen Werkzeuggebrauch hat sich der Stocherfink einen bestimmten Kleinlebensraum, eine sogenannte ökologische Nische erobert, die sonst gewöhnlich vom Specht besetzt ist. Wie die meisten Festlandsvögel fehlen jedoch die Spechte auf den Galápagosinseln.

Buchfink

Einer der bekanntesten heimischen Vögel ist der Buchfink (Fringilla coelebs). Besonders auffällig sind bei ihm die weißen Flügelbinden und der graublaue Scheitel und Nacken des Männchens, die mit dem rostbraunen Mantel stark kontrastieren. Das Weibchen ist unscheinbarer und olivgrün gefärbt. Seine Länge beträgt 15 cm, die Flügelspannweite 25 cm. Der Buchfink ist mit Ausnahme des hohen Nordens in ganz Europa, im nördlichsten Afrika und in Kleinasien beheimatet und breitet sich auch ostwärts nach Mittelasien aus. Bei den in Nordafrika und auf den Azoren vorkommenden Unterarten sind Kopf, Augen- und Schultergegend bläulich aschgrau, der Rücken olivgrün und die Bauchseite blaß weinrot gefärbt.

In Deutschland gibt es wenige Gegenden, in denen der Buchfink nicht zahlreich auftritt. Er bewohnt Nadel- wie Laubwälder, Feldgehölze, Baumpflanzungen oder Gärten und meidet eigentlich nur sumpfige oder nasse Gebiete. Ein Paar lebt dicht neben dem andern; aber jedes wahrt eifersüchtig das erwählte Gebiet und vertreibt aus dem eigenen Revier jeden Eindringling der gleichen Art. Erst wenn das Brutgeschäft vorüber ist, sammeln sich die einzelnen Paare zu zahlreicheren Scharen, nehmen unter diese auch andere Finken- und Ammernarten auf und streifen nun gemeinschaftlich durch das Land. Im Oktober verschwinden in den nördlichen und östlichen Verbreitungsgebieten die meisten Buchfinken und ziehen südwärts, wobei die Schwärme oft nach Geschlechtern getrennt sind. Einige überwintern aber auch im Brutgebiet, vor allem Männchen.

Bei der Rückkehr der Zugvögel erscheinen Anfang März zuerst die Männchen und besetzen Reviere. Durch ihren Gesang locken sie nach Ankunft der Weibchen eine Partnerin an, die dann bald in Astgabeln von Bäumen oder Büschen einen Nistplatz aussucht und gewöhnlich allein das kunstvolle halbkugelige Nest baut. Seine dicken Außenwände werden aus grünem Moos, zarten Würzelchen und Hälmchen zusammengesetzt. Das Innere ist tief napfförmig und sehr weich mit Haaren und Federn, Pflanzen- und Tierwolle ausgepolstert. Solange der Nestbau währt und das Weibchen brütet, schlägt der Fink fast ohne Unterbrechung während des ganzen Tages. Die 5–6 blaugrünlichen, rotgefleckten Eier werden vom Weibchen in 12–13 Tagen ausgebrütet. Die Jungen werden von beiden Eltern ausschließlich mit Kerbtieren großgefüttert. Sie verlassen im Alter von 13 Tagen das Nest; Die Altvögel füttern sie aber noch einige Zeit weiter. Danach beginnt das Paar mit einer neuen Brut.

Der Fink ist ein munterer, lebhafter und sehr gewandter Vogel. Auf dem Boden

Links: Das halbkugelige Nest des Buchfinken ist kunstvoll aus Fasern und Moos gewoben. Innen ist es mit Haaren und Federn ausgepolstert. Gewöhnlich baut nur das Weibchen das Nest und brütet auch die Jungen aus (Foto E. Hosking).

Oben: Bei der Aufzucht der Brut beteiligt sich auch das Männchen. Die Jungvögel werden ausschließlich mit Insekten, vor allem mit Raupen, gefüttert. Erst später fressen Buchfinken ebenfalls Pflanzennahrung (Foto H. Tomanek).

geht er halb hüpfend, halb laufend, auf den Zweigen gern in seitlicher Richtung. Er fliegt schnell, wobei er flache Wellenlinien beschreibt. Seine Lockstimme, das bekannte „Pink", wird sehr verschieden betont und erhält dadurch mannigfache Bedeutung. Im Flug läßt er häufiger als das „Pink" ein gedämpftes, kurzes „Jüpp, jüpp" vernehmen; bei Gefahr warnt er durch ein zischendes „Siih", auf das auch andere Vögel achten. Der Schlag besteht aus einer oder zwei kurzen Strophen, die rasch nacheinander vorgetragen, von Liebhabern genau unterschieden und mit besonderen Namen belegt werden. Das genaue Erkennen dieser Schläge war früher in Thüringen, im Harz und in Oberösterreich bei Liebhabern eine eigene Wissenschaft. Während das ungeübte Ohr nur einen geringen Unterschied wahrnimmt, unterschieden diese Leute mit untrüglicher Sicherheit zwischen zwanzig und mehr verschiedenen Schlägen. Der Gesang ist dem Männchen in seiner Grundstruktur angeboren, doch muß es die charakteristische Gliederung in eine Strophenfolge während der ersten 13 Lebensmonate von Vorsängern lernen. Dabei genügt es bereits, wenn der Jungvogel diesen Gesang zu einem Zeitpunkt gehört hat, zu dem er selbst noch nicht singen konnte.

Die Hauptnahrung des Buchfinken besteht aus Pflanzenstoffen, besonders aus ölhaltigen Samen; während der Brutzeit überwiegen Insekten.

In den Nadelwäldern der Kanarischen Inseln Teneriffa und Gran Canaria wird der Buchfink durch den 16 cm langen Teydefink oder Kanaren-Buchfink *(Fringilla teydea)* vertreten. Das Männchen ist blaugrau, das Weibchen olivgrau gefärbt.

Bergfink

Die dritte Art der Unterfamilie Buchfinken ist der knapp 15 cm lange Bergfink *(Fringilla montifringilla)*. Beim Männchen sind im Sommerkleid Kopf, Nacken und Mantel tiefschwarz, die Bürzelfedern reinweiß, Brust und Schultern orangefarben, der Bauch gelblichweiß und der Schnabel blauschwarz. Abweichend davon sind beim Weibchen der Kopf und der obere Rücken braungrau gefärbt. Ebenso sieht das Männchen nach der Mauser im Herbst aus, da die entsprechenden, später schwarzschimmernden Federn zunächst gelbbraune Ränder haben, die erst im Frühjahr abgeschilfert werden. Der Schnabel ist im Winter beim Männchen gelb.

Das Verbreitungsgebiet des Bergfinken erstreckt sich über den hohen Norden der Alten Welt, soweit der Baumwuchs reicht. Von hier aus durchstreift er im Winter ganz Europa bis Spanien und Griechenland oder Asien bis zum Himalaya und kommt auf diesem Zug sehr häufig zu uns. Er rottet sich bereits im August in Scharen zusammen, treibt sich in den nächsten Monaten in den südlichen Gegenden seiner Heimatländer umher und wandert nun allmählich weiter nach Süden. Bei uns erscheint er Ende September. In Deutschland begegnet man dem

Im Frühjahr und Sommer ist das Männchen des Bergfinken durch die auffällige Schwarzzeichnung deutlich vom unscheinbaren Weibchen unterschieden. Auf dem Durchzug oder als Wintergast bei uns in Mitteleuropa ist vor allem die schwarze Kopfzeichnung des Männchens nicht so stark ausgeprägt, da die grauen Federränder noch nicht vollständig abgeschilfert worden sind (Fotos E. Hosking).

Doppelseite: Viele Finkenvögel sind Artgenossen und auch fremden Arten gegenüber recht unverträglich. Auf der Abbildung droht – oder haßt – ein Grünlingsweibchen eine Blaumeise an (Foto P. Hinchliffe – Photo Researchers).

Dem sich nähernden Buchfinkenweibchen strecken die Nestlinge – wie alle Singvogeljungen – die weit aufgesperrten Schnäbel entgegen. Der rote Rachen und die breiten gelben Schnabelwülste sind eindeutige Wegweiser für das Futter (Foto J. Markham).

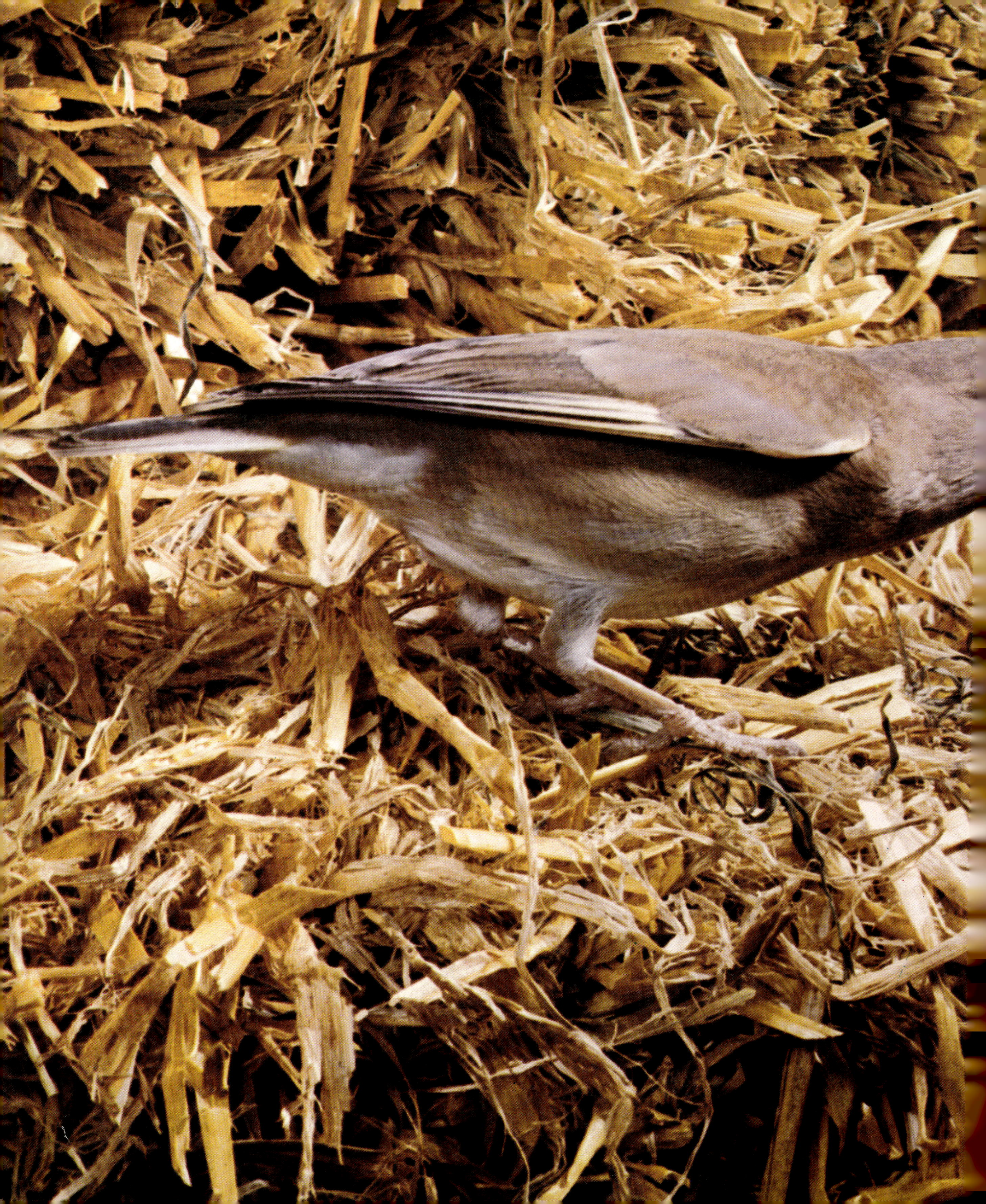

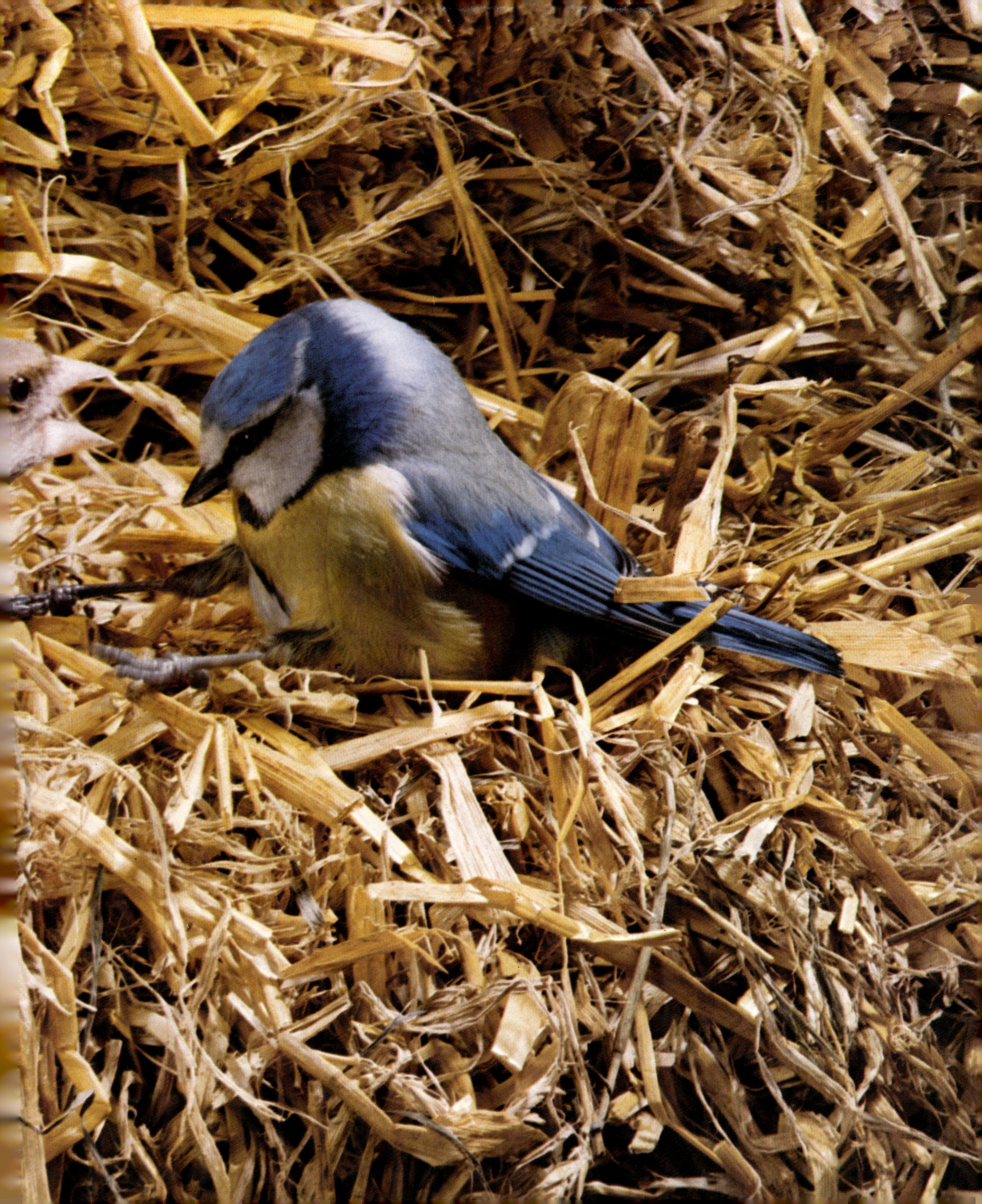

Der Stieglitz ist ein für nördliche Breiten ungewohnt bunter Vogel. Obgleich er bei uns nicht häufig ist, fällt er daher leicht auf. Sein deutscher Name ist als Lautmalerei seines Lockrufs zu verstehen (Foto L. Gaggero).

Bergfinken, regelmäßig mit Buchfinken, Hänflingen, Ammern, Feldsperlingen und Grünlingen vereinigt, in Wäldern und auf Feldern. Auch am Futterhäuschen ist er regelmäßiger Gast. Wie viele Wandervögel aus dem hohen Norden ist der Bergfink anfangs recht zutraulich, wird aber durch Verfolgung sehr scheu.

In der Heimat bewohnt der Bergfink Nadelwaldungen, besonders solche, die mit Birken untermischt sind, oder reine Birkenwaldungen. Das Nest ähnelt dem unseres Buchfinken, ist aber stets dickwandiger und außen nicht bloß mit Moosen, sondern sehr häufig auch mit Birkenschalen, innen mit feiner Wolle und einzelnen Federn ausgekleidet. Die Nahrung des Bergfinken besteht vorwiegend aus ölhaltigen Sämereien verschiedener Pflanzen und im Sommer außerdem aus Kerbtieren. In den Winterquartieren bevorzugt er Bucheckern. In Gebieten mit reicher Buchenmast hat man im Winter Massenansammlungen von mehreren Millionen Bergfinken angetroffen.

Stieglitz

Der auffällige, nur 12 cm lange Stieglitz oder Distelfink *(Carduelis carduelis)* ist durch einen kegelförmigen, sehr gestreckten und spitzen Schnabel sowie durch sein buntes und lockeres Gefieder gekennzeichnet. In dem gelbbraunen und schwarzen Grundgefieder heben sich besonders das rote, weißeingerahmte Gesicht, die leuchtend gelbe Flügelbinde und die weißlichen Bürzelfedern ab. Beide Geschlechter sind gleich gefärbt. Den Jungen fehlt das Rot und Schwarz am Kopf; ihr Oberkörper ist auf bräunlichem Grund dunkel, der Unterkörper auf weißem Grund braun gefleckt.

Vom mittleren Schweden und von Südfinnland an findet sich der Stieglitz in ganz Europa, aber auch auf Madeira, den Kanarischen Inseln, in Nordwestafrika und in einem großen Teil Asiens, von Syrien bis nach Sibirien. Außerdem hat man ihn in den USA, auf Kuba, in Australien und Neuseeland eingebürgert. Innerhalb seines Verbreitungsgebietes fehlt er nirgends, kommt aber keineswegs überall in gleicher Häufigkeit vor. Regelmäßig trifft man ihn jedoch in den Kulturlandschaften der Mittelmeerländer. Er hält sich bevorzugt in Obstplantagen, Gärten, Parkanlagen und auf Ödland auf. In Deutschland schart er sich im Herbst zu größeren Trupps zusammen und zieht dann umher. Im Winter weicht er nach Süden aus, während nordische Formen auch bei uns überwintern.

Der Stieglitz ist höchst gewandt. Er klettert wie eine Meise, hängt sich wie die Zeisige geschickt von unten an die dünnsten Zweige und arbeitet minutenlang in solcher Stellung. Sein Flug ist schnell und wie bei den meisten Finken wellenförmig. Zum Ruhen bevorzugt er die höchsten Spitzen der Bäume oder Sträucher, hält sich aber niemals lange am selben Ort auf. Seine Lockstimme wird am besten durch seinen Namen wiedergegeben; denn dieser ist nichts anderes als ein Klangbild der Silben „Stiglit", „Pickelnit"

Den Lebensraum der Stieglitze bilden sonnige Waldlichtungen und Waldränder, Obstgärten, Baumgruppen im Ödland und im Mittelmeerraum vor allem Kulturlandschaften. Das kunstvolle Nest wird meist nur vom Weibchen gebaut und liegt gewöhnlich gut im Laub versteckt in flachen, weit vom Stamm entfernten Astgabeln. Das allein brütende Weibchen wird vom Männchen gefüttert. Bei der Aufzucht der Jungen beteiligen sich beide Eltern. Die Nestlinge werden zunächst nur mit Insekten, später zusätzlich mit im Kropf aufgeweichten Sämereien gefüttert (Foto W. Haller).

und „Pickelnick ki kleia". Diese Rufe lassen sie im Fliegen und im Sitzen hören. Ein sanftes „Ai" wird als Warnungsruf gebraucht, ein rauhes „Rärärärä" ist das Zeichen von Erregung.

Die Nahrung besteht aus kleinen Samen verschiedener Pflanzenarten, besonders von Birken, Erlen und Disteln im weitesten Sinne. Der Stieglitz hängt sich geschickt an Distelköpfe und holt mit seinem langen, spitzen Schnabel die versteckten Samen heraus. Im Sommer verzehrt er nebenbei Kerbtiere, und mit ihnen füttert er auch seine Jungen groß. Das Nest, ein fester, dicht zusammengefilzter Kunstbau, wird oft in Gärten und unmittelbar bei den Häusern in einer vom Laub gut verborgenen Astgabel angelegt. Grüne Baumflechten und Moos, feine Würzelchen, dürre Hälmchen, Fasern und Federn bilden die äußere Wandung, Distelflocken und Tierhaare die innere Auskleidung. Das Weibchen ist der eigentliche Baumeister. Das Gelege enthält 4–5 grünweißliche, grauviolett gefleckte Eier, die durchschnittlich 16 mm lang und 12 mm dick sind. Selten findet man diese Eier früher als im Mai. Das Weibchen brütet allein. Beide Eltern versorgen jedoch die Jungen. Die zarten Jungen werden mit kleinen Kerbtierlarven, die größeren mit Kerbtieren und Sämereien gefüttert.

Zeisig

Eine mit dem Stieglitz verwandte Art ist der ebenfalls nur 12 cm lange Zeisig oder Erlenzeisig *(Carduelis spinus)*. Auch bei ihm ist der Schnabel verhältnismäßig lang und spitz. Das Männchen ist gelblichgrün, auf der Unterseite und an den

Mit dem ziemlich langen, spitzen Schnabel holt der Stieglitz geschickt den feinen Samen aus verschiedenen Fruchtständen besonders häufig aus Distelköpfen, an denen er behend umherturnen kann. Diesem Verhalten verdankt er auch seinen weiteren Namen Distelfink. Sein Flug ist schnell und wie bei vielen Finken wellenförmig. Vor dem Landen kann er sich durch heftiges Flattern auch kurze Zeit in der Schwebe halten (Fotos G. Quedens und Bille).

Rechte Seite oben: Die recht unsteten Zeisige halten sich gewöhnlich hoch in den Bäumen auf. Ihre Nahrung besteht vor allem aus Samen der Nadelbäume und von Erlen, doch fressen sie auch Knospen und Insekten (Foto F.-V. Blackburn – Photo Researchers).

Kopfseiten überwiegt die gelbe Färbung, der Rücken und die Flanken sind braun gestreift, der Scheitel und das Kinn sind schwarz gefärbt. Beim Weibchen fehlen die auffälligen gelben und schwarzen Farbtöne. Das Verbreitungsgebiet des Zeisigs umfaßt große Teile Mitteleuropas und Westasiens, soweit sie bewaldet sind, nach Norden hin bis zur Breite Mittelnorwegens. Er kommt aber auch in Schottland und Irland sowie in südeuropäischen Mittel- und Hochgebirgen und selbst in Ostasien als Brutvogel vor. Er tritt aber nur sporadisch auf und ändert leicht sein Brutgebiet. In Deutschland ist er ein Strichvogel, der außerhalb der Brutzeit weit im Lande umherstreift. Die Bewohner nördlicher Länder ziehen im Winter in südlichere Gebiete und gelangen dann häufig zu uns. Zu dieser Jahreszeit kommen sie aber in ganz West-, Süd- und Osteuropa und gelegentlich sogar in Nordafrika vor. In manchen Wintern erscheint er zu Tausenden in den Dörfern oder in unmittelbarer Nähe derselben; in anderen Wintern sieht man hier kaum einzelne dieser Vögel.

Zeisige halten sich überwiegend in nicht zu dichten Fichtenwäldern auf, fehlen aber auch nicht in gemischten Nadel- und Laubwäldern. Sie sind ziemlich ruhelos, hüpfen und klettern vorzüglich und können sich wie Meisen an die Spitzen schwankender Zweige hängen. Der Lockton klingt wie ein rasch aneinandergereihtes „Djet, djet" oder wie „Di, di" oder „Didilei". Mit letzteren Tönen beginnt das Männchen gewöhnlich auch seinen Gesang, ein anhaltendes Zwitschern, dem als Schluß ein langgezogenes „Dididlidideidää" angehängt wird.

Sämereien mancher Art, besonders von Nadelbäumen, junge Knospen und Blätter, während der Brutzeit aber Kerbtiere, bilden die Nahrung. Die Jungen werden fast ausschließlich mit Insekten, besonders mit Räupchen, Blattläusen usw. aufgefüttert.

Zeisige paaren sich bei uns im April. Das Männchen singt dann sehr laut und fliegt dabei flatternd in der Luft umher. Dieses kleine Tierchen sieht dann groß aus, schlägt die Flügel sehr stark, breitet den Schwanz aus und flattert in Kreisen und Bogen in einer beträchtlichen Höhe umher. Das Weibchen verhält sich hierbei ganz ruhig, bleibt aber in der Nähe des Männchens und schnäbelt mit ihm anschließend. Das Bauen des Nestes be-

Bei der Paarbildung im Frühjahr führt das auf der Unterseite prächtig gelb gefärbte Zeisigmännchen zunächst einen schmetterlingsartigen Balzflug aus. Die erfolgreiche Werbung wird durch Schnäbeln des Paares bestätigt (Foto Okapia).

ginnt, nachdem das Weibchen einen günstigen Platz meist an der Spitze von Nadelbaumästen gefunden hat. Die Nester, die immer hoch in den Bäumen angebracht sind, bestehen im wesentlichen äußerlich aus dürren Reisern, sodann aus Moosen und Flechten, Schafwolle und dergleichen. Die einzelnen Teile sind gewöhnlich durch Raupengespinste fest miteinander verbunden. Innen sind sie mit weichen Pflanzenstoffen und Federn dicht ausgefüttert. Ihre Wandungen sind sehr dick, und der Napf ist ziemlich tief. Die 5–6 weißbläulichen, dunkelgepunkteten Eier werden allein vom Weibchen bebrütet. Während der 13tägigen Brutdauer füttert das Männchen sein Weibchen mit Nahrung aus dem Kropf.

Den gleichen Lebensraum wie der Zeisig besiedelt in Nordamerika der diesem ähnliche Fichtenzeisig (Carduelis pinus).

Zitronengirlitz

Der 12 cm lange Zitronengirlitz (Serinus citrinella) gleicht mit seinem verhältnismäßig langen, spitzen Schnabel und mit der Vorliebe für lichte Bergwälder stark den Zeisigen, denen er bis vor kurzer Zeit auch zugerechnet worden ist. In seinem Verhalten zeigt er aber weitgehende Übereinstimmung mit afrikanischen Girlitzen, z. B. dem Gelbscheitelgirlitz (Serinus canicollis), so daß er heute als Girlitz geführt wird. Im Gegensatz zu Zeisigen kann er sich bei der Futtersuche auch nicht an Zapfen hängen.

Der Zitronengirlitz ist gelblichgrün, hat wie der Zeisig eine gelbe Unterseite, doch ist sein Gefieder ungestreift, und der Nacken und die Kopfseiten sind grau gefärbt. Er besiedelt die Hochgebirgswälder Südwesteuropas bis zum Allgäu und bis zu den Pyrenäen. Außerdem kommt er auch im Schwarzwald und in mittelspanischen Gebirgswäldern vor. Eine braunrückige Form (Serinus citrinella corsicanus) lebt auf Korsika, Sardinien und Elba.

In den Alpen bewohnt der Zitronengirlitz die oberen Waldregionen zwischen 1200 m und 2000 m Höhe, im Schwarzwald kommt er oberhalb 700 m Höhe vor. Im Winter kommt er jedoch in die Täler herab. Sein Gesang ist eigentümlich klirrend, und es sind Anklänge an Gesangsstrophen des Stieglitzes und des Girlitzes erkennbar. Das Männchen wirbt im Frühling durch kreisförmige Singbalzflüge um das Weibchen. Nach der Paarbildung beginnt das Weibchen mit dem Nestbau. Auf der Suche nach Nistmaterial begleitet das Männchen seine Partnerin, wie das auch sonst oft bei Finken üblich ist. Das halbkugelige Nest wird gewöhnlich in etwa 6 m hohen Fichten, am Stamm und nahe am Wipfel im dichtesten Astwerk angelegt. Die 4–5 Jungen werden von beiden Eltern gefüttert.

Zitronengirlitze ernähren sich überwiegend von kleinen Samen, die sie mit ih-

Oben und links: Die verwandtschaftliche Beziehung – und damit die systematische Stellung – des Zitronengirlitzes ist erst in letzter Zeit geklärt worden. Früher hatte man diesen südwesteuropäischen Gebirgsvogel den Zeisigen zugesellt und in die gleiche Singvogelgattung (Carduelis) eingeordnet. Durch vergleichende Verhaltensbeobachtungen mußte diese Annahme korrigiert werden (Fotos L. Gaggero).

rem spitzen Schnabel z.B. aus Tannenzapfen oder aus den verblühten Blütenköpfen des Löwenzahns herausziehen.

Hänfling

Der gut 13 cm lange Hänfling oder Bluthänfling *(Carduelis cannabina)* ist zur Brutzeit im männlichen Geschlecht auf dem Scheitel und auf der Brust prachtvoll karminrot gefärbt. Sonst überwiegen braungraue Töne mit dunklen Strichen, auf der Unterseite geht die Färbung ins Weißliche über. Der Schnabel ist blaugrau. Dagegen fehlt dem Weibchen die rote Färbung, die auch beim Männchen nach der Mauser im Herbst noch von den blassen Federrändern überdeckt ist. Der Bluthänfling bewohnt ganz Europa von Südskandinavien an, Westasien bis Pakistan und Nordwestafrika.

Im hohen Norden Europas vertritt ihn der Berghänfling *(Carduelis flavirostris)*. Dieser hat im Gegensatz zum Hänfling im Winter einen gelben Schnabel, und beim Männchen ist nur der Bürzel rötlich gefärbt. Sonst ähnelt er einem Hänflingsweibchen. Der Berghänfling ist außer an der West- und Nordküste Skandinaviens auch im Norden Großbritanniens und im mittleren Asien von der Türkei bis Nordchina Brutvogel.

Unter den heimischen Finkenvögeln gehört der Hänfling zu den häufigeren Arten. Er bevorzugt buschreiches offenes Gelände und meidet geschlossene Wälder. Außerhalb der Brutzeit bildet er meist kleine Trupps. Im Winter mischen sie sich unter die Grünlinge, auch unter Buch- und Bergfinken, Feldsperlinge und Goldammern. Im Frühling sondern sie sich nach der Paarung voneinander ab, brüten aber oft nur mit wenigen Metern Abstand friedlich nebeneinander.

Bereits Ende März beginnt das Hänflingsweibchen mit dem Nestbau. Das Nest wird am liebsten in Hecken, Ginsterbüschen, auf kleinen Bäumen und gelegentlich auch im Heidekraut angelegt. Es besteht äußerlich aus Reiserchen, Würzelchen und Grasstengeln, Heidekraut und dergleichen. Die eigentliche Nestmulde wird mit Tier- und Pflanzenwolle ausgepolstert. Beim Nestbau begleitet das Männchen sein Weibchen. Das Gelege enthält 4–6 weißbläuliche Eier mit wenigen rotbraunen Flecken. Sie werden nur vom Weibchen in 13–14 Tagen ausgebrütet. Die Jungen werden aber von beiden Eltern gemeinschaftlich mit vorher im Kropf erweichten Sämereien aufgefüttert. Während das Weibchen auf dem Nest sitzt, kommt das Männchen oft herbeigeflogen und singt sehr eifrig von einer Warte herab.

Der Hänfling ernährt sich fast ausschließlich von Sämereien verschiedener Kräuter und Gräser. Im Winter erscheinen deshalb Hänflingsschwärme nicht selten auf Ödland, Feldern und Sümpfen.

Die Lockstimme des Hänflings ist ein kurzes, hartes „Gäck" oder „Gäcker", das häufig mehrmals schnell hintereinander ausgestoßen wird. Ihm wird oft ein wohlklingendes „Lü" zugefügt, zumal wenn die Vögel etwas Verdächtiges bemerken. Der Gesang, der meist von der Spitze eines Busches vorgetragen wird, fängt gewöhnlich mit dem erwähnten „Gäckgäck" an; diesen Lauten werden aber flötende, klangvolle Töne beigemischt. Früher wurde der Hänfling oft als Stubenvogel gehalten. Er ist recht anspruchslos und singt eifrig fast das ganze Jahr.

In Gebieten, in denen offenes Gelände mit Büschen, Hecken und kleinen Gehölzen abwechselt, ist der Hänfling zu Hause. Wie bei vielen Singvögeln ist das Weibchen unscheinbar gefärbt. Dieses baut allein das Nest und bebrütet auch die 4–6 Eier. Das Männchen begleitet seine Partnerin aber beim Sammeln des Nistmaterials und beteiligt sich auch bei der Fütterung der Jungvögel. Die Nahrung der Jungen besteht aus Sämereien, die im Kropf der Altvögel aufgeweicht werden. Das Nest liegt gut versteckt in Büschen und Dickichten, oft im Ginster (Fotos L. Gaggero und J.-C. Chantelat).

Birkenzeisig

Ähnlich wie der Hänfling ist der 13 cm lange Birkenzeisig *(Carduelis flammea)* gefärbt, doch ist die Brustseite beim Männchen weniger rot, und die Grundfärbung ist etwas heller, zudem besitzt er helle Flügelbinden, ein schwarzes Kinn, und auch das Weibchen hat einen roten Scheitelfleck. Das Verbreitungsgebiet erstreckt sich auf die nördlichen Birken- und Erlenwälder sowie die mit Sträuchern durchsetzten Tundrengebiete der Alten und Neuen Welt. Außerdem kommt er als Brutvogel in Großbritannien und in den Alpen vor.

In einigen Gebieten ist der Birkenzeisig ganz an die riesigen, nordischen Birkenwälder gebunden. Er findet in ihnen zur Winterszeit Sämereien und in den Sommermonaten, während er brütet, Kerbtiere, besonders Mücken, in größter Menge. Das napfförmige Nest steht meist niedrig über dem Boden auf einer der im Brutgebiet meist buschartigen Birken und kommt in der Bauart dem unseres Hänflings am nächsten. Die 3–5 lichtgrünen, rot und hellbraun gefleckten Eier findet man meist erst im Juni. Die Jungen werden von beiden Altvögeln mit Insekten gefüttert.

Bei uns in Mitteleuropa erscheint der Birkenzeisig Anfang November oft als Wintergast, manchmal in sehr großer Zahl. Er vereinigt sich gewöhnlich mit Zeisigen und streift mit diesen dann im Land umher. Beim Aufsuchen der Nahrung, die im Winter vorwiegend aus kleinen Samen von zapfentragenden Bäumen und allerlei verdorrten Krautpflanzen besteht, sind Birkenzeisige sehr geschickt. Birken, deren fadenähnliche Zweige von einer Schar dieser Vögel bedeckt sind, gewähren einen prächtigen Anblick. Hier hängt und klettert die ganze Gesellschaft in den verschiedensten Stellungen auf und nieder und holt sich aus den Samenzäpfchen eifrig Nahrung heraus. Auch auf dem Boden hüpft ein Birkenzeisig geschickt umher. Sein Flug ist schnell, wellenförmig und vor dem Aufsitzen schwebend. Untereinander und auch anderen verwandten Arten gegenüber sind Birkenzeisige sehr verträglich.

In den verschiedenen Gebieten haben die Birkenzeisige mehrere unterschiedliche Formen herausgebildet. Die nördlichsten Vertreter sind blasser als die Normalform. Sie werden oft als eigene Art, als Polarbirkenzeisige *(Carduelis hornemanni),* angesehen.

Die Lockstimme ist ein wiederholt ausgestoßenes ,,Tschettscheck'', das häufig beim gleichzeitigen Auffliegen ertönt.

Grünling

Der knapp 15 cm lange Grünling oder Grünfink *(Carduelis chloris)* ist durch seinen kräftigen Bau und den kurzkegelförmigen, an den eingezogenen Laden scharfschneidigen Schnabel gekennzeichnet. Die vorherrschende Färbung ist ein Olivgrün, lebhaft zitronengelb sind die Flügelränder und die Schwanzwurzel gefärbt. Das Weibchen ist etwas weniger lebhaft gefärbt, junge Vögel sind rostbräunlich längsgestrichelt. Mit Ausnahme der nördlichsten Gegenden Europas fehlt der Grünling nirgends in diesem Erdteil, und ebenso ist er über Nordwestafrika und Kleinasien bis zum Kaukasus verbreitet. Er bewohnt am liebsten fruchtbare Gegenden, wo kleine Gehölze mit Feldern, Wiesen und Gärten abwechseln. Er hält sich auch in unmittelbarer Nähe bewohnter Gebäude auf und brütet nicht selten mitten in der Großstadt.

Die nördlichsten Formen weichen im Winter südwärts aus. Viele westeuropäische Grünlinge sind jedoch Standvögel und streichen während der Winterszeit unregelmäßig umher. Dabei schlägt sich der Grünling nicht selten mit verwandten Vögeln in größere Trupps zusammen. Sonst lebt er paar- oder familienweise. Sein Gang ist hüpfend, aber nicht unge-

Linke Seite: Birkenzeisige kommen vor allem im hohen Norden der Alten und Neuen Welt vor. Sie besiedeln hier mit Vorliebe Birken- und Erlenbestände. Eine südlichere Rasse ist auch in Großbritannien und in den Alpen Brutvogel. Das Männchen hat eine rötliche Brust und einen roten Scheitel, beim Weibchen sind nur die Scheitelfedern rot gefärbt (Fotos H. Reinhard – ZEFA und L. Gaggero).

Der Grünling ist ein recht kräftiger Finkenvogel aus der Stieglitzverwandtschaft. Wie andere Finken kann er mit den scharfen Schnabelrändern und der Zunge geschickt von ölhaltigen Samen die Schale entfernen (Fotos J. Markham und Bille).

schickt, sein Flug ziemlich leicht und bogenförmig. Beim Auffliegen läßt er gewöhnlich seinen Lockton, ein kurzes „Tschick" oder „Tscheck", hören, das zuweilen vielmals nacheinander wiederholt wird. Zur Brutzeit hört man oft ein sanftes, jedoch immerhin weit hörbares „Zwüah" oder „Schwunsch".

Sämereien der verschiedensten Pflanzen, vor allem aber ölige, wie Rübsamen, Leindotter, Hederich, Hanfsamen und dergleichen, bilden seine Nahrung. Er liest sie nach Art der Buchfinken von der Erde auf. Im Winter frißt er vielfach Beeren und Bucheckern.

Der Grünling brütet zweimal, in guten Sommern auch dreimal. Schon vor der Paarung läßt das Männchen fortwährend seinen einfachen Gesang hören. Manchmal steigt er dabei schief empor, ohne den Gesang zu unterbrechen, schwenkt hin und her, beschreibt einen oder mehrere Kreise und flattert nun langsam wieder zum Ausgangsbaum. Nebenbuhler vertreibt er nach hartnäckigen Kämpfen. Das Nest wird auf Bäumen oder in hohen Hecken, zwischen einer starken Gabel oder dicht am Stamm angelegt. Der Bau steht an Sorgfalt dem Nest des Buchfinken weit nach. Das Weibchen erbrütet allein in etwa 14 Tagen die 4–6 Jungen. Beide Eltern beteiligen sich an der Aufzucht der Brut und füttern diese zunächst mit geschälten und im Kropf erweichten Sämereien und mit Insekten. Schon wenige Tage nach dem Ausfliegen werden die Jungen ihrem Schicksal überlassen. Diese vereinigen sich mit anderen ihrer Art und streifen mit diesen längere Zeit umher.

Unsere kleineren Raubtiere, ebenso Eichhörnchen, Haselmäuse, Krähen, Elstern, Häher und Würger zerstören viele Nester und fangen auch manche Altvögel; dennoch nimmt der Bestand bei uns eher zu als ab.

In Ostasien wird unser Grünling vom China-Grünling *(Carduelis sinica)* vertreten, der in seiner Schnabelform und in der Färbung eine Zwischenstellung zwischen Grünling und Stieglitz einnimmt. Aufgrund dieses Bindeglieds zum Stieglitz billigt man dem Grünling heute nicht mehr eine eigene Gattung *(Chloris)* zu.

Lichte Mischwälder, Obstgärten, Friedhöfe oder die Olivenhaine der Mittelmeerländer sind die bevorzugten Aufenthaltsorte der Grünlinge. Sie ernähren sich von Sämereien, Beeren sowie von Blatt- und Blütenknospen kleiner Bäume und Sträucher. Gelegentlich fressen sie auch Insekten und füttern außer mit aufgeweichten Körnern ihre Jungen auch damit (Foto J.-C. Chantelat).

Kanarienvogel

Den Kanarienvogel kennt man als einen hübschen kleinen gelbgefiederten Finkenvogel, der als begabter Sänger unser häufigster Käfigvogel ist. Dieser domestizierte Kanarienvogel gehört zur gleichen Art wie der wildlebende Kanarienvogel *(Serinus canaria)*; ihre unterschiedliche Färbung geht auf eine Mutation zurück, die in den europäischen Zuchten etwa um 1700 aufgetreten ist. Seit jener Zeit haben sich die Träger des neuen Farbkleides gegenüber der Wildform durchgesetzt.

Im Wildzustand ist das Männchen des Kanarienvogels grün mit gelber Brust und gelbem Rücken; der Rücken des Weibchens ist graubraun. Man findet wilde Kanarienvögel auf den östlichen Kanarischen Inseln (Gran Canaria, Teneriffa, Palma, Gomera und Hierro), auf Madeira und den Azoren.

Die Nahrung besteht nahezu ausschließlich aus pflanzlichen Bestandteilen, nämlich Samen, zarten Blättern und Früchten, wobei sie für Feigen eine besondere Vorliebe zeigen. Ferner brauchen sie unbedingt Wasserstellen, an denen sie sich oft in größeren Schwärmen einfinden. Auch der gekäfigte Kanarienvogel zeigt diese Vorliebe für Wasser, er badet außerordentlich gern.

Paarung und Nestbau beginnen in der zweiten Märzhälfte. Das Nest wird mindestens 2 m über dem Boden, meist jedoch höher, im Geäst angelegt. Bei der Auswahl des Nestbaumes werden eindeutig junge Bäume mit immergrünen Blättern bevorzugt, vor allem Kiefern *(Pinus canariensis)*. Das gut getarnte Nest ist leicht aufzufinden; das eifrige Kommen und Gehen der Altvögel weist dem Beobachter den Weg. Das Nest ist eine kunstvolle Konstruktion aus feinem Pflanzenmaterial mit nur wenigen gröberen Grashalmen und Stengeln dazwischen. Das Weibchen legt in Abständen von je einem Tag 3–5 Eier pro Brut. Sie haben eine blaßgrüne Grundfarbe und sind mit braunroten Flecken versehen. Das Brutgeschäft dauert 13 Tage. Die Jungvögel bleiben ziemlich lange im Nest und werden vom Vater noch gefüttert, nachdem sie bereits flügge geworden sind. Bis zu 4 Bruten pro Saison sind die Regel.

Der Flug des Kanarienvogels erinnert an den eines Hänflings, d.h., er bewegt sich auf einer leicht welligen Flugbahn von einem Baum zum nächsten fort, ohne sich hoch in die Lüfte zu erheben. Auch wenn sie in Trupps ziehen, erfolgt dies nicht in geschlossener Formation, sondern vereinzelt, wobei sie untereinander durch wiederholte kurze Rufe Kontakt halten. Die Schwärme wilder Kanarienvögel sind im allgemeinen recht groß, ausgenommen in der Fortpflanzungszeit.

Der wilde Kanarienvogel lebt auf Madeira, den Kanarischen Inseln und den Azoren. Sein geselliges Verhalten macht ihn zur bequemen Beute der Vogelfänger, die ihn mit einem Lockvogel der gleichen Art in Käfigfallen fangen (Foto J. Markham).

Während des Tages finden sie sich zu kleineren Trupps zur Nahrungssuche zusammen und halten sich dabei häufig am Boden auf. In der Dämmerung vereinigt sich der Schwarm, und alle Vögel fliegen gemeinsam zum Schlafplatz zurück.

Der Kanarienvogel ist eine einfache Beute für den Vogelfänger. Als gesellige Tiere lassen sich die jungen Vögel unschwer in eine Falle locken, man braucht nur einen Vertreter der gleichen Art als Lockvogel zu benutzen. Die Bewohner der Kanarischen Inseln fingen sie früher mit Hilfe eines speziellen Doppelkäfigs. Im hinteren Abteil befand sich der Lockvogel, im anderen wurde das Opfer gefangen. Die Jagd ist in bewaldetem Gebiet, in der Nähe von Wasserstellen zu den frühen Morgenstunden besonders ergiebig.

Es bedarf eines großen Zeitaufwandes, um Kanarienvögel zu zähmen. Wenn man sie in zu kleine Käfige einsperrt, kämpfen sie miteinander, reißen sich gegenseitig die Federn aus und hacken mit den Schnäbeln aufeinander ein. Dagegen lassen sich die Männchen aus Wildfängen ohne Schwierigkeit mit domestizierten Weibchen kreuzen, selbst mit solchen verschiedener verwandter Arten, so daß Bastarde mit Buchfink, Distelfink, Grünlingen, Hänfling und Kardinal leicht zu erzeugen sind.

Girlitz

Der bei uns heimische Girlitz *(Serinus serinus)* ähnelt dem Kanarienvogel. Er ist zwar etwas gedrungener, in seinem Gefieder herrschen aber die gleichen olivgrünen Farbtöne vor. Stirn, Augenstreif, Kehle und Brust des Männchens sind leuchtend gelb. Das Weibchen zeigt eine stärkere unterseits graue, oberseits braune Streifung. Beide sind an ihrem gelben Bürzel leicht zu erkennen. Der Girlitz bewohnt Süd- und Mitteleuropa. Nur gelegentlich dringt er auch über den Ärmelkanal und die Ostsee hinaus vor, so daß er in England und Skandinavien nahezu unbekannt ist. Bis ins 19. Jahrhundert hinein war er in Mitteleuropa selten, hat sich dann aber dort ständig vermehrt; wahrscheinlich boten ihm dazu die Kulturlandschaften günstige Bedingungen.

Links: Das strohgelbe Gefieder des domestizierten Kanarienvogels geht auf eine Erbänderung zurück, die im 17. Jahrhundert in den europäischen Zuchten aufgetreten ist. Seit jener Zeit hat sich diese Farbvariante überall durchgesetzt (Foto La Colothèque).

Als die Soldaten Heinrichs VIII. von Kastilien Anfang des 16. Jahrhunderts die Kanarischen Inseln besetzten, trafen sie dort kleine Singvögel an, die sie zu ihren Familien nach Spanien zurückbrachten. Das Bild zeigt oben einen Kanarienvogel und unten einen Bienenfresser (Foto J. Burton – Photo Researchers).

Der Girlitz ist kein echter Zugvogel, sondern gehört zu den Teilziehern. Die Girlitze aus Mitteleuropa wandern mit Einbruch der kalten Jahreszeit alle nach Süden. Nach Deutschland kehren sie regelmäßig Ende März oder Anfang April wieder zurück. Während der Wintermonate streifen sie durch die mediterranen Gebiete, ohne allerdings regelrechte Wanderungen auf festen Routen durchzuführen. Ihre bevorzugten Aufenthaltsorte sind lichte Waldungen, Gärten und Parks, im Sommer trifft man sie auch im Hochgebirge an.

Der Girlitz ist ein hübscher, lebhafter Vogel der – außer während der Balzzeit – von geselliger und friedfertiger Natur ist. Im Frühling kehren als erste die Männchen aus den Überwinterungsgebieten zurück. Ihr Erscheinen tut sich sofort durch ihren Gesang und ihr auffälliges Verhalten kund. Sie sitzen auf den höchsten Baumästen mit hängenden Flügeln und aufgerichtetem Schwanz, wenden sich ständig aus einer Richtung in die andere und singen mit einem Eifer, der nur während der Balz noch übertroffen wird. Das balzende Männchen zeigt ein sehr eigentümliches Benehmen. Es begnügt sich nicht damit, das Weibchen mit zartem Gesang zu umwerben, sondern führt dabei auch noch allerlei ungewöhnliche Kunststücke vor. Es schmiegt sich an einen Zweig, wie ein Kuckuck, plustert seine Halsfedern, breitet seinen Schwanzfächer aus, wirft sich plötzlich in die Luft und vollführt einen Zickzackflug, der an den Flug einer Fledermaus erin-

Der Girlitz hat Ähnlichkeit mit einem wilden Kanarienvogel, doch ist seine Gestalt stämmiger, und sein Gefieder enthält mehr braune Farben. Der Girlitz bewohnt die gemäßigten Zonen Europas (Foto L. Gaggero).

Der wilde Kanarienvogel hält sich lieber in Parkanlagen und Gärten auf als in den Wäldern. Er baut sein Nest in jungen Bäumen und bringt es im Jahr auf 3 Bruten (Foto Montova – Jacana).

nert, umrundet den Baum, auf welchem das Weibchen sitzt, und kehrt schließlich zu seinem Ausgangspunkt zurück, wo es erneut zu singen beginnt. Männchen auf benachbarten Bäumen erregen seine Eifersucht, so daß es seine Werbung unterbricht, um sich auf den Rivalen zu stürzen. Die Kämpfe um das Weibchen dauern an, bis das Weibchen mit dem Brüten beginnt.

Den Gesang des Girlitz kann man nicht gerade als melodisch bezeichnen; er ist ziemlich monoton und enthält viele hohe Töne, aber er ist nicht unangenehm.

Das Nest des Girlitz ist winzig, aber außerordentlich sorgfältig hergestellt. Insgesamt unterscheidet es sich kaum von dem des Buchfinks. Manchmal ist es ausschließlich aus Würzelchen gebaut, in anderen Fällen bilden trockene Grashalme und Stengel das Nistmaterial. Immer ist das Innere mit Daunen und Federn ausgepolstert. Gewöhnlich werden Obstbäume und auch Büsche als Nistplatz ausgewählt. Das Nest wird in unterschiedlicher Höhe über dem Boden gebaut, jedoch stets im dichtesten Blattwerk. Jedes Gelege besteht aus 3–4 Eiern, deren Schale schmutzig weiß ist und braune oder rote Tupfen und Streifen aufweist. Die Fortpflanzungszeit beginnt bei uns gewöhnlich Mitte April, in Nordafrika schon wesentlich früher, nämlich bereits im Februar. Jedes Paar zieht jährlich zwei Bruten auf. Während das Weibchen mit dem Brüten beschäftigt ist, wird es vom Männchen mit Nahrung versorgt.

Die Jungen schlüpfen nach einer Brutzeit von 13 Tagen aus ihren Eiern. Später vereinigen sich die Eltern mit den diesjährigen Jungvögeln zu großen Schwärmen, die sich auch mit verwandten Arten, wie Distelfinken oder Hänflingen mischen, wobei die einzelnen Arten jedoch eine gewisse Unabhängigkeit bewahren. Die Gesellschaften ziehen auf der Suche nach Nahrung, die im wesentlichen aus Sämereien und Knospen besteht, umher, ohne dabei jemals zu landwirtschaftlichen Schädlingen zu werden.

Gimpel oder Dompfaff

Der Gimpel oder Dompfaff *(Pyrrhula pyrrhula)* ist an seinem schmuckvollen Gefieder und an seinem charakteristischen dicken, kurzen Schnabel leicht zu erkennen. Beim Männchen sind die unteren Körperpartien rot gefärbt, der Kopf ist schwarz, der Rücken grau. Der Kopf des Weibchens ist ebenfalls schwarz, aber der Rücken ist graubraun, die Bauchseite von einem warmen Braun, manchmal mit einem Anflug von Rot. Die Jungvögel erkennt man an ihrem braunen (statt schwarzen) Kopf und einem bräunlichen Bürzel. Bei allen sind die Flügel und der

Der domestizierte Kanarienvogel läßt sich leicht mit verwandten Finkenarten kreuzen, wie dem Kardinal, dem Distelfink oder dem Hänfling. Aus derartigen Kreuzungen haben die Züchter zahlreiche, manchmal sehr hübsche Bastarde erhalten. Diese unterscheiden sich in der Fülle ihres Gefieders, ihren Farbzeichnungen und in ihrer Begabung als Sänger (Fotos L. Gaggero und R. Longo).

Das Weibchen des Dompfaffs ist ebenso wie das Männchen am kurzen dicken Schnabel und an der schwarzen Kappe leicht zu erkennen. Sein Brustgefieder ist aber nicht karminrot, sondern graubraun (Foto B. Coleman – Photo Researchers).

Schwanz schwarz gefärbt, Flügelbinde und Bürzel leuchtend weiß.

Der Dompfaff kommt in fast ganz Europa und auch in großen Teilen Asiens bis nach Japan vor. Obwohl vorwiegend seßhaft, unternimmt er manchmal zur Winterszeit Wanderungen, die ihn weit hinunter nach Südeuropa bringen können. Er ist ein Bewohner des Waldes, den er nur verläßt, wenn die Nahrung dort knapp wird. Im Winter treibt sie der Hunger zu größeren Trupps zusammen, und sie besuchen dann Obstanlagen und Gärten, um sich dort an den übriggebliebenen Beeren und Samen zu sättigen. Immer sind es die Männchen, die zuerst erscheinen, die Weibchen folgen ihnen etwas später nach. Im Winter sind bei uns die Dompfaffen aus Osteuropa zu Gast, auch von den Gebirgen herab kommen sie in die Ebenen, um dem Nahrungsmangel des Bergwinters zu entgehen.

Oben: Der Dompfaff ist ein großer Liebhaber der Beeren unserer einheimischen Sträucher. Im Winter frißt er die Samen verschiedener Laubbäume. Das Photo zeigt einen Jungvogel, dessen Gefieder noch nicht ganz ausgefärbt ist (Foto J. Markham).

Der Dompfaff ist ein Bewohner des Waldes, besucht aber auch Gärten und Obstanlagen. Durch seine Vorliebe für Knospen und zarte Triebe wird er dort manchmal sehr schädlich (Foto S. Porter).

Rechte Seite: Im vergangenen Jahrhundert war der Dompfaff aufgrund seines schönen Gefieders und seines abwechslungsreichen Gesangs ein geschätzter Käfigvogel. Heute ist es verboten, Dompfaffe einzufangen (Foto A. Visage – Jacana).

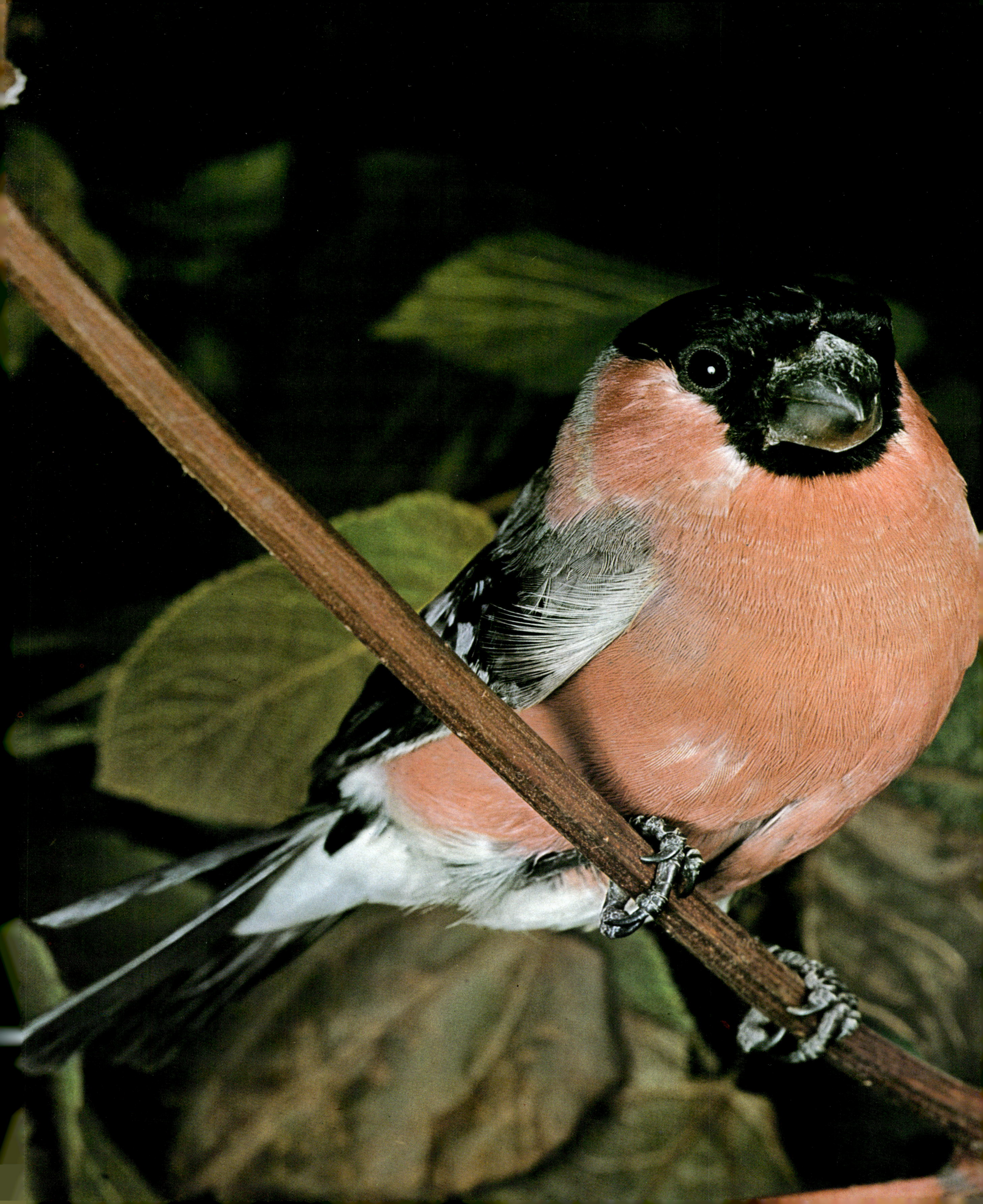

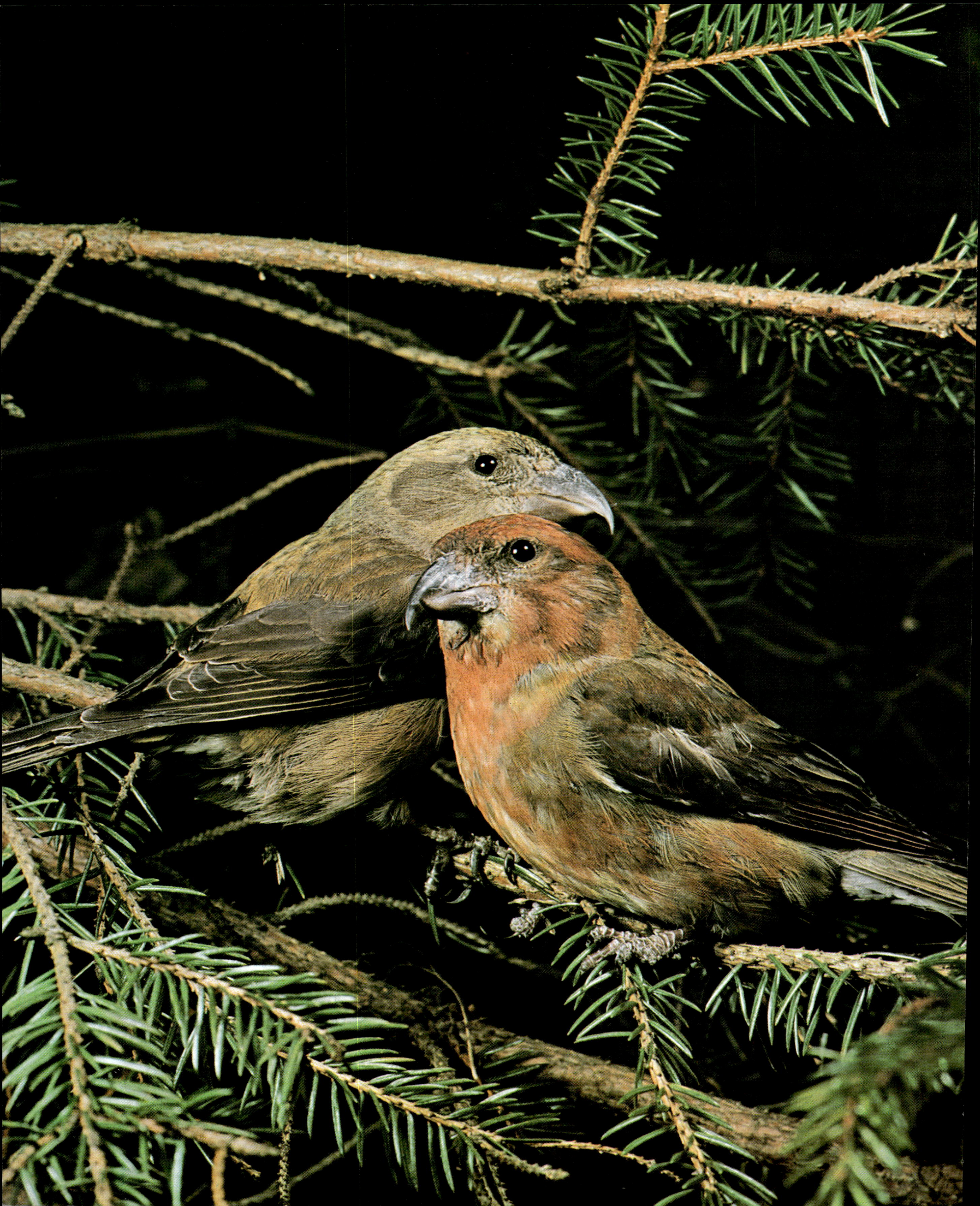

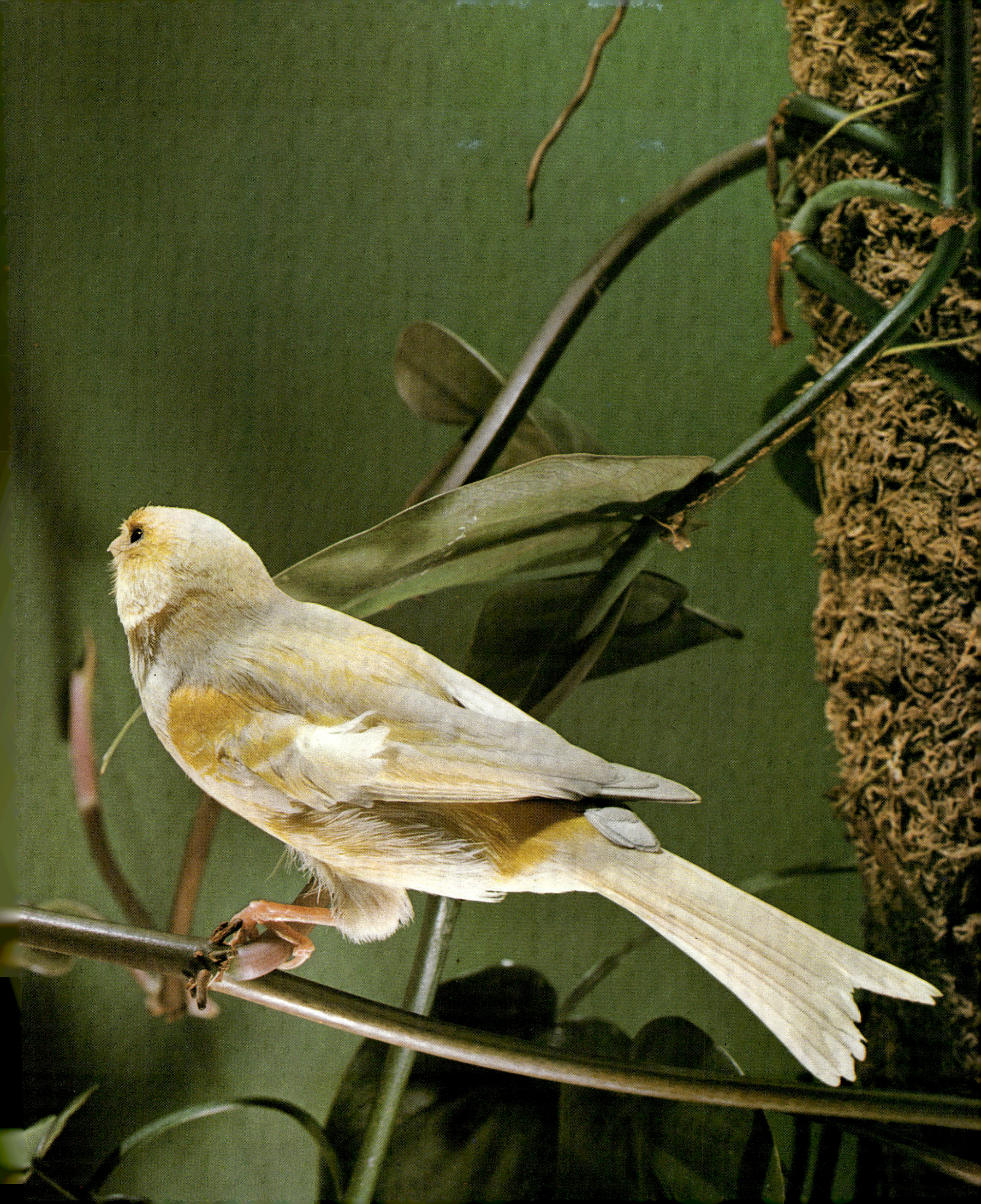

Die erste Brut des Dompfaffs schlüpft im Mai, die zweite im Hochsommer. Während nur das Weibchen brütet, nimmt das Männchen an der Aufzucht der Jungen teil, wie diese Aufnahme beweist. Die Jungen werden fast einen Monat lang gefüttert (Foto H. Tomanek).

Das Nest wird bei uns dicht über dem Boden in Büschen oder auf den unteren Zweigen der Bäume angelegt. In mediterranen Gebieten und im Hochgebirge werden Waldungen als Nistplatz bevorzugt. Auch in Parks und Gärten trifft man brütende Dompfaffen an. Außen besteht das Nest aus Reisern von Kiefer, Tanne oder Birke, nach innen folgt eine Lage aus sehr feinen Würzelchen.

Im Mai werden 4–5 Eier gelegt, deren blaßgrüne oder bläulichgrüne Schale mit violetten, schwarzen oder braunen Tupfen und Streifen gemustert ist. Die Eier werden 2 Wochen lang vom Weibchen bebrütet, das in dieser Zeit vom Männchen mit Nahrung versorgt wird. Anschließend ziehen beide Eltern gemeinsam die Jungen auf, indem sie ihnen Nahrung heranbringen und sie im Falle einer Bedrohung mit äußerster Entschlossenheit verteidigen.

Die frisch geschlüpften Jungvögel werden zunächst mit zarten Pflanzentrieben und mit Samen gefüttert, die vorher im Kropf der Eltern aufgeweicht worden sind. Die Altvögel sorgen für ihre Jungen, bis diese flügge geworden sind, dann wenden sie sich den Vorbereitungen für eine zweite Brut zu.

Soweit Dompfaffen die Nadelwälder verlassen und in Kulturlandschaften eindringen, was vor allem in den Randzonen ihres Verbreitungsgebietes, in Europa und in Japan, geschieht, werden sie – aufgrund ihrer Vorliebe für zarte Knospen – zu einer außerordentlichen Plage für die Obstbauern. Sie schätzen insbesondere die Knospen von Birnen-, Zwetschgen-, Apfel- und Aprikosenbäumen.

Landwirtschaftliche Schäden durch den Dompfaff sind nichts Neues, sie haben sich jedoch in den letzten Jahren bedeutend verschlimmert. In England, wo bereits im Mittelalter für Dompfaffen Fangprämien bezahlt wurden, sind durch ihn in letzter Zeit ganze Ernten vernichtet worden. Normalerweise ernähren sich die Gimpel, solange der Boden mit Schnee bedeckt ist, fast ausschließlich von den Samen der Esche, von denen es aber nur etwa alle zwei Jahre eine gute Ernte gibt. In Mangeljahren unternehmen die Gimpel Raubzüge in die Obstgärten. Da Obstbäume jedes Jahr Knospen haben, können sich die Dompfaff-Populationen uneingeschränkt vergrößern. Die verursachten Schäden nehmen im gleichen Maße zu trotz intensiver Bekämpfungsmaßnahmen von seiten der Obstbauern. Neuerdings ist auch noch eine andere Art, der Birkenzeisig *(Carduelis flammea)*, dazu übergegangen, sich von Knospen der Obstbäume zu ernähren. (Es ist interessant, festzustellen, daß dieses isolierte Verhalten des englischen Birkenzeisigs in großem Umfang auch bei den in Neuseeland importierten Vertretern der Art aufgetreten ist, welche von Vögeln abstammen, die englische Siedler aus ihrem Mutterland mitgebracht hatten.)

Der Gesang des Gimpels ist sehr melodisch. Mit flötender Stimme trägt das Männchen eine Strophe um die andere vor, ohne daß der Zuhörer dessen müde würde. Im letzten Jahrhundert war der Dompfaff aufgrund der Pracht seines Gefieders und der Vielfalt seines Gesanges ein sehr geschätzter Käfigvogel. Heute ist er gesetzlich geschützt, und es ist ausdrücklich verboten, ihn in Gefangenschaft zu halten.

Vorherige Seiten: Links: Eine Besonderheit der Fichtenkreuzschnäbel ist es, zu jeder beliebigen Jahreszeit brüten zu können, falls gerade genügend Nahrung zur Aufzucht der Jungen zur Verfügung steht (Foto A. Visage – Jacana). – Rechts: Seine leichte Züchtbarkeit, seine Widerstandskraft, Lebhaftigkeit und Musikalität haben den Kanarienvogel zum beliebtesten Käfigvogel werden lassen (Foto La Colothèque).

Oben: Die Dompfaffpaare halten auch außerhalb der Brutzeit eng zusammen, vermutlich dauert die Partnerschaft das ganze Leben. Der Nistplatz wird vom Männchen ausgewählt, während das Weibchen den Nestbau ausführt (Foto Palnic).

Wüstengimpel

Der Wüstengimpel *(Rhodopechys githaginea)* besitzt ein sehr schönes Gefieder in hellem Rot oder in Grau mit rosa Schimmer. Er lebt in weiten Teilen Nordafrikas und auf den Kanarischen Inseln. Gelegentlich dringt er nordwärts bis nach Südeuropa (Spanien und Italien) vor. Ostwärts erstreckt sich sein Verbreitungsgebiet quer durch Südasien bis nach Vorder- und Hinterindien. Er hat eine Vorliebe für trockene und steinige Gegenden und liebt die Wärme derart, daß er selbst in der sengenden Mittagshitze aktiv ist.

Von Natur aus gesellig – außer während der Balzzeit, wo er sich von seinen Artgenossen isoliert –, lebt er gewöhnlich im Familienverband oder in größeren Schwärmen. Wenn Wüstengimpel von Stein zu Stein hüpfen oder dicht am Boden entlangfliegen, ist es schwer, ihnen mit dem Auge zu folgen, da die graurote Farbe der erwachsenen Vögel mit jener der Steine verschmilzt, während die gelbliche Tönung der Jungvögel mit der Farbe des Sand-, Tuff- oder Kalkbodens übereinstimmt.

Der Wüstengimpel bevorzugt die Einsamkeit und liebt vor allem Gebiete, wo Felsspalten ihm Zuflucht gewähren. In Regionen, die von anderen Vogelarten bewohnt werden, ist er sehr scheu und meidet deren Aufenthaltsorte wie Gebüsche und Bäume. Als Nahrung dienen ihm fast nur die Samen der wenigen Pflanzen seines kargen Lebensraums.

Im Niltal sind die Wüstengimpel besonders oberhalb Assuans sehr häufig. Im nördlichen und zentralen Nubien bilden sie Schwärme aus 50 bis 60 Vögeln. Die Balzzeit beginnt im März. Mit Frühlingsbeginn verlassen die Männchen, die bereits ihr Prachtkleid angelegt haben, zusammen mit ihrem auserwählten Weibchen die Gruppe. Allerdings ist diese Trennung niemals endgültig. Die Paare bauen ihr Nest in Felsspalten oder sogar direkt auf dem Boden unter überhängenden Steinen. Zu dieser Zeit hört man den schallenden Ruf des Männchens, der ihm den Namen Wüstentrompeter eingebracht hat, häufig in der Wüste erklingen.

Rosengimpel

Der Rosengimpel oder Karmingimpel *(Carpodacus erythrinus)* erreicht eine Körperlänge von 15 cm. Kopf und Brust des Männchens sind rot, der Rücken ist rötlich braun. Der Rosengimpel kommt nur in den östlichen Teilen Europas vor, in Polen, den baltischen Ländern und im zentralen und südlichen Rußland. Er bewohnt ferner in mehreren Varietäten ganz Zentralasien vom Ural bis nach Kamtschatka. Aus diesen Gebieten zieht er regelmäßig südwärts durch China, Indien und Turkestan bis nach Iran. Mitte Mai, frühestens Ende April kehrt er in seine Brutgebiete zurück, die er erst im September wieder verläßt. Er lebt dort mit Vorliebe in den dichtesten Gehölzen, stets in Wassernähe, schätzt mit Rohr und Gebüsch bestandene Brüche, steigt aber auch gern ins Hügelland und ins Gebirge hinauf. Man trifft ihn beinahe immer einzeln an, auch im Sommer bildet er keine größeren Schwärme.

Trotz seines etwas nachlässigen Aussehens ist das Nest des Dompfaffs sehr solide gebaut. Es wird gut versteckt im Gebüsch oder in Baumwipfeln angelegt (Foto E. Hosking).

Unmittelbar nach seiner Ankunft vernimmt man seinen ungemein anziehenden, abwechslungsreichen und klangvollen Gesang, der zwar an den Schlag des Stieglitzes, Hänflings und Kanarienvogels erinnert, aber dennoch seinen eigenen Charakter hat, so daß man ihn mit keinem von diesen verwechseln kann. Dieser Gesang ist sowohl reichhaltig als auch wohlklingend, sanft und lieblich und zählt zu dem Schönsten, was man von Finkenvögeln zu hören bekommen kann. Dem Hänfling ähnelt der Karmingimpel übrigens nicht nur durch seinen Gesang, sondern auch in seiner Bewegungsweise und Rastlosigkeit.

Die Nahrung besteht aus Samen aller Art, welche der Karmingimpel sowohl direkt an den Pflanzen sammelt als auch vom Boden aufliest, und aus Blattknospen und zarten Schößlingen. Nebenbei fliegt er in die Felder, fügt den Nutzpflanzen aber keinen erheblichen Schaden zu.

Das Nest wird gewöhnlich in dichten, dornigen Gebüschen, höchstens 2 m über dem Boden, in Wassernähe gebaut. Die Eiablage erfolgt in den letzten Maitagen; die 5–6 Eier pro Gelege haben eine schöne, türkisfarbene Schale, die braunrot gefleckt und gestreift ist. Während das Weibchen brütet, singt das Männchen in einiger Entfernung vom Nest eifrig weiter. Bei Gefahr warnt es das Weibchen mit einem Ton, der dem Warnruf des Kanarienvogels recht ähnlich und beiden Geschlechtern gemeinsam ist. Mit dem Flüggewerden der Jungen verstummt sein Gesang, und damit ändert sich auch sein Verhalten. Still und scheu halten sich Jung und Alt fortan vorwiegend im Gebüsch verborgen, bis die Zugzeit gekommen ist und eine Familie nach der anderen das Brutgebiet verläßt.

In Asien brütet der Karmingimpel in den subalpinen und alpinen Zonen. Man trifft ihn im Altai-Gebirge bis in 2000 m, im Himalaya sogar bis in 3700 m Höhe an. Er meidet aber auch nicht die Nähe des Menschen und brütet in Rußland in den Gärten mitten in der Stadt.

Hakengimpel

Der Hakengimpel (*Pinicola enucleator*) ist mit 21 cm Körperlänge der Größte unter den Kreuzschnäbeln. Er hat einen kräftigen Körper und einen hakenförmig ge-

Bei uns ist der Dompfaff Brutvogel, doch kommen im Winter gelegentlich weitere Dompfaffen in unser Gebiet, die aus den kälteren Regionen Osteuropas stammen (Foto M. Brosselin – Jacana).

krümmten Schnabel. Das Gefieder der Männchen ist vorherrschend rot, nur Flügel und Schwanz sind von grauer Farbe. Er kommt in den nördlichen Regionen der Alten und Neuen Welt vor und ist in Europa nur in Skandinavien und im nördlichen Rußland heimisch. Nur gelegentlich erscheint er auch einmal in südlicheren Regionen, etwa in Deutschland oder Frankreich.

Der Hakengimpel kann als Teilzieher gelten. Im Sommer bewohnt er einzeln oder paarweise ein sehr ausgedehntes Gebiet. Im Herbst vereinigt er sich mit anderen Artgenossen zu größeren Schwärmen, die den Winter in den Nadel- und Birkenwäldern des Nordens verbringen. Nur wenn die Temperaturen sehr tief absinken, wandern einzelne Gruppen nach Süden ab. Die Schwärme des Hakengimpels, die auf diese Weise nach Deutschland gelangen, werden von sehr geselligen Vögeln gebildet: sie verbringen den ganzen Tag zusammen, suchen gemeinsam ihre Nahrung und schlafen auch nachts auf demselben Baum. Auch außerhalb ihres Ursprungsgebietes bevorzugen sie die Kiefern- und andere Nadelwälder. Selten trifft man sie im Laubwald an.

Das Verhalten des Hakengimpels erinnert sehr an das der anderen Kreuzschnäbel. Er ist ein echter Baumbewohner, der sich auf dem Erdboden unbehaglich fühlt, dafür aber ein hervorragender Kletterer ist und sich mit Leichtigkeit und Geschicklichkeit im Geäst bis in die höchsten Gipfel der Bäume bewegt. Sein abwechslungsreicher Gesang ist selbst im Winter zu hören, man erkennt ihn leicht an seinen süßen, klagenden Weisen. Auch in hellen milden Sommernächten singt er. Wegen dieser Eigenart hat der Volksmund dem Hakengimpel die Bezeichnung „Nachtwächter" gegeben.

Als Nahrung dienen dem Hakengimpel vor allem die Samen, die er mit Hilfe seines Schnabels aus hängenden oder herabgefallenen Kiefernzapfen holt. Indessen verschmäht er auch Knospen, Beeren und Insekten nicht.

Der Bau des Nestes ist Sache des Weibchens. Dies geschieht fast immer in den Zweigen einer Fichte, wo das Nest dicht am Stamm in 2–4 m Höhe angelegt wird. Vier blaßblaue Eier werden abgelegt, die das Weibchen 13–14 Tage lang bebrütet. In dieser Zeit trägt das Männchen für sie Nahrung herbei. Nach dem Schlüpfen sorgen beide Eltern für die Jungen.

Fichtenkreuzschnabel

Der Fichtenkreuzschnabel *(Loxia curvirostra)* besitzt einen ganz charakteristisch geformten Schnabel. Die beiden recht langen Schnabelhälften sind an der Spitze gebogen und überkreuzen sich, wobei die Spitze des Unterschnabels nach oben, die des Oberschnabels nach unten zeigt. Das Männchen ist dunkelrot mit schwärzlichen Schwanz- und Flügelfedern. Seine Körperlänge beträgt 17 cm.

Er nistet vor allem in den Nadelwäldern des nördlichen und zentralen Europas und ist auch in unseren Mittelgebirgen anzutreffen. Er bewohnt außerdem den Norden Asiens und kommt in mehreren Unterarten im Kaukasus, in Kleinasien, im Himalaya, in China, Japan, Nordwestafrika und in Nordamerika vor. Auch auf Korsika lebt eine eigene Unterart, *Loxia curvirostra corsicana*.

Die Kreuzschnäbel sind soziale Vögel, die unregelmäßig in großen Schwärmen hier und da auftauchen, was ihnen den Namen „Zigeunervögel" gegeben hat. In Wirklichkeit erfolgen diese sogenannten Invasionen entsprechend der Ernährungslage, da die Erntebedingungen für diese Nahrungsspezialisten nicht in jedem Jahr und überall dieselben sind.

Links: Der Hakengimpel lebt in den Nadel- und Birkenwäldern des hohen Nordens und weicht nur in sehr harten Wintern nach Süden aus. Auf dem Photo ist ein Weibchen dieser Art zu sehen (Foto Bille).

Wenn junge Fichtenkreuzschnäbel aus den Eiern schlüpfen, ist der Schnabel noch ganz gerade. Auch bei diesem jungen Männchen im Übergangsgefieder hat der Schnabel noch nicht seine endgültige Krümmung erreicht (Foto Bille).

Bei uns haben derartige Invasionen in der jüngeren Zeit, in den Jahren 1953, 1956, 1963 und 1964 stattgefunden. Sehr wahrscheinlich pflanzen sich diese Vögel dann auch in der Ebene fort, denn 1964 sind Jungvögel weit entfernt von den Gebirgen, wo sie normalerweise nisten, beobachtet worden.

Während der Fortpflanzungszeit leben die Kreuzschnäbel paarweise, ohne sich jedoch ganz aus dem Verband zu lösen, dem sie in der übrigen Zeit angehören. Sie verbringen ihr Leben in den Bäumen und kommen nur auf den Erdboden herunter, um zu trinken oder um aus herabgefallenen Tannenzapfen Samen zu holen. Sie klettern sehr geschickt, indem sie nach Papageienart sich auch mit dem Schnabel festhalten und forthelfen. Oft turnen sie mit dem Kopf nach unten an den Zweigen und Zapfen herum und verweilen ohne Beschwerden minutenlang in dieser anscheinend so unbequemen Haltung. Ihr Flug ist schnell, aber nicht ausdauernd; die Flugbahn hat einen wellenförmigen Verlauf, da sie abwechselnd schwirren und dann wieder gleiten. Während der Balzzeit steigen die werbenden Männchen senkrecht auf, stehen flatternd über den Baumwipfeln und sinken dann langsam wieder auf ihren Sitzplatz herab, ohne ihren Gesang auch nur ein einziges Mal zu unterbrechen.

Der Ruf des Fichtenkreuzschnabels ist laut und scharf, aber er kann auch verhalten und zart sein; er klingt dann wie ein weitentfernter Ton, obwohl der Vogel ganz in der Nähe sitzt. Die Nahrung besteht im wesentlichen aus den Samen der Nadelbäume. Die Zapfen werden mit Hilfe des kräftigen Schnabels sehr geschickt geöffnet, so daß die Samen mit der Zunge aufgenommen werden können.

Die Nistzeit beginnt gewöhnlich im Februar. Sie liegt damit viel frühzeitiger als die aller anderen Finkenvögel, sie variiert aber auch beträchtlich von einer Gegend zur anderen, ja es scheint, daß diese Vögel zu jeder Jahreszeit mit dem Brutgeschäft beginnen können. Der Fortpflanzungsrhythmus würde demnach nicht unbedingt von der Tageslänge abhängen, wie dies bei vielen Finkenvögeln der Fall ist. Zwei amerikanische Ornithologen, Tordoff und Dawson, haben Kreuzschnäbel unterschiedlichen Belichtungsperioden ausgesetzt und ihnen auf diese Weise

Die Fichtenkreuzschnäbel leben in den Nadelwäldern und ernähren sich von den Zapfen, die sie öffnen, um an die Samen zu gelangen. Auch junge Triebe werden verzehrt (Foto Bille).

Wegen ihrer unregelmäßigen Wanderzüge hat man die Fichtenkreuzschnäbel als „Vagabunden" bezeichnet. Ihre „Invasionen" beginnen gewöhnlich im Juni, erreichen im Herbst ihren Höhepunkt; im Frühjahr verschwinden die Eindringlinge wieder (Foto A. Visage – Jacana).

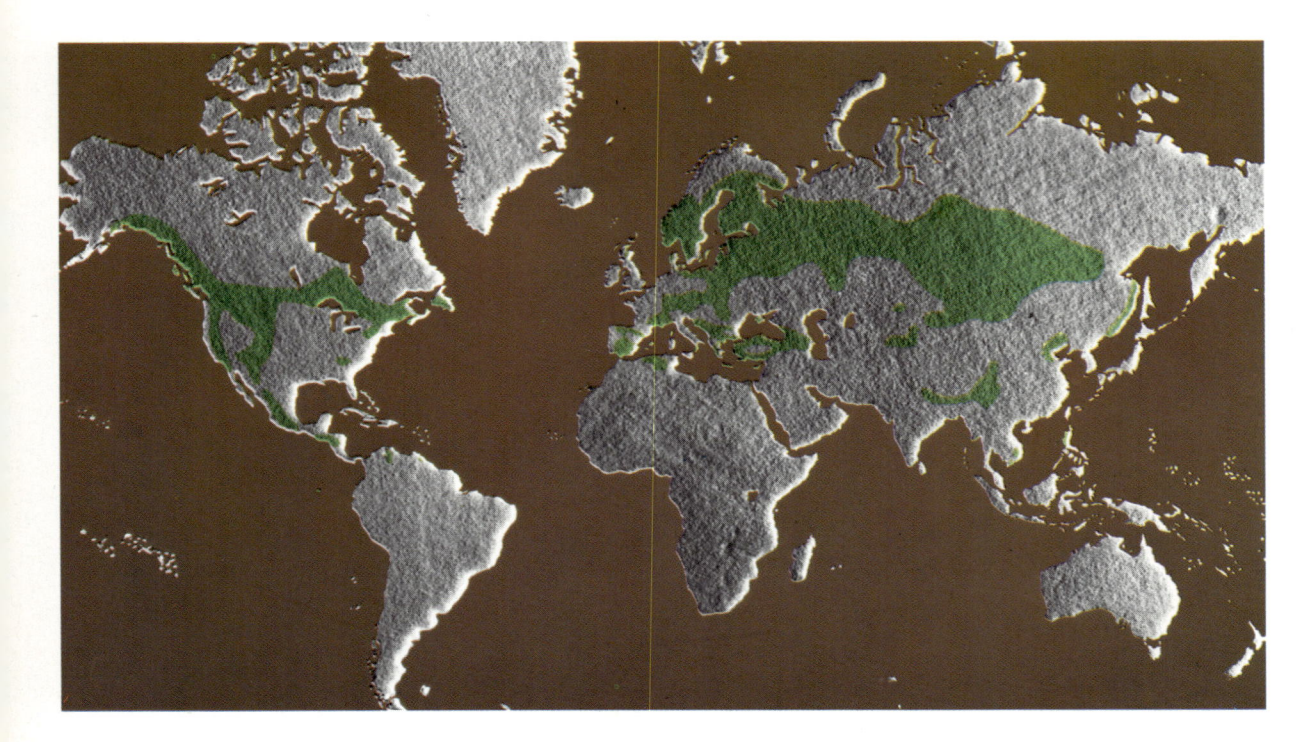

verschiedene Tageslängen vorgetäuscht. Sie kamen zu dem Ergebnis, daß bei den Kreuzschnäbeln eine Reife der Geschlechtsorgane unabhängig von den täglichen Beleuchtungsverhältnissen eintreten kann und daß dies allein vom Nahrungsangebot abhängt. Diese Tatsache ist im Zusammenhang mit ihrer sehr spezialisierten Nahrungsaufnahme zu sehen, die durch den besonderen Bau ihres Schnabels ermöglicht wird, und mit ihrer mangelnden Seßhaftigkeit, die es ihnen erlaubt, das ungleichmäßige Angebot an Zapfen dort auszunützen, wo es gerade vorhanden ist. Indem sie von der Steuerung durch die Tageslänge unabhängig geworden sind, kann die Fortpflanzung zu dem Zeitpunkt stattfinden, an dem optimale Ernährungsbedingungen vorherrschen.

Während das Weibchen das Nest baut, macht ihm das Männchen unentwegt den Hof, wobei er es von Ast zu Ast begleitet. Das Nest wird aus Reisern, Grashalmen und Flechten gebaut und mit Tannennadeln und Federn abgedichtet und gepolstert. Seine Wand ist mehrere Zentimeter dick. Gebaut wird das Nest in Astgabeln mehr oder weniger nahe am Stamm, manchmal dicht unter dem Wipfel des Baumes, doch stets so, daß es durch andere überhängende Zweige vor Schneefall geschützt ist.

Das Gelege besteht aus 3 oder 4 relativ kleinen Eiern, deren Schale bläulich weiß und mit lebhaft rotbraunen Flecken oder Streifen versehen ist. Das Weibchen beginnt sofort nach der Ablage des ersten Eies mit dem Brüten, wobei das Männchen es mit Nahrung versorgt. Die Jungen schlüpfen mit normalen geraden Schnäbeln. Während ihrer ersten Lebenstage werden sie mit Tannen- oder Kiefernsamen ernährt, die im Kropf der Eltern aufgeweicht wurden. Später können sie zunehmend auch härtere Nahrung bewältigen. Ihre Entwicklung schreitet rasch voran, dennoch bedürfen sie länger der Fürsorge ihrer Eltern als andere Sperlingsvögel. Erst mit dem Flüggewerden beginnen auch ihre Schnabelspitzen sich zu überkreuzen. Es dauert noch eine gewisse Zeit, bis sie in der Lage sind, selbst die Zapfen zu öffnen. Bis dahin werden sie noch von den Altvögeln versorgt. Auch wenn sie schon fliegen können, bleiben sie noch stets in der Nähe der Eltern, von denen sie das sachgemäße Öffnen der Zapfen lernen. Wenn die Lehrzeit abgeschlossen ist, finden sich junge und alte Kreuzschnäbel in großen Schwärmen zusammen und durchstreifen gemeinsam die Wälder. Oft machen sie sich dann auf zu einer weiten Wanderung in ein Gebiet, in dem es noch zahlreiche ungeöffnete Zapfen gibt.

Der Kiefernkreuzschnabel *(Loxia pytyopsittaca)* ist dem Fichtenkreuzschnabel nah verwandt. Er unterscheidet sich vor allem durch seinen größeren und kräftigeren Schnabel, der an den eines Papageis erinnert. Der Vogel wird auch als Tannenpapagei oder Krummschnabel bezeichnet. Die Art kommt fast ausschließlich auf der Skandinavischen Halbinsel (nördlich des 65. Breitengrades), in Friesland und Nordrußland vor. Nur in sehr seltenen Fällen verirrt sich ein Kiefernkreuzschnabel in südlichere Gegenden.

Der Bindenkreuzschnabel *(Loxia leucoptera)* ähnelt aufgrund seiner Schnabelform eher dem Fichtenkreuzschnabel, von dem er sich durch zwei weiße Flügelbinden unterscheidet.

Verbreitungsgebiet: Das Brutgebiet des Fichtenkreuzschnabels sind die Nadelwälder Europas, Asiens und Nordamerikas.

Die Spitzen des Unter- und Oberschnabels des Fichtenkreuzschnabels überkreuzen sich. Es gibt etwa ebenso viele „Links-" wie „Rechtsschnäbler" (Foto L. Gaggero).

Kernbeißer

Der Kernbeißer (*Coccothraustes coccothraustes*) zeichnet sich durch sehr kräftigen, gedrungenen Bau und durch den ungemein großen, dicken, in seiner Form kreiselförmigen Schnabel aus. Weiter ist er gekennzeichnet durch kurze, aber kräftige Füße, verhältnismäßig breite Flügel und einen sehr kurzen, in der Mitte deutlich ausgeschnittenen Schwanz. Die Gesamtlänge beträgt 18 cm, die Flügellänge 10 cm, die Schwanzlänge 6 cm. Oberkopf und Kopfseiten sind gelbbraun, ein schmaler Stirnstreifen, Zügel und Kehle schwarz, Nacken und Hinterhals aschgrau, der Oberrücken schokolade-, der Unterrücken hellkastanienbraun, Kropf und Brust schmutzig graurot, der Bauch grauweiß, Aftergegend und Unterschwanzdecken reinweiß, die Schwingen, mit Ausnahme der beiden letzten braunschwarzen, metallischblau glänzend, innen mit einem weißen Fleck an der Wurzel geziert, die mittleren Schwanzfedern an der Wurzel schwarz, in der Endhälfte außen gelbbraun, am Ende weiß, die übrigen Schwanzfedern an der Wurzel schwarz, innen in der Endhälfte weiß, die beiden äußersten außen schwarz, alle am Ende weiß gesäumt. Das Auge ist graurot, der Schnabel im Frühling blau, im Herbst horngelb, der Fuß fleischfarben. Das Weibchen ist blasser gefärbt. Im Jugendkleid fallen ein gelber Kehlfleck sowie zahlreiche dunkle Federsäume auf. Der Jungvogel wirkt insgesamt noch bunter als der Altvogel.

Der Kernbeißer ist im größten Teil Europas und bis Ostasien verbreitet. Seine Nordgrenze erreicht er in Südschweden und im westlichen Rußland. In Deutschland sieht man ihn auch im Winter als Gast, der aus dem nördlicheren Europa gekommen ist, wogegen die bei uns lebenden Brutvögel nur teilweise ziehen. Bei uns ist er stellenweise häufig, aber überall bekannt, da dieser auffällige Vogel auf seinen winterlichen Streifzügen leicht beobachtet werden kann. Im Sommer lebt er in hügeligem Gelände mit Laubwaldungen und in hohen Bäumen, wo er, falls er nicht in eine benachbarte Kirschenpflanzung einfällt oder sich im anstoßenden Feld auf dem Boden zu schaffen macht, den ganzen Tag über verweilt und ebenso die Nacht verbringt. Nach der Brutzeit streift er mit seinen Jungen im Lande umher und kommt bei dieser Gelegenheit auch in die Kirsch- und Gemüsegärten. Ende Oktober oder im November beginnt er seine Wanderschaft, im März kehrt er wieder zurück.

Der Kernbeißer ist, wie sein Körperbau vermuten läßt, ein etwas behäbiger und träger Vogel. Er bleibt lange auf einer Stelle sitzen, regt sich wenig, fliegt nur selten weit und kehrt beharrlich zum selben Ort zurück, von dem er verjagt wurde. Im Gezweig der Bäume bewegt er sich ziemlich hurtig, auf der Erde dagegen, dem schweren Leib und den kurzen Füßen entsprechend, ungeschickt; auch sein Flug ist schwerfällig und rauschend, erfordert unaufhörliche Flügelbewegun-

Der Kernbeißer ernährt sich von Steinfruchtkernen. Für das Aufknacken eines Kirschkerns muß der Schnabel einen Druck von etwa 45 kp, für das Aufknacken eines Olivenkerns gar von über 70 kp ausüben (Foto A. Visage – Jacana).

gen, beschreibt flache Bogenlinien und geht nur vor dem Aufsitzen in Schweben über. Er ist sehr vorsichtig und lernt eine Bedrohung schnell kennen und meiden.

Am liebsten verzehrt der Kernbeißer die von einer harten Schale umgebenen Kerne verschiedener Baumarten. Die Kerne der Kirschen und der Buchen scheint er allen anderen vorzuziehen. Er beißt die Kirsche ab, befreit den Kern von dem Fleisch, das er wegwirft, knackt ihn auf, läßt die harte Schale fallen und verschluckt den eigentlichen Kern. Dies alles geschieht in einer halben, höchstens ganzen Minute und mit so großer Gewalt, daß man das Aufknacken etwa 25 m weit hören kann. Er benötigt zum Aufbrechen der Kirschkerne eine Kraft von 45 kp, für Olivenkerne sogar von 72 kp. Mit dem Samen der Buche verfährt er auf ähnliche Weise. Die von der Schale entblößten Kerne gehen durch die Speiseröhre gleich in den Magen über, und erst wenn dieser voll ist, wird der Kropf mit ihnen angefüllt. Findet er auf den Bäumen von den ihm zur

Oben: Trotz seiner Größe ist der Kernbeißer äußerst vorsichtig und wenig auffällig im dichten Laub, er begibt sich nicht oft auf den Erdboden (Foto Okapia). Rechts: Ein junger Kernbeißer bei einer überraschenden Begegnung mit einer jungen Drossel an der Tränke (Foto E. Hosking).

Nahrung dienenden Sämereien nichts mehr, so sucht er sie auf der Erde auf; deshalb sieht man ihn im Spätherbst und Winter oft auf dem Boden umherhüpfen. Außerdem frißt er auch andere Sämereien gern und kommt deshalb im Sommer oft in die Hausgärten. Im Winter sucht er, ebenfalls nur der Kerne wegen, die Vogelbeerbäume auf. Außerdem verzehrt er Baumknospen und im Sommer sehr oft auch Insekten, besonders Käfer und deren Larven. Auch hartschalige Insekten, wie Maikäfer oder gar Hirschkäfer kann er bewältigen.

Je nach Witterung nistet der Kernbeißer ein- oder zweimal im Jahr, im Mai und Anfang Juli. Jedes Paar erwählt sich ein umfangreiches Revier und duldet in diesem kein anderes seiner Art. Schwirrende und scharfe Töne, die dem wie „Zi" oder „Zick" klingenden Lockton sehr ähnlich sind, bilden den selten zu hörenden, nicht besonders lauten Gesang, der von dem Männchen stundenlang unter allerlei Körperwendungen im dichten Laubwerk der Baumwipfel vorgetragen wird. Das nicht gerade dickwandige, aber doch recht gut gebaute, ansehnlich breite und daher leicht kenntliche Nest steht hoch oder tief, auf dünnen Zweigen, gewöhnlich gut versteckt. Seine erste Unterlage besteht aus dürren Reisern, starken Grashalmen, Würzelchen und dergleichen, die zweite Lage aus gröberen oder feineren Baummoosen und Flechten, die Ausfütterung aus Wurzelfasern, Schweinsborsten, Pferdehaaren, Schafwolle und ähnlichen Stoffen. Die drei bis fünf Eier sind 24 mm lang, ziemlich bauchig und auf schmutzig oder grünlich und gelblich aschgrauem Grunde mit deutlichen und verwaschenen hell- bis schwarzbraunen und dunkelaschgrauen Flecken, Strichen und Äderchen gezeichnet, um das stumpfe Ende herum am dichtesten. Das Brüten übernimmt vor allem das Weibchen, nur während der Mittagsstunden wird es vom Männchen abgelöst. Die Jungen haben ein auffällig langes Dunenkleid. Sie werden fast andauernd gehudert, selbst in den letzten Tagen ihrer Nestlingszeit. Von beiden Eltern werden sie gefüttert und noch lange nach dem Ausfliegen geführt und weiter gefüttert, denn es vergehen Wochen, bevor sie selbst imstande sind, die harten Kirschkerne zu knacken.

In der Verwandtschaft des Kernbeißers gibt es einige weitere asiatische und amerikanische Arten von Dickschnabelfinken, doch stellt man sie alle in andere Gattungen.

Oben: Weibchen des Roten Kardinals mit Jungen. Unter günstigen Bedingungen kann diese nordamerikanische Art bis zu dreimal im Jahr brüten (Foto Hancock).

Roter Kardinal

Der Rote Kardinal *(Richmondena cardinalis)* ist durch kurzen, kräftigen und spitzen, an der Wurzel sehr breiten, auf dem First gekrümmten, oben in der Mitte stark ausgebuchteten Schnabel sowie durch einen aufrichtbaren Schopf gekennzeichnet. Seine Länge beträgt 20 cm. Die vorherrschende Färbung des Gefieders ist beim Männchen ein lebhaftes Scharlachrot. Der Augenring ist rotbraun, der Schnabel rot, der Unterschnabel an der Wurzel schwarz, der Fuß braun. Das Weibchen trägt ein bräunliches, rot überhauchtes Gefieder, nur Flügel- und Schwanzfedern, Schnabel und einige Federn des Schopfes sind ebenso leuchtend scharlachfarben.

Während der Paarungszeit stürzen sich die Männchen wütend auf jeden Eindringling in ihr Revier, folgen ihm unter schrillem Geschrei von Busch zu Busch, fechten heftig in der Luft mit ihm und ruhen nicht eher, als bis der Fremde ihr Revier verlassen hat. Der Nistplatz ist ein Busch oder ein Baum nahe einem Gehöft, inmitten des Feldes, am Waldrand oder im Dickicht. Nicht selten findet man das Nest in unmittelbarer Nähe eines Bauernhauses oder in Parkanlagen von Städten. Das Nest besteht aus trockenen Blättern und Zweigen, namentlich stacheligen Reisern, die mit Halmen und Rebenschlingen verbunden, innen aber mit zarten Grashalmen ausgelegt sind. Vier bis sechs Eier von schmutzigweißer Farbe, übersät mit olivbraunen Flecken, bilden das Gelege. In den nördlicheren Staaten brütet das Paar selten mehr als einmal, in den südlichen zuweilen dreimal im Jahr. Nach dem Ausschlüpfen aus dem Nest werden die Jungen nur noch wenige Tage von ihren Eltern geführt.

Das Weibchen des Roten Kardinals, hier am winterlichen Futterplatz (oben), singt ebensogut wie das Männchen (unten), das prächtig scharlachrot gefärbt ist (Fotos Russ Kinne – Photo Researchers und Collins).

Rechte Seite oben: Zu den südamerikanischen Kernbeißerfinken gehört der patagonische Grünkardinal (Gubernatrix cristata), auch Ammernkardinal genannt (Foto A. Visage – Jacana).

Allerlei Körner, Getreide- und Grassämereien, Beeren und wahrscheinlich auch Insekten bilden die Nahrung. Ziemlich ungewöhnlich ist, verglichen mit der Mehrzahl der Singvögel, die Tatsache, daß das Weibchen in einer Weise stimmbegabt ist, die der Begabung des Männchens in der Schönheit des Gesanges um nichts nachsteht.

In Amerika gibt es eine ganze Anzahl weiterer Dickschnabelfinken, von denen verschiedene ebenfalls Kardinäle genannt werden, z.B. Grün-, Grau-, Gelb- oder Blaukardinal. Jede dieser Formen gehört einer eigenen Gattung mit meist mehreren Arten an; insgesamt rechnet man etwa 45 Arten zu dieser Gruppe, die auf die Neue Welt beschränkt ist. Viele zeichnen sich durch wohllautenden Gesang aus, der ihnen die Bezeichnung „Brasilianische Nachtigall" eingebracht hat. Die 6 Arten der Gattung *Passerina* fallen durch leuchtend blaues, mit Gelb abwechselndes Gefieder auf; zu ihnen gehören der Papstfink, der Vielfarbenfink und der Orangeblaufink, der bei den Prachtfinken (Webervögeln) abgebildet ist.

Rechts: Die 8 Arten der Graukardinäle sind in Südamerika verbreitet. Die hier abgebildete Art (Paroaria cucullata) lebt von Bolivien bis Argentinien und Südbrasilien. Ihr Gesang hat ihnen den Namen der „Brasilianischen Nachtigall" eingetragen (Foto R. Longo).

Goldammer

Die Goldammer *(Emberiza citrinella)* hat eine Körperlänge von 17 cm. Kopf, Hals und Unterteile sind beim Männchen schön hochgelb, Mantel und Schultern fahlrostbraun, die unteren Körperseiten mit dunkelbraunen, die oberen mit breiten schwarzen Schaftstrichen gezeichnet, die Schwingen und die Schwanzfedern schwarzbraun. Der Augenring ist dunkelbraun, der Schnabel dunkelblau, an den Schneiden heller, der Fuß rötlichgelb. Beim Weibchen sind alle Farben matter. Nord- und Mitteleuropa, ebenso ein gro-

Man findet die bei uns weit verbreitete Goldammer im freien Feld, an Wegrändern, auf Baumwipfeln oder Telefonleitungen, wo das Männchen sein bekanntes Lied singt. Im Sommer ernähren sich die Vögel vorwiegend von Insekten, im Winter von Sämereien. Wasserstellen werden regelmäßig als Tränken oder Badeplätze aufgesucht (Fotos J. Burton – Photo Researchers, A. Visage – Jacana und L.-R. Dawson – Photo Researchers).

ßer Teil Asiens, namentlich Westsibirien, sind die Heimat der Goldammer. In Deutschland fehlt sie nirgends, steigt auch im Gebirge bis gegen die Waldgrenze auf und kann da, wo zwischen Feldern, Wiesen und Obstpflanzungen niedrige Gebüsche stehen, mit Sicherheit erwartet werden.

Während des ganzen Sommers trifft man die Goldammer paarweise oder ihre Jungen in kleinen Gesellschaften an. Die Alten gehen mit Eintritt des Frühlings an ihr Brutgeschäft. Oft findet man schon im März das Nest, das aus groben, halb verrotteten Pflanzenstengeln, Grashalmen und dürrem Laub erbaut, innen aber mit Grashalmen und Pferdehaaren ausgelegt ist, in niederem Gesträuch, meist nahe dem Boden, zwischen Stämmen oder im dichten Gezweig. Spätestens zu Anfang April enthält es das erste Gelege. Es besteht aus vier bis fünf Eiern, die 21 mm lang sind. Nach der Brutzeit sammeln sich die Goldammern in Scharen und schweifen umher.

Zaunammer

Der Goldammer ähnlich ist die Zaunammer *(Emberiza cirlus).* Sie ist über ganz Südeuropa lückenhaft verbreitet und kommt auch in Südwestdeutschland stellenweise vor, besonders in buschreichem Gelände. Ihre Länge beträgt 16 cm. Der auf dem Scheitel schwarz gestrichelte Kopf, der Hinterhals, die Halsseiten und ein breites Querband über den Kropf sind graugrün, Kinn, Oberkehle und ein von dieser ausgehender, bis hinter die Ohrgegend reichender Streifen schwarz, die Unterteile hellgelb, Mantel und Schultern zimtrot, die Schwingen dunkelbraun, die Schwanzfedern dunkelbraun, außen fahl gesäumt. Das Auge ist dunkelbraun, der Schnabel oberseits schwarz, unterseits hellbraun, der Fuß hellrötlich. Dem Weibchen fehlen das Schwarz der Kehle und die beiden gelben Streifen am Kopf. Im Winterkleid ist die schwarze Kehle des Männchens durch helle Federsäume bedeckt. Der Gesang besteht aus einem einförmigen Klappern auf einem Ton, ähnlich dem der Klappergrasmücke. Ihr Nest baut sie in Hecken in Bodennähe, an Böschungen, auch direkt am Boden.

Ortolan

Der Ortolan *(Emberiza hortulana),* auch Gartenammer genannt, hat eine Gesamtlänge von 16 cm. Kopf, Hals und Kropf sind matt graugrünlich, die Unterteile zimtrostrot, die Oberteile matt rostbraun, Mantel und Schultern durch breite, dunkle Schaftstriche gezeichnet, die Schwingen und die Schwanzfedern dunkelbraun; das Auge ist dunkelbraun, der Schnabel wie der Fuß rötlich hornfarben. Beim Weibchen sind Kopf und Hinterhals bräunlichgrau, Kinn, Kehle und ein Streifen unter den braunen Backen, der unterseits durch einen schmalen Bartstreifen begrenzt wird, sind roströtlichgelb. Alle diese Teile sind mit feinen, schwarzen Schaftstrichen gezeichnet.

Auch der Ortolan ist über einen großen Teil Europas verbreitet, kommt aber immer nur hier und da, in vielen Gegenden nicht oder äußerst selten vor. Das Verbreitungsgebiet erstreckt sich über Europa, den Nahen und Mittleren Osten bis in die mittelasiatischen Hochgebirge. In Deutschland bewohnt er ständig die Gegenden der unteren Elbe, die Mark Brandenburg, die Lausitz und Westfalen. Häufig ist er in Südnorwegen und Schweden, in Südeuropa ist er allgemein verbreitet. Er bewohnt ungefähr dasselbe Gelände wie die Goldammer, insbesondere Getreidefelder und andere offene Landschaften. Auch im Verhalten ist er ihr ähnlich. Selbst sein Gesang, der sehr variabel ist, erinnert an das Lied der Goldammer, klingt jedoch getragener. Das Nest legt er auf dem Boden oder ein wenig darüber im Pflanzenwuchs an.

Im südöstlichen Europa, zumal in Griechenland, ebenso in Kleinasien, Palästina, Westasien und Nordafrika gesellt sich ihm der Grauortolan *(Emberiza caesia),* der sich von ihm durch grauen Kopf, graue Kropfquerbinde und blaß zimtrote Kehle unterscheidet. Umherziehende Grauortolane sind auch in anderen Mittelmeerländern zu finden und gelangen selbst nach Mitteleuropa. So wurden sie auf Helgoland schon öfters beobachtet.

Oben: Die Zaunammer ist bei uns nur stellenweise in Südwestdeutschland anzutreffen. Sie lebt in Buschlandschaften, wo sie ihr Nest niedrig über dem Erdboden baut (Foto Bille).

Der Ortolan ist in seinem Verbreitungsgebiet in Getreidefeldern, offenen Kiefernbeständen oder Heidelandschaften anzutreffen (Foto L. Gaggero).

Rechte Seite: Die Paarbildung der Kernbeißer dauert längere Zeit, die Balz kann sich über zwei Monate erstrecken (Foto A. Dobrski – A.L.I.).

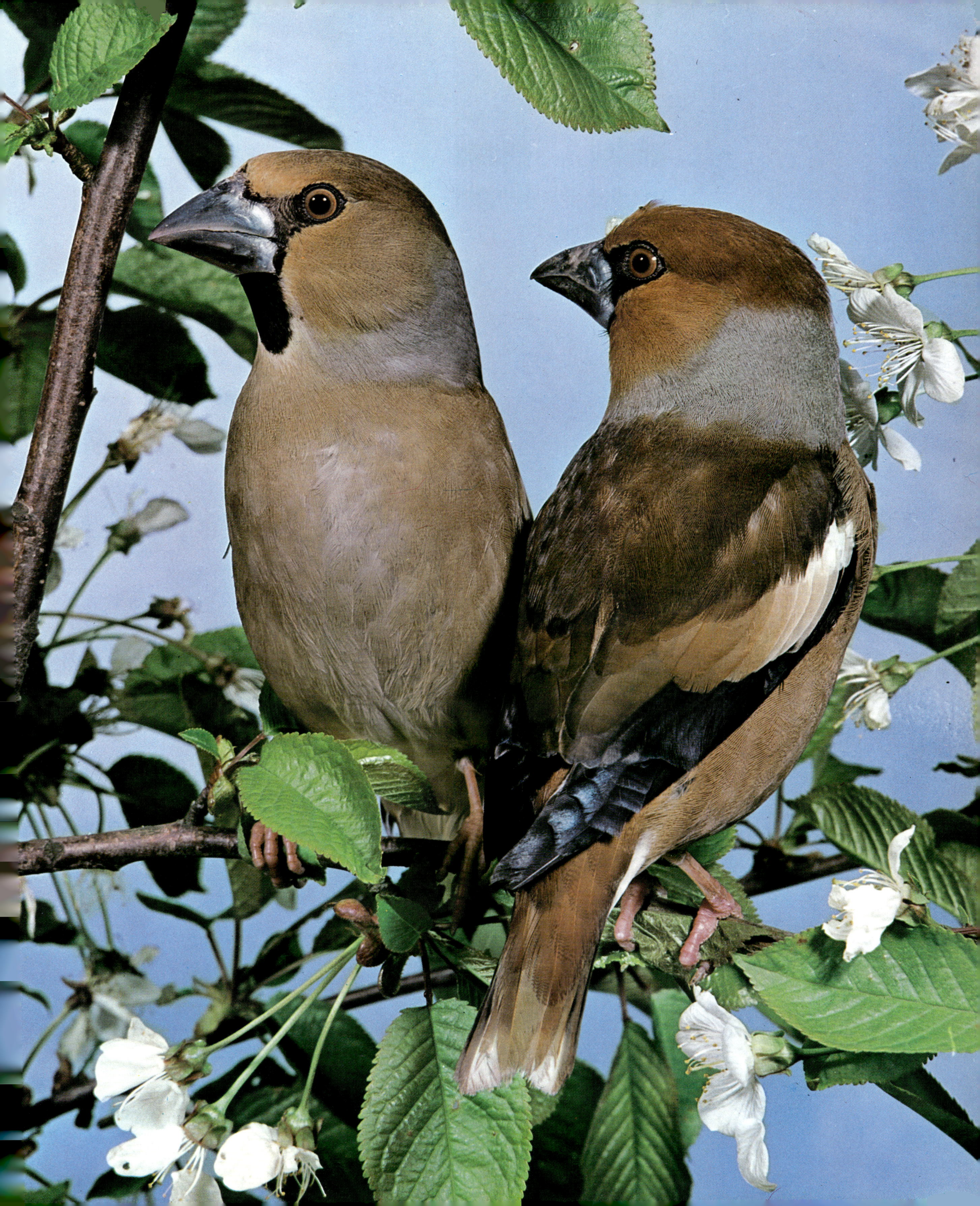

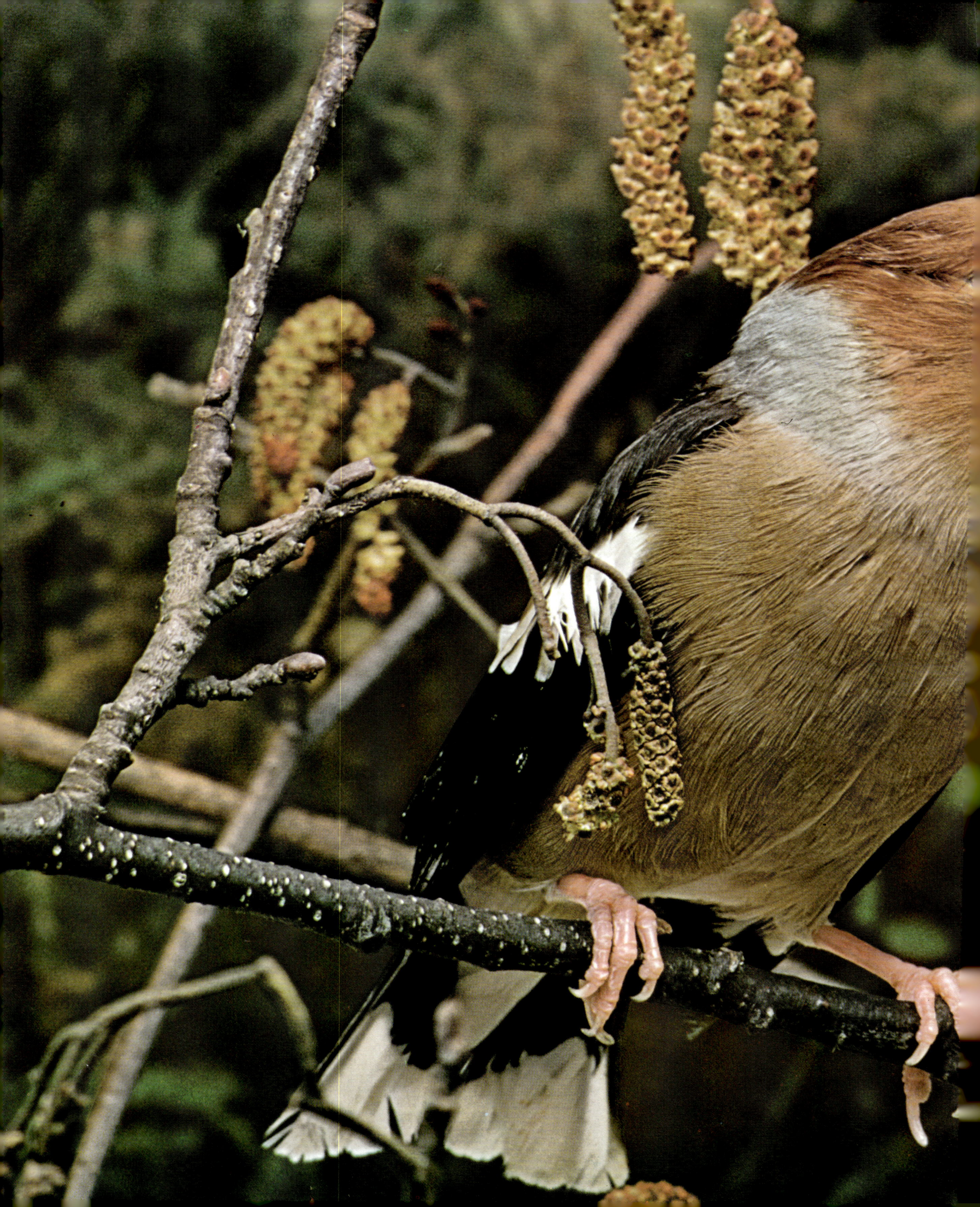

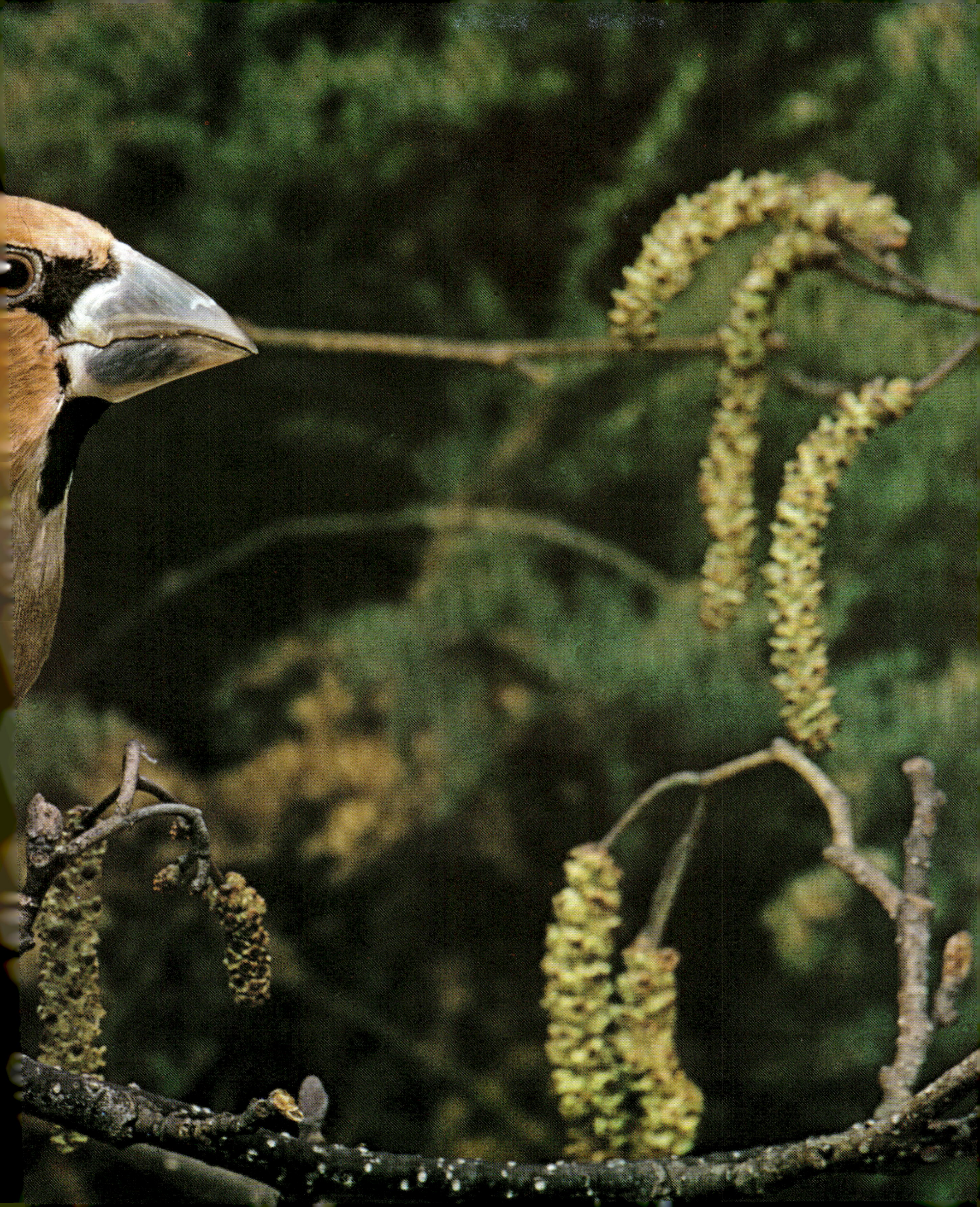

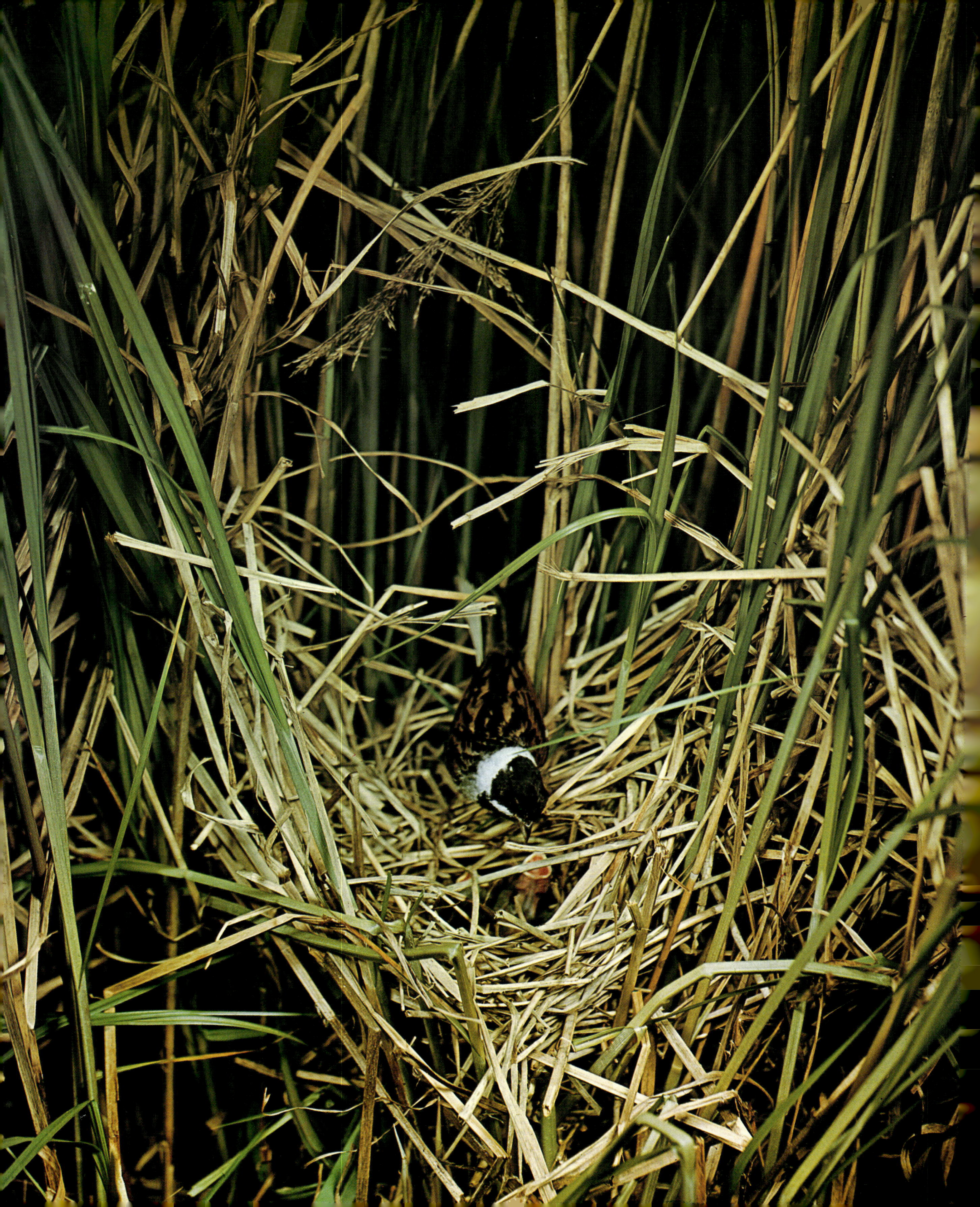

Rohrammer

Beim Männchen der Rohrammer (Emberiza schoeniclus) sind Kopf, Kinn und Kehle bis zur Kropfmitte herab schwarz, ein Bartstreifen, ein den Hals umgebendes Nackenband und die Unterteile weiß, Mantel und Schultern von Grau in Schwarzbraun übergehend, durch die rostbraunen Seitensäume der Federn schön gezeichnet, die Schwingen braunschwarz, die Steuerfedern schwarz. Der Augenring ist tiefbraun, der Schnabel dunkelbraun, der Fuß bräunlich. Beim Weibchen ist der Kopf rotbraun, Kinn und ein breiter Bartstreifen rotweiß, einen undeutlichen schwarzen, rostbraun gesäumten Kehlfleck einschließend, Hinterhals, Kropf und Seiten sind rostbräunlich, dunkel längsgestrichelt. Die Länge beträgt 16 cm. Das Verbreitungsgebiet umfaßt ganz Europa und Westasien. Hier fehlt die Rohrammer nur im Gebirge. Doch lebt sie ausschließlich an sumpfigen Orten mit hohen Wasserpflanzen, Rohren, Schilfen, Riedgräsern, Weidengestrüpp und ähnlichen Sumpfgewächsen, also an Teichen, Flüssen, Seeufern, in Morästen und auf nassen Wiesen. Hier brütet sie auch.

Das Nest wird sehr versteckt auf dem Boden kleiner Inseln und anderen wasserfreien Erdstellen zwischen Wurzeln und Gras errichtet, gewöhnlich aus allerlei Halmen und Ranken, Grasstoppeln und dürren Grasblättern lose zusammengebaut und innen mit einzelnen Pferdehaaren oder mit Rohr- und Weidewolle ausgelegt. Zweimal im Sommer, im Mai und Anfang Juli, findet man vier bis sechs durchschnittlich 19 mm lange Eier, die auf grauweißem, ins Bräunliche oder Rötliche spielendem Grund mit aschgrauen bis schwarzbraunen, schärferen oder verwaschenen Flecken, Punkten und Äderchen gezeichnet sind. Die Jungen verlassen das Nest, bevor sie flügge werden.

Die Rohrammer, ein munterer Vogel, ist behender und gewandter als ihre Verwandten, klettert geschickt im Röhricht auf und nieder und kann sich auf den schwächsten Zweigen oder Halmen sitzend halten, hüpft rasch auf dem Boden dahin, fliegt schnell und leicht, schwingt sich beim Auffliegen hoch empor und stürzt sich plötzlich wieder hinab.

Im Sommer ernährt sich die Rohrammer fast ausschließlich von Insekten und anderen Kleintieren, die im Rohr, im und am Wasser leben, im Herbst und Winter von den Samen ihres Lebensraumes. Mit Eintritt der rauhen Witterung verläßt sie die nördlichen Gegenden und sucht Rohrwälder oder mit höheren Gräsern und Disteln bestandene Flächen Südeuropas auf.

Doppelseite: Der Kernbeißer hält sich ziemlich aufrecht. Man sieht gut die weiße Flügelbinde und das Weiß am Ende der Steuerfedern; dies fällt beim fliegenden Vogel von unten besonders auf (Foto B. Coleman - Photo Researchers).

Linke Seite: In einem mehr trockenen Bereich eines Sumpfgebietes baut die Rohrammer ihr Nest, das sie in geringer Höhe über dem Boden durch Verbinden mehrerer Stengel flicht. Das Bild zeigt ein Männchen beim Füttern seiner Jungen (Foto E. Hosking).

Im Gegensatz zu fast allen anderen Vögeln des Röhrichts läßt sich die Rohrammer - hier ein Weibchen - meist unschwer beobachten, da sie keine besonders große Scheu zeigt (Foto H. Chaumeton - Jacana).

Grauammer

Unter den übrigen europäischen Arten der Gattung soll die schwerleibige Grauammer *(Emberiza calandra)* zunächst genannt werden. Sie ist 19 cm lang. Die Oberteile, mit Ausnahme der einfarbigen Bürzel- und Schwanzdeckfedern, sind auf erdbräunlichem Grunde mit dunklen Schaftstrichen gezeichnet, Zügel und undeutlicher Schläfenanstrich sind fahlweiß, Backen- und Ohrgegend auf bräunlichem Grunde dunkel längsgestrichelt, Schwingen und Schwanzfedern dunkelbraun. Das Auge ist dunkelbraun, der Schnabel horngelb, der Fuß blaßgelb.

Man begegnet der Grauammer an geeigneten Orten im größten Teil von Europa, nach Norden hin bis Südskandinavien, ebenso im westlichen Asien entweder als Stand- oder wenigstens als Strichvogel. Sie zieht einzeln oder in Scharen bis nach Nordafrika. Im Sommer bewohnt sie weite, fruchtbare, mit Getreide bebaute Ebenen; ihre beliebtesten Aufenthaltsorte sind Gegenden, in denen Feld und Wiese miteinander abwechseln und einzelstehende Bäume und Sträucher vorhanden sind. In größeren Waldungen sieht man sie ebensowenig wie auf Gebirgen. In Norddeutschland ist sie nirgends selten; an anderen Stellen ist sie in den letzten Jahrzehnten eingewandert und fehlt jetzt – großräumig betrach-

Oben: Das Männchen der Rohrammer singt zu fast allen Tageszeiten, manchmal bis zur Dunkelheit, jedoch meist nur in der Nähe des Nestes. Die Vögel sitzen dabei auf einer auffallenden Singwarte (Foto D. Dalton – N.H.P.A.).

Das Nest der Grauammer steht meist auf dem Erdboden im offenen Gelände, in Wiesen oder unter Hecken. Wie bei den meisten körnerfressenden Singvögeln, füttert auch die Grauammer ihre Jungen mit Insekten (Foto L. Gaggero).

tet – kaum irgendwo. Einzelne Brutvorkommen der Grauammer sind jedoch immer noch isoliert.

Der gedrungene, kräftige Leib, die kurzen Flügel und die schwachen Füße lassen vermuten, daß die Grauammer ein schwerfälliger Vogel ist. Sie hüpft am Boden in gebückter Stellung langsam umher, zuckt dabei mit dem Schwanz und fliegt mit Anstrengung unter schnurrender Flügelbewegung in Bogenlinien, kann jedoch mancherlei geschickte Wendungen, die man ihr nicht zutrauen möchte, ausführen. Der Gesang wird meist frei und unverdeckt sitzend vorgetragen. Er besteht aus einer sich beschleunigenden Folge kurzer, metallischer Töne und endet klirrend.

Die Grauammer lebt gewöhnlich in Vielehe; man hat beobachtet, daß bis zu 7 Weibchen zu einem Männchen gehören. Das Nest wird im April in eine kleine Vertiefung in das Gras oder zwischen andere deckende Pflanzen, immer nahe dem Boden, gebaut. Alte Strohhalme, trockene Grasblätter und Grashalme bilden die Wandungen; die innere Höhlung ist mit Haaren oder sehr feinen Hälmchen ausgelegt. Die Jungen werden mit Insekten gefüttert und sind Ende Mai flügge. Während des Sommers ernähren sich auch die Altvögel vorwiegend von Insekten.

Die Grauammer ist die größte europäische Ammer. Die Geschlechter sind im Kleid nicht voneinander zu unterscheiden, im Gegensatz zu den anderen Angehörigen der Gattung (Foto L. Gaggero).

Zippammer

Eine der schönsten Ammern ist die Zippammer *(Emberiza cia)*. Sie ist 18 cm lang. Kopf und Hinterhals sind aschgrau, Mantel und Schultern rostrotbraun, obere Schwanzdecken und die Unterteile zimtrostrot, auf der Bauchmitte heller, die Schwingen schwarzbraun, die Schwanzfedern dunkel braunschwarz. Der Augenring ist dunkelbraun, der Oberschnabel schwarz, der untere lichtbraun, der Fuß hornfarben. Bei dem im allgemeinen matter gefärbten Weibchen sind die schwarzen Längsstreifen des Kopfes weniger deutlich, der Oberkopf braun, dunkel längsgestrichelt, der mittlere Streifen grau, der Augenstreifen fahl weiß und das Grau der Kehle und des Kopfes mit ver-

Links: Die Zwergammer nistet in Weidengebüsch stets in Wassernähe. Das Brutgebiet liegt großenteils in Sibirien und Nordrußland, erreicht aber auch Nordskandinavien (Foto L. Gaggero).

waschenen dunklen Tüpfelchen gezeichnet.

In Deutschland bewohnt die Zippammer in erster Linie die Gebiete am Rhein und den Schwarzwald. In Südeuropa ist sie häufiger zu finden. Sie ist ein Gebirgsvogel. Halden mit möglichst zerklüftetem Gestein bilden ihre Lieblingsplätze. Hier treibt sie sich zwischen und auf den Steinen und Blöcken nach Art anderer Ammern umher. Auf Bäume oder Sträucher setzt sie sich selten. Im übrigen ist sie eine echte Ammer in ihrem Betragen und in ihren Bewegungen, im Fluge und in der Stimme. Letztere, ein oft wiederholtes „Zippzippzipp" und „Zei", entspricht ihrem Namen. Der Gesang ähnelt dem der Goldammer, ist aber kürzer und reiner.

Das Nest findet man am Rhein in den Ritzen und Höhlungen der Weinbergsmauern. Die Zippammer legt drei bis vier Eier, jedes 21 mm lang. Diese sind auf grauweißlichem Grunde mit grauschwarzen und zwischendurch mit einigen grauen Fäden, oft gürtelartig in der Mitte des Eies, umsponnen, diese Fäden sind aber nicht kurz abgebrochen. Dadurch kann man die Eier leicht von den oft ähnlich gezeichneten der Goldammer unterscheiden. Die Zippammer brütet im Süden wahrscheinlich zweimal im Jahr. Am Oberrhein erscheint der Vogel Februar/März und bleibt bis November.

Weitere Ammern

Die Kappenammer *(Emberiza melanocephala)* besiedelt die Küsten des Adriatischen Meeres, die Balkanhalbinsel und Kleinasien bis zum Iran. Sie überwintert in Indien. Eine Unterart, die von Südrußland bis Innerasien brütet, ist die Braunkopfammer, deren Kopf und Kehle kastanienbraun gefärbt sind, im Gegensatz zum schwarzen Kopf der Kappenammer. Sie wurde schon mehrfach in Deutschland gefunden; es ist jedoch nicht sicher, ob es sich dabei jeweils um einen hierhin verschlagenen Irrgast oder um einen entflohenen Käfigvogel gehandelt hat.

Die drei folgenden Arten der Gattung erreichen Europa nur im hohen Norden. Mit 13,5 cm ist die Zwergammer *(Emberiza pusilla)* die kleinste, es folgen die Weidenammer *(Emberiza aureola)* und die Waldammer *(Emberiza rustica)* mit 15 cm. Sie kommen bis Ostasien vor.

Linke Seite oben: Die Kappenammer ist hauptsächlich im Bereich der Balkanhalbinsel und auf der Westseite des Adriatischen Meeres verbreitet. Einzelne Tiere verfliegen sich gelegentlich nach Mitteleuropa (Foto A. Molinier – Jacana).

Die Zippammer kommt gewöhnlich in felsigem Gelände oder in Weinbergen vor. Im Nordbereich ihrer Verbreitung, also in Deutschland, ist sie Zugvogel, im Süden wird sie überwiegend ganzjährig angetroffen (Foto Bille).

Spornammer

Die Spornammer *(Calcarius lapponicus)* hat eine Gesamtlänge von 16 cm. Beim Männchen im Brutkleid sind Kopf, Kinn und Kehle schwarz, die übrigen Oberteile rostbraun, durch schwarze Schaftflecken gezeichnet, Halsseiten und Unterseite weiß. Das Weibchen hat keine Schwarzzeichnung. Namengebend ist die lange, lerchenartige Kralle der Hinterzehen. Die Art lebt auf der Tundra der Alten und der Neuen Welt. Von hier aus wandert sie im Winter so weit nach Süden wie nötig, erscheint im norddeutschen Küstenbereich, weiter südlich in fast allen europäischen Ländern als seltene Ausnahme. Im Winter ist sie leicht zu übersehen, da sie ohne die auffallende Zeichnung des Brutkleids den Lerchen ähnelt.

In ihrem hochnordischen Brutgebiet besiedelt sie baumlose Tief- und Hochlagen. Der Frühlingszug ist etwa Mitte April beendet. Das Nest wird in dichtem Zwergbirkengesträuch oder auf einer Bodenerhebung versteckt angelegt. Die Hauptnahrung bilden Insekten, vor allem Mücken, im Winter dagegen verschiedene Sämereien.

Durch die Länge des Hintersporns, die Art des Fluges und durch ihren wohltönenden Gesang hat sie Ähnlichkeiten mit den Lerchen.

Die Spornammer gehört mit der Schneeammer zu einer sehr artenreichen Gruppe von Ammern, die man als Scharrammern bezeichnet. Sie sind überwiegend in Amerika beheimatet. Im folgenden werden sie nicht näher behandelt. Zuweilen verschlägt es Einzeltiere durch Sturm über den Atlantischen Ozean nach Europa.

Oben: Die Spornammer nistet im hohen Norden Europas, Asiens und Amerikas im baumlosen Ödland, meist im dichten Gestrüpp der Zwergbirken der Tundra. Hier sieht man ein Männchen mit Insekten im Schnabel (Foto J.-P. Varin – Jacana).

Rechte Seite: Im Ruhekleid hat das Männchen der Schneeammer einen bräunlichen Kopf und etwas dunkleren Rücken, sonst aber noch überwiegend weißes Gefieder (unten). Das Weibchen ist bräunlicher (oben) (Fotos Bille und M. Brosselin – Jacana).

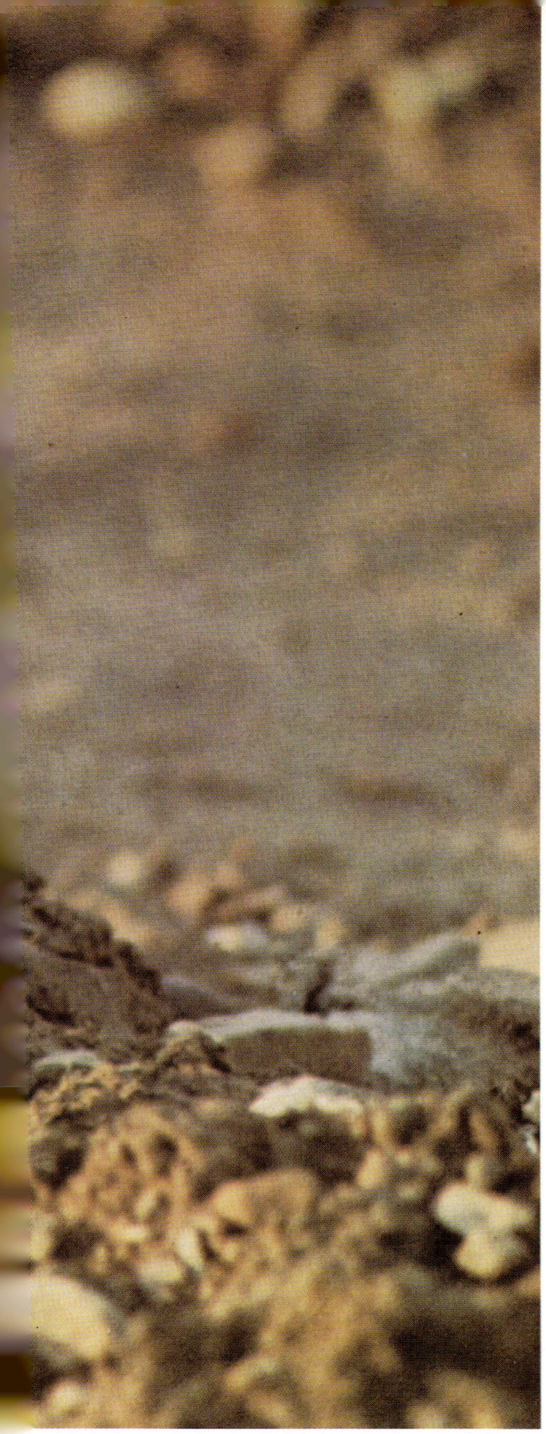
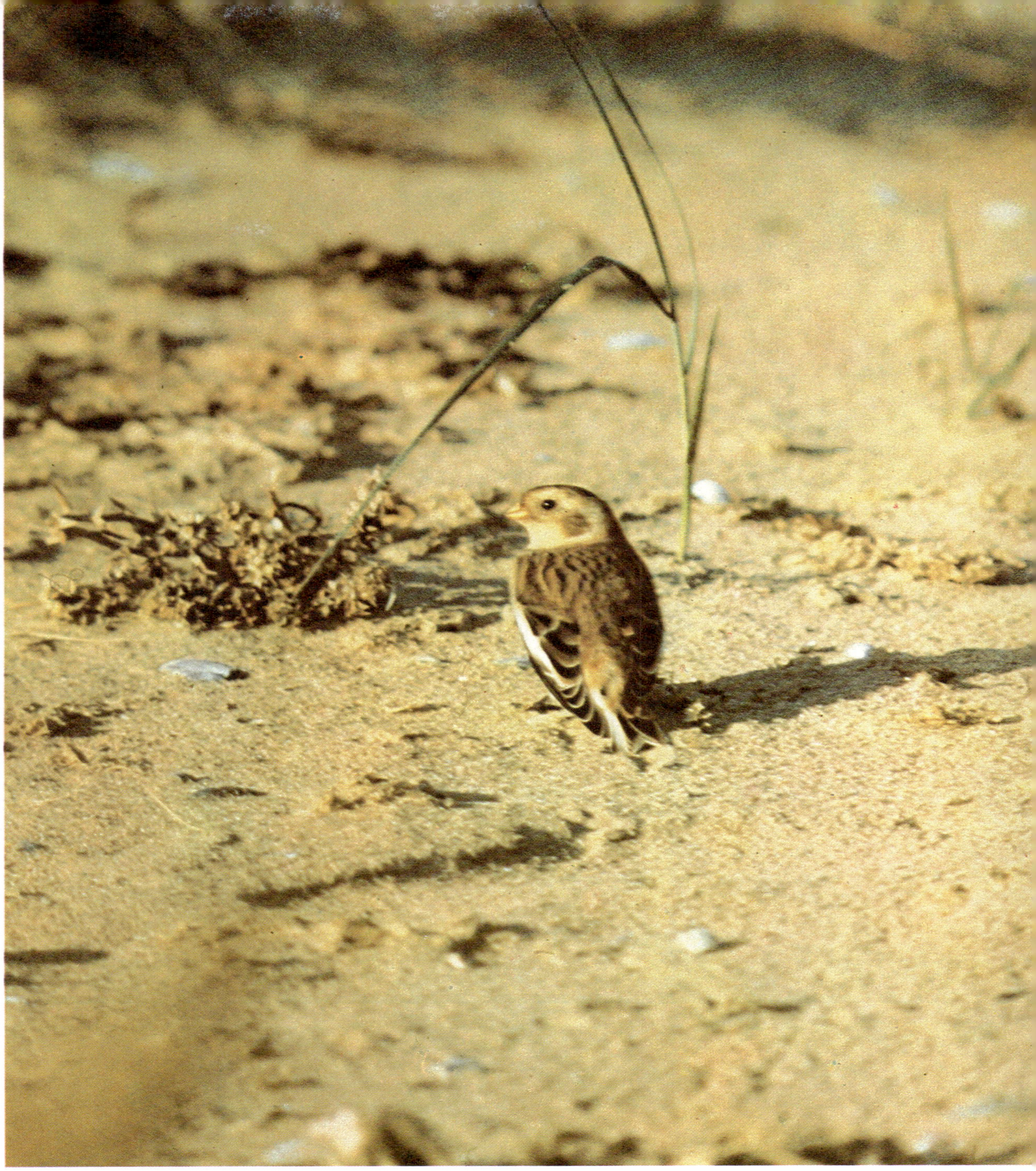
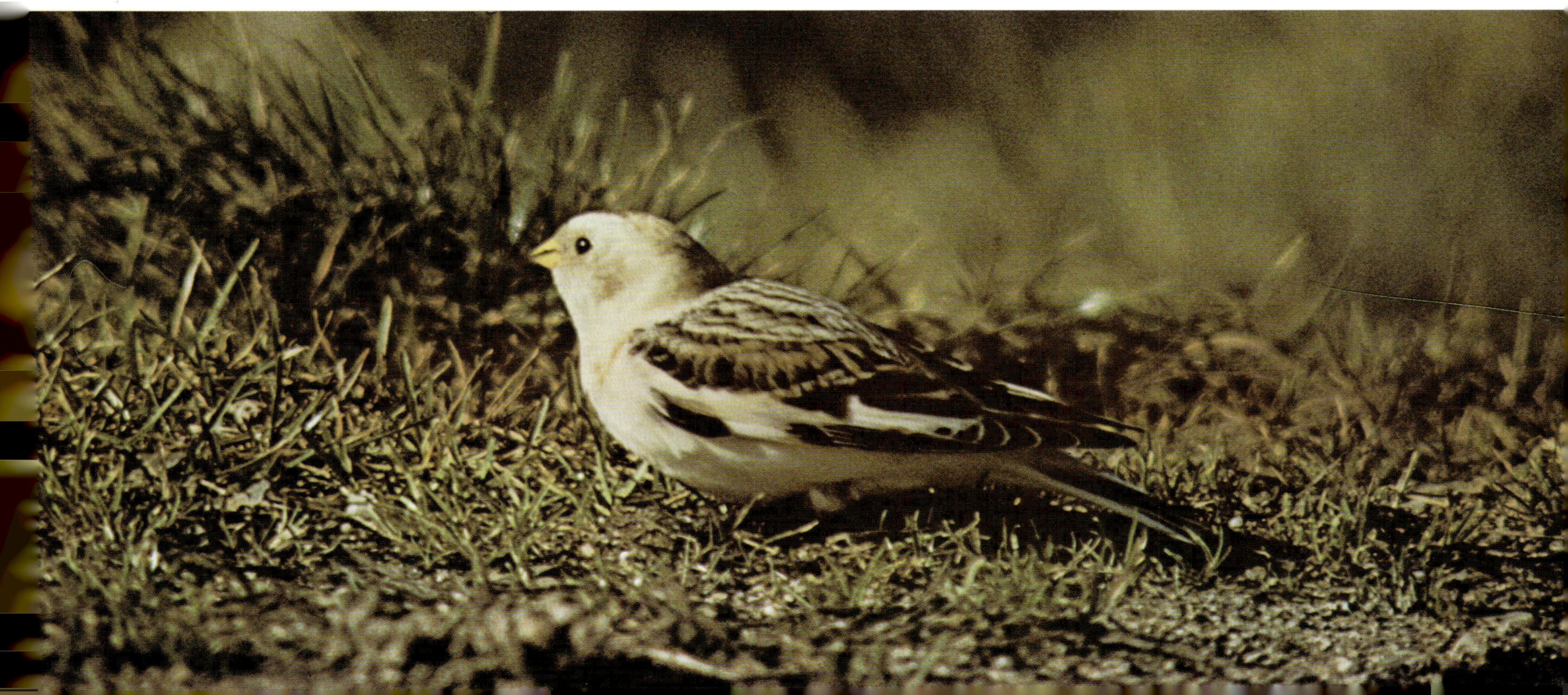

Schneeammer

Die mit der Spornammer verwandte Schneeammer *(Plectrophenax nivalis)* ist im Sommer weiß, nur auf Mantel und Schultern, Handschwingen und den mittleren vier Schwanzfedern schwarz, im Winter dagegen auf Ober- und Hinterkopf sowie in der Ohrgegend rostzimtbraun. Etwa dieselben Länder, die die Spornammer beherbergen, sind auch die Heimat der Schneeammer. Ihr Verbreitungsgebiet ist umfassender, ihr Brutgebiet dagegen beschränkter als das der Spornammer. Sie bewohnt die Hochtundra, nach Norden hin, soweit sie, und wenn auch nur für einige Wochen, schneefrei wird, hält sich also in enger Nachbarschaft des ewigen Schnees auf. Ihr Winterzug führt sie in Europa bis Süddeutschland, zuweilen noch weiter südlich, in Asien bis Südsibirien und Mittelchina, in Amerika bis in die mittleren Vereinigten Staaten. Gebirgshalden und felsige Berge bieten ihr Brutplätze; das von ihr bevorzugte Gelände ist meist baumlos. Das Nest wird stets in Felsspalten oder unter großen Steinen angelegt, besteht äußerlich aus Grashalmen, Moos und Erdflechten und ist inwendig mit Federn und Dunen ausgefüttert, der Eingang nicht größer, als daß die Eltern bequem aus- und einschlüpfen können. Das Gelege besteht aus fünf bis sechs Eiern von durchschnittlich 22 mm Länge. Zuweilen brütet auch das Männchen, das regelmäßig das brütende Weibchen füttert. Beide Elternvögel ziehen die Jungen auf. Schon Ende April läßt das Männchen, auf der Spitze eines Steines sitzend, seinen kurzen, aber hell tönenden Gesang hören. Bald nach der Brutzeit sammeln sich die Paare mit ihren Jungen in großen Flügen, welche noch eine Zeitlang in der Heimat verweilen, dann aber ihre Winterreise antreten. Im Brutgebiet ernähren sie sich fast ausschließlich von Insekten, besonders Mücken; während des Winters begnügen sie sich mit Sämereien.

Wenig andere Vögel ziehen in so großen Gesellschaften wie die Schneeammern. Auch Deutschland besuchen sie fast allwinterlich, aber nur selten in solchen Mengen wie den hohen Norden. Sie halten sich im Küstenbereich auf, häufig auf Stoppelfeldern; aber man kann sie auch im Binnenland antreffen, wo sie Seeufer und sandige Stellen bevorzugen.

Die Schneeammern ähneln in ihrem Betragen den Lerchen ebensosehr wie den Ammern. Sie laufen ganz nach Lerchenart, fliegen leicht und geschickt, wenig flatternd und in großen Bogenlinien, auf dem Zug in bedeutender Höhe, sonst gern dicht über dem Boden dahin. Ihr melodischer Gesang wird im kreisenden und gleitenden Balzflug vorgetragen und hat ebenfalls Ähnlichkeit mit Tönen, die man von den Lerchen kennt.

Im Brutkleid ist das Männchen der Schneeammer bis auf die schwarzen Handschwingen, mittleren Steuerfedern und einige Rückenabschnitte schneeweiß. Von den nördlichen Brutgebieten aus streifen sie zuweilen im Winter durch weite Teile Europas (Foto C.-J. Ott – Photo Researchers).

Webervögel

Die zahlreichen Arten der Familie der Webervögel *(Ploceidae)* sind durch einen kurzen, konischen Körnerfresserschnabel sowie durch 10 Handschwingen (ausgenommen die Gattung *Passer* mit 9) ausgezeichnet. Weitere Kennzeichen dieser Sperlingsvögel sind: meist kleine bis mittlere Größe, bis etwa 67 cm Gesamtlänge höchstens; ein oftmals bei den Geschlechtern unterschiedlich gefärbtes Federkleid, wie bei den Finken; ein manchmal sehr langer Schwanz; kurze Füße; ein Nest von komplexem Aufbau, oftmals kugel- oder flaschenförmig mit innerer Unterteilung und Eingangsröhre. Zahlreiche Arten der Webervögel sind sehr gesellig und leben auch während der Brutzeit in größeren Scharen zusammen. In der Regel führen sie keine jahreszeitlich bedingten Wanderungen aus.

Man findet sie ursprünglich nur in der

Webervögel leben meist gesellig und bilden zuweilen riesige Schwärme. Sie dulden oftmals Vögel anderer Art neben sich. An einer Futterstelle haben sich neben zahlreichen Genickbandwebern (mit ammernartig gefärbten Weibchen und goldfarbenen Männchen) einige Dreifarbenglanzstare und Halbmondtauben eingefunden (Foto Holmes-Lebel).

Verbreitungsgebiet: Die Verbreitung der Webervögel war ursprünglich auf die Alte Welt und Australien beschränkt (blau); vom Menschen wurden sie jedoch nach Amerika und an viele andere Stellen eingeführt (gelb).

Alten Welt und in Australien, die meisten aber in Afrika südlich der Sahara. Ihre Nester schmücken in besonderer Weise die Bäume Mittelafrikas und des südlichen Asiens. Dem Aussehen nach ähneln die Webervögel den Finken; doch unterscheiden sie sich durch ihren kunstvollen Nestbau, der zuweilen recht komplizierte Formen haben kann. Oft sind die Nester kugelig oder flaschenförmig. Die bemerkenswerten Architekten nisten vielfach in dichten Kolonien; nicht selten findet man Ansammlungen von Nestern, die so widerstandsfähig sind, daß sie mehrere Jahre lang ohne Schaden Wind und Wetter trotzen.

Die Kunstfertigkeit, mit der sie ihre Behausungen anfertigen, hat vielen von ihnen die Bezeichnung „Weber" eingetragen. Eine dieser Arten, der Mohrenweber (Ploceus nigerrimus), errichtet sein Nest in Ölpalmen auf besonders auffällige Weise.

Dieser Vogel beginnt vor dem Nestbau mit der Sammlung des benötigten Materials auf benachbarten Palmen, wobei er sie oftmals beträchtlich beschädigen kann. Er arbeitet auf eine eigenartig zaghafte Art: Im Flug faßt er mit dem Schnabel den Rand eines Palmblattes möglichst nahe am Stiel, läßt sich fallen und reißt dabei einen Streifen über die ganze Länge des Blattes ab. Hiermit fährt er fort, bis ein Palmwedel völlig kahl ist. Danach wendet er sich dem nächsten zu. Wenn mehrere Vögel zusammen am Werk sind, entblättern sie gleichzeitig mehrere Wedel, so daß die derartig strapazierte Palme erheblich geschädigt wird.

Zu den Webervögeln gehören auch die vermutlich schädlichsten Vögel überhaupt. Es handelt sich um den Blutschnabelweber (Quelea quelea). Mehrere afrikanische Regierungen haben schon große Geldsummen aufgewendet, um die Vermehrung dieses kleinen Webers einzudämmen. Der Blutschnabelweber bewohnt die Tropen Afrikas, wo er in riesigen Gemeinschaften nistet. In Perioden der Trockenheit wandert er nach Süden hin ab. Die Schwärme dieser Vögel, die mehrere Millionen Individuen umfassen können, verursachen in den Kulturen Schäden, die denen der Heuschrecken vergleichbar sind. Oftmals beschwören sie dadurch sogar die Gefahr einer Hungersnot für die einheimische Bevölkerung herauf.

In der Brutperiode belegen die Blutschnabelweber in großen Gebieten jeden Baum der Savanne. Allein die Männchen verfertigen das Nest. Sobald ein Weibchen in ein Nest schlüpft, findet die Paarung statt. Das erste Ei wird binnen 24 Stunden gelegt. Es schlüpft jedoch gleichzeitig mit den danach abgelegten Eiern nach einer Brutdauer von 13 Tagen. Die Synchronisation des Fortpflanzungszyklus in einer Kolonie ist überraschend: Ihre Mitglieder beginnen gleichzeitig mit dem Brüten, im Anschluß an heftige Gewitter von einer gewissen

Das hervorstechendste Kennzeichen der Webervögel ist ihre Kunstfertigkeit im Nestbau. Die hier abgebildeten Nester sind kugelförmig. Sie überdauern zuweilen mehrere Jahre (Foto J. Burton – Photo Researchers).

Rechte Seite oben: Die Siedelweber legen in Bäumen Gemeinschaftsnester an, die gelegentlich so schwer werden, daß der tragende Ast abbricht. Unter einem gemeinsamen Dach liegen die Eingänge der getrennten, aber Seite an Seite gebauten Nester nahe beieinander (Fotos A. Bannister – N.H.P.A.).

Dauer, die in der trockenen Gegend ein zeitweises Überangebot an Nahrung versprechen. Unter den Bäumen mit den Massenbruten sieht es zuweilen seltsam aus: Der Boden scheint mit Schnee bedeckt zu sein; doch sind die „Flocken" nur Reste der Eierschalen, die nach dem Schlüpfen der Jungen etwa zur gleichen Zeit aus dem Nest geworfen werden.

Solche Ansammlungen ziehen natürlich auch eine Reihe von Feinden an, vor allem Greifvögel und Schlangen; doch scheinen sie nicht den geringsten Einfluß auf die Bevölkerungsstärke der Vögel zu haben. Vielmehr sieht es so aus, als ob es eine der Wirkungen des völlig gleichzeitig ablaufenden Brutgeschäftes ist, die Verluste durch die Räuber zu verringern. Auf keine Weise gelang es bisher, die Zahl dieser Vögel einzudämmen, weder durch Giftmittel noch gar durch Flammenwerfer. Schon vor Ende des ersten Lebensjahrs sind die Jungen bereits fortpflanzungsfähig, zu einer Zeit, in der sie noch nicht einmal das Jugendgefieder gemausert haben.

Die Familie umfaßt 36 Gattungen und etwa 250 Arten, von denen in Mitteleuropa 4 leben: Haussperling (*Passer domesticus*), Feldsperling (*Passer montanus*), Steinsperling (*Petronia petronia*) und Schneefink (*Montifringilla nivalis*). Das frühere Vorkommen des Steinsperlings in Thüringen ist allerdings mittlerweile erloschen. Aus ihrer altweltlichen und australischen Heimat sind sie in weit entfernte Gebiete eingeführt worden, in denen sie sich sehr gut angepaßt haben. So ist beispielsweise der Haussperling heute in der Neuen Welt überall verbreitet. Andererseits ist der afrikanische Wellenastrild (*Estrilda astrild*) wie in anderen Gebieten auf der Erde so auch in Portugal eingebürgert.

Rechts: Die oft sehr komplizierten Nester der Weber werden im allgemeinen nur von den Männchen angefertigt. Sie besitzen zuweilen eine angebaute Eingangsröhre mit dem Eingang am unteren Ende. Räubern wird hierdurch der Zugang erschwert (Foto P. Jackson – Photo Researchers).

Siedelweber

Der 14 cm lange Siedelweber oder Siedelsperling *(Philetairus socius)* ist aufgrund seiner ausgeprägten Geselligkeit ein beachtenswerter Angehöriger der Webervögel. Oberseits ist er dunkelbraun, die Halsseiten sind noch dunkler, Kinn und Kehle sind schwarz, der Bauch ist gelb. Er bewohnt das mittlere und westliche Südafrika und ist vor allem durch den Aufbau seines Nestes bekannt.

Die gesellig lebenden Siedelweber versammeln sich zu 800 bis 1000 unter einem gemeinschaftlich errichteten Dach, das einer strohgedeckten Hütte gleicht. Darunter hängen sie ihre Nester auf, Seite an Seite miteinander, so daß ein für Schlangen und andere Räuber einigermaßen undurchdringliches Gebilde entsteht. Sie verrichten diese Arbeit mit einer Sorgfalt, die an die der Bienen erinnert. Den ganzen Tag arbeiten sie an der Beschaffung des Baumaterials, das hauptsächlich aus Grashalmen besteht. Alljährlich werden

Die leuchtenden Farben vieler exotischer Webervögel machen sie bei den Vogelliebhabern begehrt. Oben eine australische Gouldsamadine, unten ein Kleiner Amarant aus Afrika (Fotos Holmes-Lebel und ZEFA).

im Abstand von jeweils 5 cm neue Nester angelegt.

Nicht selten wird das Bauwerk so schwer, daß der Ast, der alles trägt, abbricht. Um dieses möglichst zu vermeiden, errichten die Siedelweber ihre Kolonien auf den höchsten und kräftigsten Bäumen. Fehlen diese, so werden die Nester an den blühenden Stengeln der Aloe oder gar an Telegraphenstangen angelegt. Sie sind so solide gebaut, daß sie mehrere Jahre zur Brut benutzt werden. Man kennt Gemeinschaftsbauten, die seit über 100 Jahren in Benutzung waren. Die frei gewordenen Abteilungen werden oft von anderen Vogelarten, wie Amadinen, Papageien und Zwergfalken, aber auch gelegentlich Eidechsen und sogar Baumschlangen bezogen.

Das Gelege besteht aus 3 bis 4 Eiern von weißlich-blauer Färbung mit schwarzen Flecken am stumpfen Ende. Nur das Weibchen brütet; aber nach dem Schlüpfen ziehen beide Eltern die Jungen mit Insekten auf.

Oben: Der europäische Schneefink ist ein Sperlingsverwandter, der sich in den Hochlagen der Gebirge über 1800 m als Standvogel aufhält. Durch seine geringe Scheu und sein Aussehen ähnelt er den Sperlingen (Foto E. Hosking).

Der afrikanische Blutschnabelweber ist der schädlichste Vogel überhaupt. Durch Scharen, die mehrere Millionen Individuen umfassen können, richtet er in den Pflanzungen größere Schäden an als die Heuschrecken. Nichts scheint seine Fortpflanzung einschränken zu können (Foto A. Visage – Jacana).

Haussperling

Der Haussperling *(Passer domesticus)* ist ein besonders typischer Vertreter seiner 15 Arten umfassenden Gattung. Seine Gesamtlänge beträgt 15 cm. Beim Männchen ist die Oberseite des Kopfes grau, der Rücken braun mit schwarzen Streifen, der Bauch weißlich und die Kehle schwarz. Als Kulturfolger des Menschen ist er ihm überallhin nachgezogen, das Hochgebirge ausgenommen. Man findet ihn fast überall auf der Erde. Mit einer großen Anpassungsfähigkeit errichtet er sein Nest immer in der Nähe menschlicher Behausungen, und man trifft ihn nur selten in unbesiedelten Gegenden. Auf dem Lande ernährt er sich von Getreidekörnern und den Futterresten der Hühner und Tauben. Doch auch in den vom Verkehrslärm erfüllten Großstädten lebt er; hier nistet er beispielsweise zwischen den Steinfiguren an Bauwerken oder in den Spalten unter Hausdächern. Obstbäume der Gärten und Straßen bieten ihm ausreichend Nahrung. Wo der Mensch einen Hof verläßt oder eine Siedlung aufgibt, verschwindet auch der Haussperling bald.

Zwischen den Menschen und den Sperlingen besteht kein besonders gutes Verhältnis, da die Haussperlinge sich u. a. von den ausgesäten Samenkörnern ernähren. Sie plündern die Ernte und fressen auch Beeren und andere Früchte. Deshalb versucht man stellenweise, sie zu vernichten oder wenigstens zu entfernen.

Dank seinem Instinkt und einer außerordentlichen Fruchtbarkeit vermag der Haussperling alle Hinterhalte zu vereiteln. Statt einer Verminderung kann man bei dieser Art eine Zunahme beobachten. Man braucht nur die Sperlinge im Auge zu behalten, die die eigene Umgebung bevölkern. Sie nehmen an Zahl zu, obwohl viele alljährlich vom Menschen oder von Raubtieren vernichtet werden.

Der Haussperling ist ein ausgeprägter Standvogel, der sich kaum weit von seinem Geburtsort in der Stadt oder auf dem

Der Haussperling ist weltbekannt und überall da zu finden, wo Menschen leben, Gebirgslagen ausgenommen. Männchen und Weibchen sind deutlich unterschiedlich gefärbt, die bunten Männchen heben sich von den schlichter gekleideten Weibchen ab (Foto Bille).

Lande entfernt. Er ist gewöhnlich in einem bestimmten Bereich eines Dorfes oder einer Stadt beheimatet und baut dort eine Kolonie mit auf. Seine Erkundungsflüge gehen über eine gewisse Entfernung vom Nest kaum hinaus. Er ist ein sehr gesellig lebender Vogel.

Während der Brutzeit leben einzelne Paare zusammen. Die Paare nisten oft Seite an Seite. Wenn die Weibchen mit Brüten beschäftigt sind, leben die Männchen weiter im geselligen Verband. Nach dem Ausfliegen vereinigen sich die Jungen mit der übrigen Gesellschaft.

Solange die Sperlinge auf den Feldern ihre Nahrung in Form von Körnern finden können, versammeln sie sich am Morgen

Oben: Der Haussperling ist sehr ausdauernd und widerstandsfähig. Er findet auch im Winter genügend Nahrung in der Umgebung des Menschen. Von seinem Geburtsort entfernt er sich kaum (Foto J. Good – N.H.P.A.).

Die Haussperlinge nutzen jede Gelegenheit zum Baden, vor allem bei starker Hitze. Auch Staubbaden kann man bei ihnen oft beobachten (Foto D. Dalton – N.H.P.A.).

in Schwärmen und verlassen ihren Brutplatz. Die heißen Mittagsstunden verbringen sie im dichten Laubwerk von Bäumen und Hecken. Gegen Abend kehren sie wieder zurück in das Dorf oder die Stadt.

Auf dem Erdboden hüpft der Haussperling leichtfüßig. Sein Flug scheint beschwerlich und zuweilen ruckartig, ist aber dennoch sicher. Er erhebt sich nicht sehr hoch, findet aber immer Mittel und Wege, sich einer schwierigen Lage zu entziehen. Verhaltensweisen des Menschen kann er schnell erlernen, ebenso paßt er sich den Bräuchen der Menschen an, in deren Nähe er lebt. Sperlinge aus der Stadt sind daher im Verhalten von denen auf dem Lande zum Teil recht verschieden. Dort, wo sie geduldet und nicht verfolgt werden, sind sie zutraulich und ruhig; scheu und vorsichtig werden sie an gefahrvollen Plätzen. Nichts entgeht ihrer Aufmerksamkeit. Sie sehen und erraten unverzüglich, was ihnen zum Vorteil gereichen und was unheilvoll sein könnte.

Die gesellige Art der Sperlinge hindert sie nicht daran, sich herumzuzanken. In der Fortpflanzungszeit führen sie heftige, aber nie ernsthaft beschädigende Kämpfe. Ihr unaufhörliches Schilpen macht sie zuweilen lästig. Die Sperlinge zeigen ein interessantes Balzverhalten. Schon Anfang Januar hat das Männchen sein Revier ausgewählt; dort hält es sich regelmäßig auf und verhindert durch ständiges „Singen", daß ein anderes Männchen es besetzt. Mehr und mehr bevorzugt es die Nähe einer natürlichen Höhle, in der ein Nest errichtet werden könnte. Nähert sich ein Weibchen, beginnt das Männchen mit einem heftigen Gesang; es tänzelt vor dem Eingang des zukünftigen Nestes hin und her, wobei es den Schwanz hebt und den Kopf zurücklegt. Bald schlüpft es in die Höhle, gefolgt von dem Weibchen. Dies entspricht einer förmlichen „Verlobung". Bald darauf kommt das Weibchen wieder heraus, und das Männchen beginnt mit seinem Gesang von neuem. Nach mehrfacher Wiederholung dieser Verhaltensweisen findet die Paarung statt. Die Haussperlinge sind monogam. Ab März können sie bei uns mit dem Brutgeschäft beginnen.

Da in der Umgebung des Menschen sein Lebensunterhalt gesichert ist, baut der Haussperling sein Nest recht frühzeitig. Er brütet zwei- bis dreimal in der warmen Jahreszeit. Das Nest wird an den verschiedenartigsten Plätzen angelegt, je nach den örtlichen Gegebenheiten, aber üblicherweise in einer geschlossenen Umgebung. Dazu sind sowohl Mauerlöcher geeignet wie die Aushöhlung eines Baumstumpfes oder das dichte Zweigwerk eines Gebüsches. Oftmals besetzt er auch verlassene oder noch nicht bezogene Nester anderer Arten und nimmt so insbesondere mancher Mehlschwalbe die Brutmöglichkeit in einem vorjährigen Nest.

Das Sperlingsnest ist gewöhnlich grob angefertigt. In seiner äußeren Form und in dem verwendeten Baumaterial hängt es von den jeweiligen Gegebenheiten ab. Es kann aus Stroh, Heu, Werg, Garnfäden, Wolle, Haaren, Papierschnitzeln oder einem bunten Gemisch aus all diesem hergestellt werden. Nester auf Bäumen sind überwölbt und besitzen einen seitlichen Eingang; in einer Höhlung sind sie auf der Oberseite entweder offen oder abgedichtet.

Bei einem zeitigen Frühjahr wird das Gelege im Lauf des Monats März abgelegt. Es umfaßt gewöhnlich 3 bis 6, in selteneren Fällen sogar bis zu 8 Eier. Die Schalenfärbung ist nicht einheitlich, meist jedoch weißlich mit braunen oder grauen Flecken. Die Brutzeit dauert ungefähr 2 Wochen. Die frisch ausgeschlüpften Nestlinge werden anfänglich mit sehr kleinen Insekten ernährt, danach mit im Kropf vorgeweichten größeren Insekten und Körnern und schließlich mit Getreidekörnern (Weizen, Hafer, Roggen), Sämereien aller Art und auch Früchten. Nach dem Ausfliegen der Jungvögel beginnen die Eltern mit einer zweiten Brut, die denselben Zeitraum beansprucht. Wenn einer der Elternvögel verunglückt, verdoppelt der andere seine Anstrengungen bei der Aufzucht der Jungen. Ist zum Zeitpunkt des allgemeinen Ausfliegens ein Junges noch nicht flugfähig, so wird es zuweilen noch vom Weibchen gefüttert, meist aber geht es zugrunde, weil die Altvögel bereits mit der nächsten Brut beschäftigt sind.

In Italien, der Südschweiz, Korsika und Algerien lebt der Italiensperling (Passer domesticus italiae), eine Unterart des Haussperlings. Er unterscheidet sich im männlichen Geschlecht von diesem in seiner typischen Form durch eine kastanienbraune Kopfplatte, weiße Kopfseiten und einen kräftigeren schwarzen Kehlfleck. Am Alpensüdrand leben beide Formen zusammen und vermischen sich dort auch offensichtlich.

Das Männchen des Weidensperlings (Passer hispaniolensis) hat eine braunrote Kopfoberseite. Der schwarze Bereich der Kehlfedern ist viel weiter ausgebreitet als beim Haussperling; ferner trägt er an den Flanken schwarze Streifen. Das Weibchen ähnelt dem des Haussperlings, sein Gefieder ist jedoch insgesamt heller

Der Italiensperling ist die in Italien lebende Unterart des Haussperlings. Er ist an seiner kastanienbraunen Kopfplatte und den weißen Wangen kenntlich. Am Südrand der Alpen leben beide Formen zusammen und vermischen sich gelegentlich (Foto L. Gaggero).

Oben: Der Haussperling legt sein Nest an Stellen an, wo er eine Höhlung vorfindet. Er übernimmt dabei gern die Bauten anderer Vogelarten, wie das Nest der Mehlschwalbe, die sich gegen ihn nicht durchsetzen kann (Foto E. Hosking).

Rechte Seite: Der Tigerfink ist ein asiatischer Prachtfink, der Indien, Indochina und Indonesien bewohnt. Er lebt in zahlenmäßig starken Schwärmen und ernährt sich von allerlei Sämereien. Als Käfigvogel ist er sehr beliebt (Foto J. Markham).

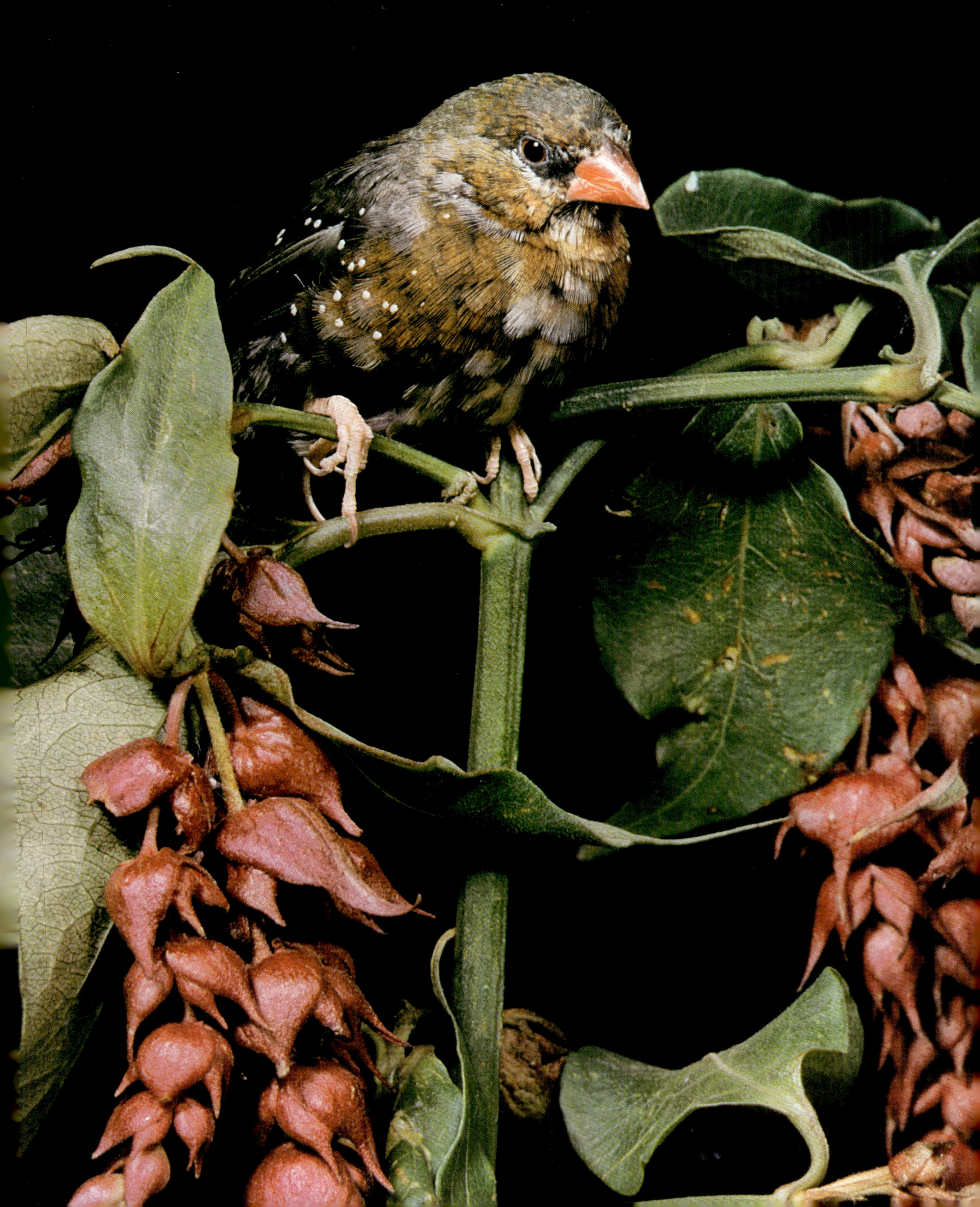

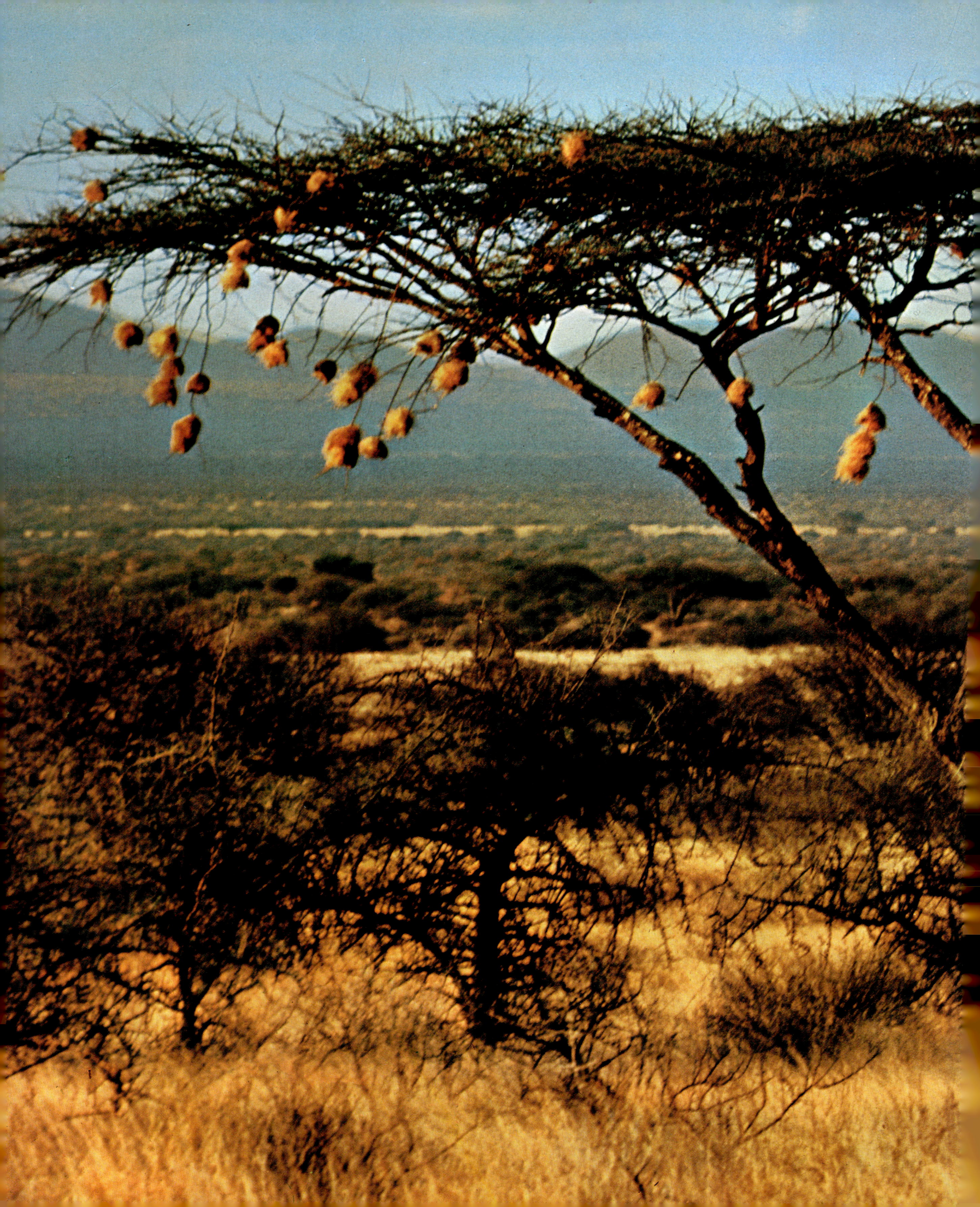

An den Zweigen einer Akazie hängend, wiegen sich diese Webervogelnester wie reife Früchte im Wind der afrikanischen Savanne. Auch während der Brutzeit erlöscht der gesellige Trieb nicht und läßt die Vögel Seite an Seite ohne Streitereien brüten (Foto N. Cirani).

Bei den Webern errichten nur die prachtvoll gefärbten Männchen ihre Nester an einem ihnen zusagenden Ort. Meist aus Halmen geflochten, wird das Bauwerk zunächst gerüstartig angelegt und anschließend zu Ende gebaut, worauf die Innenausstattung erfolgt (Foto S. Trevor – A. Denis Productions).

und der Bauch isabellfarben. Der Weidensperling ist ein reiner Vogel des Feldes, er nistet in Wäldern sowie feuchten oder sumpfigen Gebieten und nähert sich nur selten Siedlungen. Man findet ihn in Spanien, auf den Kanarischen Inseln, in Nordwestafrika, auf den Mittelmeerinseln, in Griechenland und Kleinasien. In Süditalien und auf Sizilien lebt er neben dem Italiensperling, mit dem er sich vermischt und Bastardpopulationen bildet.

Im Gegensatz zu den anderen Arten sind beim Feldsperling *(Passer montanus)* Männchen und Weibchen äußerlich gleich. Er hat eine Gesamtlänge von 13–14 cm. Kopfoberseite und Nacken sind kastanienbraun, die Wangen weiß mit einem schwarzen, sehr kennzeichnenden Fleck. Die Art ist in ganz Mitteleuropa verbreitet, wird jedoch nach Portugal und Griechenland hin selten. In Mittelasien ist sie häufig, und sie erreicht Südostasien bis Java. Sie nistet am Polarkreis, ferner in China, auf Formosa und in Japan, wo sie die Rolle des dort fehlenden Haussperlings einnimmt. Bei uns ist der Feldsperling allgemein anzutreffen, er lebt in Gesellschaften, ist Zug- oder Standvogel. Sein Name beschreibt seinen Lebensraum. Er ist ein strenger Höhlenbrüter, der auch Nistkästen annimmt.

Die Meinungen über Nutzen oder Schaden der Sperlinge sind recht verschieden. Es ist klar, daß sie in großen Ansammlungen die Kornspeicher, Getreidefelder oder Obstbäume plündern können. Dennoch sind sie dem Menschen auch nützlich, da sie eine große Zahl landwirtschaftlicher Schadinsekten vertilgen können.

Seit 1864 wurden Haussperlinge nach Nordamerika eingeführt. Man nahm sie freundlich auf und sorgte für zahlreiche Brutmöglichkeiten. Heute hat sich die Einstellung den Sperlingen gegenüber geändert. Doch kann die Entwicklung nicht zurückgedreht werden. Da der Lebensraum und die Ernährungsmöglichkeiten sehr günstig waren, vermehrten sich die Vögel sehr stark und breiteten sich über das ganze Land aus, wo sie nun zu einer echten Plage für die Landwirtschaft wurden. Schon 25 Jahre nach ihrer Einfuhr hielt man sie für schadenbringend und beklagte sich allgemein über sie.

Der Schneefink *(Montifringilla nivalis)* ist in den Alpen und anderen europäischen Hochgebirgen verbreitet. Man findet ihn auch im Winter kaum unterhalb einer Höhenlage von 1800 m. Sein Nest legt er in Felsspalten, aber auch in Mauerlöchern von Gebäuden oder in Nistkästen an. Es ist napfartig geformt und gleicht eher einem Finken- als einem Sperlingsnest. Die Geschlechter sind gleich gefärbt; Kopf und Nacken sind grau, die Oberseite braun, die Unterseite weißlich mit schwarzer Kehle. Die Schwanzaußenseiten und der größte Teil des Flügels sind weiß, die Handschwingen und die mittleren Schwanzfedern schwarz.

Gelegentlich legt der Haussperling sein Nest auch auf Bäumen an. Es ist dann kugelförmig gebaut und besitzt eine seitliche Öffnung. Dem unordentlich erscheinenden Äußeren entspricht die weiche Auspolsterung im Innern nicht recht (Foto J.-C. Chantelat).

Der Feldsperling ist ein reiner Höhlenbrüter. Bei ihm sind Männchen und Weibchen ununterscheidbar gleich gefärbt. Kennzeichen sind die kastanienbraune Kopf- und Nackenplatte und der schwarze Wangenfleck (Foto J. Markham).

Goldweber

Die Gattung *Ploceus,* nach der die Familie der *Ploceidae* ihren Namen hat, enthält zahlreiche Arten, die man als Weber bezeichnet. Viele Arten sind Insektenfresser, die Mehrzahl jedoch ernährt sich wenigstens vorwiegend von Samen. Im offenen Gelände sind die meisten Arten anzutreffen, doch zahlreiche auch im Wald oder in Schilfgelände. Im wesentlichen ähneln sie sich im Verhalten; hier sei daher nur der Goldweber *(Ploceus galbula)* besprochen.

Seine Gesamtlänge ist kaum über 13 cm. Oberseits ist er olivfarben, das Männchen mit einem Ton ins Gelbe, das Weibchen ins Graue, die Unterseite ist leuchtend gelb. Während der Brutzeit legt das Männchen ein prächtigeres Gefieder an: kastanienbraunrot auf dem Kopf und an der Kehle, gelb mit olivfarbenen Streifen an den Flügeln. Der Goldweber bewohnt Ostafrika – Äthiopien und Somalia – von der Küste des Roten Meeres bis zu den Gebirgen, wo er bis in hohe Lagen vorkommt. Ebenso findet er sich im Sudan und im Süden der Arabischen Halbinsel. Diese Vögel versammeln sich morgens und abends auf den Bäumen eines Dorfes. Während der Zeit der Fortpflanzung benutzen sie dafür vor allem die Bäume, auf denen sie ihre Nester errichten. Die Männchen setzen sich auf die höchsten Zweige und singen. Ihr Gesang klingt nicht unangenehm, wenn er auch nicht sehr melodisch ist; er besteht aus einer Folge von Pfiffen und Trillern, ohne jedoch ein eigentliches Liedmotiv zu bilden.

Die Kolonien der Weber zerstreuen sich gewöhnlich zwei Stunden nach Sonnenaufgang und fliegen auf Nahrungssuche. Während der heißesten Tageszeit verhalten sich die Vögel völlig still. Dann begeben sie sich auch zur Tränke. Sie versammeln sich zu Tausenden im Gebüsch in der Nähe von Flüssen und Seen und stürzen alle zugleich ans Wasser. Sie nehmen eilig einige Schlucke und fliegen hastig ins Gebüsch zurück. Dieses Verhalten ist in der Furcht vor Sperbern und kleinen Falken begründet, die sich oftmals im Hinterhalt nahe den Weberschwärmen aufhalten. Nachmittags begeben sich die Weber erneut auf Nahrungssuche; abends versammeln sie sich wieder auf den Bäumen, von denen sie morgens abgeflogen waren, und veranstalten ihr Konzert.

Die Nistperiode beginnt mit der Regenzeit. Für den Nestbau verfertigen sie zuerst ein Baugerüst, das an den Enden durch kleine Zweige befestigt wird. Dieses Gerüst besitzt bereits die Nestform, aber der Bau ist noch zu leicht, und der Vogel ist eifrig bemüht, ihn von innen her zu verstärken. Dabei läßt er eine runde Öffnung frei, an die er später einen nach unten führenden röhrenförmigen Einführgang anbaut. Das Nest nimmt die Gestalt eines hängenden Beutels an, der nach oben hin konisch und unten halbkugelig ist. Zuletzt wird das Nestinnere mit ganz feinen Halmen ausgekleidet. Nur das

Der Goldweber bewohnt Äthiopien. Er lebt in großen Kolonien und baut Nester mit der Gestalt von Hängebeuteln. Viele andere Weberarten sehen diesem ähnlich, wobei die Weibchen in der Regel sehr einförmig gezeichnet sind (Foto B. Coleman – Photo Researchers).

Rechte Seite: Vorzugsweise nisten die Feuerweber in der Nähe von Feldern. Hier ist das Männchen des Oryxwebers (Euplectes orix), der den anderen Arten der Gattung recht ähnlich ist. Sie ernähren sich mit Vorliebe von der angebauten Mohrenhirse und werden dadurch schädlich (Foto Holmes-Lebel).

Männchen baut das Nest; wenn das Weibchen hereinschlüpft, nimmt es an der Innenausstattung ihm notwendig erscheinende Verbesserungen vor. Nicht selten richtet es sich zur Eiablage darin ein, bevor das Gesamtbauwerk fertig ist.

Diese besonders geformten Nester haben zu allerlei Legenden Anlaß gegeben. So glaubten die Leute, die darin kleine Tonstückchen fanden, die Weber würden daran Leuchtkäfer aufhängen, um die Nacht zu erhellen.

Das Gelege besteht aus 3–5 Eiern. Das Weibchen brütet allein; die Brutdauer beträgt 14 Tage. Außerdem sorgt es allein für die Aufzucht der Jungen. Bereits im Alter von drei Wochen sind die Jungen flügge.

In den Bäumen, in denen die Weber ihre Nester bauen, herrscht fiebrige Geschäftigkeit. Während der Zeit, in der sie die Nestlinge aufziehen, sind die Weibchen ununterbrochen in Bewegung. Da die Bäume zahlreiche Nester tragen, die nebeneinander hängen, erweckt das ständige Hin- und Wegfliegen der Vögel beinahe den Eindruck eines Bienenkorbes.

Feuerweber

Zur Reifezeit der Mohrenhirse bieten die schmalen, bestellbaren Ackerstreifen längs des Nils in Südnubien ein eigenartiges Schauspiel. Ein ununterbrochenes, sanftes Gezwitscher lenkt die Aufmerksamkeit auf die höchsten Ähren, die sich bis ungefähr 4 m erheben. Plötzlich erscheint etwas, das wie eine leuchtende Flamme aussieht. Es handelt sich um einen Vogel, den Feuerweber. Bald folgen Dutzende dieser Vögel, deren feuerrotes Gefieder gegen das Grün der Ähren der Mohrenhirse absticht. Wenn sie die Flügel abspreizen, stellen sie die ganze Pracht des Gefieders zur Schau. Nach einigen Augenblicken verschwinden die Vögel wieder, um bald darauf erneut zu erscheinen. Die Gattung des Feuerwebers *(Euplectes)* enthält eine Anzahl einander recht ähnlicher Arten. Man findet sie im Bereich des tropischen Afrika. Sie nisten vorzugsweise in der Nähe von Feldern, manchmal in Schilfbeständen.

Die Feuerweber sind ungefähr 12 cm lang. Während der Fortpflanzungszeit trägt das Männchen ein Samtschwarz an Brust und Bauch; der übrige Körper ist scharlachrot. Die Feuerweber bilden keine umfangreichen Kolonien, sondern nur kleine Schwärme, die kaum einige Dutzend von Tieren überschreiten. Ihr Nest ist sehr sorgfältig gebaut, wenn auch nicht von der Kunstfertigkeit anderer Weber. Es wird nicht am Ast eines Baumes errichtet oder in ein Gebüsch gehängt, vielmehr wird es im hohen Gras angelegt in einer Entfernung von 1–1,80 m über dem Erdboden. Seine Form ist sehr veränderlich, im Mittel ist es 18–20 cm groß. Die Wände sind so dünn und durchscheinend, daß man die blauen Eier – 3 bis 6 an der Zahl – im Innern liegen sehen kann. Nur das Weibchen brütet. Sobald die Jungen flügge sind, fallen die Schwärme der Feuerweber in die Kulturen ein. Sie können für die Landwirtschaft eine echte Plage darstellen.

Die Flammenweber gehören neben den Blutschnabelwebern zu einer als Widahvögel bezeichneten Gruppe der Webervögel. Das Männchen der Hahnschweifwidah *(Colius passer progne)* erreicht eine Schwanzfederlänge von 57 cm und ist damit der größte Webervo-

Die am meisten kennzeichnende Art ist die Paradieswitwe *(Steganura paradisea)*, die im tropischen Bereich Mittel- und Südafrikas lebt. Mit Vorliebe bewohnt sie das Dickicht von Akazien in den Savannen, wo sie das ganze Jahr über zahlreiche Kolonien bildet, die Fortpflanzungszeit ausgenommen. Die Balz der Paradieswitwe ist ein großes Schauspiel. Im Brutkleid ist das Männchen am Kopf, auf der Körperoberseite, an der Kehle und am Schwanz schwarz, der Bauch ist rötlichgelb und der Hals wird von einem rotorangen Band geschmückt. Während es gewöhnlich eine Länge von 15 cm besitzt, haben sich jetzt die Schwanzfedern sehr stark entwickelt, die mittleren können bis zu 35 cm lang werden.

Die Witwenvögel sind Brutparasiten, die die Aufzucht ihrer Jungen anderen Vogelarten überlassen. Das Weibchen legt die Eier in die Nester bestimmter anderer kleiner Webervögel, wie Astrilde oder Elsterchen.

Diese Form des Parasitismus zieht eine sehr enge Nachahmung der Wirtsart nach sich. Denn nicht nur die Eier der Witwen gleichen denen der Arten, in deren Nester sie sie ablegen, auch ihre Nestlinge gleichen denen der parasitierten Art: die Kennzeichen und die Färbung des Gefieders sind genau gleich. Diese Übereinstimmung geht bis zu den Flecken im Innern des Schnabels, die in Anordnung und Färbung gleich sind; die oftmals leuchtenden Flecken erleichtern den Altvögeln, den aufgesperrten Schnabel der frisch Geschlüpften im Halbdunkel des Nestes zu finden. Darüber hinaus gibt es einen Unterschied gegenüber anderen Brutparasiten unter den Vögeln, wie etwa dem Kuckuck; die nestjungen Witwen befördern die Nestgeschwister der Wirtsart nicht aus dem Nest, um ohne Konkurrenten aufgezogen werden zu können, auch sind sie annähernd gleich groß wie die Nestgeschwister. Man hat oft beobachtet, daß eine Witwe nach Ablegen ihres Eies in das Nest einer anderen Art ein Ei der letzteren forttrug. Dieses Verhalten scheint nicht immer gezeigt zu werden und ist ganz sicher nicht allgemein bei allen Witwenarten verbreitet. Offensichtlich können die parasitierten Arten die jungen Witwen mit aufziehen, ohne daß ihre eigenen Nachkommen darunter leiden müßten. Die Paradieswitwe imitiert in ihrem Gesang, der nicht besonders auffallend ist, den Gesang der von ihr gewählten Wirtsart, meist des Buntastrilds *(Pytilia melba)*. Erwähnt sei, daß der amerikanische Ornithologe Friedman die außerordentliche Ähnlichkeit der Witwennestlinge mit denen der parasitierten Art für ein Anzeichen enger Verwandtschaft zwischen der parasitischen und der parasitierten Art hält.

gel überhaupt. Zur Paarungszeit stellt es eine Lichtung von ungefähr 1 m im Durchmesser her und errichtet in deren Mitte ein Gebilde aus Grasbüscheln. Dann beginnt es zu marschieren, um sein Bauwerk herumzuspringen und ins Innere zu klettern. Bei dieser ganzen Zeremonie stellt es seine Schwanzfedern auf besondere Weise zur Schau. Von dieser eigenartigen Aufführung wird ein Weibchen angelockt; wenn es sich – meist nach längerer Werbung – auf die Lichtung begibt, findet die Paarung statt.

Paradieswitwe

Die afrikanischen Sperlingsvögel, die man als „Witwen" bezeichnet, bilden eine Gruppe sehr bemerkenswerter Arten unter den Webervögeln.

Die Widahvögel stellen eine besondere Gruppe unter den Webervögeln dar, die durch verlängerte Schwanzfedern der Männchen gekennzeichnet sind (Foto Russ Kinne).

Während der Balz breitet das Männchen den Schwanz fächerartig aus. Abgebildet ist eine Leierschwanz-widah (*Coliuspasser jacksoni*) (Foto A.-J. Deane – Photo Researchers).

Die Dominikanerwitwe zeichnet sich in der Fortpflanzungszeit ebenfalls durch verlängerte Schwanzfedern im männlichen Geschlecht aus. Die Gruppe der Witwen ist brutparasitisch bei anderen Angehörigen dieser Familie (Foto Des Bartlett – A. Denis Productions).

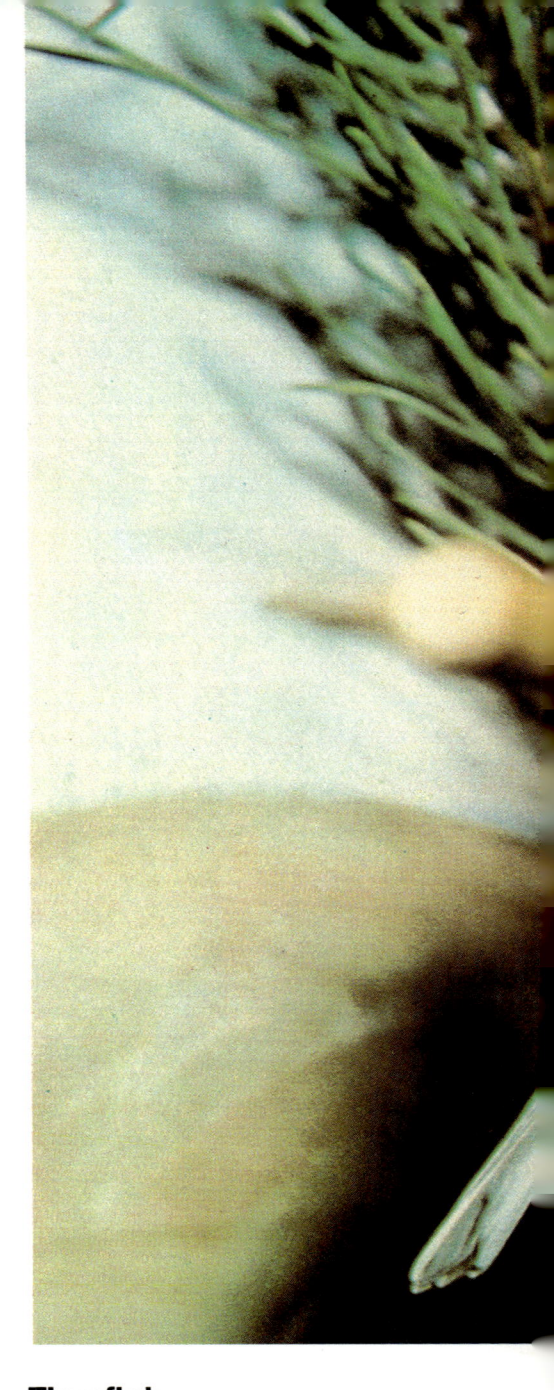

Tigerfink

Man faßt unter der Bezeichnung „Prachtfinken" eine Reihe afrikanischer und asiatischer Webervögel zusammen, die nicht sehr groß und besonders als Käfig- oder Volierenvögel geschätzt sind. Die dickschnäbligen Formen nennt man meist Amadinen, die dünnschnäbligen Astrilde.

Eine der bekanntesten asiatischen Arten dieser Gruppe ist der Tigerfink (*Amandava amandava*); er ist beliebt wegen seines prachtvollen Gefieders und der einfachen Haltung in Käfig oder Voliere. Im Prachtkleid ist das Männchen feuerrot, übersät mit kleinen runden weißen Flecken; die Flügel sind braunrot und der Schwanz ist schwarz. Außerhalb der Brutzeit sind beide Geschlechter mit dem gleichartigen Schlichtkleid angetan, bräunlich auf der Oberseite und hellbraun auf der Unterseite.

Diese Vogelart ist weit verbreitet in Indien, auf der indochinesischen Halbinsel

lände bewohnt, besucht der Reisfink oft die Anbaugebiete und ist dort verbreitet. Von November bis April, wenn die Reisfelder bewässert werden, sammeln sich die Reisfinken paarweise oder in kleinen Gruppen in den Gärten oder Büschen um die Dörfer. Sie ernähren sich von Körnern aller Art und kleinen Früchten und wahrscheinlich auch Würmern und Insekten. Sobald die Ähren des Reises zu reifen beginnen, erscheinen die Vögel zu Hunderten in den Reisfeldern. Die Einwohner versuchen sie mit allen Mitteln zu vertreiben, vor allem durch Vogelscheuchen, die an Fäden hängen und die ein Mann, der zur Bewachung eingesetzt ist, bewegt, sobald er Vögel sich nähern sieht. Nach Beendigung der Ernte bleiben die Reisfinken in den Feldern bis Anfang November, halten Nachlese in den übersehenen Ähren der Anpflanzungen und den kornreichen Halmen, die zwischen dem Stroh hervorsprossen.

Die Reisfinken erbauen ihr Nest auf verschiedenen Bäumen und oft auch verdeckt von Schlingpflanzen, die an den Stämmen der Palmen emporsteigen. Seine Form ist ortsabhängig verschieden. Die auf Bäumen angelegten Nester sind ziemlich groß und haben annähernd die und in der malaiischen Inselwelt, wo man sie in Berglagen bis zu 1800 m Höhe antreffen kann. Man findet sie auch in verschiedenen Gebieten Kleinasiens und Ägyptens, wohin sie vom Menschen eingeführt wurde.

Die Tigerfinken leben in ziemlich zahlreichen Trupps in Gelände mit Gestrüpp, Büschen, Grasländern oder in der Nähe von Feldern; sie ernähren sich von Körnern. Sie kommen auch in Sumpfgebieten vor, wo sie im Ried nisten. Während der Fortpflanzungszeit läßt das Männchen einen ununterbrochenen, klagenden Gesang hören. Die Balz besteht aus einem Tanz mit fächerartig gespreizten Schwanzfedern um das Weibchen herum, das ebenfalls singen kann. Die Brutperiode ist jahreszeitlich nicht genau abgegrenzt, fällt jedoch im allgemeinen mit der Regenzeit zusammen, also den Monaten von Juni bis Oktober. Männchen und Weibchen bauen das Nest gemeinsam; es ist kugelig und hat zuweilen zwei Öffnungen. Es wird aus Gräsern geflochten und hat einen niedrigen Standort im Gebüsch oder Gras. Das Weibchen legt 4–7 weißliche Eier hinein und bebrütet sie 11–12 Tage, manchmal unterstützt vom Männchen. Dieses zeigt sich sehr teilnehmend und hilft bei der Aufzucht der Jungen mit. Nach der Brutzeit legt es ein Schlichtkleid an, wie es vom Weibchen ganzjährig getragen wird.

Reisfink

Der Reisfink (Padda oryzivora) ist ebenfalls ein weit verbreiteter asiatischer Prachtfink. Seine Gesamtlänge beträgt 13–14 cm. Der Rücken ist grau, der Bauch rosa, Kopf und Schwanz sind schwarz und die Wangen weiß. Er stammt von den Sundainseln, besonders Java und Sumatra, wurde aber vom Menschen in verschiedene Gebiete Asiens und Afrikas eingeführt.

Wie der Feldsperling, der dasselbe Ge-

Oben: Der Orangeblaufink (Passerina leclancheri) aus Südwestmexiko ist trotz seines prachtvollen Aussehens kein Angehöriger der Prachtfinken unter den Webervögeln, sondern gehört zu den echten Finken (Foto ZEFA).

Der Reisfink gehört zu den asiatischen Prachtfinken. Ursprünglich auf den Sundainseln Java und Sumatra beheimatet, wurde er in viele Gegenden Asiens und Afrikas eingeführt. Auch als Käfigvogel ist er verbreitet und beliebt (Foto Russ Kinne).

Form einer Halbkugel; in den Schlingpflanzen sind sie kleiner und unterschiedlich geformt. Jedenfalls werden sie aus kleinen Halmen verschiedener Pflanzenarten errichtet. Da sie ziemlich unordentlich verflochten werden, ist die Haltbarkeit des Nestes begrenzt. Das Gelege umfaßt 7–8 Eier mit einer sehr leuchtenden weißen Schale.

Die gezüchteten Sorten des Reisfinken lassen sich sehr leicht halten und pflanzen sich ohne Schwierigkeit in Gefangenschaft fort. Ihr Gesang ist dürftig, man schätzt sie insbesondere wegen ihres schönen Gefieders. Seit altersher wird in Japan und China eine ganz weiße, auch bei uns bekannte Zuchtform gehalten. Auch völlig schwarze Tiere treten in Gefangenschaft auf.

Abschließend sei unter den Amadinen noch der Bandfink *(Amadina fasciata)* erwähnt. Dieser afrikanische Prachtfink mit braunrotem Gefieder trägt im männlichen Geschlecht quer über die Kehle ein lebhaft rotes Band, das von einem Ohr zum anderen zieht. Das Weibchen ist insgesamt matter gefärbt und ohne Kehlband. Der Bandfink bewohnt die Mitte Afrikas vom Senegal bis Somalia. Eine südliche Unterart ist von Rhodesien bis Transvaal verbreitet.

Der Bandfink ist ein afrikanischer Prachtfink, der sich durch das leuchtendrote Kehlband des Männchens auszeichnet (Foto B. Coleman – Photo Researchers).

Oben: In Scharen halten sich die Reisfinken in der Nähe von Reisfeldern auf. Solange diese gewässert werden, ernähren sie sich in Gärten und Gebüsch von anderen Sämereien oder Weichfutter (Foto P. Freytag – ZEFA).

Die Tangaren bewohnen vor allem die tropischen Gebiete Amerikas. Hier eine Flammengesichttangare, die zur Gattung der Schillertangaren gehört (Foto ZEFA).

Tangaren

Die Familie der Tangaren *(Thraupidae)* ist über Nord-, Mittel- und Südamerika verbreitet. Auf Hawaii und den Bermudas wurden diese Vögel eingeführt. Die Gesamtlänge liegt zwischen 9 und 25 cm. Das Äußere der Tangaren ist in der Regel gekennzeichnet durch eine große Farbenvielfalt. Männchen und Weibchen sind meist gleich gefärbt. Dagegen ist der Gesang weniger beeindruckend. Der Schnabel ist meist kurz und dick und deshalb zum Fressen harter Körner geeignet. Die Flügel sind ebenfalls kurz. In den Wäldern und Büschen ihrer Heimat hüpfen und flattern die Tangaren in den Zweigen umher. Die Nahrung besteht aus kleineren Insekten und Früchten aller Art. Die Familie umfaßt 73 Gattungen mit zusammen 236 Arten.

Das Verbreitungsgebiet der Tangaren erstreckt sich von den warmen Gebieten Südamerikas über Mittelamerika bis Nordamerika.

Organisten

Mit etwa 25 Arten gehört die Gattung der Organisten *(Euphonia)* zu den größten in der Familie der Tangaren. Sie bevorzugen die wärmeren Gebiete Amerikas. Die Gesamtlänge der Tiere liegt – je nach Art – zwischen 9 und 12 cm. Meist sind die Männchen mit ihren leuchtenden blauen und gelben Farben prächtiger gefärbt als die Weibchen. Die kugeligen Nester sind bis auf einen kleinen seitlichen Einschlupf geschlossen und im Gesträuch, in Spalten oder Höhlungen versteckt. Das Weibchen legt 2–5 sehr kleine Eier, die es durchschnittlich 16 Tage bebrütet. Männchen und Weibchen füttern die Jungen gemeinsam, wobei sie die Nahrung hervorwürgen. Der Name „Organist" beruht auf ihrem Gesang, der wie ein wohltönendes Pfeifen klingt.

*Die Tangaren sind Vögel von großer Farbigkeit.
Oben: Rotbürzeltangare, die zu den Samttangaren gehört (Foto T.-W. Roth).
Linke Seite oben: Vielfarbentangare aus der Gattung der Schillertangaren (Foto J. Simon).
Links: Gelbbauchorganist (Foto ZEFA).*

Schillertangaren

Die Gattung Schillertangaren *(Tangara)* ist mit etwa 50 Arten in den Tropen und Subtropen Amerikas verbreitet. Die Gesamtlänge der Vögel schwankt zwischen 11 und 15 cm. Die Färbung des Gefieders ist bei Männchen und Weibchen fast gleich und ändert sich das ganze Jahr über nicht. Auch außerhalb der Paarungszeit bleiben beide Geschlechter zusammen, entweder in kleinen Gruppen oder paarweise. Zur Gattung gehört u. a. die Siebenfarbentangare *(Tangara chilensis)*, die in den südamerikanischen Tropen – allerdings nicht in Chile – vorkommt. Das Gefieder schillert in vielen Farben. Die Flammengesichttangare *(Tangara parzudakii)* kommt im nördlichen Südamerika vor. Die Schillertangaren bauen ihre offenen Nester in den Zweigen. Aus den 3–4 dunkelrot gefleckten Eiern schlüpfen nach etwa 2 Wochen die Jungen. Die Nahrung umfaßt Früchte aller Art, aber auch Insekten.

Samttangaren

Eine Gesamtlänge von durchschnittlich 18 cm erreichen die Vögel der Gattung Samttangaren *(Ramphocelus)*. Das Gefieder auf der Stirn hat einen samtartigen Glanz. Der Lebensraum der Vögel sind mehr oder weniger dichte Wälder und Pflanzungen. Männchen und Weibchen leben in der Regel nur während der Paarungszeit zusammen. Sonst halten sich die Vögel in größeren Gruppen auf. Eine der bekanntesten Arten ist die Rotbürzeltangare *(Ramphocelus passerinii)* in Mittelamerika. Das Weibchen baut das Nest im Gebüsch nur wenig über dem Boden.

Feuertangaren

Nur 4 Arten der Familie Tangaren leben in Nordamerika. Sie gehören zur Gattung der Feuertangaren *(Piranga)*. Ihren Namen haben sie vom überwiegend roten Gefieder der Männchen. In der Regel sind die Weibchen nicht rot gefärbt, sondern am Rücken grau-grün, am Bauch hellgelb. Ein Zugvogel ist die Scharlachtangare *(Piranga olivacea)*. Sie lebt den Sommer über im mittleren Nordamerika und zieht zum Winter in die nördlichen Anden. Während des Winters ähnelt das Gefieder des Männchens dem des Weibchens.

Türkisvögel

Die Gattung Türkisvögel *(Cyanerpes)* ist von Mittelamerika bis Brasilien verbreitet, kommt aber auch auf Kuba vor. Den Namen haben die Vögel von ihrem blauen und blaugrünen Gefieder. Der gebogene Schnabel ist lang und dünn, so daß der Türkisvogel ihn tief in eine Blüte stecken kann, um mit seiner ausgefransten Zunge Nektar zu lecken. Aber auch Früchte frißt er gerne. Das oben offene Nest wird vom Weibchen allein gebaut. Ein leuchtend blaues Gefieder besitzt der Purpur-Honigsauger *(Cyanerpes caeruleus)*; nur Kehle, Flügel und Schwanz sind dunkel gefärbt.

Ein Zugvogel ist die Scharlachtangare. Sie lebt den Sommer über im mittleren Nordamerika und zieht für den Winter in die nördlichen Anden (Foto Holmes-Lebel).

Stärlinge

Die Angehörigen der Familie Stärlinge *(Icteridae)* sind Vögel von Krähen- bis Finkengröße mit ziemlich weichem, glänzendem Gefieder, in dem Schwarz, Gelb und Rot vorherrschend sind. Grüne und blaue Farben, wie bei den Tangaren, fehlen. Männchen und Weibchen sind in der Regel nicht gleich groß, in der Färbung aber häufig ähnlich. Wegen der oft gelben Färbung haben die Vögel den wissenschaftlichen Namen „Icteridae" erhalten (*icterus* = Gelbsucht). Trotz gewisser äußerer Ähnlichkeiten sind die Stärlinge nicht mit unseren Staren verwandt. Die Familie besteht aus etwa 20 Gattungen mit zusammen etwa 94 Arten. Die Stärlinge wohnen ausschließlich in Amerika, die meisten Arten im Süden des Erdteils; sie kommen jedoch auch im Norden bis zum Polarkreis vor. Ihren Ursprung haben sie aber in Südamerika, von wo sie am Ende des Tertiärs über die neu entstandene mittelamerikanische Landbrücke

Andere Gattungen

Einer der häufigsten Vögel in den Gärten der Tropen ist die Blaugrautangare *(Thraupis virens)*, die zur Gattung der Blautangaren *(Thraupis)* gehört. Eigenartig in ihrem Verhalten ist, daß sie manchmal das Nest verwandter Arten besetzt und dann neben den eigenen auch die fremden Eier ausbrütet. Die fremden und eigenen Nestlinge werden von den Blautangareneltern großgezogen.

Zu den besten Sängern unter den Tangaren gehört die Pinseltangare *(Eucometis penicillata)* aus der gleichnamigen Gattung. Sie lebt im dichten Unterholz der Tropenwälder und ernährt sich von Wanderameisen.

Wenn die Hakenschnäbel *(Diglossa)* an Nektar gelangen wollen, halten sie mit dem hakenförmigen Oberschnabel eine Blüte fest und bohren mit dem zugespitzten Unterschnabel ein Loch in den unteren Teil der Blüte. Dann holen sie mit der Zunge den Nektar heraus.

Zur Familie der Stärlinge gehört der Purpurbootsschwanz aus dem östlichen Nordamerika. Auffallend sind die leuchtend gelbe Iris und der senkrecht gestellte Schwanz, der an ein Bootsruder erinnert (Foto Russ Kinne – Photo Researchers).

Die Weibchen vieler Stärlingsarten weben zwischen den Zweigen kunstvolle Beutelnester. Je nach Klimazone besteht ein Gelege aus 2–8 Eiern (Foto E.P.S.).

nach Nordamerika kamen. Alle Arten sind gesellig, munter, beweglich und sangesfreudig. Sie bewohnen die Waldungen, ernähren sich von Früchten und Samen, Insekten und Kleinsäugern und sind deshalb manchmal schädlich, oft aber wieder nützlich. Die meisten Arten leben auf Bäumen, nur wenige suchen ihre Nahrung regelmäßig am Boden.

Wenn der Winter naht, ziehen die meisten Stärlinge Nordamerikas in Richtung Süden. Unter den Nestformen kommen sowohl Bodennester als auch Hängenester vor, die von den Weibchen kunstvoll gewebt werden. Die Anzahl der Eier schwankt je nach Klimaregion: In gemäßigten Gebieten, wie in Nordamerika, sind es 4–8, in den tropischen Zonen meist nur 2. Die Brutzeit beträgt 11–14 Tage.

Bootsschwänze

Die Vögel der Gattung Bootsschwänze *(Quiscalus)* können bis zu 43 cm Gesamtlänge erreichen. Auffallend sind die gelbe Iris, die weithin leuchtet, sowie das metallisch glänzende Gefieder beim Männchen. Den Namen haben die Vögel von dem eigenartigen Schwanz erhalten, der

Der Weißflügel-Trupial ist von Kolumbien bis Nordbrasilien verbreitet (Foto F. Erize).

an ein Bootsruder erinnert. Die Nahrung besteht aus Früchten und kleinen Wirbeltieren, wie Lurchen und Eidechsen. Bootsschwänze legen Brutkolonien auf Bäumen in der Nähe von Wasser an. Das Weibchen baut napfförmige Nester.

Von Ostkanada bis zum Golf von Mexiko lebt der Purpurbootsschwanz oder die Purpurgrackel *(Quiscalus quiscula)*. Im Herbst sammelt er sich in großen Schwärmen und fällt auf dem Zug nach Süden in die Getreidefelder ein.

Reisstärlinge

Zur Gattung der Reisstärlinge *(Dolichonyx)* gehört der Bobolink oder Reisstärling *(Dolichonyx oryzivorus)*. Die Gesamtlänge des Vogels beträgt 18 cm.

Der Reisstärling ist in Nordamerika ein Sommervogel, der sehr regelmäßig erscheint und wegzieht. Zum Überwintern zieht er nach Süden, überfliegt in großen Schwärmen die Westindischen Inseln und wandert weiter bis nach Südbrasilien und Argentinien. Dabei legt er Entfernungen bis zu 10000 km zurück. Die Geselligkeit der Tiere wird auch während der Brutzeit beibehalten, ein Paar wohnt und brütet dicht neben dem andern. Das Nest wird auf oder dicht über dem Boden ohne große Sorgfalt, jedoch immer zwischen Gras- oder Getreidehalmen angelegt. Während die Weibchen brüten, erhebt sich oft das eine oder andere Männchen singend in die Luft und schwingt sich hier in eigentümlichen Absätzen auf und nieder. Häufig singt das Männchen übrigens auch im Sitzen und dann unter lebhafter Bewegung der Flügel nach Art unseres Stares. In seinen Bewegungen zeigt sich der Reisstärling als sehr gewandter Vogel. Sein Gang auf dem Boden ist mehr ein Schreiten als ein Hüpfen, sein Flug leicht und schön. Zudem versteht er es, an den Halmen auf- und niederzuklettern wie ein Rohrsänger.

In den letzten Tagen des Mai findet man 5–7, auf bräunlichgelbem oder bläulichem Grund mit schwarzbraunen Flecken gezeichnete Eier im Nest. Jedes Paar brütet, falls das Gelege nicht zerstört wird, nur einmal im Jahr. Die Jungen werden hauptsächlich mit Insekten gefüttert, wachsen rasch heran, verlassen das Nest und schließen sich sodann mit anderen ihrer Art zusammen. Das Elternpaar hat nun keinen festen Standort mehr und streift mit seinesgleichen im Land hin und

Der Reisstärling versteckt sein Nest im hohen Gras. Im Herbst zieht er in großen Schwärmen von Nordamerika bis nach Argentinien (Foto R. Yourth – Holmes-Lebel).

Rechte Seite: Seinen Namen hat der Weißflügel-Trupial von einem breiten weißen Längsstreifen auf jedem Flügel (Foto ZEFA).

Doppelseite links: Der Scharlach-Honigfresser wohnt in Australien. Seine Nahrung besteht vorwiegend aus Nektar, den er mit seiner Borstenzunge aus den Blüten bestimmter Pflanzen leckt (Foto A. Visage – Jacana).

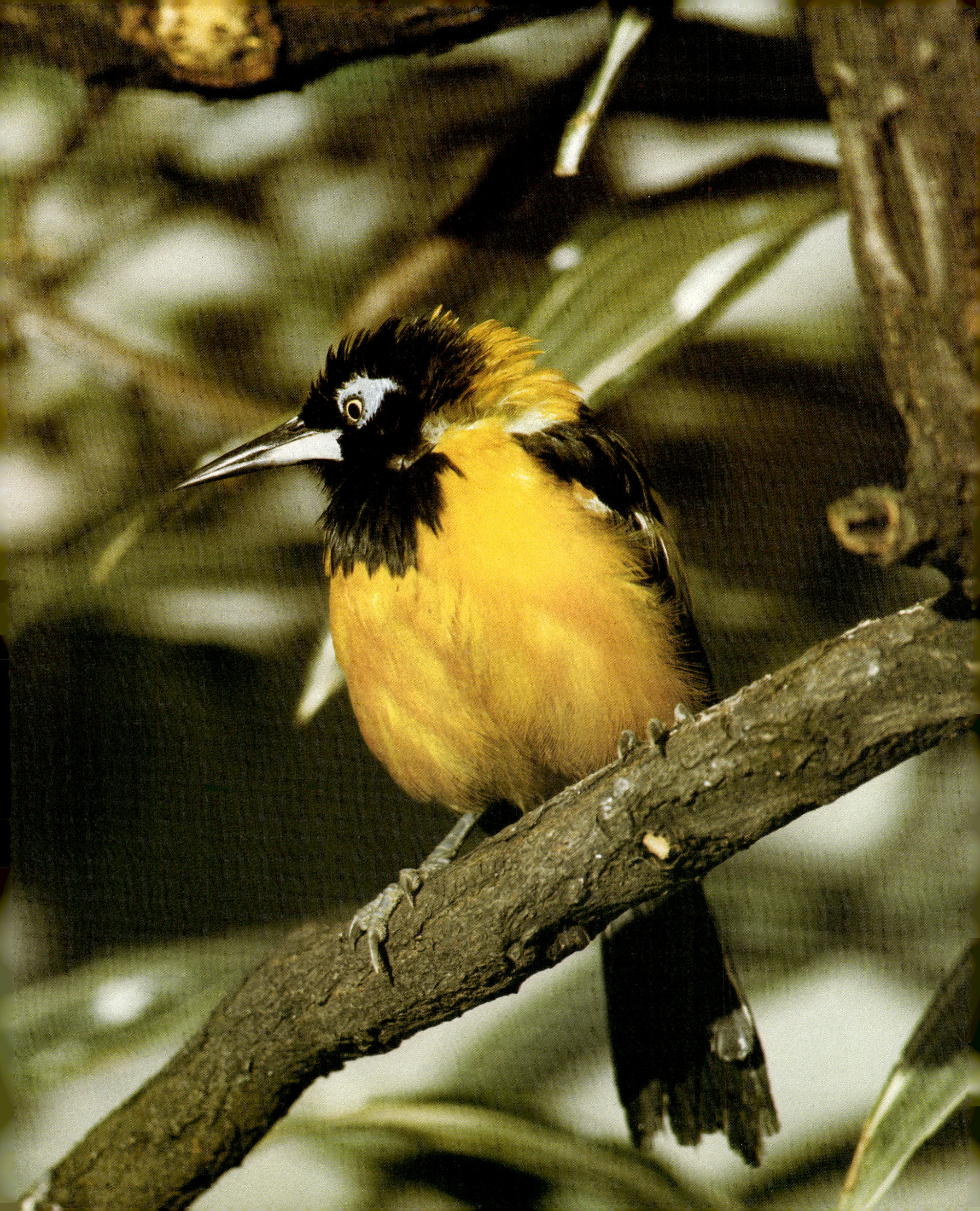

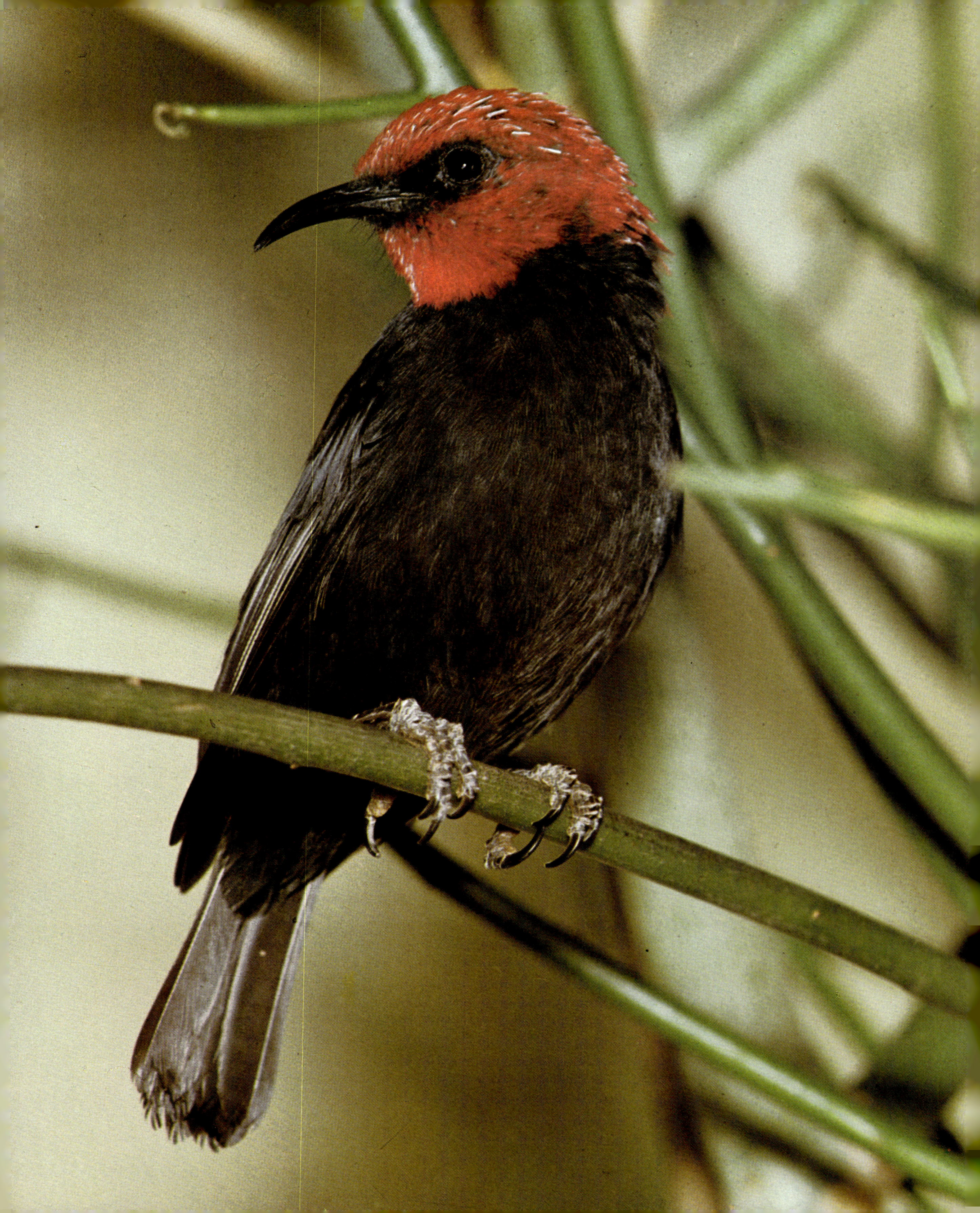

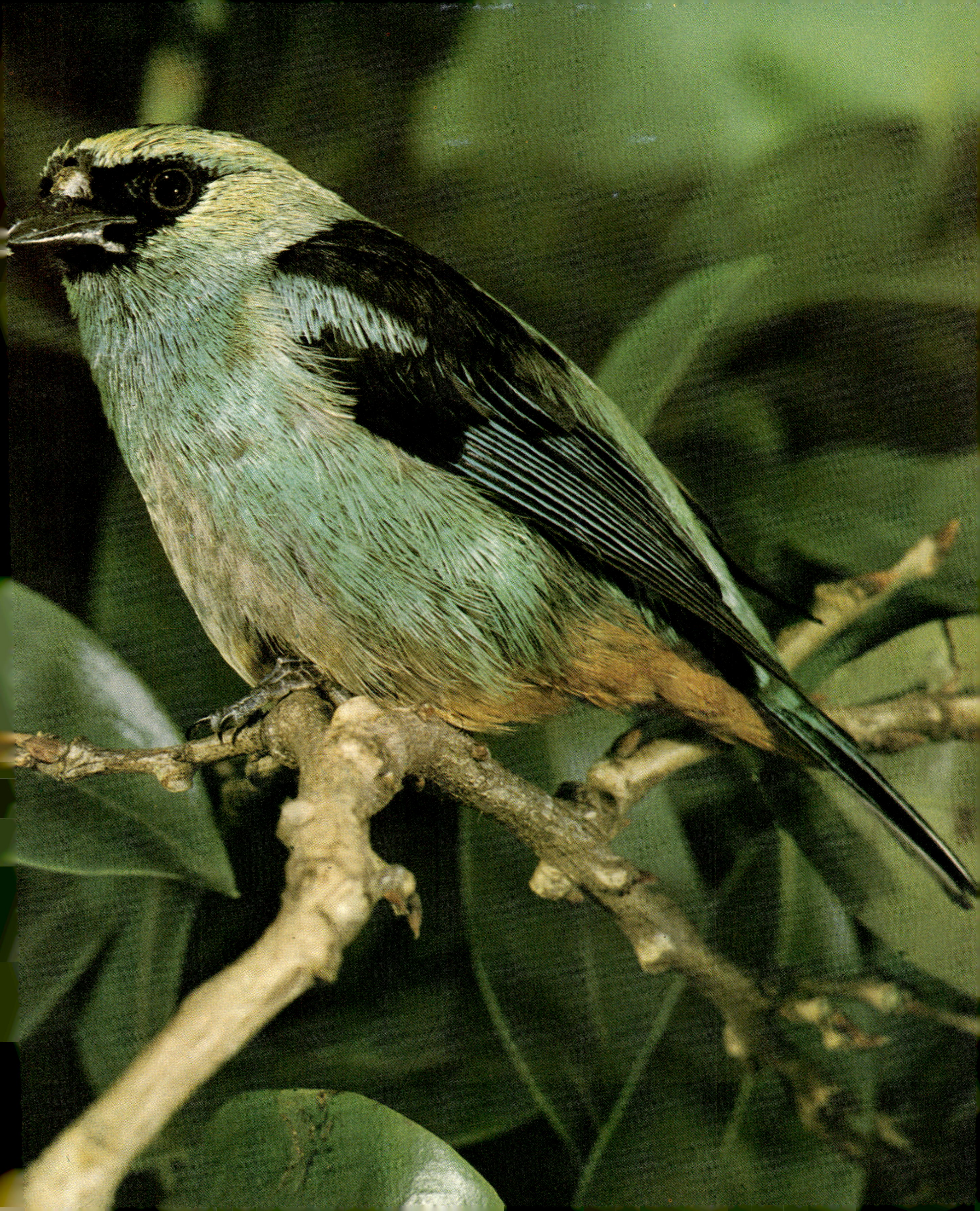

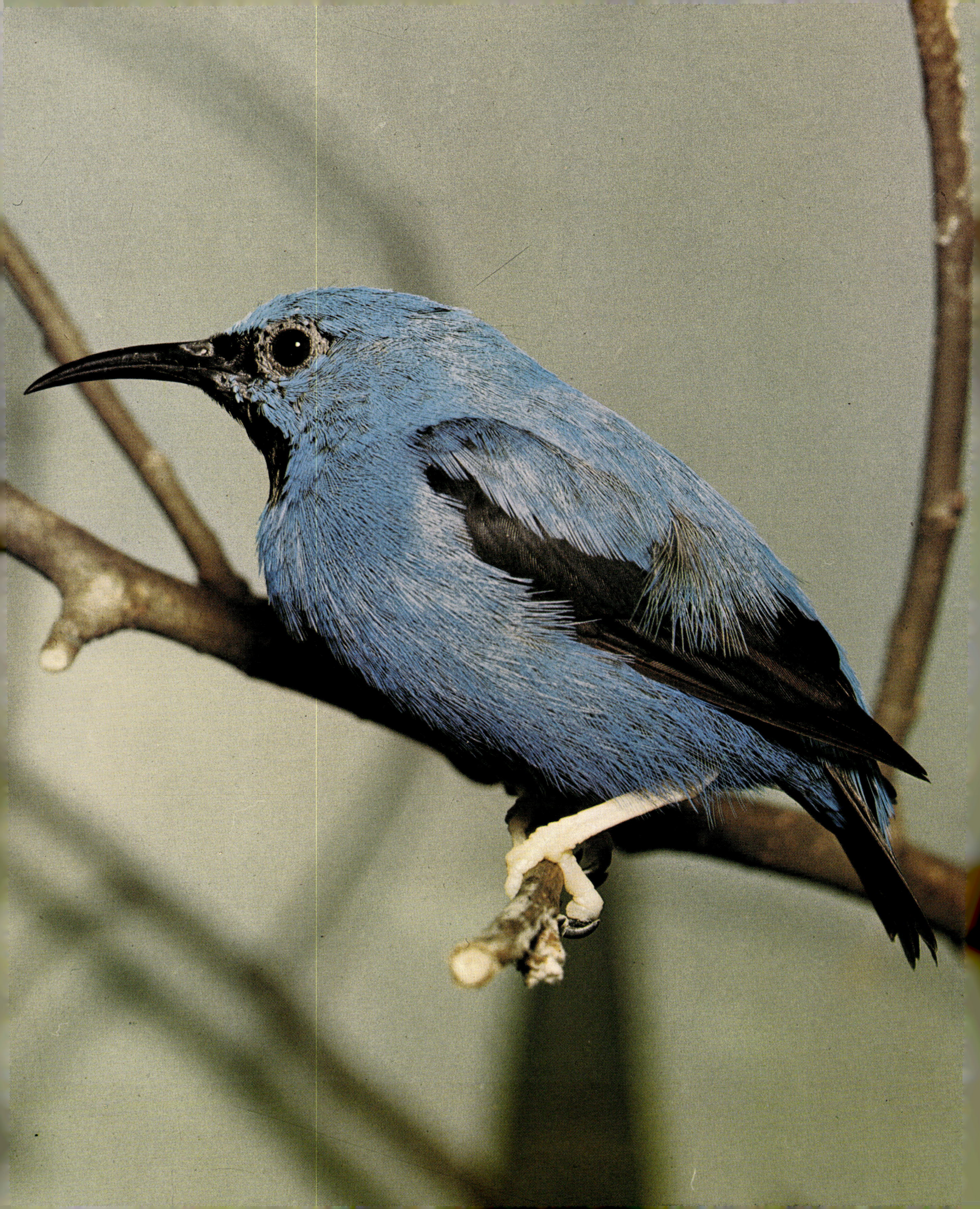

her. Die Vögel fliegen von Feld zu Feld, fallen in ungeheuren Schwärmen ein, fressen die noch milchigen Körner des Getreides und fügen den Bauern erheblichen Schaden zu. Dann wandern sie allmählich weiter nach Süden.

Trupiale

Die vorwiegend gelb gefärbten Vögel der Gattung Trupiale *(Icterus)* sind mit etwa 50 Arten und Unterarten über ganz Amerika verbreitet. Die Mehrzahl bewohnt jedoch das tropische Mittel- und Südamerika. Dazu gehört z. B. der Weißflügel-Trupial *(Icterus icterus),* der verschiedene Laute nachahmen kann. Andere tropische Trupiale sind Erbauer äußerst kunstvoller Nester, die oft in großer Anzahl auf demselben Baum aufgehängt werden und sich häufig in der Nähe von Wasser befinden. Ihr Gelege besteht meist aus 2 Eiern.

Unter den nordamerikanischen Arten ist der Baltimore-Trupial *(Icterus galbula)* der häufigste. Die Gesamtlänge beträgt 20 cm. Seinen Namen hat der Vogel von Lord Baltimore, der im 17. Jahrhundert Maryland gründete. Das Familienwappen enthielt die Farben Schwarz und Orange wie das Gefieder des Vogels.

Das Brutgebiet des Baltimore-Trupials umfaßt die Oststaaten Nordamerikas, von Kanada an bis zu den westlichen Hochebenen. Von hier aus wandert er im Winter nach Süden bis Westindien und Mittelamerika. Hügelige Landschaften scheinen ihm vor allem zuzusagen. Er ist ein Sommervogel, der mit Beginn des Frühlings paarweise im Lande eintrifft und sich bald darauf fortpflanzt. Sein Nest wird, je nach Klimazone, verschieden ausgestattet, immer aber an einen schlanken Zweig gehängt und sehr kunstvoll gewebt. In den südlichen Gebieten Nordamerikas ist es locker gebaut. In den nördlichen Breiten hingegen wird es an Zweigen aufgehängt, die den Strahlen der Sonne ausgesetzt sind. Innen ist es mit wärmenden Stoffen ausgekleidet. Beginnt der Vogel zu bauen, so fliegt er zum Boden hinab, sucht sich geeignete Stoffe, heftet ein Stück davon mit Schnabel und Krallen an einen Zweig und flicht alles mit großer Kunst durcheinander. Beim Nestbau schleppt er übrigens alle Fäden, die er erlangen kann, zu seinem Nest. Man hat oft Zwirnfäden oder Knäuel mit Seidenfäden in seinem Nestgewebe gefunden.

Wenn der Bau fertig ist, legt das Weibchen 4–6 Eier, die etwa 2,5 cm lang und auf blaßgrauem Grund mit dunkleren Flecken, Punkten und Strichen gezeichnet sind. Nach vierzehntägiger Bebrütung schlüpfen die Jungen; drei Wochen später sind sie flügge. Bevor die Jungen ausfliegen, hängen sie sich oft an der Außenseite des Nestes an und schlüpfen aus und ein wie junge Spechte. Hierauf folgen sie ihren Eltern etwa vierzehn Tage lang und werden während der Zeit von ihnen gefüttert. Ihre Nahrung besteht vor allem aus Früchten verschiedener Art. Im Frühjahr hingegen nähren sie sich fast ausschließlich von Insekten, die sie entweder von Zweigen und Blättern ablesen oder fliegend mit großer Behendigkeit verfolgen. Schon frühzeitig im Jahr treten sie ihre Wanderungen nach Süden an. Sie reisen bei Tag in großer Höhe, meist einzeln, unter lautem Geschrei und mit großer Eile. Erst gegen Sonnenuntergang lassen sie sich auf geeignete Bäume nieder, suchen hastig etwas Futter, schlafen, fressen am Morgen wieder und setzen dann ihre Reise fort.

Seine größte Fertigkeit zeigt der Vogel in den Zweigen der Bäume; hier klettert er mit den Meisen um die Wette.

Kuhstärlinge

Die Gattung Kuhstärlinge *(Molothrus)* umfaßt Arten, die mehr oder weniger Brutschmarotzer sind. Man bezeichnet sie deshalb auch als die „Kuckucke Amerikas". Das Ursprungsgebiet dieser geselligen Vögel liegt in Südamerika. Das Brutschmarotzertum ist nicht bei allen Arten gleich stark ausgebildet. So benutzt z.B. der in Argentinien und Brasilien lebende Braunkuhstärling *(Molothrus badius)* zwar fremde Nester, brütet aber selbst und zieht auch seine Jungen selbst auf. Die Weibchen des Glanzkuhstärlings *(Molothrus bonariensis)* dagegen lassen schon einen Teil der Eier von fremden Vögeln bebrüten. Andere Eier werden dagegen irgendwo auf dem Boden abgelegt, wo sie dann zugrunde gehen. Ein ausgesprochener Brutschmarotzer, der aber nicht einen bestimmten Wirtsvogel bevorzugt, ist der Nordamerikanische Kuhstärling *(Molothrus ater).* Man hat etwa 185 verschiedene Vogelarten gezählt, in deren Nester er sein Ei legt. Er lebt als einziger Kuhstärling im Norden Amerikas. Sein Gefieder ist schwärzlich. Die Länge beträgt 19 cm. Das Weibchen ist etwas kleiner und hat ein gleichmäßig braun gefärbtes Gefieder.

Der Nordamerikanische Kuhstärling lebt hauptsächlich in sumpfigen Gegenden gern auf Weiden, zwischen Rindern und Pferden. Seine Schlafplätze wählt er sich im Gebüsch oder im Röhricht an Flußufern. Im Norden der USA erscheint er Ende März oder Anfang April in kleinen Schwärmen. Ende September verläßt er

Doppelseite rechts: Die Tangaren wohnen in Wäldern und Büschen, wo sie in den Zweigen herumhüpfen. Dagegen gehen sie fast nie auf den Boden (Foto T.-W. Roth – Photo Researchers).

Linke Seite: Der Purpur-Honigsauger gehört zur Gattung der Türkisvögel, die von Mittelamerika bis Brasilien verbreitet sind (Foto A. Visage – Jacana).

Der Glanzkuhstärling hat ein schwarzes Gefieder mit blauem Seidenglanz. Er lebt in den Viehzuchtgebieten Argentiniens und Brasiliens (Foto F. Erize).

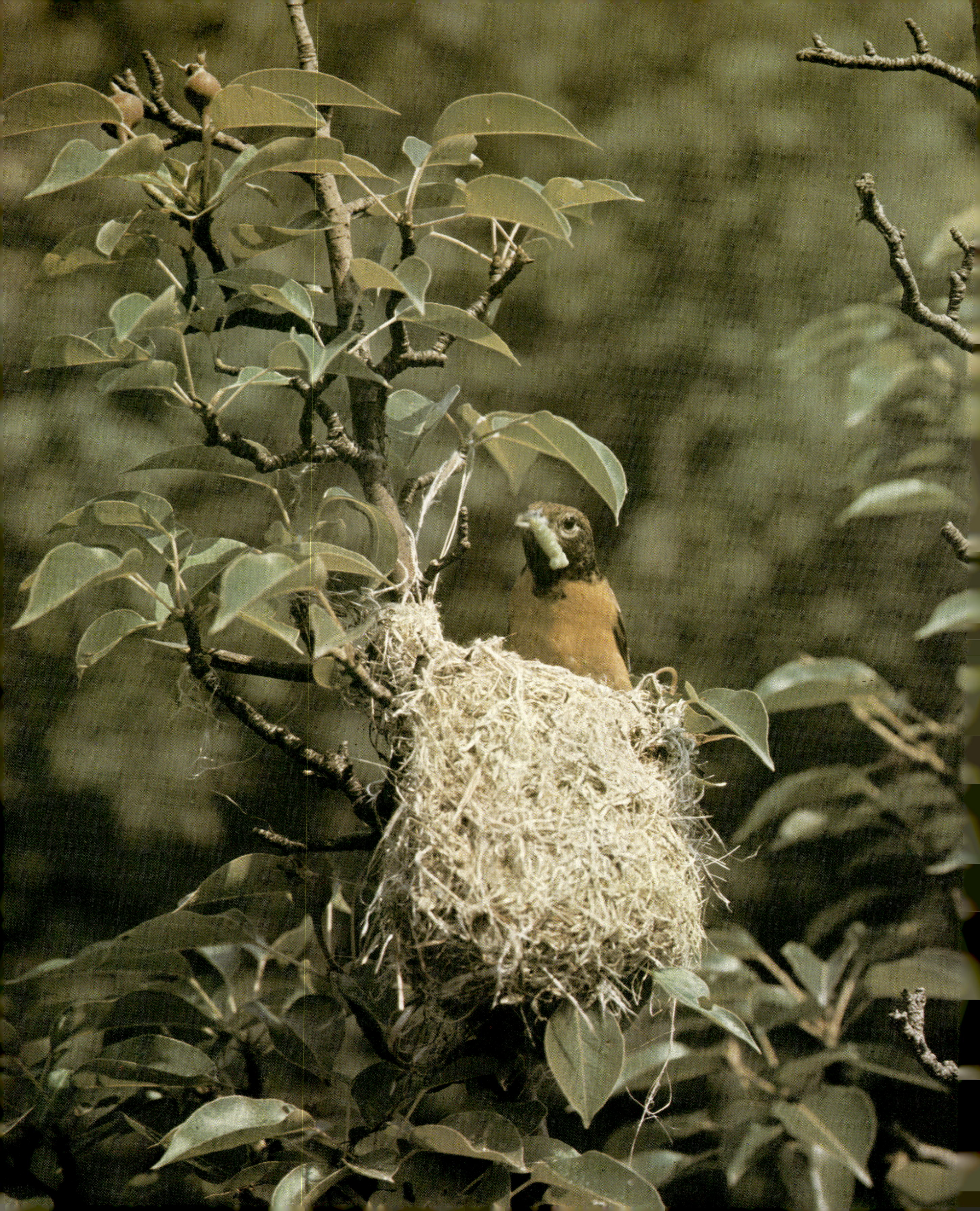

das Land wieder, gewöhnlich in Gesellschaft mit anderen Vögeln. Wie die afrikanischen Madenhackerstare liest auch er oft vom Rücken des Viehs das Ungeziefer ab, das sich dort festgesetzt hat; daher der Name „Kuhstärling".

Das Ei ist etwa 2,5 cm lang und auf blaugrauem Grunde mit braunen Flecken und kurzen Strichen gezeichnet. In der Regel legt der Kuhstärling niemals mehr als ein Ei in ein Nest und trägt dafür ein Ei des Wirtsvogels fort. Insgesamt legt er 20–25 Eier während eines Sommers in verschiedene Nester. Nach einer Bebrütung von 11–14 Tagen schlüpft der junge Vogel aus, drängt die Jungen der Wirtsvögel bei der Fütterung beiseite, so daß schließlich die meisten verhungern. Bereits im Alter von 9 Tagen ist der junge Kuhstärling flügge.

Andere Stärlinge

Zu den größten Singvögeln gehören die Stirnvögel (Gattungen *Gymnostinops, Amblycercus, Cacicus, Psarocolius*). Sie erreichen zum Teil eine Gesamtlänge von mehr als 50 cm. Ihre Heimat ist Mittel- und Südamerika. Ihr aus pflanzlichen Stoffen gewebtes Nest kann bis 1,5 m lang werden und sieht aus wie ein unten geschlossener Schlauch.

Waldsänger

Die Familie Waldsänger *(Parulidae)* besteht aus 27 Gattungen mit etwa 125 Arten. Alle Arten erreichen mit höchstens 19 cm Gesamtlänge nur geringe Größe. Das Gefieder ist stumpf und glänzt nicht, der Schnabel ist sehr zart gebaut. Die meisten Waldsänger sind über den ganzen Norden Amerikas verbreitet, einige Arten bewohnen aber auch Mittelamerika und den größten Teil Südamerikas bis zum Norden Argentiniens. Die meisten Arten in Nordamerika sind Zugvögel, die im Herbst in großen Schwärmen nach Mittel- und Südamerika ziehen. Ihre Wanderung, die sich in der Regel tagsüber vollzieht, unterbrechen sie nur, um Nahrung aufzunehmen oder sich auszuruhen. Die tropischen Arten wandern nicht. Trotz des Namens ist der Gesang der Waldsänger wenig beeindruckend.

Der Grünwaldsänger *(Dendroica virens)* hat eine gelbgrüne Oberseite. Kehle und Brust sind schwarz, die übrige Unterseite weiß. Der zierliche Vogel bewohnt den größten Teil der östlichen USA und wandert im Winter bis Mittelamerika und Westindien. Er bevorzugt etwa die gleichen Aufenthaltsorte wie unsere Grasmücken und Laubsänger. Wenn er aus dem Winterquartier kommt, siedelt er sich mit Vorliebe in höheren Baumkronen an, und bevölkert den stillen Wald oder die Pflanzungen in unmittelbarer Nähe bewohnter Gebäude. Erst spät im Jahr, kaum vor Mitte Mai, erscheint er in seinem Brutgebiet, verweilt ziemlich lange im Land und unternimmt, wenigstens im Norden, mit Eintritt des Herbstes mehr oder minder ausgedehnte Wanderungen. Während seines Zuges gesellt er sich zu anderen seiner Art oder Verwandten; am Brutplatz dagegen lebt er streng paarweise und vertreibt andere Artgenossen aus seiner Nähe. In seinem Verhalten ähnelt er unseren Laubsängern. Unruhig, beweglich und gewandt schlüpft und hüpft er durch die Zweige; nach Meisenart turnt und klettert er, und wie ein Laubsänger verfolgt er vorübersummende Insekten. Er ist ein guter Sänger, den man nicht nur zu jeder Tageszeit, sondern fast während des ganzen Sommers vernimmt. Seine Nahrung besteht aus allerlei Insekten und deren Larven, während des Herbstes auch aus verschiedenen Beeren. In der Regel findet man die Nester nur auf hohen Bäumen. Sie sind oft klein, dicht und fest zusammengefügt und bestehen aus feinen Rindenstreifen, Blatteilen und Pflanzenstengeln, die, mit wenigen feinen Grashalmen gut verflochten,

Links: Wie die meisten Trupiale webt auch der Baltimore-Trupial ein kunstvolles Beutelnest, das oben offen ist (Foto L. Lee Rue – Photo Researchers).

Die Waldsänger, die nur in Amerika vorkommen, fressen mit ihrem dünnen, spitzen Schnabel Insekten und Früchte (Foto C. Ott).

Das Weibchen der Waldsänger baut allein das napfförmige Nest. Das Männchen hilft jedoch bei der Aufzucht und schafft Nahrung herbei (Foto R.-K. Murton – Photo Researchers).

die Außenwandung bilden, während das Innere weich und warm mit seidiger Pflanzenwolle ausgekleidet ist. Die 4 Eier, deren Längsdurchmesser etwa 2 cm beträgt, sind auf weißem oder rötlichem Grund mit bräunlichen Flecken und Tüpfeln ziemlich gleichmäßig gezeichnet. Das Weibchen brütet 11–14 Tage. Eine andere Art der gleichen Gattung, der Zitronsänger *(Dendroica petechia),* ist häufiger Wirtsvogel des Kuhstärlings. Er schützt sich gegen diesen Brutschmarotzer, indem er über dessen Ei einen neuen Boden in sein Nest einbaut.

Die größte Art der Familie ist der 19 cm lange Brillenbuschsänger *(Icteria virens)* aus Nordamerika. Er ahmt oft andere Tierlaute nach. In den sumpfigen Wäldern im Osten der USA lebt der Protonotar-Waldsänger *(Protonotaria citrea).* Als Ausnahme unter den Waldsängern brütet er in verlassenen Baumhöhlen. Sehr lange Hinterzehen besitzt der Kletterwaldsänger *(Mniotilta varia),* der wie ein Kleiber die Bäume hinaufklettert und dabei nach Insektenlarven sucht. Ein eigenartiges Verhalten zeigen der Goldflügel-Waldsänger *(Vermivora chrysoptera)* und

Mit ihrem farbenprächtigen schillernden Gefieder ähneln die Nektarvögel den Kolibris Amerikas. Sie sind jedoch nicht miteinander verwandt (Foto F. Erize).

Das Verbreitungsgebiet der Nektarvögel erstreckt sich von Afrika, wo die größte Artenzahl vorkommt, über Indien, Südostasien bis zur pazifischen Inselwelt.

der Blauflügel-Waldsänger *(Vermivora pinus)*: Sie sind zum Teil in der Lage, den Gesang beider Arten vorzutragen. Zu den bekanntesten nordamerikanischen Vögeln gehört der Pieperwaldsänger *(Seiurus aurocapillus)*, dessen Gesang sich anhört wie „tietscher-tietscher" und der deshalb auch „Teacherbird" (= Lehrervogel) genannt wird.

Nektarvögel

Nektarsaugende Vögel bevölkern die Tropen rund um die Erde: In Amerika sind es die Kolibris, in Australien die Honigfresser, in Afrika schließlich die Familie der Nektarvögel *(Nectariniidae)*. Diese Vögel ähneln sich mehr oder weniger stark, sind aber nicht miteinander näher verwandt. Man kann diese Ähnlichkeit damit erklären, daß diese verschiedenen Vogelgruppen ähnliche ökologische Planstellen besetzen und sich deshalb entsprechend angepaßt haben – eine Erscheinung, die man als Stellenäquivalenz bezeichnet und die ein schönes Beispiel für das Wirken der Selektion ist. Zur Anpassung an das Nektarsaugen gehören z. B. bei den Nektarvögeln der lange, leicht gekrümmte Schnabel und die an der Spitze röhrenförmig umgebildete Zunge, mit deren Hilfe der Vogel tief in die Blüte eindringen und den Nektar absaugen kann. Insekten gehören allerdings auch zur Nahrung. Weitere Gemeinsamkeiten mit den Kolibris sind die schillernden Farben. Unterschiede bestehen im Bau der Gliedmaßen. Nektarvögel beherrschen auch nicht den eigentlichen Schwirrflug wie die Kolibris, sie können sich jedoch durch schnelle Flügelschläge kurze Zeit vor der Blüte halten, meist aber klammern sie sich an die Blüte und saugen den Nektar im Sitzen.

Die Familie besteht aus 8 Gattungen mit etwa 108 Arten, die alle meist recht klein sind und eine Gesamtlänge von 9–25 cm erreichen können. Während der Brutzeit schließen sich Männchen und Weibchen in der Regel längere Zeit zusammen, bauen gemeinsam das geschlossene Beutelnest und ziehen gemeinsam die Jungen auf. Die 2 Eier bebrütet nur das Weibchen.

Schöne lange Schwanzfedern besitzt der Malachit-Nektarvogel *(Nectarinia famosa)* in Ost- und Südafrika. Eine der schönsten und größten Arten ist der Prachtnektarvogel *(Nectarinia superba)* in Westafrika. Der kleinste Nektarvogel ist der Zwergnektarvogel *(Nectarinia minima)* in Südindien. In Südostasien beheimatet ist der Gelbohr-Spinnenjäger

Das beutelförmige Hängenest wird bei den Nektarvögeln von Männchen und Weibchen gemeinsam aus Fasern, Blättern und Rinde gebaut und außen mit Spinngeweben „verputzt" (Foto Photo Researchers).

Oben: Der Grünrücken-Nektarvogel wohnt im Norden Australiens (Foto C. de Klemm – Jacana).

Rechte Seite oben: Die Honigfresser holen den Nektar meist im Sitzen aus der Blüte. Sie können keinen Schwirrflug ausführen wie die Kolibris (Foto E. P. S.).

(Arachnothera chrysogenys), der neben Nektar auch Spinnen als Nahrung zu sich nimmt. Im Himalaya, in 4000 m Höhe, lebt der langschwänzige Feuerschwanz-Nektarvogel *(Aethopyga ignicauda)*.

Kleidervögel

Nur auf den Hawaii-Inseln ist die Familie der Kleidervögel *(Drepanididae)* verbreitet. Sie besteht aus 11 Gattungen mit etwa 21 Arten. Ihre gelben, roten und grünen Federn wurden oft zu Kleidungsstücken verarbeitet. Ihre Nahrung besteht aus Nektar und Insekten. Am weitesten verbreitet ist der Amakihi *(Viridonia virens)*. Für die Evolutionsforschung sind die Kleidervögel ein Beispiel dafür, wie sich Arten entwickeln können, wenn bestimmte ,,ökologische Planstellen'' noch nicht von Konkurrenten besetzt sind. Einige Kleidervögel sind nämlich zu einer Zeit vom amerikanischen Kontinent nach Hawaii verschlagen worden, als es dort wahrscheinlich noch keine anderen Vögel gab. Sie hatten also Gelegenheit, sich auf alle möglichen ökologischen Nischen zu spezialisieren, was ihnen auf dem Festland – unter starken Konkurrenzbedingungen – nie gelungen wäre. Die Folge

Rechts: Honigfresser spielen eine bedeutende Rolle bei der Bestäubung von Blüten. Wenn sie ihren Schnabel in die Blüte stecken, bleibt am Kopf meist Pollen hängen, den sie dann in einer anderen Blüte abladen (Foto G. Pizzey – Photo Researchers).

war, daß sich im Laufe der Zeit aus *einer* eingewanderten Art eine Vielzahl anderer Arten entwickelte. So gibt es heute auf den Hawaii-Inseln unter den Kleidervögeln Nektarsauger mit langem Schnabel und Röhrenzunge, Insektenfresser mit spitzem Schnabel, Kernbeißer mit kräftigem Schnabel, Spechttypen.

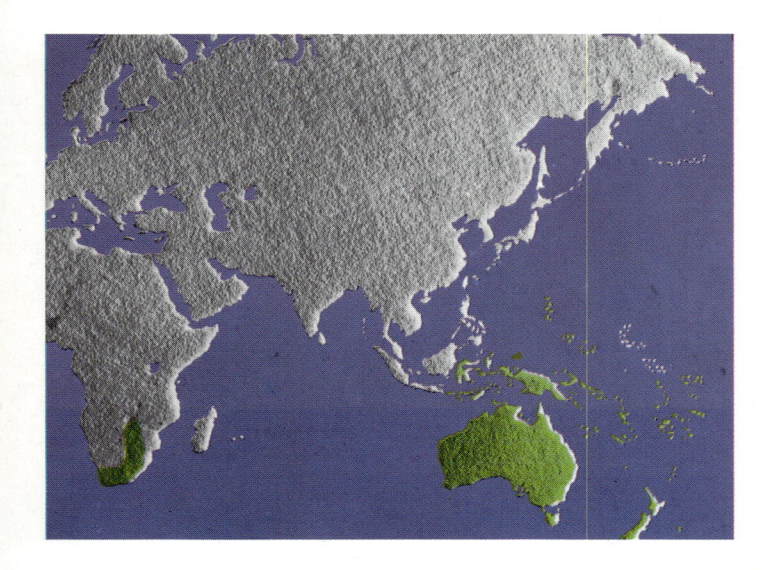

Honigfresser

Die Familie der Honigfresser *(Meliphagidae)* ist – mit einer Ausnahme – auf Australien, Neuseeland und die Inselwelt des Südwestpazifik beschränkt.

Die Tiere haben eine lange, zum Teil rinnenförmige Zunge, die an der Spitze aufgefasert ist; damit können sie gut Nektar lecken und saugen; gleichzeitig bestäuben sie noch die Blüten, z.B. der Eukalyptus-Arten. Das Gefieder ist meist einfach grünlich und bräunlich gefärbt, und zwar bei beiden Geschlechtern ähnlich. Das Weibchen baut in der Regel das napfförmige Nest allein und bebrütet auch die 2 Eier etwa 13–16 Tage lang. Die Jungen pflanzen sich schon innerhalb Jahresfrist fort.

Die Familie besteht aus 39 Gattungen mit etwa 170 Arten. Als einzige Art lebt der Kap-Honigfresser *(Promerops cafer)* in Südafrika. Charakteristisches Kennzeichen dieses Vogels ist der Schwanz, der beim Männchen bis zu 32 cm lang sein kann und damit die eigentliche Körperlänge um das 2–3fache übertrifft. Seine Nahrung besteht aus Nektar, den er aus den Blüten des Silberbaums *(Protea)* saugt. Honigfresser fressen aber nicht nur Nektar, sondern auch Früchte und Insekten. So hat sich der Mistel-Honigfresser *(Conopophila picta)* auf Mistelbeeren spezialisiert. Der Sänger-Honigfresser *(Meliphaga virescens)* frißt sogar Eier und Nestlinge anderer Arten. Der Gesang des Bali-Honigfressers *(Lichmera indistincta)* ist dem der Nachtigall ähnlich. Obwohl die Honigfresser gesellig sind, kommt es doch oft zu Kämpfen zwischen ihnen. Das ist besonders der Fall beim Kampf-Honigfresser *(Meliphaga ornata)*, der gleichermaßen Artgenossen wie Vögel anderer Arten angreift und vertreibt. Kampfmindernde Drohgebärden und Demutsgesten sind bei den Honigfressern nur schwach entwickelt.

Verbreitungsgebiet: Die Honigfresser sind über Australien, Neuseeland und die Inselwelt des Südwestpazifik verbreitet. Nur eine Art, der Kap-Honigfresser, kommt in Südafrika vor.

Der Kap-Honigfresser hat einen Schwanz, der die eigentliche Körperlänge um das Zwei- bis Dreifache übertrifft (Foto F. Erize).

Stare

Die Familie Stare (Sturnidae) umfaßt sperlings- bis krähengroße, gedrungen gebaute, kurzschwänzige, aber gewöhnlich ziemlich langflügelige Vögel mit meist kopflangem, geradem, schlankem, nach der Spitze zu gleichmäßig verjüngtem Schnabel. Abweichend davon ist der Schnabel bei einigen Arten leicht nach unten gebogen, bei den Beos ist er massiger und bei den Madenhackerstaren kurz und gedrungen.

Die kräftigen, mittelhohen Füße sind mit ziemlich breiten Hornschildern bedeckt. Das seidige Gefieder hat oft einen metallischen Glanz und ist überwiegend dunkel von grünlich, über violett und bronze bis schwarz gefärbt, doch kommen daneben auch auffällige gelbe und rote Farben vor. Beide Geschlechter gleichen sich in der Regel. Das Gefieder wird nur einmal im Jahr gewechselt. Nach der Mauser haben die Federn gelegentlich helle Spitzen, die im Laufe des Jahres abgenutzt werden, so daß eine Umfärbung ohne Mauser zu beobachten ist.

Die Mehrzahl der Stare sind ungemein gesellige Vögel. Einige Arten vereinigen sich nicht nur außerhalb, sondern auch während der Brutzeit zu größeren oder kleineren Gesellschaften, die gemeinsam auf Futtersuche gehen und auch zusammen ausruhen und schlafen.

Stare hüpfen fast nie auf dem Boden, sondern gehen in Schritten, etwas wakkelnd, aber doch rasch und gut. Sie fliegen leicht, mit behenden Flügelschlägen, rasch und rauschend und bewegen sich auch im Gezweig oder im Röhricht mit viel Geschick. Alle Arten sind lebhafte, unruhige, ununterbrochen beschäftigte Vögel, die nur kurze Zeit ruhen. Ihre Nahrung besteht aus Kerbtieren, Würmern und Schnecken, außerdem vielfach aus saftigen Früchten und anderen Pflanzenteilen. Die Nahrung wird von vielen Arten vorwiegend auf oder im Boden gesucht. Dazu können viele Stare den geschlossenen, spitzen Schnabel in den Boden stecken und dann mit großer Kraft spreizen, so daß im Boden ein kleiner Hohlraum entsteht, in dem die kleinen Beutetiere besser ertastet und gesehen werden. Diese eigenartige Schnabelbewegung wird „Zirkeln" genannt.

Das Nest, ein großer unregelmäßiger Bau, wird in der Regel in Höhlungen von Bäumen, Felsen, alten Mauern usw. angelegt. Manche Arten bauen aber auch im Freien kugelförmige Reisignester, andere flechten kunstvolle, beutelförmige Hängenester. Die Anzahl der meist ungefleckten Eier eines Geleges schwankt zwischen 2 und 9. Stets bauen Männchen und Weibchen gemeinsam das Nest. Beide brüten auch und füttern die Jungen.

Die Stimmäußerungen der Stare sind erstaunlich vielfältig. Neben flötenden und pfeifenden Tönen sind oft schnarrende, quietschende und knarrende Laute

Stare sind meist mittelgroße, untersetzte Singvögel mit kräftigen Füßen, kurzem Hals und gewöhnlich langem, spitzem Schnabel. Sie sind vor allem in den Tropen und Subtropen Asiens und Afrikas beheimatet. Die meisten haben ein metallisch schimmerndes Gefieder mit überwiegend dunkelvioletten, grünlichen oder bronzenen Tönen. Nur wenige sind so prächtig gefärbt wie der abgebildete indische Pagodenstar. Viele Stare bewohnen Kulturlandschaften und nisten in unmittelbarer Nähe menschlicher Siedlungen (Foto B. Coleman – Photo Researchers).

zu hören. Mehrere Arten können die Stimmen anderer Vögel, verschiedene Geräusche und selbst die Stimme des Menschen nachahmen.

Das Verbreitungsgebiet der Stare erstreckt sich ursprünglich nur auf die Alte Welt, auf Afrika, Europa, Asien, Indonesien und Melanesien. In Nordaustralien kommt ebenfalls eine Art vor, der 24 cm lange Spinnenstar *(Aplonis metallica)*. Die Mehrzahl der etwa 110 Starenarten lebt in tropischen und subtropischen Gebieten. Nur der bekannte Gemeine Star vertritt die Familie in West- und Mitteleuropa. Heute trifft man auch in weiten Gebieten Nordamerikas, in Australien und in Südafrika europäische Stare, die hier eingebürgert worden sind.

Die Familie der Stare wird in etwa 35 Gattungen unterteilt. Die wichtigsten Gruppen sind die Eigentlichen Stare, die Mainas, Atzeln, Singstare, Glanzstare und Madenhacker. Durch den Bau großer, tropfenförmiger Hängenester weichen einige Arten der vorwiegend von Java bis zu den Fidschi- und Samoa-Inseln verbreiteten Singstare *(Aplonis)* von den übrigen Staren ab. So baut der von Celebes bis Nordaustralien vorkommende Spinnen- oder Weberstar *(Aplonis metallica)* oft in großen Gemeinschaften ganze Kolonien von Hängenestern in einem Baum.

Gemeiner Star

Der bekannteste Vertreter der Starenfamilie ist unser Star oder der Gemeine Star *(Sturnus vulgaris)*. Das Kleid des erwachsenen Männchens ist im Frühling schwarz mit grünem und purpurfarbigem Schiller; einzelne Federn des Rückens zeigen graugelbliche Spitzenflecke. Der Schnabel ist vom Frühjahr bis zum Sommer hellgelb, sonst schwarzbraun gefärbt. Gänzlich verschieden davon ist die Tracht nach beendeter Mauser im Herbst. Dann endigen alle Federn des Nackens, Oberrückens und der Brust mit weißlichen Spitzen, und das ganze Gefieder erscheint deshalb gepunktet. Ein solcher weißgepunkteter Star wird Perlstar genannt. Der Schnabel erhält zugleich eine dunklere Färbung. Das Weibchen ähnelt dem Männchen, ist aber auch im Frühlingskleid stärker gefleckt als dieses. Die Jungen sind dunkelbraungrau, ihr Schnabel ist grauschwarz. Die Gesamtlänge beträgt 22 cm, die Schwanzlänge 7 cm. Das Weibchen ist etwas kleiner.

Von Island und den Färöer an wird der Star im größten Teil Europas wenigstens zeitweilig angetroffen; denn er ist keines-

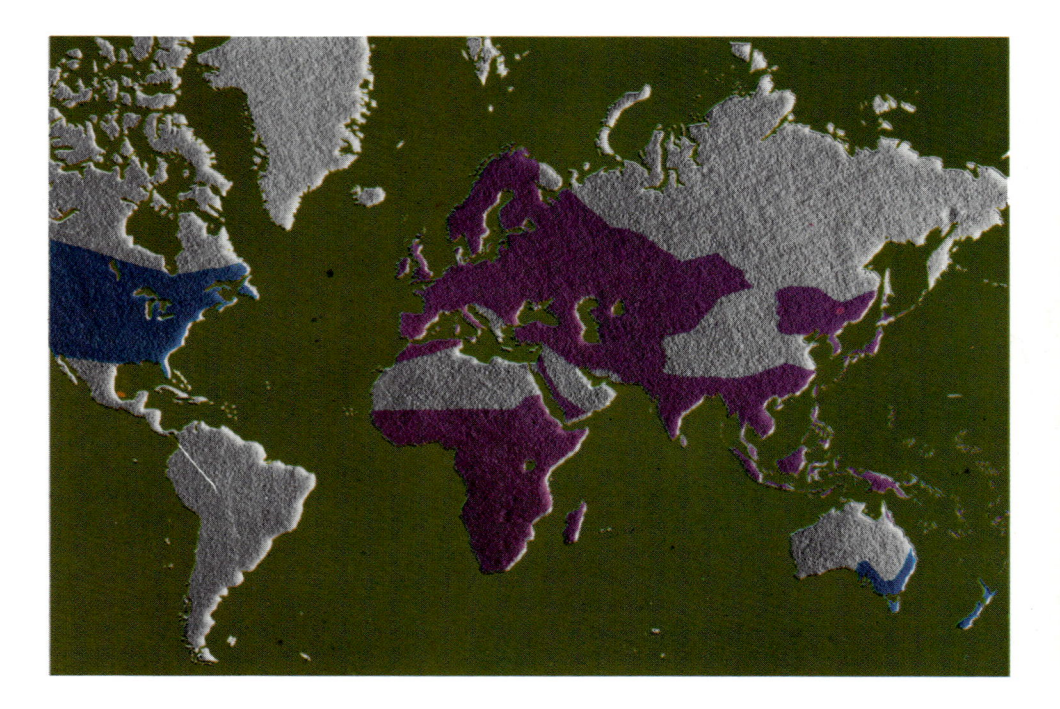

Oben: Der bei uns häufige und sehr bekannte Gemeine Star ist der einzige Vertreter der Starenfamilie in Mittel-, West- und Nordeuropa. Er ist ein sehr lebhafter, geselliger Vogel, der fremde Geräusche und die Stimmen anderer Vögel vorzüglich nachahmen kann (Foto J. Markham).

Das Verbreitungsgebiet der etwa 110 Starenarten erstreckte sich ursprünglich nur auf die Alte Welt (rote Zonen). Gegen Ende des letzten Jahrhunderts wurden einige Arten jedoch auch in Nordamerika, Australien und Neuseeland erfolgreich eingebürgert, wo sie sich stark ausbreiteten.

Rechte Seite: Nach dem jährlichen, im Herbst stattfindenden Federwechsel haben die einzelnen Körperfedern des Stars weiße Spitzen. Diese nutzen sich im Laufe des Winters weitgehend ab, so daß er im Frühling gleichmäßig schwarz glänzt (Foto B. Coleman – Photo Researchers).

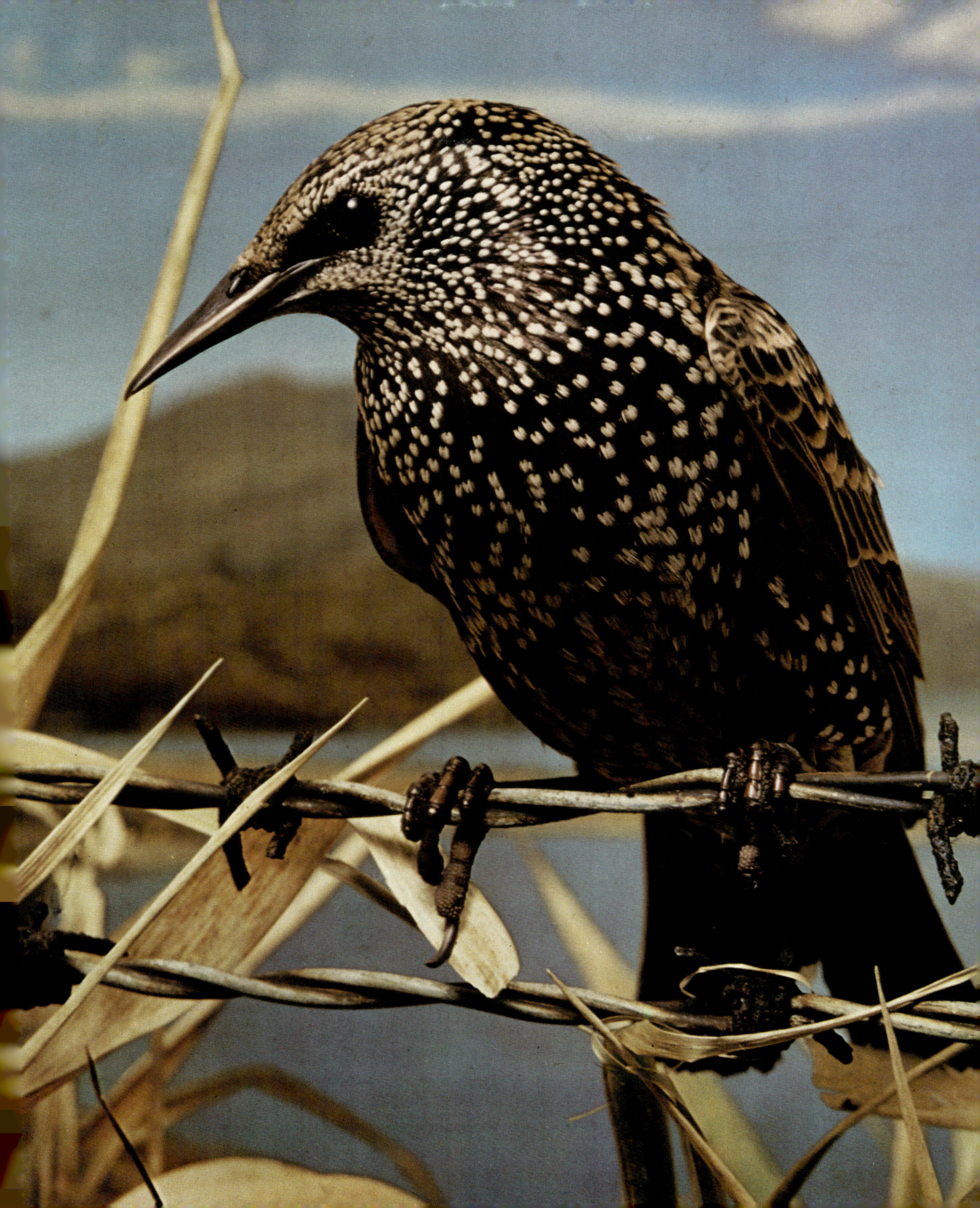

wegs überall Standvogel. So erscheint er in allen südlichen Provinzen Spaniens und ebenso in Süditalien und Griechenland nur während der Wintermonate, ist jedoch in den Pyrenäen und in den südlichen Alpen noch Brutvogel. In Nord- und Osteuropa kommt er nur im Sommer vor, während er in West-, Mittel- und Südosteuropa das ganze Jahr über anzutreffen ist. Im Osten erstreckt sich das Verbreitungsgebiet des Stars bis zum Baikalsee und bis nach Nordwestindien. Seit ungefähr 80 Jahren sind Stare auch in Nordamerika, Südafrika, Neuseeland und Australien eingebürgert. Unter unseren Zugvögeln erscheint der Star im Frühjahr als einer der ersten und bleibt bis tief in den Spätherbst hinein. Seine Reisen dehnt er höchstens bis Nordafrika aus; in Algerien und Ägypten ist er in jedem Winter als regelmäßiger Gast zu finden. Die Hauptmasse der zum Winterquartier ziehenden Stare bleibt bereits in Südeuropa wohnen und treibt sich hier mit allerhand anderen Vögeln, insbesondere Raben und Drosseln, im Lande umher. Auf der Iberischen Halbinsel, Korsika, Sardinien, Sizilien und in Nordwestafrika wird der Gemeine Star durch den sehr ähnlichen Einfarbstar *(Sturnus unicolor)* vertreten. Er wirkt etwas dunkler, denn das matt schieferfarbene, schwach metallisch glänzende Gefieder ist nahezu ungefleckt. Er hält sich gewöhnlich gesellig in bewaldeten Gebieten, an Felsen und in der Nähe menschlicher Siedlungen auf.

Es gibt kaum einen Vogel, der munterer ist als der Star. Wenn er Mitte Februar bei uns ankommt, ist das Wetter meist noch recht unwirtlich und die Nahrung gewöhnlich knapp. Desungeachtet singt er schon vom ersten Tag an.

Die Männchen suchen sich hohe Stellen auf dem Kirchturm oder auf alten Bäumen und tragen hier unter lebhaften Bewegungen der Flügel und des Schwanzes ihr Lied vor. Der Gesang ist mehr ein Geschwätz als ein Lied, enthält auch einzelne unangenehme, schnarrende Töne. Ein beachtliches Nachahmungsvermögen des Stars machen den Gesang recht ergötzlich. Alle Laute, die in einer Gegend hörbar sind, werden mit erstaunlicher Genauigkeit wiedergegeben: der Pfiff des Pirols wie das Kreischen des Hähers, der laute Schrei des Bussards wie das Gakkern der Hühner, das Knarren einer Tür oder Windfahne, ganze Strophen aus dem Gesang der Drosseln, das Zwitschern der Schwalben und dergleichen. Mit dem ersten Morgengrauen beginnt der Star zu singen, fährt damit ein paar Stunden fort, läßt sich, nachdem er sich satt gefressen hat, zeitweilig wieder hören und hält, gewöhnlich zusammen mit anderen Staren, abends noch einen längeren Gesangsvortrag.

Im März beginnt die Balz. Die Bruthöhle ist mittlerweile, nicht immer ohne Kampf, eingenommen worden und erhält jetzt eine passende Ausfütterung. In Laubwaldungen benutzt der Star Baumhöhlungen aller Art; in Ermangelung dieser natürlichen Brutstellen siedelt er sich in Gebäuden an; am häufigsten aber bezieht er die von den Menschen für ihn angefertigten Brutkästen, deren Einflugsöffnung 5 cm im Durchmesser betragen muß. Die Unterlage des Nestes besteht aus Stroh und Grashalmen, die innere Auskleidung aus Federn von Gänsen, Hühnern und anderen großen Vögeln; Im Notfall behilft sich der Star aber auch mit Stroh oder Heu und im Walde mit verschiedenen Flechten. Ab Mitte April findet man hier das erste Gelege, gewöhnlich 5–6 längliche, 28 mm lange und 20 mm dicke, etwas rauhschalige, aber schön glänzende Eier von lichtblauer Farbe. Beide Partner wechseln sich bei der Brut, die 11–14 Tage dauert, ab. Die Jungen sind nach gut 3 Wochen flügge. Sie vereinigen sich dann mit anderen Nestlingen und bilden nunmehr schon ziemlich große Gruppen, die ziellos im Land umherschweifen. Die Eltern beginnen in Westeuropa anschließend mit der zweiten Brut. In Osteuropa brüten sie nur einmal im Jahr. Bereits in westlichen und südlichen Teilen Deutschlands werden oft erfolgreich 2 Jahresbruten durchgeführt.

Sobald die Jungen selbständig sind, bilden zahlreiche Alt- und Jungvögel riesige Gesellschaften. Von nun an schlafen sie nicht mehr an den Brutstellen, sondern entweder in Wäldern oder später im Röhricht der Gewässer. Meilenweit ziehen sie zu solchen Stellen hin und sammeln sich abends, von allen Seiten her truppweise anrückend zu Tausenden, ja zu Hunderttausenden, schwärmen stundenlang umher, bald vereint, bald geteilt, lassen sich abwechselnd auf den Wiesen oder auf dem Röhricht nieder und begeben sich endlich bei eintretender Nacht schnurrend, zwitschernd, pfeifend, singend, kreischend, zankend zur Ruhe, nachdem jeder sein Plätzchen auf einem Halme erwählt und erkämpft hat.

Ein fliegender Starenschwarm bildet eine erstaunlich geschlossene Formation. Alle Vögel des Schwarms führen bei einer Richtungsänderung praktisch gleichzeitig die Wendung durch, lassen sich zur gleichen Zeit auf dem Boden nieder oder fliegen gemeinsam auf.

Die großen Sommer- und Herbstschwärme der Stare richten vor allem in Kirschbaumpflanzungen und in den Weinbergen erhebliche Schäden an, in südlichen Ländern auch in Olivenbeständen. Da Stare sehr anpassungsfähig sind, gewöhnen sie sich in der Regel ziemlich schnell an die verschiedensten Mittel, die zum Verscheuchen eingesetzt werden.

Eine Eigenart der Stare ist die Zirkelbewegung mit dem Schnabel. Sie besteht darin, daß der geschlossene Schnabel in den Boden oder in Ritzen gesteckt und dann mit großer Kraft geöffnet wird. Mit den dicht hinter dem Schnabel befindlichen Augen kann der beim Zirkeln geschaffene Hohlraum nach Nahrung abgesucht werden. Die sogenannten Zügelfedern zwischen dem Auge und dem Schnabelgrund sind deshalb sehr kurz. Bei der Futtersuche nach kleinen Bodentieren ist diese Verhaltensweise der Stare sehr erfolgreich (Foto M. Brosselin – Jacana).

Selbst bewegliche, klappernde Drachen und Bänder, ausgestopfte Artgenossen, Greifvögel und Katzen, Rätschen und Schußautomaten, sogar von Tonbändern abgespielte Schreckrufe von Staren konnten auf die Dauer die Stare nicht abwehren. Es ist daher verständlich, daß der im Frühjahr als Sänger und Verzehrer vieler schädlicher Insektenlarven und Schnecken geschätzte Star, zur Erntezeit vom Landwirt heftig verfolgt wird.

Natürliche Feinde des Stars sind die größeren Falkenarten, besonders Habichte und Sperber, ebenso Krähen, Elstern und Häher, auch Edelmarder, Wiesel, Eichhorn und Siebenschläfer. Die Raubsäuger gefährden vor allem die Brut. Doch gleicht die starke Vermehrung des Vogels alle etwa erlittenen Verluste bald wieder aus.

In Gefangenschaft ist er leicht zu halten. Er ist anspruchslos wie wenige andere Vögel, äußerst gelehrig, lustig, zu Spiel und Neckerei geneigt, lernt Lieder nachpfeifen und Worte nachsprechen, wenn man sich eingehend mit ihm beschäftigt, schließt er sich eng an den Pfleger an, setzt sich gern auf dessen Hand, Schulter oder Kopf. Unangenehm ist dabei lediglich, daß er alle paar Minuten einen meist weichen Kotballen von sich gibt.

Rosenstar

Ein naher europäischer Verwandter unseres Stars ist der in Osteuropa und Asien brütende, 22 cm große Rosenstar *(Pastor roseus)*. Von dem violett metallisch schimmernden Gefieder heben sich beim Rosenstar die rosaroten Bauch-, Schulter- und Rückenfedern deutlich ab.

Der Rosenstar gehört zu den Zigeunervögeln, weil er in manchen Jahren in einigen Gegenden massenhaft auftritt, in anderen wiederum völlig fehlt, obgleich dem Anschein nach hier alle Lebensbedingungen im wesentlichen dieselben geblieben sind. Als Zentrum seines Verbreitungsgebietes sind die innerasiatischen Steppen anzusehen; von ihnen aus erweitert sich das regelmäßige Wohngebiet einerseits bis Südrußland und die Donautiefländer, anderseits bis Kleinasien und Syrien, nach Osten bis in die Mongolei und China. Seine Brutstätten verlassend, wandert der Vogel allwinterlich nach Indien, besucht auch, jedoch nicht alljährlich, Griechenland und Italien, Afrika dagegen nur äußerst selten. Zuweilen aber, und zwar gewöhnlich im Sommer um die Brutzeit, überschreitet er sein Verbreitungsgebiet sehr weit und zieht nicht allein in der Richtung seiner Zugstraßen, sondern strahlenförmig nach verschiedenen Seiten hin. Bei dieser Gelegenheit erscheint er in allen Teilen Italiens und der Balkanhalbinsel, in Öster-

Vor allem im Spätsommer und im Herbst bilden die Stare bei uns riesige Schwärme, die abends gemeinsame Schlafplätze aufsuchen. Besonders beliebte Schlafstellen sind hohe Bäume, Schilfbestände und Weidendickichte. Da Stare außer Schnecken, Insekten und anderen Kleintieren auch Beeren und andere saftige Früchte fressen, können Starenschwärme in Obstplantagen und in den Weinbergen erhebliche Schäden anrichten. Die im Winter nach Nordafrika gezogenen Stare plündern hier oft die Olivenbestände (Foto Grandjean – Jacana).

reich, ebenso in Deutschland, der Schweiz, in Frankreich, Holland, Belgien, Dänemark und selbst in Großbritannien. Wo der Vogel regelmäßiger auftritt, wie beispielsweise in Südrußland, Kleinasien und Syrien, kommt er aus seiner Winterherberge in der ersten Hälfte des Mai an, verweilt am Brutplatz aber nur bis Anfang August, verschwindet und zieht nun langsam der Winterherberge zu, in der er gegen Ende September oder im Oktober eintrifft und bis zum März verweilt.

In seiner Lebensweise ähnelt er stark unserem Star. Wie er läuft er nickend auf dem Boden umher, alles durchspähend, alles untersuchend, fliegt nach kurzem Laufen auf und über die vor ihm nach Nahrung suchenden Schwarmgenossen hinweg, um vor ihnen wieder einzufallen, und bringt dadurch selbst in den auf dem Boden laufenden Trupp viel Leben. Er fliegt auch ganz ähnlich wie der Star, nur daß seine Schwärme in der Luft nicht so dicht geschlossen sind und der Flug nicht so stürmisch dahinwogt.

Zu ihren gemeinsamen Schlafplätzen, die oft in Weidendickichten liegen, strömen sie bei Sonnenuntergang gleichzeitig mit den Rötel- und Rotfußfalken von allen Seiten herbei; während die Falken aber vor dem Aufbäumen noch längere Zeit umherfliegen, verschwinden die herankommenden Rosenstare ohne Zaudern zwischen dem Grün der Weiden. Kein lautes Geschrei wie von unseren Staren, kein längeres Geschwätz wird nach dem Einfallen gehört; still und geräuschlos, wie sie angeflogen kamen, gehen sie auch zur Ruhe. Kerbtiere aller Art, insbesondere große Heuschrecken und Käfer, außerdem Beeren und Früchte bilden die Nahrung der Rosenstare. Als Vertilger der mit Recht gefürchteten Wanderheuschrecke sind sie gern gesehen, in den herbstlichen Obstgärten dagegen nicht. Der Rosenstar wird deshalb auch in manchen Gebieten im Mai „Heiliger", im Juli dagegen „Teufelsvogel" genannt.

Die Nistplätze der Rosenstare bilden Spalten und Löcher in Felsklüften, Steinhaufen oder Gemäuer. Oft brüten große Schwärme in Kolonien.

Nahe Verwandte unseres Stars und des Rosenstars sind der ostasiatische, 21 cm lange Graustar *(Spodiopsar cineraceus)*, der überwiegend weiße, 25 cm lange, eine lange Federhaube besitzende Balistar *(Leucopsar rothschildi)*, der weiß-

In Nordost- und Ostafrika ist der Dreifarbenglanzstar verbreitet. Dieser auffällig gefärbte Starenvogel lebt sehr gesellig und hält sich vor allem in offenen Gras- und Kulturlandschaften auf. Er sucht seine Nahrung, die überwiegend aus Insekten, Würmern und anderen Kleintieren besteht, meist am Boden. Im Gegensatz zu unserem heimischen Star brüten Dreifarbenglanzstare nicht in Höhlen, sondern bauen in Dornbüschen oder Bäumen freistehende, überdeckte Nester. Männchen und Weibchen sind gleich gefärbt (Fotos F. Erize, J.-S. Wightman – Ardea photographics und A. Visage – Jacana).

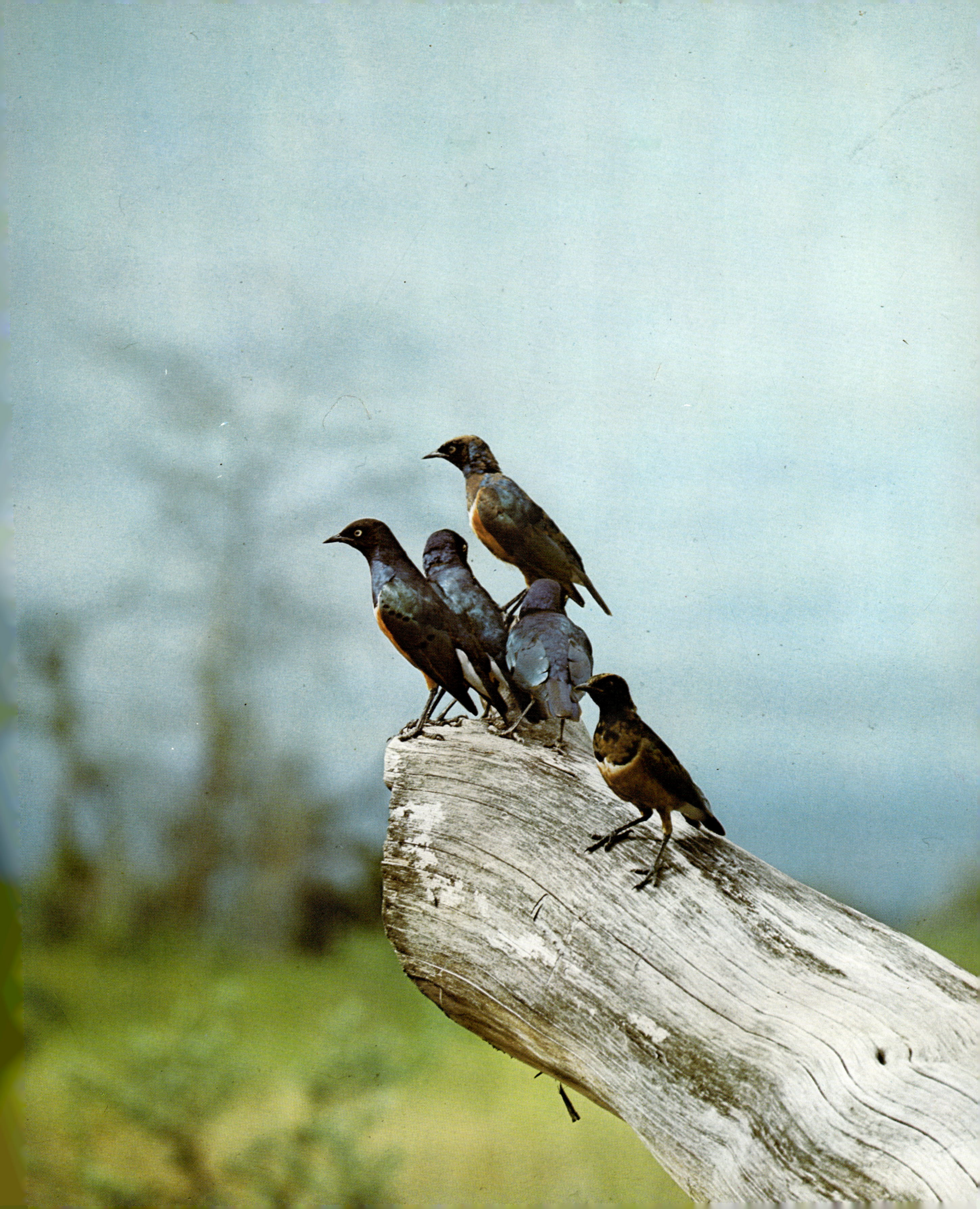

schwarze, unterseits rötlichgraue, 22 cm lange Elsterstar *(Sturnopastor contra)* aus Südasien und der von Afghanistan bis Indien und Ceylon verbreitete, 20 cm lange Pagodenstar *(Temenuchus pagodarum)*.

Glanzstare

Die Gruppe der Glanzstare umfaßt mehrere Gattungen afrikanischer Stare. Es sind vorwiegend gedrungen gebaute Vögel mit prachtvoll glänzendem Gefieder. Sie sind höchst gesellig, lebhaft und geschwätzig, nähren sich ebenso von pflanzlichen wie von tierischen Stoffen, gehen rasch, mehr schreitend als hüpfend, fliegen leicht, gewandt, wenn auch etwas schleppend, singen eifrig, aber wenig melodisch. Sie brüten in Höhlungen oder großen, lose zusammengetragenen Kuppelnestern und legen 5–6 gefleckte Eier.

Einer der bekanntesten Glanzstare ist der bis 50 cm lange Erzglanzstar oder Langschwanzglanzstar *(Lamprotornis caudatus)*, dessen Schwanzlänge allein gut 30 cm mißt. Sein überwiegend dunkles Gefieder schimmert metallisch grün, blau und violett; auf der Bauchseite und am Kopf kommt noch ein Goldglanz dazu. Das Auge ist hellgelb; der Schnabel und die Füße sind schwarz.

Erzglanzstare sind in den westafrikanischen Baum- und Buschsavannen vom Senegal bis zum Sudan beheimatet. Die Paare oder Trupps leben viel auf dem Boden und bewegen sich hier ganz nach Art unserer Elstern; die Ähnlichkeit fällt besonders dadurch auf, daß der Erzglanzstar seinen prächtigen Schwanz ganz wie die Elster nach oben gestelzt trägt. Die Stimme ist rauh und kreischend, der Gesang, den man außer der Mauserzeit bis zum Überdruß hört, ein Kreischen, Krächzen, Knarren und Quietschen.

Die Nahrung besteht aus Kerbtieren, Sämereien und Früchten aller Art. Die Insekten werden vom Boden abgelesen und im Flug gefangen, sogar aus einem Aas hervorgezogen.

Nah verwandte Arten sind der etwa 25 cm lange, stahlgrün schillernde Grünschwanzglanzstar *(Lamprotornis chalybaeus)* des tropischen Afrikas und der etwas größere, oberseits grünblau, unterseits violett bis kupferrot schimmernde Prachtglanzstar *(Lamprotornis splendidus)*, der vom Senegal bis Äthiopien und Angola verbreitet ist. Bei beiden Arten beträgt die Schwanzlänge ein Drittel der Gesamtlänge.

Vertreter anderer Gattungen der Glanzstare sind u. a. der ostafrikanische, 35 cm lange Königsglanzstar *(Cosmopsarus regius)* mit goldgelbem Bauch, der vorwiegend fruchtfressende, von Äthiopien bis zum Kap verbreitete Braunflügelglanzstar *(Amydrus morio)* mit rotbraunen Handschwingen und der nur 20 cm lange, von Äthiopien bis Kenia beheimatete Spiegelstar *(Speculipastor bicolor)*, bei dem die blauschwarze Färbung auffällig mit der weißen Unterseite und den weißen Flügeln kontrastiert.

Sehr farbenprächtig ist der 21 cm lange, vorwiegend in Nordostafrika beheimatete Dreifarbenglanzstar *(Spreo superbus)*. Er weist neben violettblauen auch auffällige rotbraune und weiße Farbtöne auf. Man findet ihn immer in größeren Gesellschaften.

Atzeln

Lediglich in Südostasien sind die Atzeln, eine Gruppe verschiedener Gattungen der Starenvögel, beheimatet. Von den 12 Arten ist vor allem der Beo oder die Hügelatzel *(Gracula religiosa)* bekannt. Dieser kräftige, bis 37 cm lange Vogel hat ein

Einen eigenartig gedrungenen Schnabel haben die afrikanischen Madenhackerstare. Mit ihm ziehen sie großen Weidetieren – wie Büffeln, Nashörnern oder Hausrindern – Zecken und andere Schmarotzer aus der Haut. Im Bild der Gelbschnabelmadenhacker (Foto Des Bartlett – A. Denis Productions).

Oben und rechte Seite: Durch nackte, gelbgefärbte Hautstellen bzw. Hautlappen am Kopf ist der 30 cm große Beo gekennzeichnet. Er kommt in zahlreichen Unterarten von Indien bis Ostasien vor. Die bei vielen Staren beobachtete Fähigkeit, fremde Stimmen zu imitieren, ist beim Beo besonders stark ausgeprägt. Zahme Beos können sogar die menschliche Stimme nachahmen und eingeübte kleine Sätze sprechen (Fotos J. Burton und B. Losier).

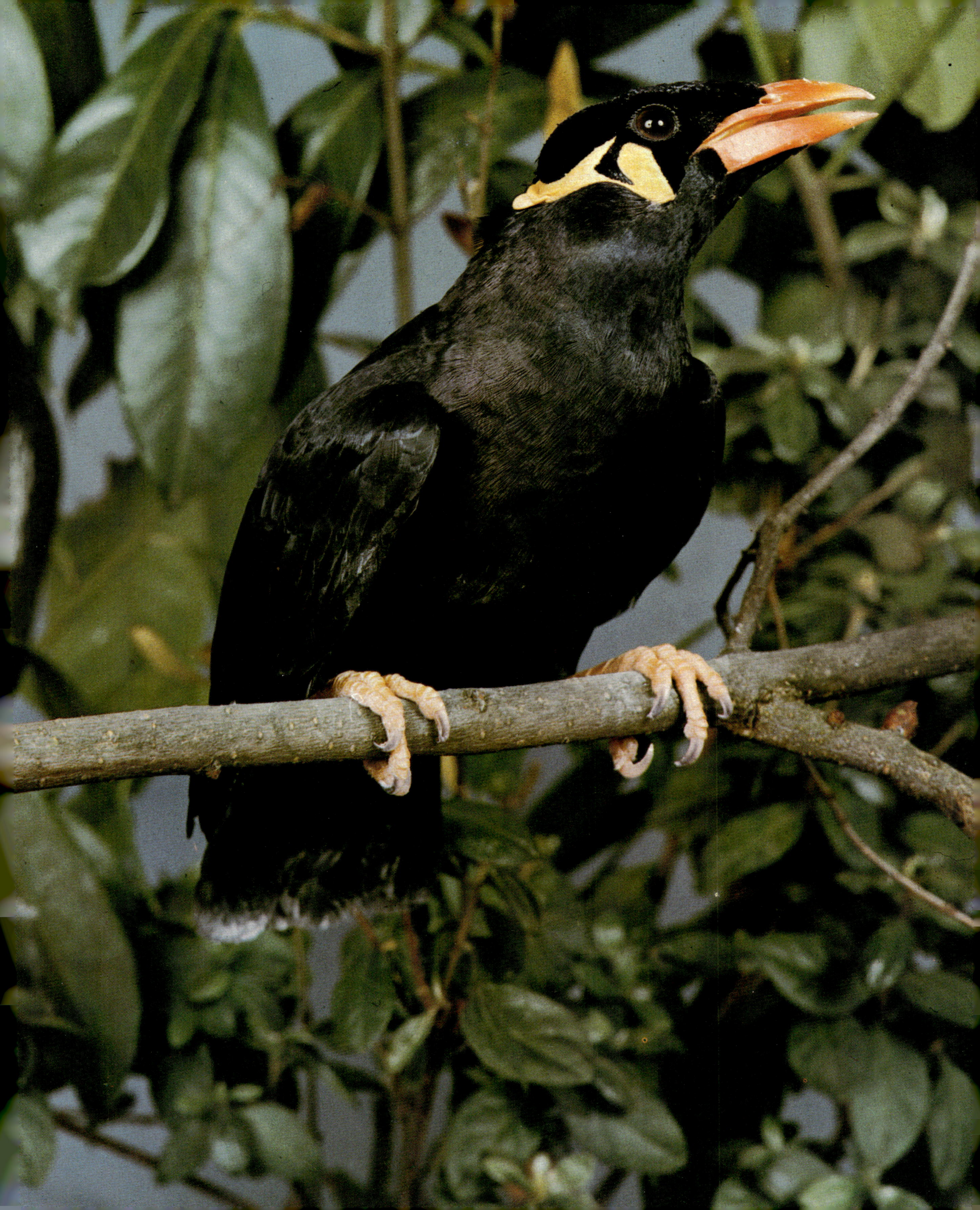

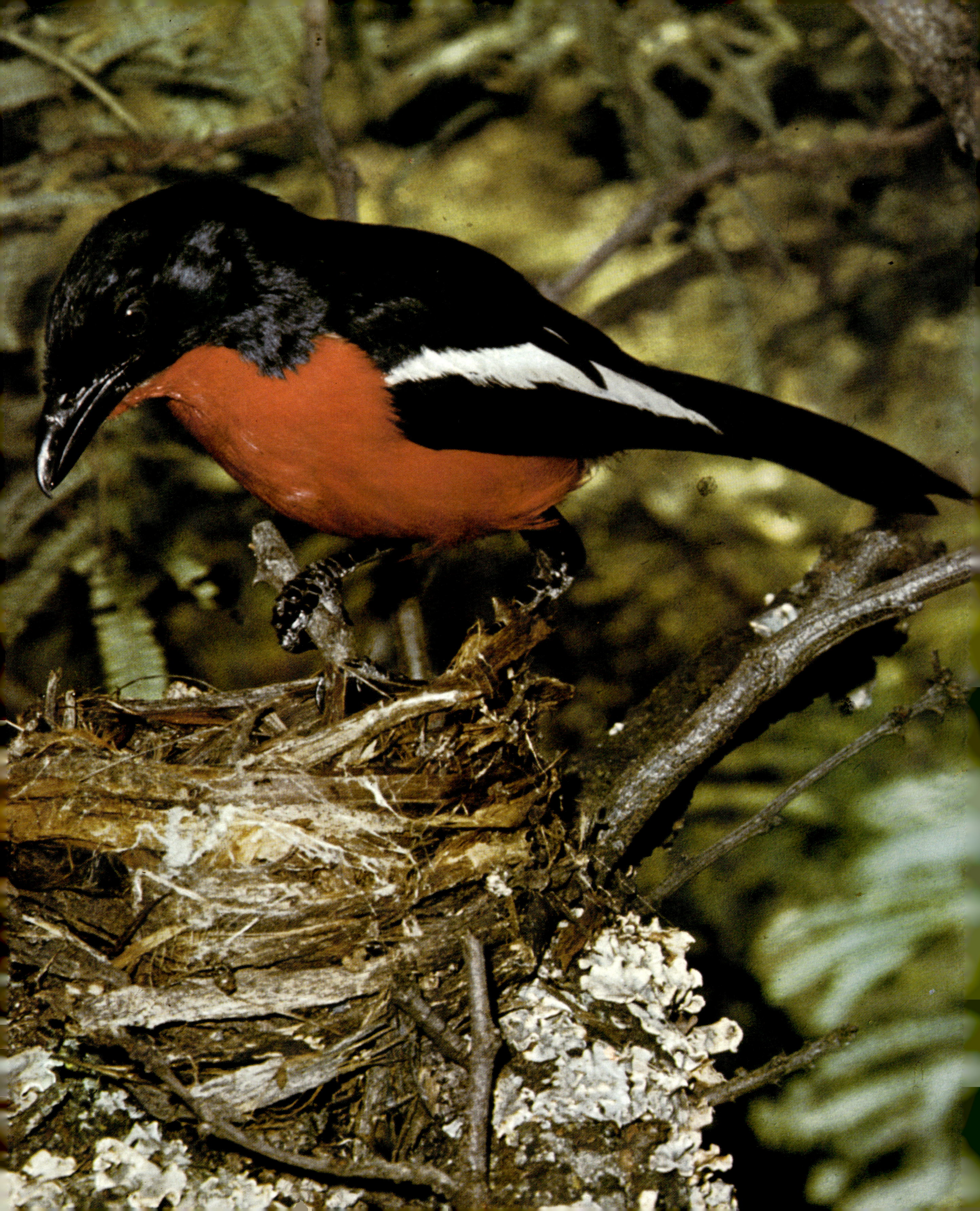

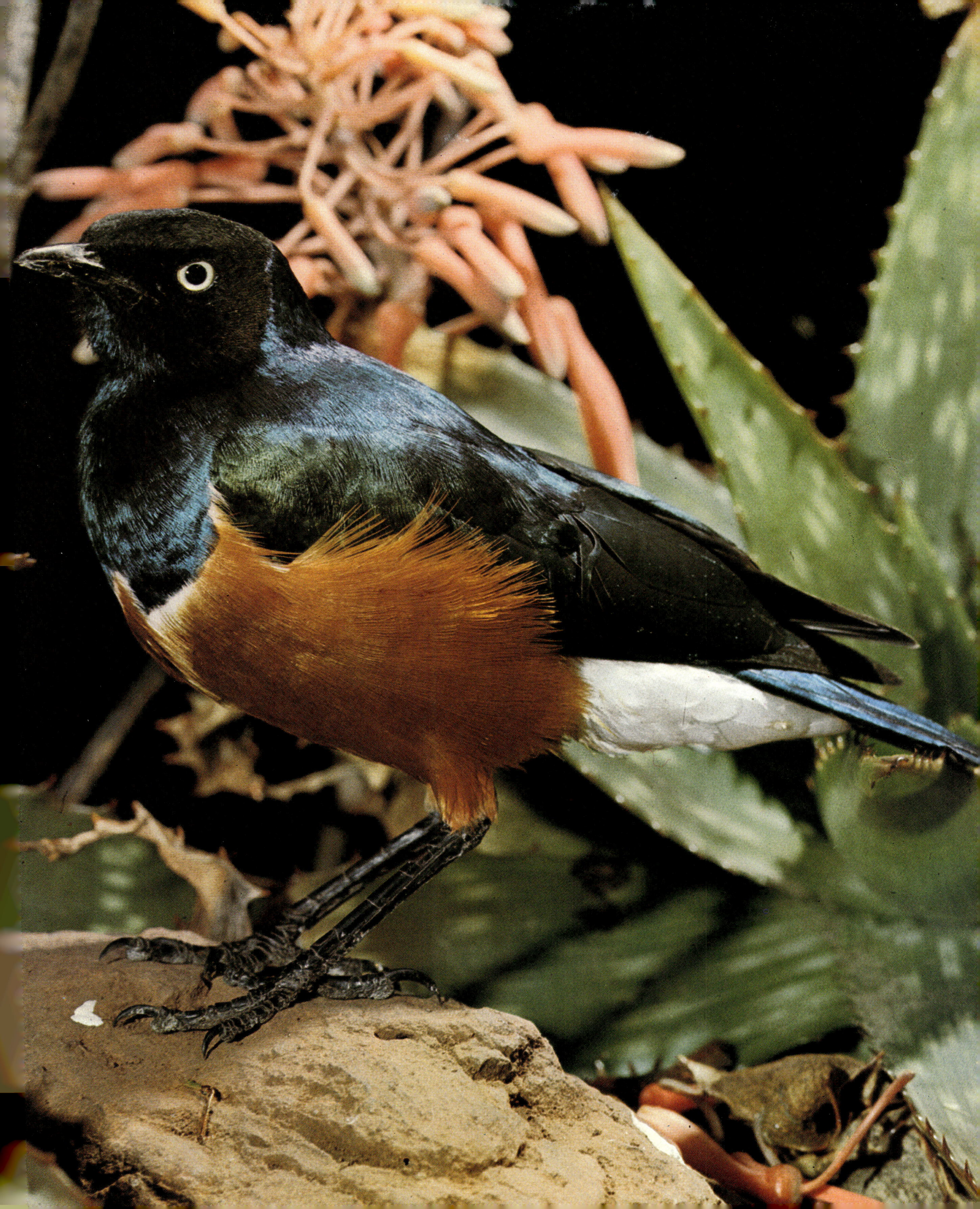

Ausschließlich in Afrika sind die Glanzstare beheimatet, die eine Gattungsgruppe der Starenfamilie bilden. Ihren Namen verdanken sie dem stark metallisch glänzenden Gefieder. Bei den Eigentlichen Glanzstaren herrschen, wie bei dem 22 cm großen Grünschwanzglanzstar, blaue und grüne Farbtöne vor. Auffällig ist bei ihnen auch stets der gelbe Augenring der Iris (Foto T. Roth).

glänzend schwarzes Gefieder und besitzt am Hinterkopf gelbe Fleischlappen. Er ist in zahlreichen Unterarten von Ceylon bis zu den Philippinen und der Sundainsel Flores verbreitet. Beos fliegen gewöhnlich in kleineren Scharen durch die Baumkronen und lassen dabei laute Pfiffe und ein deutliches Flügelsummen hören. Ihre Nahrung besteht vorwiegend aus Früchten. Beos werden oft in Gefangenschaft gehalten, da sie mit ihren mannigfaltigen Lautäußerungen in der Lage sind, auch die menschliche Stimme nachzuahmen. Sie sprechen vielfach deutlicher als Papageien.

Madenhackerstare

Die afrikanischen Madenhackerstare *(Buphaginae)* unterscheiden sich von allen übrigen Staren besonders durch den Bau ihres Schnabels und ihrer Füße, aber auch durch ihre Lebensweise so wesentlich, daß sie innerhalb der Familie Starenvögel als eigene Unterfamilie abgetrennt werden, obgleich es nur 1 Gattung mit 2 Arten gibt.

Der Rotschnabelmadenhacker *(Buphagus erythrorhynchus)* ist oberseits olivenbraun, an den Kopfseiten, dem Kinn und der Kehle heller, unterseits licht rostgelblich gefärbt; die Schwingen und Unterflügeldeckfedern sind dunkelbraun. Die Iris und ein nackter Ring ums Auge sind goldgelb; der Schnabel ist hellrot,

Doppelseite links: Der auffällig gefärbte Rotbauchwürger (Laniarius atrococcineus) ist in Südafrika in der Umgebung der Kalahari verbreitet. Er gehört zu den Buschwürgern (Foto P. Johnson – N.H.P.A.). Doppelseite rechts: Der Dreifarbenglanzstar (Foto J. Burton – Photo Researchers).

Die Madenhackerstare leben in einer eigenartigen Gemeinschaft mit großen Pflanzenfressern zusammen. Sie klettern mit ihren spitzkralligen Füßen und abgestützt durch die steifen Schwanzfedern geschickt am Körper der Weidetiere umher und suchen hier Hautschmarotzer. Die Belästigung durch das Einschlagen der scharfen Krallen und das Herausreißen der Zecken lassen sich die Wirtstiere ohne Abwehrreaktionen gefallen (Foto F. Erize).

der Fuß braun. Die Länge beträgt 22 cm, die Flügelspannweite 33 cm, die Schwanzlänge 9 cm. Sein Verbreitungsgebiet erstreckt sich über ganz Ostafrika mit Ausnahme der nördlichsten und südlichsten Teile.

Man sieht die Madenhacker gewöhnlich in kleinen Gesellschaften zu 6 bis 8 Stück, und zwar ausschließlich in der Nähe größerer Huftiere. Sie folgen vor allem den Herden der Nashörner, Elefanten, Zebras, Büffel, der großen Antilopen und Flußpferde; klettern auf dem Körper der Tiere umher und suchen ihn nach Zecken und anderen Kerbtieren ab. Die festgesogenen Zecken werden mit dem kräftigen Schnabel aus der Haut herausgerissen und gefressen. An offenen Wunden holen die Madenhacker auch die Larven, vor allem von Biesfliegen, dabei wird die Heilung verletzter Stellen nicht selten wesentlich verzögert. Gesunde Säugetiere, die die Madenhacker von Jugend auf kennen, scheinen die an ihnen herumkletternden Vögel nicht als lästig zu empfinden, sie behandeln die Madenhacker vielmehr freundschaftlich und lassen sie gewähren, ohne auch nur mit dem Schwanz nach ihnen zu schlagen. Außer von der Befreiung von Hautschmarotzern profitieren die Weidetiere zusätzlich von den lauten Warnrufen der Madenhacker, die diese bei der Annäherung von Feinden ausstoßen.

Der ebenfalls 22 cm große Gelbschnabelmadenhacker (Buphagus africanus) schließt sich in seiner Verbreitung westlich an das Gebiet des Rotschnabelhakkers an, doch fehlt er in weiten Teilen Zentralafrikas.

Mainas

Gedrungene, kräftige Starenvögel mit einem abgerundeten Schwanz sind die Mainas (Acridotheres). Die 6 Arten dieser Gattung sind in Südostasien beheimatet. Der 24 cm lange Hirten- oder Trauermaina (Acridotheres tristis) dringt in neuerer Zeit jedoch bis Afghanistan und Mittelasien vor. Zudem ist er in Südafrika, Australien und auf vielen tropischen Inseln eingebürgert worden. Das Gefieder ist vorwiegend braun gefärbt, der Kopf ist schwarz, am Schwanz und an den Flügeln befinden sich weiße Federn. Auffällig ist bei ihm ein nackter, gelber Hautfleck hinter dem Auge. Seinen Namen verdankt er der Verhaltensweise, von Weidetieren Zecken und andere Kerbtiere abzulesen. Von Mittelchina bis Vietnam kommt die 26 cm lange, bis auf weiße Flügelflecken und Schwanzspitzen schwarz gefärbte Haubenmaina (Acridotheres cristatellus) ziemlich häufig vor.

Lappenkrähen

Nur auf Neuseeland sind die 3 Arten der Familie der Lappenkrähen (Callaeidae) beschränkt. Ihr Gefieder ist dunkel gefärbt. Als besonderes Merkmal besitzen sie fleischige, gewöhnlich orangerote Hautlappen an der Schnabelwurzel. Sie leben in Wäldern und fliegen nur wenig.

Der 1907 ausgerottete, bis 45 cm lange Lappenhopf oder Huia (Heteralocha acutirostris) war die auffälligste Art. Bei ihm besaßen seltsamerweise männlicher und weiblicher Vogel unterschiedliche Schnabelformen. Männchen und Weibchen arbeiteten bei der Nahrungsbeschaffung zusammen. Das Männchen hatte einen kräftigen, kurzen, nur schwach gebogenen Schnabel, mit dem es Baumrinde abspaltete oder in morschem Holz Ritzen aufmeißelte, aus den so geschaffenen Spalten holte dann das Weibchen mit seinem langen, sichelförmigen Schnabel Insekten heraus.

Die beiden weiteren Arten, der 25 cm lange, schwarz und rotbraun gefärbte Lappenstar (Philesturnus carunculatus) und die 40 cm lange, blaugraue Lappenkrähe (Callaeas cinerea) bilden jeweils eigene Gattungen.

Das Verbreitungsgebiet der etwa 70 Würgerarten erstreckt sich vor allem auf die Alte Welt. Nur zwei Arten sind auch in Nordamerika beheimatet; in Europa kommen fünf Würgerarten als Brutvögel vor. Die Mehrzahl der Würger sind in Afrika vertreten.

Oben: Bei dem vermutlich seit etwa 70 Jahren ausgerotteten Lappenhopf oder Huia besaßen Männchen und Weibchen deutlich verschiedene Schnabelformen. Der kurze, fast gerade Schnabel des Männchens war kräftig und zum Zerhacken von morschem Holz geeignet, während das Weibchen mit dem langen, sichelförmigen Schnabel (Bild oben) auch noch aus den dünnen Spalten und engen Fraßgängen Insektenlarven herausholen konnte. Huias waren auf der Nordinsel von Neuseeland verbreitet. Sie wurden als Wildbret und wegen ihrer Schwanzfedern gejagt (Foto F. Vollmar – A.L.I.).

Würger

Die Würger (Laniidae) bilden eine über große Teile der Erde verbreitete Familie. Sie fehlen nur in Südamerika, Australien, auf Madagaskar und im hohen Norden. Die wesentlichsten Merkmale der sperlings- bis hähergroßen Würger sind der kräftige, seitlich zusammengedrückte, deutlich gezahnte und vorn einen Haken bildende Schnabel und der ziemlich lange, abgestufte Schwanz. Das Gefieder ist regelmäßig reich, locker und weich, die Zeichnung gewöhnlich kontrastreich. Kleine Waldungen, die von Feldern und Wiesen umgeben sind, Hecken und Gebüsche in den Feldern, Gärten und einzeln stehende Bäume bilden die Aufenthaltsorte der Würger. Hier wählen sie in der Regel die höchsten Zweigspitzen als Sitzplätze aus. Die meisten nordischen Arten sind Sommervögel, die regelmäßig wandern und ihre Reisen bis Mittel- und Südafrika ausdehnen. Lebensweise und Betragen erinnern ebensosehr an das Treiben der Raubvögel wie an das Gebaren mancher Raben.

Würger sind eigentlich Kerbtierfresser; einige Arten stellen aber ebenso Kleinvögeln und anderen kleineren Wirbeltieren wie Mäusen und Fröschen nach. Sonderbar ist die Gewohnheit vieler Arten, gefangene Beute auf spitze Dornen zu spießen. Wo ein Pärchen dieser Vögel wohnt, wird man selten vergeblich nach derartig aufbewahrten Kerbtieren und selbst kleinen Vögeln und Lurchen suchen. Von dieser Gewohnheit rührt der volkstümliche Name „Neuntöter" für eine bei uns heimische Würgerart her.

Die meisten Würger leben außerhalb der Brutzeit einzeln. Sie haben meist einen einfachen Gesang, können aber gut andere Vogelstimmen nachahmen.

Das Nest ist gewöhnlich ein ziemlich kunstvoller Bau, der im dichtesten Gestrüpp angelegt und meist mit grünen Pflanzenteilen verkleidet wird. Das Gelege besteht in der Regel aus 4–6 Eiern, die oft vom Weibchen allein ausgebrütet werden, während das Männchen die Ernährung seiner Partnerin übernimmt. Die ausgeschlüpften Jungen werden von beiden Eltern gefüttert, bei Gefahr auf das mutigste verteidigt und nach dem Ausfliegen noch längere Zeit geführt.

Die Familie der Würger wird in 4 Unterfamilien aufgeteilt. Die bei uns bekanntesten Würger, der Neuntöter und der Raubwürger, gehören zur Unterfamilie der Eigentlichen Würger (Laniinae), zu der 25 Arten gezählt werden. Die 9 Arten der Brillenwürger (Prionopinae) bewohnen nur Afrika. Gewöhnlich ist bei diesen gesellig lebenden Würgern das Auge von einem hellen, fleischigen Ring umgeben. So hat der 20 cm lange, vom Senegal bis Eritrea und Angola verbreitete Großraumbrillenwürger (Prionops plumata) einen orangefarbenen Augenring. Er jagt vor allem auf dem Boden nach Insekten. Gut 35 Arten gehören der Unterfamilie der afrikanischen Buschwürger (Malaconotinae) an. Anders als die Eigentlichen Würger jagen sie ihre Beute nicht von einer Warte im offenen Gelände, sondern suchen ihre Nahrung vor allem im dichten Unterholz. Häufig in den Wäldern Mittelafrikas ist der 19 cm lange schwarzweiße Schneeballwürger (Dryoscopus cubla) mit aufrichtbaren weißen Bürzelfedern. Mehrere Arten der Buschwürger sind prächtig gefärbt, z. B. der unterseits leuchtend rote Rotbauchwürger (Laniarius atrococcineus) und der oberseits grün, unterseits chromgelb gefärbte und mit einem schwarzumrandeten roten Kehlfleck geschmückte, 19 cm lange Vierfarbenwürger (Telophorus quadricolor) aus den Buschwäldern Südkenias bis Natal.

Der seltene, auf Borneo vorkommende,

Die in der Familie der Würger zusammengefaßten Vogelarten sind die Räuber innerhalb der großen Singvogelgruppe. Sie jagen vorwiegend Insekten, aber auch kleine Wirbeltiere wie Mäuse, Frösche, Eidechsen und Kleinvögel. Ihr Schnabel hat nach Raubvogelart eine hakenförmig gebogene Spitze, mit der sie aus größeren Beutetieren Nahrungsbrocken herausreißen können. Viele Arten spießen ihre Beute auf Dornen oder auch Stacheldraht auf. Ihr Nest ist wie bei dem abgebildeten Schwarzstirnwürger meist napfförmig und wird gewöhnlich gut versteckt in dichtem Buschwerk angelegt (Foto E. Hosking).

25 cm lange Kahlkopfwürger *(Pityriasis gymnocephala)* ist der einzige Vertreter der Unterfamilie Kahlkopfwürger *(Pityriasinae)*. Seinen Namen verdankt er dem teilweise nackten, gelbgefärbten Kopf.

Raubwürger

Der stattliche, 24 cm lange Raubwürger *(Lanius excubitor)* ist der größte heimische Würger. Das Gefieder ist auf der Oberseite, bis auf einen langen, weißen Schulterfleck, gleichmäßig hellaschgrau, auf der Unterseite reinweiß; ein breiter schwarzer, weiß umrandeter Zügelstreif verläuft durch das Auge. Im Flügel sind die großen Handschwingen von der Wurzel bis zur Hälfte, die Armschwingen an der Wurzel, die Oberarmschwingen an der Spitze und inneren Fahne weiß, im übrigen aber wie die Deckfedern der Schwingen schwarz. Im Schwanz sind die beiden mittleren Federn schwarz: bei den übrigen tritt diese Färbung mehr und mehr zurück, und reines Weiß wird dafür vorherrschend.

Unser Raubwürger lebt in nahezu allen Ländern Europas, in einem großen Teil Asiens, sowie in Nordafrika und im nördlichen Nordamerika als Stand- oder Strichvogel, in Südasien als Zugvogel. Im Winter kommt er gern bis in die Nähe der Ortschaften; im Sommer hält er sich meist paarweise an Waldrändern oder auf einzeln stehenden Bäumen sowie auf Te-

Links: Der größte in Europa beheimatete Würger ist der Grau- oder Raubwürger. Im Gegensatz zum Neuntöter ist er bei uns auch im Winter zu beobachten. Große Beutetiere schlägt er nicht nur mit dem kräftigen Schnabel, er setzt bei der Jagd auch seine scharfen Krallen ein (Foto H. Chaumeton – Jacana).

legraphendrähten auf. Gewöhnlich sieht man ihn auf der höchsten Spitze eines Baumes oder Strauches, von der er weit umherschauen kann, bald aufgerichtet mit gerade herabhängendem Schwanz, bald mit waagrecht getragenem Körper, ziemlich regungslos sitzen. Sein Blick schweift rastlos umher, und seiner Aufmerksamkeit entgeht ein am Boden sich bewegendes Kerbtier, ein Kleinvogel oder eine Maus ebensowenig wie ein vorüberfliegender Raubvogel. Jeder größere und besonders jeder falkenartige Vogel wird mit Geschrei empfangen und mutig angegriffen. Erblickt er ein kleines Beutetier, so stürzt er sich von oben hinunter und versucht es zu fangen. Nicht selten sieht man ihn rüttelnd längere Zeit auf einer Stelle verweilen und dann wie ein Falke zum Boden stürzen, um erspähte Beute aufzunehmen. Im Winter sitzt er oft mitten unter den Sperlingen, sonnt sich mit ihnen, kann dann aber plötzlich mit jäher Wendung über einen herfallen, ihn durch Schnabelhiebe und Würgen mit den Klauen töten. Das Opfer schleppt er, indem er es bald mit dem Schnabel, bald mit den Füßen trägt, an einen sicheren Ort und spießt es hier, wenn der Hunger nicht allzu groß ist, zunächst auf Dornen und spitze Äste oder klemmt es in eine Astgabel ein. Hierauf zerfleischt er es gewöhnlich nach und nach vollständig, reißt sich mundgerechte Bissen ab und verschlingt diese, einen nach dem andern. Allgemein haben junge, eben ausgeflogene Vögel stark unter ihm zu leiden. Andere bevorzugte Beutetiere sind Insekten, kleine Kriechtiere und Frösche.

Der Flug des Raubwürgers ist nicht besonders gewandt. Wenn er von einem Baum zum andern fliegt, stürzt er sich schief hinab, flattert gewöhnlich nur wenige Meter über dem Boden dahin und schwingt sich dann wieder auf die Spitze eines Baumes oder Busches empor. Sein Flug bildet deutliche Wellenlinien und ist ziemlich rasch, geht aber nur jeweils über kurze Strecken. Die Sinne sind scharf. Besonders der Gesichtssinn ist in hohem Grade ausgebildet; aber auch das Gehör

Linke Seite oben: Mit dem stattlichen Schwanz erreicht der ostafrikanische Langschwanzfiskal (Lanius cabanisi) eine Gesamtlänge von 30 cm. Er jagt seine Beute in offenen Landschaften von einer hochgelegenen Warte aus (Foto J.-F. und M. Terrasse).

Viele Würgerarten zeigen eine besondere Vorliebe für Dornenbüsche. Als räuberische Tiere leben sie außerhalb der Paarungszeit gewöhnlich einzeln, doch halten bei manchen Arten die Familienverbände noch monatelang zusammen. Die abgebildeten afrikanischen Bandwürger (Lanius excubitoroides) haben viele Gemeinsamkeiten mit dem bei uns heimischen Raubwürger (Foto F. Roux – Jacana).

ist vortrefflich: jedes leise Geräusch erregt die Aufmerksamkeit des wachsamen Vogels. Mit seinesgleichen lebt er ebensowenig in Frieden wie mit anderen Geschöpfen. Nur solange die Brutzeit währt, herrscht Einigkeit unter den Gatten eines Paares und später innerhalb des Familienkreises; im Winter lebt der Würger für sich und fängt mit jedem anderen, dem er begegnet, Streit an. Das gewöhnliche Geschrei ist ein oft wiederholtes „Gäh, gäh, gäh, gäh". Außerdem hört man ein sanftes „Trüü, trüü" als Lockton, an schönen Wintertagen, namentlich gegen den Frühling hin aber einen Gesang, der aus mehreren Tönen besteht, bei verschiedenen Vögeln verschieden, weil er oft nichts anderes ist als eine Wiedergabe einzelner Stimmen und Töne der in einem gewissen Gebiet wohnenden kleineren Singvögel. Dieser zusammengesetzte Gesang wird nicht bloß vom Männchen, sondern auch vom Weibchen vorgetragen.

Im April beginnt das Paar mit der Fortpflanzung. Es erwählt sich an Waldrändern oder in Feldgehölzen in einem Garten oder Gebüsch einen geeigneten Baum oder Busch, am liebsten einen Weißdornbusch und trägt sich hier trockene Halmstengel, Reiserchen, Erd- und Baummoos zu einem ziemlich kunstreichen, verhältnismäßig großen Nest zusammen, dessen halbkugelförmige Mulde mit Stroh und Grashalmen, Wolle und Haaren dicht ausgefüttert wird. Das Gelege besteht aus 4–7, auf grünlichgrauem Grund ölbraun und aschgrau gefleckten Eiern, die 15 Tage lang bebrütet werden. Anfang Mai schlüpfen die Jungen aus, und beide Eltern schleppen ihnen nun Käfer, Heuschrecken und andere Kerbtiere, später kleine Vögel und Mäuse in Menge herbei, füttern sie auch nach dem Ausfliegen noch lange Zeit und leiten sie noch im Spätherbst.

Dem Raubwürger recht ähnlich ist der 20 cm lange, in Mittel- und Südeuropa sowie in Asien beheimatete Schwarzstirnwürger *(Lanius minor)*. Er besitzt jedoch ein breites, schwarzes Stirnband und ist auf der Brust und der Unterseite rosafarben überhaucht.

Der von Mitteleuropa bis Nordafrika und Vorderasien verbreitete, 17 cm lange Rotkopfwürger *(Lanius senator)* hat ebenfalls einen schwarzen Stirnstreifen, jedoch einen auffällig rotbraun gefärbten Hinterkopf und Nacken, sowie große weiße Schulterflecken. Nahe verwandt mit ihm ist der 16 cm lange, von Südjugoslawien bis Persien und Ägypten anzutreffende Maskenwürger *(Lanius nubicus)*. Im Unterschied zum ähnlichen Rotkopfwürger hat er einen schwarzen Scheitel, eine weiße Stirn und rötliche Flankenfedern.

Neuntöter

Der bekannteste unter unseren deutschen Würgern ist der Neuntöter, Rotrückenwürger oder Dorndreher *(Lanius collurio)*. Kopf, Hinterhals, Bürzel und Schwanzdecken sind hell aschgrau, die übrigen Oberteile schön braunrot, ein schmaler Stirnrand und ein oben und unten weiß begrenzter Zügelstreifen schwarz, Bakken, Kinn, Kehle und die unteren Schwanzdecken weiß, die übrigen Unterteile blaß rosenrot, die Hand- und Armschwingen bräunlich grauschwarz, schmal hellbraun gekantet, die Oberarmschwingen beinahe völlig rostbraun; an der Wurzel jeder Armschwinge sitzt ein heller Fleck. Die Mittelfedern des Schwanzes sind braunschwarz, die folgenden Federn an der Wurzel, die äußersten bis zu Dreiviertel weiß und nur an der Spitze schwarz. Das Weibchen ist oben rostgrau, auf der Unterseite auf weißlichem Grund braun gewellt. Die Jungen ähneln ihm, zeigen aber auf der Oberseite eine helle Fleckenzeichnung. Die Länge beträgt 18 cm.

Der Neuntöter bewohnt fast ganz Europa von Südfinnland und Rußland an bis Südfrankreich und Griechenland, ebenso das gemäßigte Sibirien. In Spanien gehört er zu den Seltenheiten. Bei seiner Winterreise durchstreift er ganz Afrika, ist während unserer Wintermonate in allen Waldungen des Inneren Südafrikas wie der Küstenländer und selbst der dem Festland benachbarten Inseln eine sehr häufige Erscheinung, wartet dort bei sehr reichlichem Futter seine Mauser ab, die in die Monate Dezember und Januar fällt,

Der Neuntöter oder Rotrückenwürger ist der bekannteste einheimische Würger. Er ist an buschreichen Waldrändern und im offenen Gelände mit dornigen Hecken etwa von Mai bis September anzutreffen. Neuntöter fangen auch wehrhafte, stacheltragende Insekten, wie Wespen, Bienen, Hummeln und Hornissen. Den Stachel entfernt der Würger, indem er den Hinterleib der Beutetiere mit dem Schnabel durchknetet und den Stachel an einer Unterlage abwischt (Foto Bille).

Rechte Seite: Obgleich bei den Rotrückenwürgern nur das etwas unscheinbar gefärbte Weibchen brütet, beteiligt sich das Männchen bei der Jungenaufzucht. Die Abbildung zeigt ein fütterndes Männchen des 15 cm großen afrikanischen Zwergrotrückenwürgers (Foto P. Jackson).

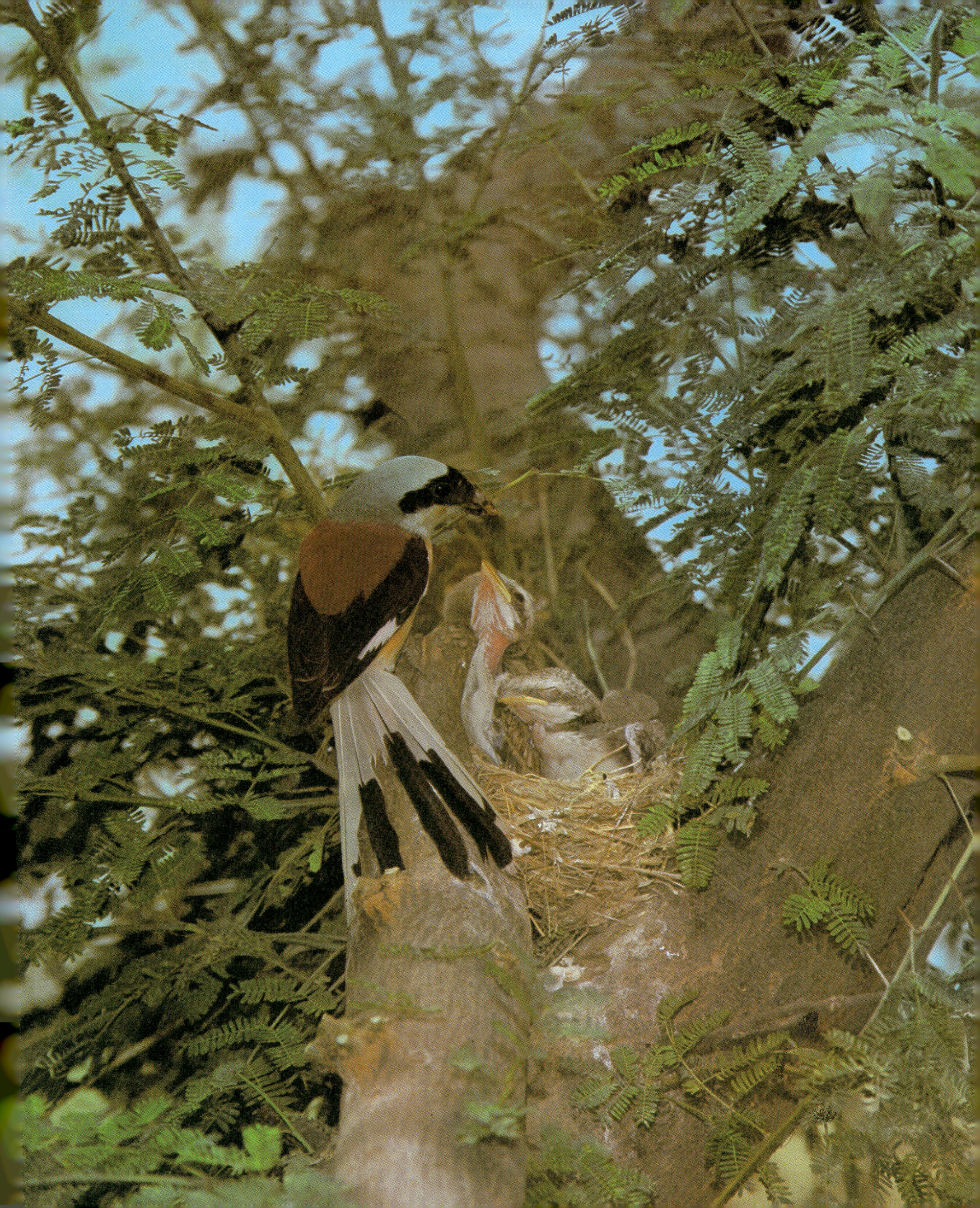

und kehrt sodann allmählich heimwärts. Bei uns zulande erscheint er selten vor Anfang Mai und verweilt in der Regel nur bis Mitte August.

Gebüsche aller Art, die an Wiesen und Weideplätze grenzen, Gärten und Baumpflanzungen sind seine Aufenthaltsorte. Dichte Hecken scheinen ihm unumgängliche Voraussetzung zum Wohlbefinden zu sein. Rottet man solche Hecken aus, so verläßt dieser Würger die Gegend, auch wenn er hier früher häufig war. Er baut sein Nest viele Jahre nacheinander immer an dieselbe Stelle und behauptet den einmal gewählten Wohnplatz mit Hartnäckigkeit gegen jeden anderen Vogel, besonders gegen ein zweites Paar seiner Art.

Auch der Dorndreher ist ein dreister, unruhiger Vogel. Selbst wenn er sitzt, dreht er den Kopf beständig nach allen Seiten und wippt dabei mit dem Schwanz auf und nieder. Die höchsten Spitzen der Büsche und Bäume bilden für ihn Warten, von denen aus er sein Jagdgebiet überschaut und zu denen er nach jedem Ausflug zurückkehrt. Wird er aufgejagt, so stürzt er sich von der Höhe hinab, streicht tief über dem Boden dahin und schwingt sich erst dann wieder empor, wenn er sich von neuem setzen will. Auch er fliegt ungern weite Strecken in einem Zug, ruht vielmehr auf jedem geeigneten Sitzplatz ein wenig aus und setzt erst hierauf seinen Weg fort. Die Lockstimme ist ein ziemlich deutlich hervorgestoßenes „Gäckgäck-gäck" oder ein schwer zu beschreibendes „Seh" oder „Grä". Auch der Neuntöter besitzt eine wahrhaft überraschende Fähigkeit, die Stimmen anderer Vögel nachzuahmen.

Seine Hauptnahrung bilden Kerbtiere, besonders Käfer, Heuschrecken, Schmetterlinge, auch Raupen werden eifrig von ihm verfolgt und selbst dann noch getötet, wenn er bereits gesättigt ist. Er stellt jedoch auch kleinen Wirbeltieren nach, die er bezwingen kann, fängt junge Mäuse, kleine Vögel, Eidechsen und Jungfrösche.

Mehr noch als andere Arten seiner Familie hat der Dorndreher die Gewohnheit, alle gefangene Beute vor dem Verzehren erst auf einen Dorn oder sonstigen spitzen Zweig zu spießen.

Ungestört brütet das Dorndreherpaar nur einmal im Jahr. Das Nest steht immer in einem dichten Busch, bevorzugt in Dornsträuchern, und zwar niedrig über dem Boden. Es ist groß, dicht, dick und gut gebaut, äußerlich aus Grashalmen, Quecken, Moos und dergleichen zusammengesetzt, nach innen zu mit feineren Stoffen derselben Art, die sorgfältig zusammengelegt und durcheinandergeflochten werden, ausgebaut und in der Mulde mit zarten Grashalmen und feinen Wurzeln ausgefüttert. Das Gelege enthält meist 5–6 Eier. Das Weibchen brütet allein und sitzt 14–16 Tage fest auf den Eiern. Die Jungen werden von beiden Alten gefüttert und mutig verteidigt.

Im Gegensatz zu den Raubwürgern werden die jungen Neuntöter nur wenige Wochen lang von den Eltern geführt.

In Afrika südlich der Sahara sind die Buschwürger beheimatet. Sie bevorzugen buschreiches Gelände und jagen ihre Beute vielfach im dichten Unterwuchs der Waldgebiete. Manche Arten sind prächtig gefärbt. Der abgebildete 22 cm große Scharlachwürger (Laniarius barbarus) ist vom Senegal bis Äthiopien verbreitet (Foto J.-F. und M. Terrasse).

Schwalbenstare

Die Heimat der kleinen Familie der Schwalbenstare (Artamidae) ist Süd- und Südostasien, Indonesien, Neuguinea und Australien. Die einzige Gattung Artamus umfaßt 10 Arten, von denen 6 in Australien vorkommen. Die etwa sperlingsgroßen, unauffällig braun, grau oder schwarz gefärbten Vögel sind weder mit den Staren noch den Schwalben näher verwandt, ihnen höchstens äußerlich entfernt ähnlich; wie die Schwalben fangen sie im Flug Insekten. In ihrem eleganten Flug wechseln sie zwischen Ruder- und Gleitflug; sie können bei Aufwind längere Zeit ohne einen Flügelschlag segeln.

Es ist schwer zu sagen, unter welcher Gruppe der Sperlingsvögel man die nächsten Verwandten der Schwalbenstare suchen soll; sie stehen ziemlich isoliert. Als einzige unter den Sperlingsvögeln besitzen sie in ihrem weichen Gefieder „Puderdunen", Daunenfedern, die ständig weiterwachsen und an ihrem oberen Ende zu feinem Hornpulver zerfallen, das zum Reinigen und Pflegen des Gefieders dient. Nur die im System weit entfernten Gruppen der Steißhühner, Reiher, Madagaskar-Rallen und Papageien zeigen dieses Merkmal. Der Schnabel ist kegelförmig und kräftig wie bei Körnerfressern, leicht gebogen und bläulichweiß gefärbt. Männchen und Weibchen unterscheiden sich äußerlich nicht.

Ähnlich wie die Mauersegler können die Schwalbenstare mit ihren schwachen Sitzfüßen kaum auf dem Boden laufen, sie verbringen ihr Leben fast ausschließlich auf Bäumen und in der Luft. Sie leben ausgeprägt gesellig. Anders als die meisten anderen Vögel scheinen sie keine „Individualdistanz" einzuhalten. Schwalbenstare sitzen dichtgedrängt, in „Tuchfühlung", zu vier bis sechs nebeneinander auf Drahtleitungen oder Ästen. Fliegt ein Insekt vorbei, dann stürzt sich der nächste Schwalbenstar im Flug darauf, fängt es und dreht noch eine Runde im Revier, bevor er zum „Anstand" zurückkehrt. Auch während der Nachtruhe sitzen sie hoch in den Zweigen ihres Ruhebaumes zu mehreren Dutzend, in enggeschlossener Formation. Bei Regenwetter kann man sogar ganze Klumpen dicht aneinandergeklammerten Schwalbenstare wie riesenhafte Schwarmtrauben unter schrägstehenden Baumstämmen oder anderen natürlichen Schutzdächern hängen sehen.

Auch beim Brüten schätzen sie Gesellschaft: Ihre lockeren, schüsselförmigen Nester legen sie in größeren oder kleineren Kolonien auf Ästen und Baumstümpfen, an zerklüfteten Felswänden oder im Gebüsch an. Die 2 bis 4 Jungen eines Geleges, die nach 12 Tagen Brutzeit – wobei beide Eltern sich abwechseln – aus den hellen, gefleckten Eiern schlüpfen, werden nicht nur von ihren Eltern, sondern gelegentlich auch von den anderen Altvögeln einer Kolonie gefüttert.

Gemeinsam stürzen sich die Schwalbenstare auch, mit ihren lauten, etwas heiseren Stimmen heftig schimpfend, auf größere Raubvögel in ihrem Brutrevier und vertreiben sie. Bei den Bauern ihrer Heimat sind sie sehr beliebt, da sie sich bei Heuschrecken- und anderen Insekteninvasionen in Scharen zur Vertilgung einfinden.

Drei der 10 Arten sollen kurz vorgestellt werden: Der Weißbrauen-Schwalbenstar (Artamus superciliosus), mit etwa 20 cm Gesamtlänge die größte Art, lebt in Australien. Seine Grundfärbung ist grau, der Unterkörper rotbraun; die Schwanzspitze und ein Streifen über dem Auge sind weiß. Er nistet nicht sehr hoch über dem Boden in Gebüsch oder Bäumen.

Indien und Südwestchina werden vom Grauschwalbenstar (Artamus fuscus) bewohnt. Das rötlichgraue Federkleid des etwa 17 cm langen Vogels ist durch eine weiße Schwanzspitze gezeichnet. Seine Nistkolonien baut er meist hoch auf Dattelpalmen, zwischen den Ansatzstellen der starken Blattstiele.

Der dunkelbraune Zwergschwalbenstar (Artamus minor) Australiens, mit 15 cm Gesamtlänge die kleinste Art, nistet in Felsspalten oder hohlen Bäumen, ebenfalls meist in Kolonien.

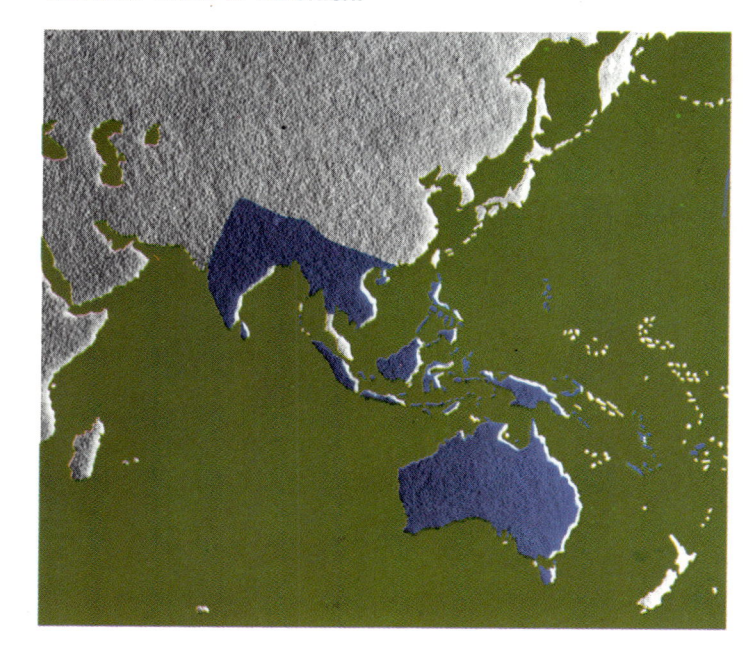

Bei einigen Arten der Schwalbenstare sind die Flügelspitzen so lang, daß sie sich im Sitzen kreuzen und den kurzen Schwanz überragen. Die Schwalbenstare fliegen sehr elegant, sie können – anders als die meisten Singvögel – längere Strecken im Aufwind segeln (Foto Grandjean – A.L.I.).

Verbreitungsgebiet: Die Schwalbenstare sind in Südasien, Indonesien, Neuguinea und Australien verbreitet. In ihrer Heimat sind sie ziemlich häufig. Bemerkenswert ist ihr Hang zur Gesellligkeit: Sie brüten nicht nur meist in Kolonien, sondern sitzen auch dichtgedrängt in Gruppen auf dem „Anstand", um Insekten zu jagen.

Seidenschwänze

Zur Familie der Seidenschwänze (Bombycillidae) zählt man heute 3 Unterfamilien, die gelegentlich in der Systematik auch als selbständige Familien betrachtet werden, nämlich die Eigentlichen Seidenschwänze (Bombycillinae), die Seidenschnäpper (Ptilogonatinae) und die Nachtschattenfresser (Hypocoliinae).

Alle sind Baumvögel und ernähren sich vorzugsweise, wenn auch nicht ausschließlich, von Beeren und anderen Früchten; ihr Schnabel ist dementsprechend kräftig und breit. Das Gefieder ist

Verbreitungsgebiet: Die Seidenschwänze brüten im Gebiet der subpolaren Nadelwälder, der „Taiga" der Nordhalbkugel. Ihre Herbstzüge führen sie mehr oder weniger weit nach Süden und Südwesten ins Winterquartier. Im Abstand von mehreren Jahren finden wahre „Invasionen" dieser hübschen Vögel in Mitteleuropa statt.

Im Winter ernährt sich der Seidenschwanz fast ausschließlich von Beeren, während er im Sommer in seinem Brutgebiet, den nördlichen Nadelwäldern, von den reichlich vorkommenden Fliegen und Mücken lebt, die er im Flug schnappt (Foto Bille).

bei allen Arten seidig weich und schön gefärbt; die Lautäußerungen bestehen meist in Rufen; der Gesang ist schlicht.

Der Europäische Seidenschwanz *(Bombycilla garrulus)* ist in der Grundfärbung rötlichgrau, auf der Oberseite dunkler als auf der Unterseite. Flügel und Schwanz sind schwarz-weiß-gelb gezeichnet; die Spitzen der Armschwingen tragen auffallende rote Hornplättchen. Beim Weibchen sind alle Farben unscheinbarer. Die Jungen sind dunkelgrau mit heller Zeichnung. Die Länge beträgt 20 cm.

Unser Seidenschwanz lebt im Norden Europas, Asiens und Amerikas. Die ausgedehnten Taiga-Wälder im Norden Eurasiens sind als seine eigentliche Heimat anzusehen: er verläßt sie nur dann, wenn starker Schneefall und Nahrungsmangel ihn zur Wanderung treiben, und zieht in geselligen Scharen nach Südwesten. Heute wissen wir, daß die im Abstand mehrerer Jahre auftretenden winterlichen Invasionen des Seidenschwanzes in Mittel- und Südosteuropa auf periodischen „Bevölkerungsexplosionen" dieser Vogelart beruhen. Früher hielt man die unregelmäßig auftauchenden Wintergäste dagegen für böse Vorzeichen von Kriegen und Seuchen – daher der Name „Pestvogel", den der Seidenschwanz in manchen Gegenden trägt. In der Regel treffen die vom nordischen Winter vertriebenen Seidenschwänze Ende November bei uns ein und bleiben bis Anfang März.

Die gewöhnliche Lockstimme ist ein sonderbar zischender Triller, der wie das Schnarren eines ungeschmierten Schubkarrens klingt. Außer dem Lockton hört man zuweilen noch ein flötendes Pfeifen, das so klingt, wie wenn man sanft auf einem hohlen Schlüssel bläst. In seiner Heimat ernährt sich der Seidenschwanz während des Sommers hauptsächlich von Fliegen und Mücken, die dort in großen Schwärmen vorkommen, im Winter dagegen muß er sich mit anderer Nahrung, vor allem Beeren, begnügen.

Bis 1857 war die Fortpflanzungsweise des Seidenschwanzes unbekannt. Erst in diesem Jahr gelang es Wolley, Nest und Ei aufzufinden. Die Nester stehen regelmäßig auf Fichten, nicht allzu hoch über dem Boden, im Gezweig verborgen; von beiden Partnern werden sie gemeinsam größtenteils aus Baumflechten gebaut. Das Gelege besteht gewöhnlich aus 5 Eiern und ist in der zweiten Woche des Juni vollzählig. Die Eier sind etwa 24 mm lang, 18 mm dick und auf bläulichem Grunde mit dunkel- und hellbraunen, schwarzen und violetten Flecken und Punkten bestreut. Die Balz dieser hübschen Vögel wurde erst vor wenigen Jahren beobachtet und beschrieben. Der männliche Vogel plustert dabei Bauch- und Rückengefieder, richtet seine „Holle" auf und wendet den Kopf zunächst seitlich von der „Angebeteten" weg. Gibt sie durch die gleiche Körperhaltung zu erkennen, daß sie nicht abgeneigt ist, dann überreicht er ihr mit der Schnabelspitze ein symbolisches Geschenk – eine Beere, aber manchmal auch einen nicht eßbaren Gegenstand – sie nimmt es an und gibt es wieder zurück. Das Geschenk wandert anschließend mehrmals hin und her, bis sich beide in die rechte Paarungsstimmung „hineingeschenkt" haben.

Verwandte Arten mit ähnlicher Lebensweise sind der Zedernseidenschwanz *(Bombycilla cedrorum)* in Nordamerika und der in Nordostasien brütende Japanische Seidenschwanz *(Bombycilla japonica)*.

Die Seidenschnäpper sind mit 3 Gattungen und 4 Arten in Mittelamerika und im Südwesten der USA verbreitet. Sie sind etwa starengroß und schlank, tragen eine auffallende Federhaube („Holle") und fressen Insekten, die sie im Flug schnappen, und Beeren. Weibchen und Männchen sind deutlich verschieden.

Der Nachtschattenfresser oder Arabische Seidenschwanz *(Hypocolinus ampelinus)*, vom Roten bis zum Kaspischen Meer nicht gerade häufig vorkommend, ist bläulichgrau mit schwarz und weißer Zeichnung. Seine Nahrung sind fast ausschließlich Früchte, z. B. Feigen, Datteln, Nachtschattenbeeren.

Der einzige Vertreter der den Seidenschwänzen nahestehenden Familie der Palmschmätzer *(Dulidae)* ist der auf Haiti lebende Palmschmätzer *(Dulus dominicus)*. Seine Grundfarbe ist olivgrünlich; Weibchen und Männchen sehen gleich aus. Er ernährt sich von Blüten und Beeren. Bemerkenswert ist das Brutverhalten: 2 bis 5 Paare bauen, meist auf der Königspalme, aus dünnen Zweigen ein Gemeinschaftsnest von etwa 1 m Durchmesser, in dem jedes Paar ein „Appartement" mit eigenem Eingang bewohnt. Auch nach der Brutzeit dient das Nest den Vögeln noch als Unterschlupf.

Ein besonderes Kennzeichen des seidenweichen, schön gefärbten Gefieders des Europäischen Seidenschwanzes sind die leuchtendroten Hornplättchen, aus denen die Spitzen der Armschwingen bestehen. Beim Weibchen sind sie weniger auffällig als beim Männchen (Foto R. Longo).

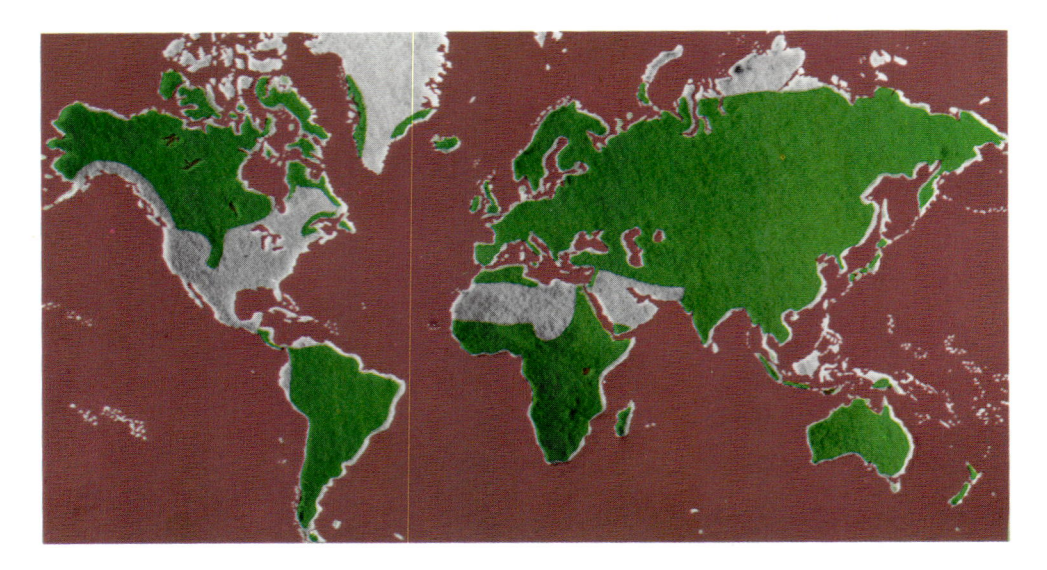

Stelzen

Die Stelzen *(Motacillidae)* sind gekennzeichnet durch äußerst schlank gebauten Leib; dünnen, geraden, pfriemenförmigen Schnabel; mittellange Flügel; langen, schmalfedrigen, manchmal gegabelten Schwanz; ziemlich hohe, schlankläufige und langzehige Füße, mit großen, an der Hinterzehe oft sporenartig verlängerten Krallen und buntes, nach dem Geschlecht mehr oder weniger verschiedenes Gefieder. Die Mitglieder dieser Familie sind 12–23 cm lang (von der Schnabelbis zur Schwanzspitze gemessen). Sie bewegen sich auf dem Boden geschickt und schnell laufend und trippelnd, niemals hüpfend, fort und leben hauptsächlich in offenem, baumarmem Gelände meist in Wassernähe und meiden den Wald. Ihre Nahrung besteht fast ausschließlich in Insekten, die sie auf dem Boden auflesen oder durch kurze Flugsprünge in Bodennähe fangen. Sie sind weltweit verbreitet, mit Ausnahme der Wüsten und hocharktischen Gebiete und der meisten kleineren Inseln der Weltmeere. Die Arten der gemäßigten und subpolaren Breiten sind meist Zugvögel. Der Gesang besteht gewöhnlich in einfachen, mehr oder weniger melodischen Rufen. In der Familie der Stelzen sind die beiden Gattungsgruppen der Stelzen im engeren Sinne und der Pieper vereinigt, mit zusammen 4 Gattungen und 39 Arten.

Stelzen

Die Stelzen im engeren Sinne leben fast ausschließlich in der Alten Welt in sämtlichen Klima- und Höhenzonen. Einzelne Arten entfernen sich nur während ihrer Züge vom Wasser, andere treiben sich, Nahrung suchend, auch auf trockenen Stellen umher, kehren aber immer wieder zum Wasser zurück. Die nordischen Arten sind Zugvögel, die südlichen Strichvögel, einzelne entschiedene Standvögel. Ihre Bewegungen sind zierlich und anmutig. Sie gehen gewöhnlich schrittweise, nikken bei jedem Schritt mit dem Kopf und halten dabei den langen Schwanz waagerecht oder ein wenig erhoben, wippen mit ihm aber ständig auf und nieder. Sie flie-

Links: Die Witwenstelze (Motacilla aguimp vidua) vertritt die Bachstelze in Afrika südlich der Sahara. Auch sie liebt die Nähe des Wassers; unser Bild zeigt den eleganten Vogel, wie er nahrungsuchend auf den Schwimmblättern der Lotosblume läuft (Foto J. Burton – Photo Researchers).

Linke Seite oben: Die Familie der Stelzen ist weltweit verbreitet. Dabei besiedeln die Stelzen im engeren Sinne im wesentlichen nur die Alte Welt; die Pieper kommen in einer Reihe von Arten auch in Nord- und Südamerika vor. Selbst in der hocharktischen Tundra brüten einige Arten.

Die Schafstelze ist in zahlreichen Rassen und Unterarten in ganz Europa verbreitet; von allen Stelzen ist ihre Lebensweise bis jetzt am genauesten beobachtet worden. Benannt wurde sie nach ihrer Vorliebe für Schaf- und andere Viehweiden, wo sie Fliegen und Mücken fängt (Foto Bille).

gen rasch und geschickt in vertikalen Wellenlinien. Ihre Stimme ist nicht gerade klangvoll, ihr Gesang einfach, aber ansprechend. Die Nahrung besteht aus Kerbtieren oder deren Larven und niederem Wassergetier. Das Nest, ein einfacher Bau aus feinen Zweiglein, Würzelchen, Gras- und Strohhalmen, Moos, dürren Blättern und dergleichen, der im Innern mit Wolle und ähnlichen weichen Stoffen ausgelegt wird, steht in Höhlen und Vertiefungen, meist nahe am Wasser. Die Eier sind zartschalig und auf weißlichem oder grauem Grunde fein gefleckt.

Gewissermaßen das Urbild der Familie ist die Bachstelze (Motacilla alba), in Norddeutschland „Wippsteert" genannt. Ihre Oberseite ist grau; Hinterhals und Nacken sind samtschwarz, Kehle und Oberbrust schwarz; Stirn, Backen, Halsseiten und Unterseite weiß; die Schwingen schwärzlich, weißgrau gesäumt und mit zwei helleren Querstreifen gebändert; die mittleren Schwanzfedern schwarz, die äußeren weiß. Das Weibchen ähnelt dem Männchen, doch ist sein schwarzer Kehlfleck gewöhnlich nicht so groß. Das Herbstkleid oder Ruhekleid beider Geschlechter unterscheidet sich von der Frühlingstracht, dem Brutkleid, hauptsächlich durch die weiße Kehle, die mit einem hufeisenförmigen, schwarzen Band eingefaßt ist. Die Jungen sind auf der Oberseite schmutzig aschgrau, auf der Unterseite, mit Ausnahme des dunklen Kehlbandes, grau oder schmutzigweiß. Das Auge ist dunkelbraun; Schnabel und Füße sind schwarz. Die Gesamtlänge beträgt 18–20 cm, die Flügelspannweite 25–28 cm. In Großbritannien und an der deutschen Nordseeküste tritt neben der Bachstelze die Trauerstelze (Motacilla alba yarrellii) auf. Sie unterscheidet sich von der Bachstelze nur dadurch, daß im Frühlingskleid auch Mantel, Bürzel und Schultern schwarz sind. Wir betrachten sie als Unterart.

Die Bachstelze bewohnt ganz Europa, auch Island, West- und Mittelasien sowie Grönland und wandert im Winter bis ins Innere Afrikas, obwohl sie einzeln schon in Südeuropa, sogar in Deutschland, Winterquartier nimmt. Bei uns zulande erscheint sie bereits Anfang März, bei günstiger Witterung oft schon in den letzten Tagen des Februar und verläßt uns erst im Oktober, zuweilen noch später. Sie meidet den Hochwald und das Gebirge über der Waldgrenze, haust sonst aber überall, siedelt gern in der Nähe menschlicher Wohnungen, paßt sich allen Verhältnissen an und ist daher auch in großen Städten eine regelmäßige Erscheinung.

Ihr Lockton ist ein deutliches „Ziwih", das zuweilen in „Zisis" oder „Ziuwis" verlängert wird, der Laut der Zärtlichkeit ein leises „Quiriri", der zwitschernde Gesang, der im Sitzen, im Laufen oder Fliegen vorgetragen und sehr oft wiederholt wird, ist zwar einfach, aber nicht unmelodisch. Insekten aller Art sowie deren Larven und Puppen sucht die Bachstelze an den Ufern der Gewässer, vom Schlamm, von Steinen, Misthaufen, Hausdächern und anderen Plätzen ab, stürzt sich blitzschnell auf die erspähte Beute und ergreift sie mit unfehlbarer Sicherheit. Dem pflügenden Bauern folgt sie und liest hinter ihm die ausgepflügten Kerbtiere auf; bei den Viehherden stellt sie sich regelmäßig ein, bei Schafhürden verweilt sie oft den ganzen Tag.

Bald nach Ankunft im Frühjahr erwählt sich jedes Paar sein Brutrevier, niemals ohne Kampf und Streit mit anderen derselben Art; denn jedes unbeweibte Männchen sucht dem gepaarten die Gattin abspenstig zu machen. Beide Rivalen fliegen mit starkem Geschrei hintereinander her, stellen sich zeitweilig auf dem Boden einander gegenüber und fahren nun wie erboste Hähne grimmig aufeinander los. Einer der Zweikämpfer muß weichen, dann sucht der Sieger seine Freude über den Besitz des „neu erkämpften Weibes" an den Tag zu legen. In ungemein zierlicher und anmutiger Weise umgeht er das Weibchen, breitet abwechselnd die Flügel und den Schwanz und bewegt erstere wiederholt in eigentümlich zitternder Weise. Auf dieses Liebesspiel folgt regelmäßig die Paarung. Das Nest steht an den verschiedensten Plätzen: in Felsritzen, Mauerspalten, Erdlöchern, unter Baumwurzeln, auf Dachbalken, in Hausgiebeln, Reisighaufen, Baumhöhlungen, auf Weidenköpfen, sogar in Booten usw. Grobe Würzelchen, Reiser, Grasstengel, dürre Blätter, Moos, Holzstückchen, Strohhalme und ähnliches bilden den Unterbau, zartere Halme, lange Grasblätter und feine Würzelchen die zweite Lage, Wollklümpchen, Kälber- und Pferdehaare, Werg- und Flachsfasern, Flechten und andere weiche Stoffe die innere Ausfütterung. Das Gelege der

Die Jungvögel der Stelzen und Pieper sind in Farbe und Zeichnung oft recht verschieden von den erwachsenen Tieren. Die charakteristische Färbung und Zeichnung entwickelt sich erst nach der ersten Mauser. Hier ein gerade flügger Baumpieper im Jugendkleid (Foto Bille).

Rechte Seite oben: Beide Eltern füttern bei den Stelzen die Jungen. Hier eine Familie der Gebirgsstelze: links das Männchen, rechts das Weibchen, das an der hellen Kehle zu erkennen ist, während das Männchen im Brutkleid einen schwarzen Kehlfleck trägt (Foto L. Gaggero).

Rechts: Der Name der Gebirgsstelze ist nicht ganz zutreffend: Sie lebt auch an Flüssen und Bächen der Tiefländer, nicht nur im Gebirge Europas. Im Norden ist sie bis Südschweden verbreitet; im Spätherbst zieht sie mehr oder weniger weit nach Süden (Foto Varin – Jacana).

ersten Brut besteht aus sechs bis acht, das der zweiten aus vier bis sechs 19 mm langen, 15 mm dicken Eiern, die auf grau- oder bläulichweißem Grunde mit dunkel- oder hellaschgrauen, deutlichen oder verwaschenen Punkten und Strichelchen dicht, aber fein gezeichnet sind. Nur das Weibchen brütet; beide Eltern aber füttern und betreuen die Jungen. Das erste Gelege ist im April, das zweite im Juni vollzählig. Die Jungen wachsen rasch heran und werden dann von den Eltern verlassen; die der ersten Brut vereinigen sich jedoch später mit ihren nachgeborenen Geschwistern und den Alten zu Gesellschaften, die bis zur Abreise in mehr oder weniger engem Verband leben. Im Herbst ziehen die Familien allabendlich den Rohrteichen zu und suchen hier zwischen Schwalben und Staren ein Plätzchen zum Schlafen. Später vereinigen sich alle Familien der Umgegend zu mehr oder minder zahlreichen Schwärmen, die an Stromufern bis zu Tausenden anwachsen können. Diese brechen gemeinschaftlich zur Wanderung auf, streichen während des Tages von einer Viehtrift oder einem frisch gepflügten Acker zum anderen, immer in der Reiserichtung weiter, bis die Dunkelheit einbricht, erheben sich dann und fliegen unter lautem Rufen südwestlich dahin.

Zierlicher und anmutiger noch als die Bachstelze ist die Gebirgsstelze *(Motacilla cinerea)*. Beim Männchen ist im Frühjahr die Oberseite aschgrau, die Unterseite schwefelgelb, die Kehle schwarz, von dem Grau der Oberseite durch einen weißen Streifen geschieden; ein zweiter weißer Streifen zieht sich über das Auge, zwei lichtgraue, wenig bemerkbare Binden laufen über die Flügel. Im Herbst sind die Farben matter und die Kehlfedern weißlich. Sehr alte Weibchen ähneln den Männchen. Die Jungen sind auf der Oberseite schmutzig aschgrau, auf der Unterseite gelbgrau; die Kehle ist grauweiß, mit schwarzgrauen Punkten eingefaßt. Das Auge ist dunkelbraun, der Schnabel schwarz, der Fuß hornfarben. Das Verbreitungsgebiet der Gebirgsstelze umfaßt ganz Europa, von Südschweden an, den größten Teil Asiens und einige Gebirge Nord-, Ost- und Westafrikas, insbesondere den Atlas, das Hochland Abessiniens und die Hochländer der Westküste. Im nördlichen Europa gehört sie zu den Seltenheiten; von Mitteldeutschland nach Süden hin findet sie sich fast überall im Gebirge, bei uns zulande schon an jedem klaren Bach der Vorberge, einzeln auch an Bächen der Ebene, im Süden erst im höheren Gebirge. Ihr Lockton, den sie hauptsächlich im Fluge, seltener aber im Sitzen hören läßt, hat sehr viel Ähnlichkeit mit dem der Bachstelze, so daß man beide Arten genau kennen muß, wenn man sie unterscheiden will. Er klingt fast wie „Ziwi", es ist aber unmöglich, ihn mit Buchstaben genau zu bezeichnen.

Auch die Gebirgsstelze brütet zeitig im Frühjahr, das erste Mal schon im April, das zweite Mal spätestens im Juli. Bei der Paarung setzt sich das Männchen auf einen Zweig oder einen Dachfirst und gibt einen trillerartigen Ton von sich, der fast wie „Törrli" klingt und besonders in den ersten Morgenstunden gehört wird. Im Frühjahr kann man, wenn auch selten, den recht angenehmen Gesang der Gebirgsstelze hören, der mit dem der Bachstelze einige Ähnlichkeit hat, aber hübscher ist. Das Nest steht in Felsen-, Mauer- und Erdlöchern, unter überhängenden Ufern usw., regelmäßig nahe am Wasser. Die 4–6 Eier sind 18 mm lang und 13 mm dick, auf schmutziggrauem oder bläulichweißem Grunde mit gelben oder aschgrauen Flecken und Strichelchen gezeichnet. Das Weibchen brütet allein; doch kommt es ausnahmsweise vor, daß das Männchen es ablöst. Der Bruttrieb des Weibchens ist so stark, daß es sich mit der Hand ergreifen läßt, wenn es auf den Eiern sitzt. Die Jungen werden von beiden Eltern gefüttert und nach dem Flüggewerden noch eine Zeitlang geführt.

Vom Nordosten Europas her hat sich eine der schönsten, wenn nicht die schönste aller Stelzen, die Zitronenstelze *(Motacilla citreola)* wiederholt nach Westeuropa verflogen. Sie ist merklich kleiner als die Gebirgsstelze; ihre Länge beträgt 18 cm. Kopf und ganze Unterseite, ausschließlich der weißen Unterschwanzdecken, sind lebhaft zitronengelb, Nacken und Vorderrücken schwarz, allmählich in das Schiefergraue der übrigen Oberseite übergehend.

Die Zitronenstelze ist ein Kind der Tundra, lebt in Europa aber nur im nordöstlichsten Winkel, im unteren Petschoragebiet. Von hier aus erstreckt sich ihr Verbreitungsgebiet durch Nordasien, soweit die Tundra reicht; den Winter verbringt sie im südlichen Steppengebiet Asiens. In ihrem Brutgebiet erscheint sie mit den Schafstelzen in der zweiten Hälfte des April und verweilt bis Ende August im Lande. Zitronenstelzen bewohnen ganz bestimmte Örtlichkeiten der Tundra: auf moorigschlammigem Grunde wachsende, bis zur Undurchdringlichkeit verfilzte Wollweidendickichte, zwischen denen Wassergräben verlaufen oder sich kleine Tümpel und mit üppigem Gras bestandene Lichtungen finden.

Die Schafstelze, Kuh- oder Wiesenstelze *(Motacilla flava)*, hat einen kurzen Schwanz und einen sporenartigen Nagel an der Hinterzehe. Ihre Länge beträgt durchschnittlich 17 cm. Sie ähnelt der Gebirgsstelze; im Unterschied zu dieser hat sie einen olivgrünen Rücken und im Brutkleid des Männchens eine gelbe Kehle anstelle eines schwarzen Latzes.

Die Schafstelze tritt in zahlreichen Unterarten auf. In Deutschland finden wir neben der typischen Schafstelze gelegentlich noch die gelbköpfige Englische Schafstelze, außerdem die Nordische und die grauköpfige Schafstelze, sehr selten, als Irrgast aus dem Balkan, auch die Maskenstelze mit tiefschwarzem Kopf und gelber Kehle. Eine Unterart brütet in Alaska und verbringt den Winter in Asien. Insgesamt hat die Schafstelze als Art ein Verbreitungsgebiet, das Europa, Mittelasien und Nordwestamerika umfaßt; dazu kommen als Winterherbergen Südasien, Mittel- und Südafrika. Ihre Brutplätze sind, abgesehen von der Tundra, feuchte Gegenden oder zeitweilig überschwemmte Niederungen.

Ihre Bewegungen ähneln denen der Bachstelze mehr als denen der Gebirgsstelze. Schafstelzen sind gewandt im Laufen, besonders geschickt aber im Fliegen. Wenn sie kurze Räume überfliegen, er-

Eine in Großbritannien und stellenweise an der deutschen Nordseeküste lebende Rasse unserer Bachstelze ist die Trauerstelze. Ihr Brutkleid ist charakterisiert durch eine tiefschwarze Oberseite, während der Rücken der Bachstelze hellgrau gefärbt ist (Foto J. Burton).

Rechts: Eine Bachstelze im Jugendkleid, in dem die charakteristische Zeichnung der Erwachsenen nur erst angedeutet ist. Alte und junge Bachstelzen scharen sich zu Beginn des Herbstes allabendlich zusammen und verbringen die Nächte in Schilf und Ried, bevor sie im Spätherbst ihre Wanderzüge nach Süden und Südwesten beginnen (Foto Okapia).

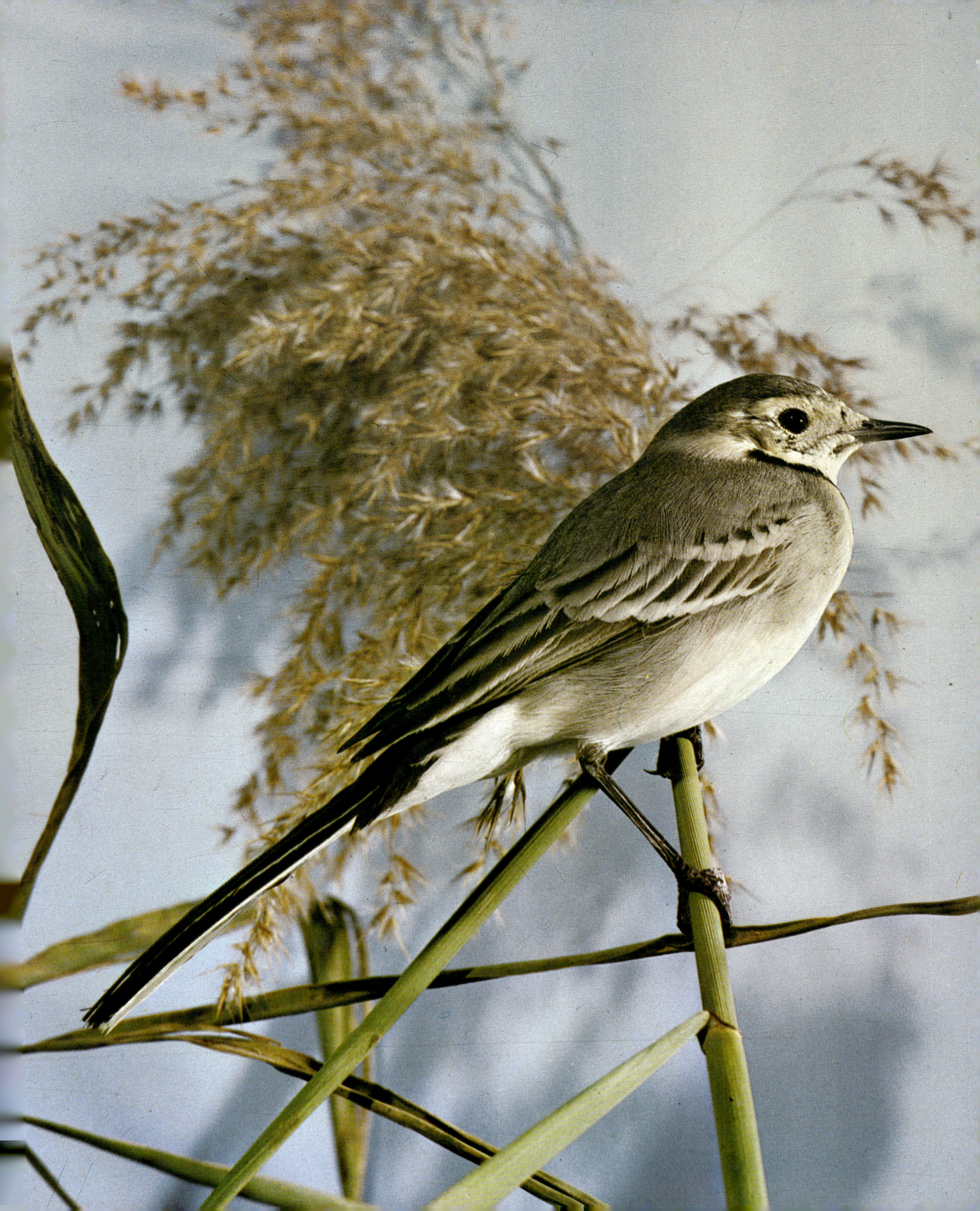

Der Baumpieper, der beste Sänger unter den Piepern, baut sein Nest wie alle seiner Gattung auf dem Boden, wohlversteckt unter Wurzeln und Farnkraut auf Waldlichtungen. Die Jungen verlassen das Nest, bevor sie flügge sind, und huschen, durch ihre Erdfarben getarnt, wie Mäuschen durch Heidekraut und Gras (Foto J. Markham).

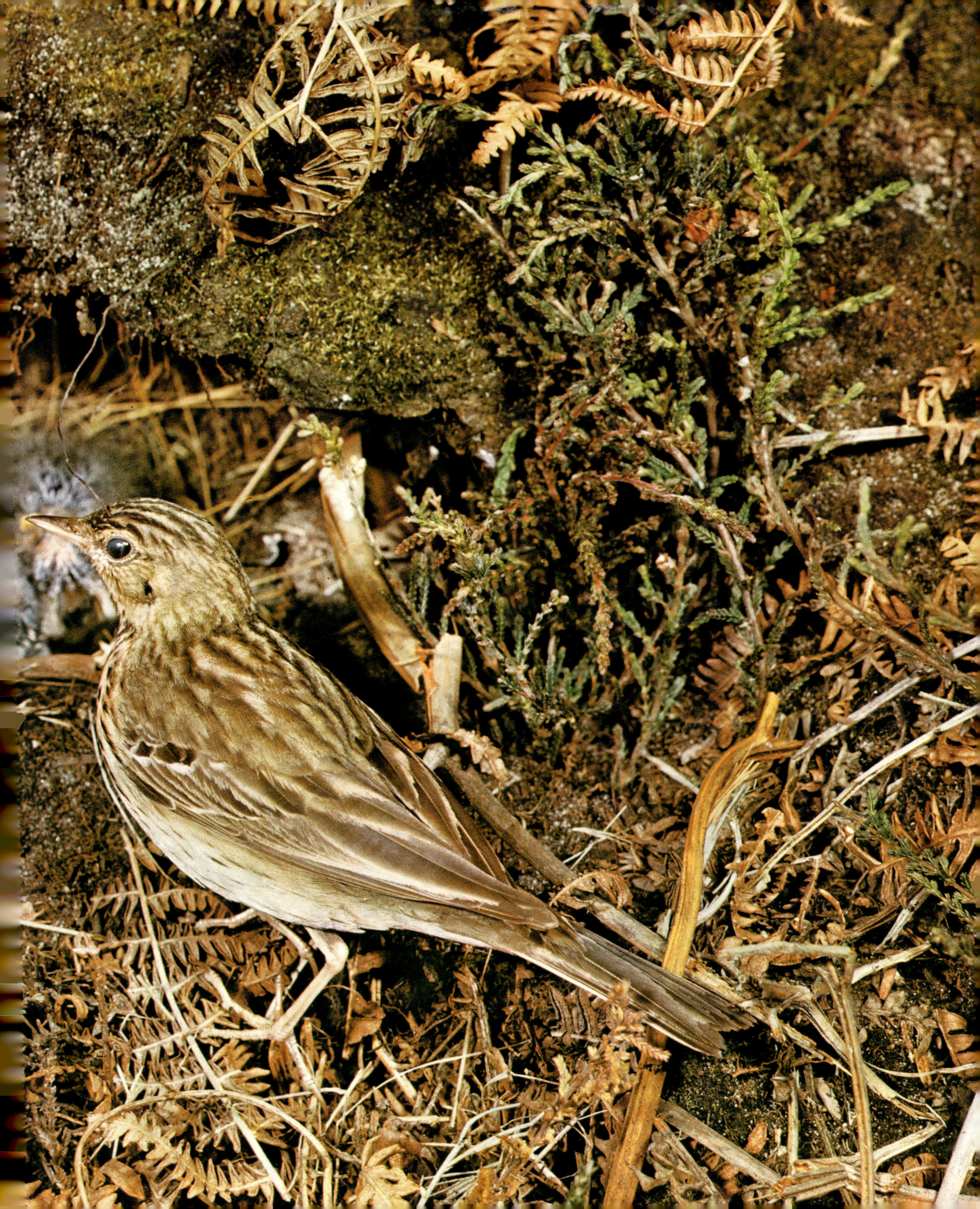

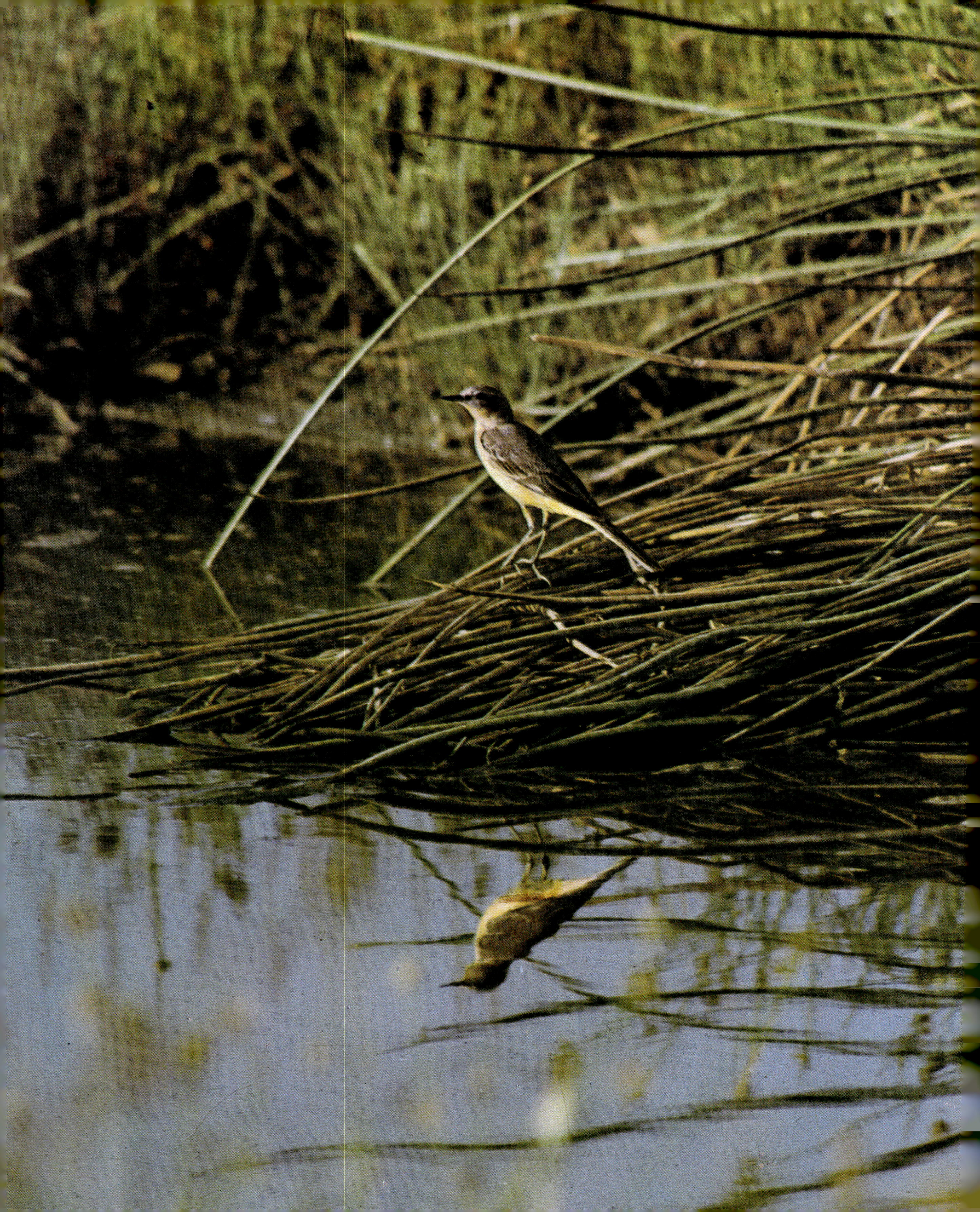

scheint ihr Flug fast hüpfend, im Wanderzug jedoch fliegen sie außerordentlich schnell. Nicht selten halten sie sich flatternd oder rüttelnd längere Zeit in der Luft über derselben Stelle, und häufig stürzen sie sich aus bedeutenden Höhen mit angezogenen Flügeln fast senkrecht zum Boden hinab. Ihre Lockstimme ist ein pfeifender Laut, der wie „Bsiüb" oder wie „Bilib", sonst aber auch leise wie „Sib sib" klingt; der Warnungston ist ein scharfes „Sri", der Paarungslaut ein gezogenes „Zirr". Der Gesang ähnelt dem der Bachstelze, ist aber noch einfacher.

So gesellig sie im allgemeinen sind, so zanksüchtig zeigen sie sich an ihren Brutplätzen. Im März, aus dem Winterquartier ins Brutgebiet zurückgekehrt, sucht sich jedes Männchen ein Brutrevier, das es erbittert gegen Konkurrenten verteidigt. Nachdem die Weibchen 3 Wochen später angekommen sind, sucht der Revierbesitzer durch auffallende Balztänze und -flüge eine Gattin zu erobern. Das Weibchen bestimmt im Revier den Ort des Nestes. Dieses wird von beiden auf dem Boden zwischen Gras, Getreide oder Sumpfpflanzen, meist in einer kleinen Vertiefung gebaut. Jedes Pärchen nistet nur einmal im Jahre, und zwar zu Ende Mai oder Anfang Juni. Erst wenn das letzte der 4 bis 6 Eier gelegt ist, beginnt die Brut, die 12 bis 13 Tage dauert. Beim Brüten löst das Männchen das Weibchen ab, allerdings nur am Tage. Die Brutablösung geschieht mit einem ziemlich umständlichen Zeremoniell, wobei der ablösende Vogel etwa 50 m vom Nest entfernt landet, der brütende Vogel ihm entgegenläuft; all dies ist begleitet von einem Duett aus Wechselrufen. Erst wenn beide sich treffen, bewegt sich der ablösende Partner zum Nest hin. Die genaue Beschreibung dieses Verhaltens verdanken wir Stuart Smith, der die Englische Schafstelze eingehend beobachtet hat.

Auf Baumästen in den Wäldern Ostsibiriens, der Mongolei und Nordchinas brütet die Baumstelze (Dendronanthus indicus), nach Hinterindien zieht sie ins Winterquartier. Mit olivgrauem Rücken und gelblicher, schwarzgezeichneter Unterseite ähnelt sie der Schafstelze. Anders als die Stelzen wippt sie jedoch mit dem Schwanz nicht auf und ab, sondern von einer Seite zur andern. Sie ist in mancher Hinsicht als Bindeglied zwischen Stelzen und Piepern zu betrachten.

Pieper

Die Pieper, wesentlich unscheinbarer als die Stelzen gefärbt, sind äußerlich den Lerchen ähnlich. Sie sind weltweit verbreitet. Die Krallen der Hinterzehe sind wie bei den Lerchen spornartig verlängert. Ihre Kennzeichen sind außerdem ein mittellanger Schwanz und glatt anliegendes erdfarbiges Gefieder, das kaum Unterschiede zwischen Weibchen und Männchen, Jungen und Erwachsenen zeigt; auch Brutkleid und Ruhekleid weichen nicht auffällig voneinander ab. Alle Pieper bringen den größten Teil ihres Lebens auf dem Boden zu und lassen sich nur zeitweilig auf Bäumen nieder. Sie sind bewegliche, muntere Vögel, die mit schnellen Schrittchen laufen und dabei mit dem Schwanz leicht wippen. Der Flug, meist in leicht wellenförmiger Bahn, ist schnell und gewandt. In der Brutzeit beobachtet man Balzflüge, die von Gesang begleitet sind. Ihren Namen haben die Pieper wegen ihrer piependen Lockrufe erhalten.

Die Nester werden auf dem Boden angelegt, im wesentlichen aus dürren Grashalmen und Graswurzeln, die mit anderen Pflanzenstoffen locker verbunden und innen mit Wolle und Haaren ausgefüttert werden. Die Eier zeigen auf düsterfarbigem Grunde eine sanfte, verfließende Zeichnung, die aus Punkten, Flecken und Strichelchen zusammengesetzt ist. Nur das Weibchen brütet, wird dabei aber vom Männchen gefüttert. Die meisten brüten zweimal im Jahr.

Wohl die bekannteste Art ist der Wiesenpieper (Anthus pratensis). Er ist ober- und unterseits braungestreift auf hellbräunlichem bis gelblichem Grunde. Kennzeichnend für alle Pieper ist ein braungrauer Wangenfleck mit hellerem Saum und einem hellen Brauenstreifen über dem Auge. Nur der geübte Vogelkenner kann die einzelnen Pieperarten am Gefieder unterscheiden; sie sehen sich alle täuschend ähnlich. Der Wiesenpieper ist mit 15 cm Gesamtlänge recht klein.

Links: Die Stelzen (hier eine Schafstelze) leben bevorzugt in der Nähe fließender oder stehender Gewässer, an deren Ufern sie entlanglaufen, um Insekten zu fangen. Auch ihre Nester legen sie häufig in Wassernähe an (Foto J. Burton – Photo Researchers).

Oben: Die Pieper laufen wie die Stelzen geschickt und schnell auf dem Boden; meist brüten sie in offenen Landschaften in Wassernähe. Der Brachpieper (unser Bild) bevorzugt als Lebensraum Ödland mit Sand und Gestrüpp (Foto M. Brosselin-Jacana).

Die Eier des Baumpiepers können in Größe, Farbe und Zeichnung stark variieren. Nach 12 bis 14 Tagen Brutzeit schlüpfen die Jungen; sie werden von beiden Eltern gefüttert (Foto J. Markham).

Man hat den Wiesenpieper in der ganzen Nordhälfte Europas sowie im größten Teile Nordasiens als Brutvogel gefunden und während des Winters in Südeuropa, Südwestasien und Nordafrika beobachtet. Bei uns erscheint er mit der Schneeschmelze, gewöhnlich schon Anfang März, spätestens aber Mitte April, und bleibt bis November, ja sogar bis Dezember. Er wandert in großen Scharen, nicht selten mit den Feldlerchen, und zieht bei Tage wie bei Nacht. Er bewohnt in der Heimat wie in der Winterherberge wasserreiche Gegenden, am liebsten feuchte, sumpfige Örtlichkeiten; nur unterwegs sieht man ihn dann und wann auch auf trockenerem Gelände.

Der Lockton, ein heiseres, feines „Ißt", wird oft rasch nacheinander ausgestoßen und klingt dann schwirrend; der Lockruf für den Partner klingt sanft wie „Dwitt" oder „Zeritt". Der Gesang besteht aus verschiedenen zusammenhängenden Strophen: „Wittge wittge, wittge witt, zick zick, jück jück" und „Türr", miteinander verbunden, aber etwas verschieden betont, sind die Grundlaute. Das Männchen singt wie alle Pieper fast nur im Fluge, indem es vom Boden oder von der Spitze eines niederen Strauches aus schräg aufwärts flattert, hoch in der Luft einige Augenblicke flatternd am Ort verweilt und dann mit ausgebreiteten Flügeln singend abwärts schwebt.

Seinen Artgenossen gegenüber zeigt sich der Wiesenpieper höchst gesellig und friedfertig. In der Brutzeit behauptet jedes Pärchen sein Revier, und es kommt auch wohl zwischen zwei benachbarten Männchen zu Kampf und Streit; im ganzen aber liebt dieser Vogel selbst um diese Zeit geselliges Zusammenleben. Das Nest steht zwischen Binsen oder Gras auf dem Boden, meist in einer kleinen Vertiefung, immer so versteckt, daß es schwer zu finden ist. Fünf bis sechs 18 mm lange, 14 mm dicke Eier, die auf gräulichweißem oder schmutzigrötlichem Grunde überall dicht mit graubraunen oder gelbbraunen Punkten und Kritzeln bezeichnet sind, bilden das Gelege und werden in 13 Tagen ausgebrütet. Die Jungen verlassen das Nest, noch ehe sie ordentlich fliegen können, verstehen es aber so meisterhaft, sich zwischen den niedern Pflanzen zu verstecken, daß sie doch vor den meisten Feinden gesichert sind. Bei Annäherung eines solchen gebärden sich die Alten sehr ängstlich, setzen sich jedoch rücksichtslos jeder Gefahr aus, um ihre Jungen zu schützen. In der Regel ist die erste Brut Anfang Mai, die zweite Ende Juli flügge; doch findet man auch bis in den August hinein Junge, die eben das Nest verlassen haben.

Der Baumpieper oder Waldpieper (*Anthus trivialis*) ähnelt dem Wiesenpieper sehr, ist jedoch etwas größer, zudem ist sein Schnabel stärker, der Lauf kräftiger und die Kralle der Innenzehe erheblich kürzer und gekrümmter. Waldungen Europas und Sibiriens beherbergen den Baumpieper im Sommer, die Steppenwälder Afrikas und die des unteren Himalaya im Winter; baumarme Landstriche besucht er nur während seines Zuges. Er brütet auf Waldlichtungen und frischen Schlägen. Er ist weniger gesellig als der Wiesenpieper und lebt meist einzeln. Der Gesang ist besser als jeder andere Piepergesang, dem Schlag eines Kanarienvogels nicht unähnlich. Trillerartige, laut pfeifende, schnell aufeinanderfolgende Strophen, die gewöhnlich mit einem sanft verklingenden „Zia zia zia" schließen, setzen ihn zusammen. Das Männchen

Links: Die Pieper zeigen ihre Hochzeitsstimmung im Frühling durch charakteristische Balzflüge: Sie fliegen zuerst steil in die Höhe und lassen sich dann singend fallschirmartig schräg abwärts gleiten. Im Bild gut zu sehen sind die langen Krallen der Hinterzehen (Foto Varin–Jacana).

Die Pieper (hier ein Wiesenpieper) haben äußerlich große Ähnlichkeit mit den Lerchen. Als Bodenbrüter tragen Weibchen und Männchen ein Tarnkleid, das sie im Pflanzenwuchs nahezu unsichtbar macht, wenn sie sich nicht bewegen (Foto B. Coleman – Photo Researchers).

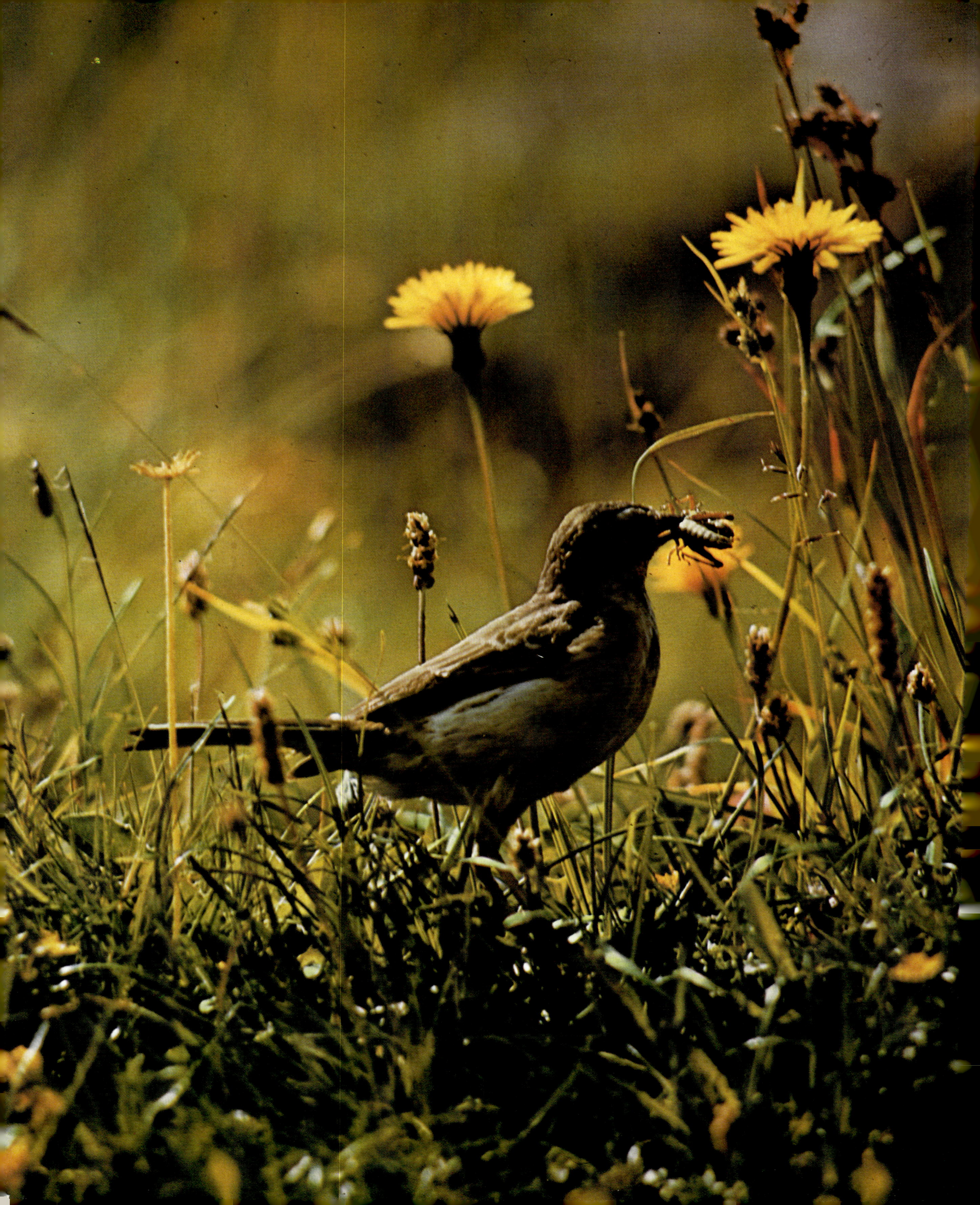

singt sehr fleißig, setzt sich dazu zunächst auf einen hervorragenden Zweig oder auf die Spitze eines Baumes, steigt sodann in schiefer Richtung flatternd empor und schwebt, noch ehe das Lied zu Ende ist, wieder auf dieselbe Stelle oder auf den nächsten Baumwipfel nieder und beendet erst im Sitzen seine lange Gesangsstrophe.

Das Nest, das immer sorgfältig verborgen nur hier und da auf dem Boden, in einer kleinen Grube, unter Gebüsch oder tief im Gras und Heidekraut steht, ist wenig kunstvoll gebaut und nur im Innern einigermaßen sorgfältig ausgelegt. Die vier bis fünf 20 mm langen, 15 mm dicken, in Gestalt, Färbung und Zeichnung vielfach abändernden Eier sind auf rötlichem, gräulichem oder bläulichweißem Grunde mit dunkleren Punkten, Strichen, Kritzeln gezeichnet. Die Jungen verlassen das Nest, noch ehe sie flugfähig sind.

Der Wasserpieper, auch Wasser-, Sumpf- oder Moorlerche genannt (*Anthus spinoletta*) ist etwas größer und schlanker als der Wiesen- und Baumpieper; sein Schnabel ist verhältnismäßig lang, seine Beine sind auffallend dunkel. Das Verbreitungsgebiet des Wasserpiepers erstreckt sich über Mittel- und Südeuropa, West- und Ostasien bis China; die Winterreise führt ihn nach Kleinasien, Palästina und Nordafrika.

In Skandinavien, Dänemark und Großbritannien vertritt ihn der etwas dunklere Strand- oder Uferpieper (*Anthus spinoletta petrosus*).

Während andere Pieperarten die Ebene entschieden bevorzugen und Berggegenden nur hier und da bewohnen, gehört der Wasserpieper ausschließlich dem Gebirge an. Er brütet im Knieholzgürtel der Alpen, Karpaten, des Schwarzwaldes, Harzes und des Riesengebirges und kommt nur während seines Zuges in die Ebenen herab. In der Schweiz gehört er zu den häufigsten Alpenvögeln. Der Gesang ist recht angenehm, obschon er dem des Baumpiepers nachsteht. Eine seiner Strophen ähnelt dem Schwirren der Feldgrillen. Im Mittelgebirge brütet der Wasserpieper bei guter Witterung zweimal, und zwar Anfang Mai und Ende Juni, im Hochgebirge nur einmal, und zwar Mitte Mai.

Der Brachpieper (*Anthus campestris*) ist heller und viel weniger gestreift als die anderen Pieperarten. Das Verbreitungsgebiet des Brachpiepers umfaßt, mit Ausnahme der nördlichsten Tundra und Großbritanniens, ganz Europa, Mittel- und Südasien und Nordafrika, einschließlich der Kanarischen Inseln. Er zieht unfruchtbare, steinige, wüstenhafte Gegenden allen anderen vor und ist deshalb im Süden Europas viel häufiger zu finden als im Norden.

Der Spornpieper (*Anthus richardi*) ist der größte aller in Deutschland vorkommenden Pieper und an dem sehr langen, fast geraden Nagel der Hinterzehe leicht vom Brachpieper zu unterscheiden. Die Heimat des Spornpiepers ist das Steppengebiet Ostasiens, einschließlich Nordchinas. Von hier aus wandert der Vogel allwinterlich nach Süden und erscheint dann in Südchina und in Indien. Derselbe Vogel wandert jedoch auch in westlicher Richtung und berührt hierbei fast alljährlich alle zu Deutschland gehörenden Nordseeinseln, Dänemark, Südschweden, Großbritannien, Holland, Westfrankreich, Spanien, Portugal und Nordwestafrika, um in Südwestafrika zu überwintern.

Auch der Rotkehlpieper (*Anthus cervina*) aus der sibirischen und skandinavischen Tundra zieht auf dem Weg ins italienische Winterquartier regelmäßig durch Deutschland. Er ähnelt dem Wiesenpieper; im Brutkleid sind seine Kehle und Brust rostrot gefärbt.

Den Piepern nahe verwandt sind die in Afrika in 7 Arten verbreiteten, besonders prächtig gefärbten Großspornpieper (Gattung *Macronyx*).

Links: Der Wasserpieper ist etwas größer und schlanker als der Baum- und Wiesenpieper; er kommt in 2 Unterarten in 2 geographisch streng getrennten Biotopen vor: als Wasserpieper im Hochgebirge Mittel- und Südeuropas, als Strandpieper an den nordeuropäischen Küsten (Foto A. Visage – Jacana).

In Afrika leben die besonders lebhaft gefärbten Großspornpieper. Beide Bilder zeigen dieselbe Art in zwei Farbvarianten. An den Hinterzehen sind die ungewöhnlich langen Sporne gut zu erkennen (Fotos Wightman und P. Johnson – N.H.P.A.).

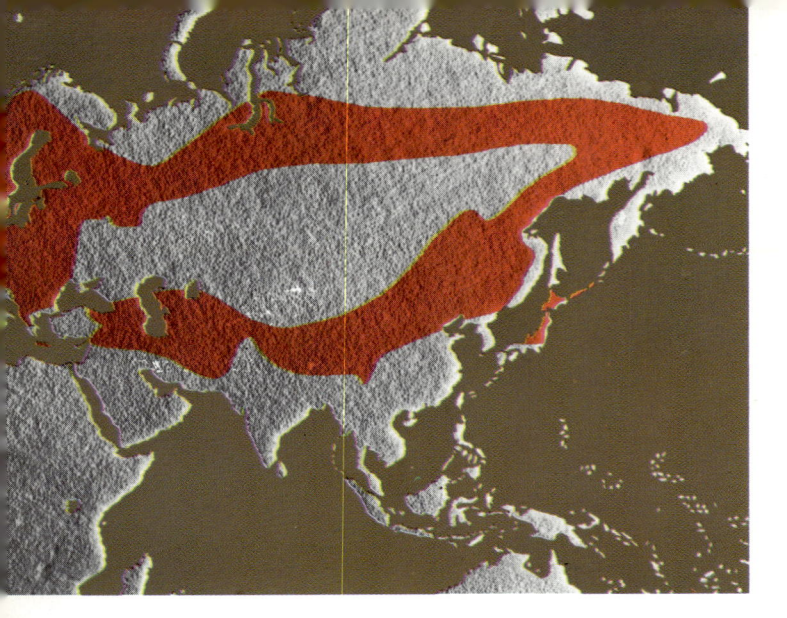

Braunellen

Die Familie der Braunellen *(Prunellidae)* oder Flüevögel ist mit 1 Gattung *(Prunella)* und 12 Arten in Europa, Nordafrika und im außertropischen Asien verbreitet. Die Braunellen sind mit 12–18 cm Gesamtlänge nicht groß, aber recht gedrungen gebaut. Sie sind unscheinbar gefärbt, meist graubraun mit dunklerer Musterung, und werden deshalb leicht übersehen, obwohl einige Arten keineswegs selten sind. Die Geschlechter unterscheiden sich wenig, die Jungen merklich von den Alten. Europa gehören nur zwei Arten an. Die Nahrung der Braunellen besteht im Sommer fast ausschließlich aus Insekten, im Winter aus Beeren und Samen.

Die Heckenbraunelle, auch Waldflüevogel genannt *(Prunella modularis)*, ist relativ schlank gebaut. Ihr Gefieder zeigt rot- bis dunkelbraune Töne in Verbindung mit bläulichem Grau, der Schnabel ist dunkel, schlank und pfriemenförmig wie bei Insektenfressern. Vom Polarkreis bis zu den Pyrenäen, den Alpen und dem Balkan ist die Heckenbraunelle überall Brutvogel, kommt aber auch weiter nach Norden hin vor und erscheint im Winter sehr regelmäßig im Süden Europas, streift selbst nach Nordafrika und nach Westasien hinüber. Der Vogelkenner unterscheidet die Heckenbraunelle leicht an ihrem Verhalten und ihrer typischen Bewegungsweise von anderen, ähnlich gefärbten Vögeln. Sie bewegt sich nicht nur im dichtesten Gebüsch, sondern auch auf der Erde mit großer Geschicklichkeit, durchkriecht alle Schlupfwinkel, drängt sich durch dürres, hohes Gras und durchsucht das abgefallene Laub. Auf dem Boden hüpft sie so schnell fort, daß man eine Maus glaubt laufen zu sehen. Wenn man sie vom Boden aufjagt, fliegt sie auf einen Zweig, sieht sich um und verläßt den Ort erst, wenn ihr die Gefahr sehr nahekommt. Ihr Flug ist geschwind, mit schneller Flügelbewegung und geht ziemlich geradeaus. Von einem Busch zum anderen streicht sie niedrig über der Erde dahin; wenn sie aber den Platz verläßt, steigt sie hoch in die Luft empor. So gern sie sich beim Aufsuchen ihrer Nahrung verbirgt, ebenso gern sitzt sie frei beim Singen. Man sieht sie dann stets auf den Wipfeln der Fichten, doch selten höher als zwanzig Meter über dem Boden, oder auf freistehenden Zweigen. Ihr wohltönender Gesang besteht aus wenigen Tönen, er hört sich an wie helles, aber nicht lautes Klingeln. Der Lockton klingt wie „Di dui dii" oder „Sri sri"; der Alarmruf hell wie „Didü"; ein Ruf, den sie im Flug hören läßt, wie „Bibibil"; das Lied besteht hauptsächlich aus den Lauten „Dididehideh". Ein Vogel singt fast wie der andere, doch sind auch geringe Abweichungen bemerkt worden. Im Sitzen lockt die Braunelle selten, am häufigsten, wenn sie hoch durch die Luft fliegt. Sie scheint dann die sitzenden Vögel zum Mitwandern ermuntern zu wollen. Oft sind die lockenden Vögel so hoch, daß sie das menschliche Auge nicht erblicken kann. Bei Annäherung einer Gefahr stürzt sie sich von der Spitze des Baumes fast senkrecht ins Gebüsch hinab und verbirgt sich, ist jedoch keineswegs scheu. Im Sommer nährt sie sich von Kerbtieren, kleinen Käferchen und deren Larven; auf dem Zug verzehrt sie fast nur feine Sämereien, nimmt auch, um die Verdauung zu erleichtern, Sandkörner auf.

Ende April beginnen die Paare mit dem Nestbau. Das Männchen singt jetzt unaufhörlich, steitet sich heftig mit Nebenbuhlern, läßt aber das Weibchen allein das kunstvolle Nest bauen. Dieses steht stets in dichtem Gezweig, gewöhnlich in Fichtenbüschen, durchschnittlich 1 m über dem Boden. Es hat eine Unterlage von wenigen dürren Zweigen und besteht hauptsächlich aus Moos. Gewöhnlich ist es innen mit den rotbraunen Sporenträgern des Frauenhaarmooses ausgelegt und sieht deswegen aus, als sei es mit Eichhornhaaren ausgefüttert. Im Mai findet man das erste, im Juli das zweite Ge-

Links: Die Heckenbraunelle ist bei uns relativ häufig, auch in Gärten, doch wegen ihrer graubraunen Tarnfarbe und ihrer verborgenen, ruhigen Lebensweise wird sie meist übersehen. Wer sie erblickt, hält sie meist für einen Sperling (Foto Bille).

Verbreitungsgebiet: Die Familie der Braunellen ist in 12 Arten in den außertropischen Gebieten Eurasiens und im afrikanischen Atlasgebirge verbreitet. Einige Arten sind ausgesprochene Hochgebirgsvögel.

lege in ihm. Das erste Gelege besteht aus vier bis sechs, das zweite gewöhnlich aus vier 20 mm langen, 14 mm dicken, blaugrünen Eiern. Sie werden nur vom Weibchen ausgebrütet. Bei Gefahr verstellt sich das Weibchen nach Art der Grasmücken.

Ein recht häufiger und weit verbreiteter Hochgebirgsvogel ist die Alpenbraunelle (Prunella collaris). Sie bewohnt die Mattenregionen des Atlasgebirges, der Pyrenäen, Alpen und des Himalaya; selbst in Japan ist sie zu finden. Von ihrem Brutgebiet weit oberhalb der Baumgrenze wandert sie im Winter in kleinen Trupps talwärts, häufig in die Nähe menschlicher Siedlungen.

Die Alpenbraunelle hat mit einer Lerche Ähnlichkeit. Der Schnabel ist verhältnismäßig stark, leicht gekrümmt und zugespitzt. Das Weibchen unterscheidet sich vom Männchen durch etwas mattere Färbung. Zum Singen wählt sich das Männchen entweder einen hervorstehenden Felsbrocken oder einen einzelnen hohen Stein. Der Gesang ist einfach.

In günstigen Sommern brütet auch die Alpenbraunelle zweimal; denn man findet sehr frühzeitig und noch Ende Juli Eier im Nest. Dieses wird in Steinritzen und

Oben: Der Schnabel der Braunelle ist pfriemenförmig zugespitzt wie bei den insektenfressenden Vögeln; sie ernährt sich aber im Winter hauptsächlich von Samen und Beeren (Foto B. Coleman – Photo Researchers).

Gut versteckt im Gebüsch baut die Heckenbraunelle ihr Nest aus Grashalmen, Ästchen und Moos. Das Weibchen allein bebrütet 12 bis 14 Tage lang die hell blaugrünen Eier (Foto E. Hosking).

Löchern unter Felsblöcken oder in dichten Alpenrosenbüschen, immer aber auf gedeckten und versteckten Plätzen, aus Erdmoos und Grashalmen erbaut und innen mit dem feinsten Moos oder mit Wolle, Pferde- und Kuhhaaren sorgfältig ausgelegt. Die 4–6 länglichen, glattschaligen, blaugrünen Eier sind etwas größer als die der Heckenbraunelle.

Beide Eltern brüten etwa 15 Tage und ziehen gemeinsam die Jungen auf, die mit Insekten und im Kropf vorgeweichten Samen gefüttert werden.

Die Bergbraunelle (Prunella montanella) brütet im Gebiet der sibirischen Taiga zwischen Ural und Beringsee. Sie zieht nach China ins Winterquartier. Im Himalaya, in der Höhenzone zwischen 2500 und 4500 m, lebt die Rotbrust-Braunelle (Prunella strophiata). Wie die Alpenbraunelle wandert sie im Winter in tiefergelegene Täler.

Die Alpenbraunelle findet man im Sommer im Bereich der alpinen Matten, wo sie in Geröllhalden oder Felsspalten nistet. Im Winter wandert sie talwärts bis in die Bergdörfer (Fotos J. Trotignon – Jacana und Bille).

Fliegenschnäpper

Die Familie Fliegenschnäpper *(Muscicapidae)* bevölkert mit Ausnahme Amerikas alle Erdteile, besonders zahlreich die Äquatorgegenden; die Vögel bewohnen Waldungen und Baumpflanzungen, leben mehr auf Bäumen als im Gebüsch und kommen selten auf den Boden herab. Auf einem möglichst freien Ast sitzend, der weite Umschau gewährt, spähen sie nach Kerbtieren, fliegen diesen gewandt nach, nehmen sie mit dem Schnabel auf und kehren hierauf gewöhnlich auf ihren Sitz zurück. Bei schlechtem Wetter, namentlich wenn sie Junge zu versorgen haben, pflücken sie auch Beeren. Sie sind fast den ganzen Tag über in Tätigkeit, sind munter, unruhig und behend, angesichts des Menschen wenig scheu. Abweichend von verwandten Vögeln lassen sie ihre Stimme selten hören, ausgenommen zur Paarungszeit, die die Männchen sogar zu einem wenn auch sehr einfachen und leisen Gesang anregt. Das Nest, ein lockerer, roh zusammengefügter, aber warm ausgestatteter Bau, wird entweder in Baumhöhlen, Mauerlöchern und anderen Halbhöhlen oder zwischen Astgabeln, gewöhnlich nahe am Stamm, angelegt. Das Gelege enthält 4–5 Eier, die von beiden Eltern ausgebrütet werden. Nachdem die Jungen groß geworden sind, schweifen die Eltern noch eine Zeitlang mit ihnen umher; hierauf treten Arten, die in den gemäßigten und nördlichen Breiten leben, sehr frühzeitig im Jahr ihre Winterreise an, die sie bis in die Urwälder Mittelafrikas, bei den asiatischen Arten nach Südasien führt und erst im Spätfrühjahr endet. In Anpassung an die Ernährungsweise ist der Schnabel der meisten Fliegenschnäpper breit und flach und am Grunde von dünnen, aber langen und

Oben: Bei den afrikanischen Schwarzkehl-Lappenschnäppern unterscheiden sich Weibchen und Männchen deutlich an der Färbung der Kehle (rechts das Männchen); beide haben auffallende rote Hautlappen über dem Auge (Foto A. Visage–Jacana).

Verbreitungsgebiet: Die Familie der Fliegenschnäpper ist ausschließlich in der Alten Welt und Australien verbreitet, und zwar in allen Lebensräumen mit Ausnahme der arktischen Breiten und der Wüstengebiete. Viele Arten sind Zugvögel.

starren Federborsten umgeben, die wie eine Reuse wirken und die fliegenden Insekten in den geöffneten Schnabel leiten. Die Läufe sind kurz und relativ schwach; dementsprechend halten sich die Fliegenschnäpper kaum auf dem Boden auf. Die Färbung variiert in der Familie von einfarbigem Graubraun bis zu leuchtend gelben, roten und blauen Zeichnungen, vor allem bei den asiatischen und afrikanischen Arten. Männchen und Weibchen können völlig gleich aussehen; bei den „Exoten" sind aber starke Geschlechtsunterschiede im Gefieder möglich.

Die 378 Arten und ca. 32 Gattungen der Familie bilden 6 Unterfamilien:

Die Kleinschnäpper *(Platysteirinae)* spreizen bei Erregung ihre Rumpffedern, beim Flug klatschen sie laut mit den Flügeln. Zu ihnen gehört der mittelafrikanische Schwarzkehl-Lappenschnäpper *(Platysteira peltata)*, der in den mittleren Etagen des tropischen Regenwaldes Insekten fängt.

Die Flachschnabelschnäpper *(Myiagrinae)* haben besonders lange Federborsten am außergewöhnlich breiten Schnabel. Der nur 12 cm lange Papua-Flachschnabel *(Machaerirhynchus flaviventer)* ist schwarz-weiß-gelb gefärbt.

Die Monarchen *(Monarchinae)* sind die prächtigsten Arten der Familie. Bei der Gattung Paradiesschnäpper *(Terpsiphone)* sind die Männchen extrem langschwänzig, bei der Gattung *Monarcha* schimmern Teile des buntgezeichneten Gefieders samtartig.

Die Dickkopfschnäpper *(Pachycephalinae)* sehen den Würgern ähnlich, besonders im Bau des Schnabels, der hakenförmig gebogen und hinter der Spitze gekerbt ist. Sie sind in Australien, Neuguinea und Polynesien verbreitet. Die Brutpartner verständigen sich durch melodische Wechselgesänge.

Die Fächerschwanzschnäpper *(Rhipidurinae)* haben einen auffallend langen, abgestuften Schwanz, der oft wie ein Pfauenrad gespreizt und auf und ab oder seitlich bewegt wird. Die in beiden Geschlechtern unauffällig grau oder braun gefärbten Vögel sind Kulturfolger und nisten häufig in der Nähe menschlicher Siedlungen.

Die Fliegenschnäpper im eigentlichen Sinn *(Muscicapinae)* umfassen eine große Zahl von Gattungen, von denen nur die einheimischen *Muscicapa* und *Ficedula* näher betrachtet werden sollen.

Grauer Fliegenschnäpper

Der Graue Fliegenschnäpper oder Grauschnäpper *(Muscicapa striata)* unterscheidet sich von den Familienverwandten allein durch den etwas gestreckten Schnabel und das beiden Geschlechtern gemeinsame graubräunliche gefleckte Kleid. Beim Weibchen sind alle Farben blasser. Die Länge beträgt 14 cm.

Fliegenschnäpper ernähren sich und ihre Jungen, indem sie, meist im Flug, Insekten fangen. In Kälte- und Regenperioden füttern sie aus Mangel an Insektennahrung ihre Jungen auch mit Beeren, die sie im Sturzflug von Sträuchern pflücken (Foto H. Barntather – Photo Researchers).

Oben: Der Grauschnäpper nistet gern in Halbhöhlen, wie Mauerritzen, hohlen Bäumen usw. Beide Eltern sehen gleich aus; sie brüten abwechselnd und füttern beide die Jungen (Foto F. Blackburn – Photo Researchers).

Rechte Seite: Auf diesem Porträt des Grauschnäppers sind die dünnen Federborsten im Schnabelwinkel gut zu erkennen, die für die Fliegenschnäpper und ihre Verwandten bezeichnend sind. Sie dienen als „Reuse" beim Insektenfang (Foto A. Fratras).

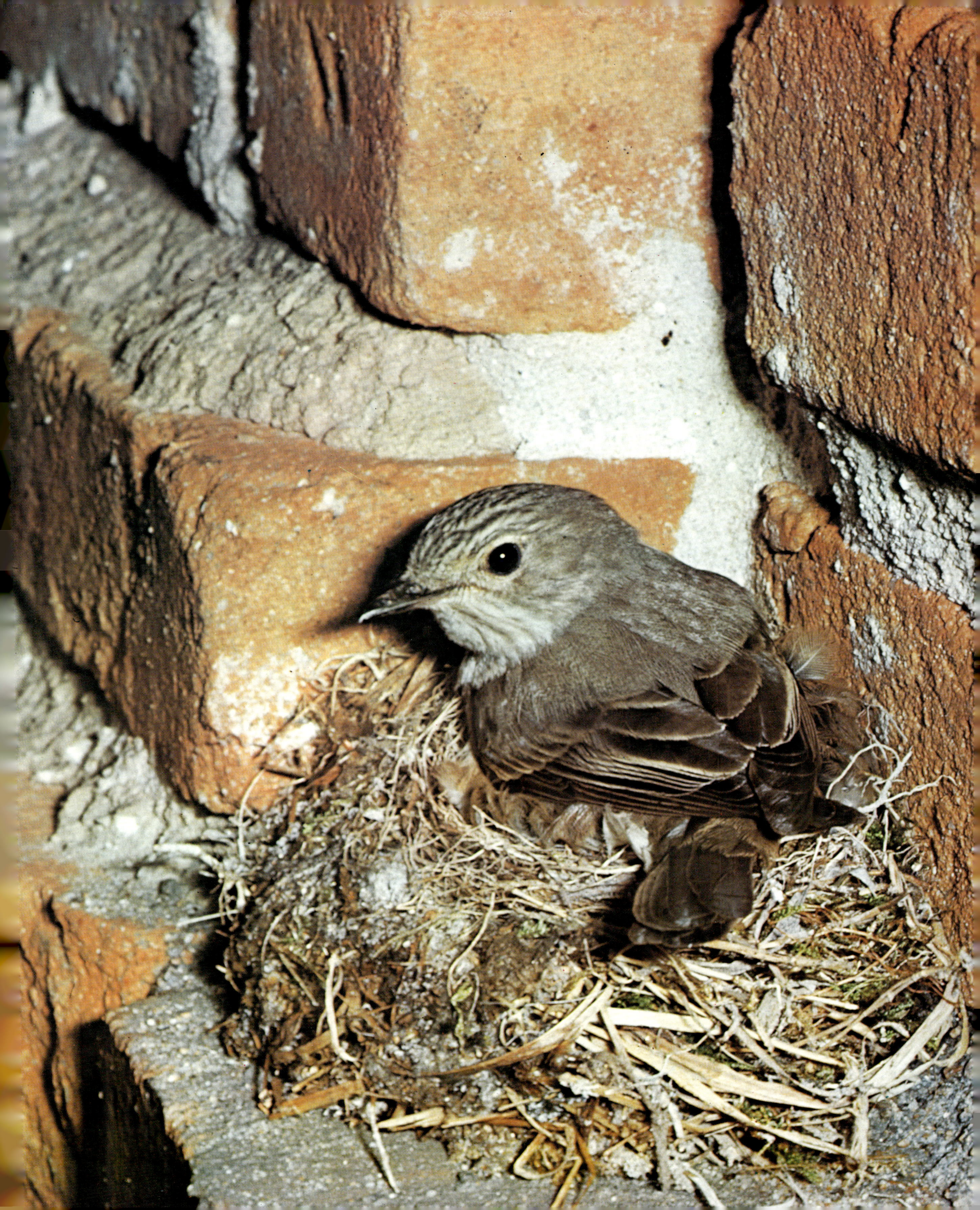

Mit Ausnahme der nördlichsten Länder bewohnt der Grauschnäpper alle Gebiete Europas. In Südeuropa ist er häufig; nach Osten hin verbreitet er sich bis zum Kaukasus und Altai; auf seinem Herbstzug wandert er bis Innerafrika. Hohe Bäume in Wassernähe bevorzugt er als „Ansitz" für die Insektenjagd. Das Treiben des Menschen scheut er nicht, er nistet deshalb oft mitten in den Dörfern. Das Wohngebiet eines Paares beschränkt sich oft auf einen Hektar, unter Umständen sogar auf einen noch kleineren Raum. Je nachdem, ob die Witterung günstig oder ungünstig ist, erscheint er Ende April oder Anfang Mai, gewöhnlich paarweise, beginnt bald nach seiner Ankunft mit der Fortpflanzug und verläßt uns wieder Ende August oder Anfang September. Genau dasselbe gilt für Südeuropa: in Spanien trifft er auch nicht früher ein und bleibt nicht länger als in Deutschland.

Der Lockton ist ein einfaches „Tschi tschi" oder „Wistet", der Angstruf ein klägliches „Tschirecktecktecck", das von beständigem Flügelschlagen begleitet wird, der Gesang ein leises, zirpendes Geschwätz, das in der Hauptsache aus dem Lockton besteht und nur durch dessen verschiedenartige Betonung etwas abgeändert wird.

Das Pärchen, insbesondere das Männchen, verteidigt das einmal erwählte Gebiet eifersüchtig und hartnäckig gegen jeden Eindringling derselben Art. Wenn das Paar nicht gestört wird, brütet es nur einmal im Jahr. Das Nest steht an sehr verschiedenen Stellen: auf abgestutzten, niederen Bäumen, namentlich alten Weidenköpfen, auf kleinen Zweigen dicht am Stamm eines Baumes, in Obstspalieren, unter Dächern, in weiten Baumhöhlen oder Mauerlöchern, sogar in Schwalbennestern. Es wird aus trockenen, feinen Wurzeln, grünem Moos und ähnlichen Stoffen zusammengetragen, innen mit Wolle, einzelnen Pferdehaaren und Federn ausgefüttert und sieht immer unordentlich aus. Anfang Juni sind die vier bis fünf 18 mm langen, auf blaugrünlichem Grunde mit hellrostfarbigen Flecken gezeichneten Eier vollzählig und werden nun, abwechselnd vom Männchen und Weibchen, binnen 14 Tagen ausgebrütet. Die Jungen wachsen rasch heran, brauchen aber lange Zeit, bevor sie selbst im Flug Insekten fangen können.

Trauerschnäpper

Das Männchen des Trauerschnäppers *(Ficedula hypoleuca)* ist im Hochzeitskleid auf der ganzen Oberseite tief schwarzgrau, in Mitteleuropa dunkel graubraun; die Stirn, die ganze Unterseite und ein Schild auf den Flügeln, gebildet durch die drei letzten Handschwingen, die Außenfahne der Schulterfedern und die Armdecken sind weiß. Das Weibchen ist oben braungrau, unten schmutzigweiß. Sehr ähnlich sehen die Jungen aus. Das Auge ist dunkelbraun, Schnabel und Füße sind schwarz. Die Länge beträgt etwa 13 cm.

Der ebenso große Halsbandschnäpper *(Ficedula albicollis)* wird oft mit dem Trauerschnäpper verwechselt, die Weibchen beider Arten sind in der Tat schwer zu unterscheiden. Das alte Männchen des Halsbandschnäppers erkennt man an seinem weißen Halsband.

Der Trauerschnäpper bewohnt alle Länder Europas mit Ausnahme von Nordskandinavien, Irland und Schottland, Frankreich, Süditalien und des Balkan und wandert im Winter durch Kleinasien, Palästina und Nordafrika bis in die Waldländer jenseits des Wüstengürtels; der Halsbandschnäpper dagegen bevölkert mehr

Das Weibchen des Trauerschnäppers trägt Raupen zum Nest. Fliegenschnäpper sammeln auch sitzende Insekten von Bäumen, ja sogar vom Boden auf. Das Männchen des Trauerschnäppers lebt manchmal polygam (Foto A. Fatras).

den Süden unseres Erdteils, namentlich Italien und Griechenland, verbreitet sich von dort aus bis in das südöstliche Deutschland, gehört im Norden Deutschlands zu den Seltenheiten und wandert etwa so weit wie der Trauerschnäpper. Dieser trifft in der letzten Hälfte des April bei uns ein und zieht Ende August oder Anfang September wieder von uns weg. Die Männchen erscheinen eher als die Weibchen und verlassen uns auch früher.

In ihrer Lebensweise scheinen sich die beiden so nahe verwandten Arten kaum zu unterscheiden. Im Frühjahr singt das Männchen des Trauerschnäppers fleißig und gar nicht schlecht. Der einfache, schwermütig klingende Gesang erinnert an den des Gartenrotschwanzes. Eine Strophe, die hell pfeifend wie „Wutiwutiwu" klingt, ist besonders bezeichnend. Der Trauerschnäpper beginnt schon lange vor Sonnenaufgang zu singen. Der Ruf des Halsbandfliegenschnäppers ist ein gedehntes „Zieh", der Lockton ein einfaches „Tak", der Gesang kürzer und einfacher als bei seinem Verwandten.

Laubwaldungen, in denen alte, hohe und teilweise hohle Bäume stehen, sind die liebsten Brutorte der Trauerschnäpper. Sie sind Höhlenbrüter. Hat das Männchen einen passenden Nistort gefunden, z. B. einen leeren Nistkasten, dann zeigt es diesen dem Weibchen durch

Das Männchen des Trauerschnäppers hat im Brutkleid eine auffallende weiße Zeichnung an Stirn, Kehle und Flügeldecken. Die Unterseite ist ganz weiß; die Oberseite ist nur bei den skandinavischen Trauerschnäppern ganz schwarz, bei den mitteleuropäischen mehr graubraun (Foto L. Gaggero).

Balztänze vor dem Eingang. Nestbau und Brüten sind allein Aufgabe des Weibchens. Manche Männchen balzen vor mehreren Nisthöhlen und unterhalten einen ganzen „Harem". In Gegenden, in denen die Trauerschnäpper regelmäßig brüten, kann man sie durch zweckmäßig eingerichtete Nistkästen an einen bestimmten Garten gewöhnen, und sie werden dann oft überraschend zahm.

Zwergschnäpper

Im Osten und Südosten Deutschlands und in ganz Osteuropa lebt der Zwergschnäpper *(Ficedula parva)*. Das erwachsene Männchen ähnelt im Frühjahr in der Farbenverteilung dem Rotkehlchen. Die Weibchen unterscheiden sich durch düstere, graue Farben von den Männchen.

In der Nähe bewohnter Gebäude findet sich der Zwergschnäpper nur ausnahmsweise ein: er ist ein Bewohner des stillen Waldes. Der Lockton, ein lauter Pfiff, der dem „Füit" unseres Gartenrotschwanzes ähnelt, wird häufig in den Gesang verflochten. Dieser besteht aus einer Hauptstrophe: „Tink, tink, tink ei-da, ei-da, ei-da" usw., die an den Schlag des Waldlaubsängers erinnert, ihn aber an Abwechslung und Klangreinheit übertrifft. Der Warnungston ist ein gezogenes „Zirr" oder „Zee". Die Jungen rufen „Sisir". Da der Zwergschnäpper ebenfalls spät im Jahr bei uns eintrifft und schon ziemlich frühzeitig wieder wegzieht, fällt die Brutzeit in die letzten Frühlingsmonate. Wie der Trauerschnäpper ist er ein Höhlenbrüter, nistet aber auch auf Astgabeln.

Die Grasmücken leben in Hecken und Gebüsch, wo sie Insekten im Gezweig suchen und ihre Nester meist niedrig über dem Boden bauen. Der Gesang der Gartengrasmücke (im Bild) gehört zu den schönsten Liedern unserer einheimischen Vögel (Foto Bille).

Grasmücken

Eine der artenreichsten Familien mit 393 Arten bilden die Grasmücken *(Sylviidae)*. Sie sind kleine, schlanke Sperlingsvögel, mit pfriemenförmigem, leicht gekrümmtem Schnabel, kurzen oder höchstens mittelhohen Füßen, deren Läufe vorn mit geteilten Schildern bekleidet sind, mittellangen, meist gerundeten Flügeln, deren Handteil stets zehn Schwingen trägt, verschiedenartig gebildetem, kürzerem oder längerem Schwanz und seidenweichem Gefieder. Alle in den gemäßigten Breiten brütenden Arten sind Zugvögel; die meisten erscheinen erst in der Heimat, wenn der Frühling wirklich eingezogen ist. Dann grenzt sich jedes Paar sein Brutgebiet gegen andere derselben Art ab und verteidigt es gegen die Artgenossen. Unmittelbar nach der Wahl des Gebietes beginnt der Bau des Nestes, das je nach der Art verschieden gestellt und ausgeführt sein kann. Die Geschlechter unterscheiden sich äußerlich wenig, beide sind meist unscheinbar grau, braun oder grünlich gefärbt; anders als bei den Fliegenschnäppern und Drosseln ist das Jugendkleid der Grasmücken ungefleckt. Der Gesang der Männchen kann sehr wohllautend und kunstvoll sein. Die Nahrung besteht vorwiegend aus Insekten, aber auch aus Beeren und anderen Früchten.

Die Familie der Grasmücken wird in 3 Unterfamilien aufgeteilt: Die Mückenfänger *(Polioptilinae)* sind nur in der Neuen Welt verbreitet. Die Südseegrasmücken *(Malurinae)* weichen vom „Familienbild" etwas ab: einige Arten haben ein prachtvoll gefärbtes und gezeichnetes Gefieder. Die Echten Grasmücken *(Sylviinae)* leben, bis auf eine Ausnahme, den Nordischen Laubsänger, nur in der Alten Welt.

Die wichtigsten Gattungen sollen betrachtet werden: Die Grasmücken der Gattung *Sylvia* umfassen etwa 300 Arten, die am deutlichsten an ihrem Gesang zu unterscheiden sind. Der Name hat weder mit Gras noch mit Mücken zu tun; er ist abgeleitet aus dem Mittelhochdeutschen „grâ smiege", die „Grau-Schmiege".

Sperbergrasmücke

Die größte aller in Deutschland lebenden Arten der Unterfamilie ist mit 16 bis 18 cm Gesamtlänge die Sperbergrasmücke *(Sylvia nisoria)*. Die Oberseite des Gefieders ist olivbraungrau, der Oberkopf etwas dunkler, die Unterseite weißlich, dunkelbraun „gesperbert". Die Iris ist zitronengelb. Vom südlichen Schweden an bewohnt oder besucht die Sperbergrasmücke Mittel-, Südost- und Osteuropa bis in das westliche Asien und Nordchina und wandert im Winter bis ins Innere Afrikas. Bei uns zulande erscheint sie meist erst Anfang Mai und verweilt höchstens bis August. Zu ihrem Sommeraufenthalt wählt sie niederes Gebüsch, mit Vorliebe Dickichte.

Auf dem Boden bewegt sie sich schwerfällig, kommt daher auch selten zu ihm herab, fliegt dagegen recht gut und durchschlüpft das Gezweig mit überraschender Fertigkeit. Ihre Lockstimme ist ein schnalzendes „Tschek", der Warnungslaut ein schnarchendes „Err", der Gesang wohllautend und reichhaltig. Der Pfiff des Pirols, der Schlag des Finken, der sogenannte Überschlag der Mönchsgrasmücke und andere von den umwohnenden Singvögeln gehörte Töne werden häufig eingewoben; oft beginnt das Lied mit rauhem Schnarren.

Das Nest steht im Dickicht oder in großen, natürlichen Dornhecken, meist ziemlich gut versteckt, in einer Höhe von einem Meter und mehr über dem Boden. Nähert man sich einem Nest, bevor es fertig ist, so verlassen es die Alten gewöhnlich sofort und bauen dann ein neues; sie verlassen selbst die bereits angebrüteten Eier, wenn sie merken, daß diese von Menschenhänden berührt wurden.

Mönchsgrasmücke

Die Mönchsgrasmücke oder das Schwarzplättchen *(Sylvia atricapilla)*, einer der begabtesten Sänger unserer Wälder und Gärten, ist nach der schwarzen Kopfoberseite des Männchens benannt. Das Weibchen trägt ein rotbraunes Käppchen. Die Mönchsgrasmücke bewohnt ganz Europa nach Norden hin bis Lappland, Westasien, die Kanarischen Inseln und die Azoren. Sie trifft bei uns gegen Mitte April ein, nimmt in Waldungen, Gärten und Gebüschen ihren Wohnsitz und verläßt uns im September wieder. Ihr Lockton ist ein angenehmes „Tack, tack, tack", worauf ein äußerst sanfter Ton folgt, der sich mit Buchstaben nicht bezeichnen läßt. Beim Gesang folgt auf kurze, abwechslungsreiche Zwitscherstrophen eine melodisch flötende Schlußstrophe, der „Überschlag". Die Melodien sind sehr variabel.

In der Wahl seiner Nahrung unterscheidet sich das Schwarzplättchen von den anderen Grasmücken: es frißt leidenschaftlich gern Früchte und Beeren und verfüttert sie auch an seine Jungen. Im Herbst „mästet" es sich geradezu mit Holunderbeeren, um die Strapazen des Herbstzuges zu überstehen.

Das Schwarzplättchen brütet zweimal im Jahr, das erste Mal im Mai, das zweite Mal im Juli. Das Nest steht stets im dichten Gebüsch. Das Gelege besteht aus 4–6 glattschaligen glänzenden Eiern von 18 mm Länge und 14 mm Dicke, die auf fleischfarbenem Grund mit dunkleren Flecken gezeichnet sind. Beide Geschlechter brüten und füttern. Kommt durch Zufall die Mutter ums Leben, so übernimmt das Männchen die Aufzucht der Jungen.

Oben: Die Mönchsgrasmücke ist nach ihrer schwarzen Kopfkappe benannt. Wie das Bild zeigt, ernähren sich Grasmücken nicht nur von Insekten; auf ihrem Speisezettel stehen auch Früchte (Foto Longo).

Vierzehn Tage nach dem Schlüpfen verlassen die Jungen der Mönchsgrasmücke das Nest, obwohl sie noch nicht ganz flügge sind. Sie werden noch einige Tage von den Eltern gefüttert (Foto L. Gaggero).

Gartengrasmücke

Der Mönchsgrasmücke als Sängerin ebenbürtig ist die Gartengrasmücke *(Sylvia borin)*. Männchen, Weibchen und Junge sind schlicht bräunlich gefärbt mit heller Unterseite.

Ihr Verbreitungsgebiet erstreckt sich über ganz Europa, mit Ausnahme des tiefsten Südens und höchsten Nordens, bis nach Westsibirien. Griechenland und Kleinasien dagegen berührt sie nur während ihres Zuges, der sie bis Südafrika führt. Sie trifft bei uns frühestens Ende April oder Anfang Mai ein und verläßt uns im September wieder. Auch sie lebt im Wald, vorzugsweise im dichten Unterholz, aber auch in Gartenhecken und Beerensträuchern findet man ihr Nest.

Die Lockstimme ist ein schnalzendes „Täck, täck", der Warnungsruf ein schnarchendes „Rhahr". Der Gesang gehört zu den besten, die in unseren Wäldern oder Gärten ertönen. Er besteht aus langen wohllautenden Zwitscher- und Flötenstrophen. Bei der Werbung zeigt das Männchen dem Weibchen den erwählten Nistplatz, oft, indem es Nistmaterial im Schnabel trägt. Es führt singend einen kleinen „Balztanz" auf diesem Platz auf, indem es den Schwanz spreizt, mit Flügeln und Kopf zittert und sich in die künftige Nestmulde drückt.

Das Nest steht bald tief, bald hoch über dem Boden, oft in niederen Büschen. Es ist unter allen Grasmückennestern am lockersten gebaut; besonders der Boden ist zuweilen so dünn, daß man kaum begreift, wie er die Eier festhält. Das Gelege ist erst Ende Mai vollzählig. Die 5–6 Eier variieren in Farbe und Zeichnung, sind aber gewöhnlich auf trüb rötlichweißem Grund mattbraun und aschgrau gefleckt. Beide Geschlechter brüten, das Männchen aber nur in den Mittagsstunden. Nach vierzehntägiger Bebrütung schlüpfen die Jungen aus, nach weiteren vierzehn Tagen sind sie bereits so weit entwickelt, daß sie das Nest augenblicklich verlassen, wenn ein Feind sich ihnen nähert. Allerdings können sie dann noch nicht fliegen, huschen und klettern aber so behende durchs Gezweig, daß sie dem Auge des Menschen bald entschwinden. Die Eltern benehmen sich angesichts drohender Gefahr wie andere Mitglieder ihrer Familie, sie „verleiten", indem sie sich flugunfähig stellen und den Feind, scheinbar hilflos vor ihm herflatternd, gezielt vom Nest wegführen. Die Gartengrasmücke brütet nur einmal im Jahr. In Gefangenschaft haben einzelne Vögel ein Alter von 15 Jahren erreicht.

Die Orpheusgrasmücke lebt im Mittelmeergebiet als Zugvogel. Den Winter verbringt sie in Zentralafrika bzw. in Indien. Ihr Gesang ähnelt dem Drosselschlag. In Deutschland haben schon einzelne Paare gebrütet (Foto L. Gaggero).

In China und in den niederen Gebirgslagen des Himalaya lebt der Rotbauchfliegenschnäpper (Niltava sundara). Das Männchen (im Bild) ist prachtvoll kontrastreich gefärbt und singt zur Brutzeit leise und melodisch; das Weibchen ist unscheinbarer (Foto J. Markham).

Der Indische Paradiesschnäpper baut in Astgabeln ein recht haltbares Nest, in dem er mehrere Jahre immer wieder seine Brut aufzieht. Er verteidigt Nest und Brutrevier gegen alle Eindringlinge seiner Art. Hier ein Weibchen mit Jungen (Foto P. Jackson).

Während die europäischen Fliegenschnäpper meist recht unscheinbar gefärbt sind, trägt das Männchen des Indischen Paradiesschnäppers ein prächtiges schwarz-weißes Brutkleid, dessen besondere Zierde die langen, schleppenartigen Schwanzfedern bilden (Foto P. Jackson).

Die Rohrsänger (hier eine Familie des Teichrohrsängers) leben meist an stehenden Gewässern und flechten ihre Nester zwischen Schilfhalme. Sie ernähren sich vor allem von Insekten ihres Lebensraumes und deren Larven: Libellen, Fliegen, Mücken und Käfern. Sie brüten jährlich nur einmal (Foto S. Porter).

Klappergrasmücke

Die Klapper- oder Zaungrasmücke, das Müllerchen *(Sylvia curruca)*, ist der Gartengrasmücke nicht unähnlich gefärbt, aber bedeutend kleiner; sie ist nur etwa 13 cm lang.

Das Verbreitungsgebiet des Müllerchens erstreckt sich über das ganze Europa und Asien der gemäßigten Breiten nach Norden hin bis Lappland, nach Osten bis China, nach Süden bis Griechenland, das Wandergebiet bis Mittelafrika und Indien. Die Zaungrasmücke trifft bei uns erst Anfang Mai ein und verläßt uns schon im September wieder. Während ihres kurzen Sommerlebens in der Heimat siedelt sie sich vorzugsweise in Gärten, Gebüschen und Hecken an. Die Strophen des zwitschernden und pfeifenden Gesanges schließen mit einem lauten Klappern.

Das Nest steht in dichtem Gebüsch, niedrig über dem Boden. Beide Eltern brüten und füttern abwechselnd die Jungen. Nicht selten müssen sie statt deren ein Kuckucksjunges großziehen.

Dorngrasmücke

Die Dorngrasmücke oder das Weißkehlchen *(Sylvia communis)* lebt in ähnlichem Gelände wie die Klappergrasmücke, bevorzugt aber noch niedrigeres Gebüsch, Ginster- und Brombeergesträuch, und nistet in Bodennähe. Das Männchen unterscheidet sich von dem oberseits rostbraun, unterseits hellrosa-bräunlich gefärbten Weibchen durch seine hellgraue Kopfkappe. Beider Kehle ist reinweiß. Die Dorngrasmücke brütet in ganz Europa, mit Ausnahme Nordskandinaviens, und bis nach Westasien. Im Herbst zieht sie nach Zentralafrika. Sie trifft spät, selten vor Ende April, meist erst Anfang Mai bei uns ein, bezieht sofort ihr Brutgebiet und verweilt dort bis zum August, beginnt dann zu streichen und verläßt uns im September, spätestens im Oktober wieder.

Das Männchen hat einen zwar mannigfachen, aber wenig klangvollen Gesang, ein eilig hervorgestoßenes Zwitschern, das auf einem Busch oder während des Balzfluges vorgetragen wird. Es steigt flatternd fünfzehn bis dreißig Meter in die Höhe und stürzt sich, immer singend, entweder flatternd in schiefer, oder mit angezogenen Schwingen fast in senkrechter Richtung wieder hinab. Dem Menschen gegenüber ist die Dorngrasmücke ziemlich mißtrauisch und scheu. Wenn man sich ihr nähert, dann schleicht sie sich förmlich durch das Gebüsch davon. Anders als die meisten Grasmücken brütet sie meist zweimal im Jahr.

Südeuropäische Grasmücken

In Südeuropa sind eine Reihe von Grasmücken heimisch.

Die Orpheusgrasmücke *(Sylvia hortensis)* ist mit 15 cm Gesamtlänge die größte. In den Korkeichenwäldern und Olivenhainen, aber auch in Macchie und Garigue der Mittelmeerländer ist ihr wohllautendes Lied, das an den Drosselschlag erinnert, nicht selten zu hören. Sie nistet auf niedrigen Bäumen. Den Winter verbringt sie in Afrika und Indien. Das Männchen hat eine mattschwarze Kopfplatte wie die Mönchsgrasmücke, sie erstreckt sich aber bei ihm bis unter das Auge mit leuchtend gelber Iris.

Die Samtkopfgrasmücke *(Sylvia melanocephala)* ist der Orpheusgrasmücke ähnlich, ihre Kopfkappe ist aber glänzend schwarz; ihr braunes Auge umgibt ein auffallender leuchtendroter Hautring. Die Oberseite ist grau, die Unterseite hellgrau, die Kehle reinweiß. Die Farben des Weibchens sind mehr braungrau, oben dunkler, unten heller. Ihr lauter, im Stakkato ausgestoßener Alarmruf klingt wie Kastagnettengeklapper. Ihren zwit-

Die Dorngrasmücke baut ihr Nest oft in Brombeer- und Ginstergebüsch nahe dem Boden, manchmal sogar im Gras. Durch ihre unauffällige Schutzfärbung entgeht sie leicht der Aufmerksamkeit der Verfolger (Foto A. Fatras).

schernden Gesang trägt sie auf Bäumen sitzend, aber auch während des tänzelnden Balzfluges vor. Sie bevorzugt als Nistplatz und Jagdrevier die Macchie und die mediterrane Zwergbuschsteppe. Im Mittelmeergebiet ist sie Standvogel. Ihr Verbreitungsgebiet reicht über Vorderasien und den Irak und Iran bis zum Tienshan. Im Flug und in der Bewegungsweise ähnelt sie der Dorngrasmücke.

Die Maskengrasmücke *(Sylvia rueppelli)* ist in den Felsen der ägäischen Inseln, Griechenlands und der kleinasiatischen Küstenregion beheimatet. Das Männchen dieser besonders schönen Art trägt zum schwarzen Oberkopf einen gegen die weiße Brust scharf abgesetzten schwarzen Kehllatz; von den Schnabelwinkeln aus ziehen zwei weiße, schmale „Bartstreifen" schräg nach unten. Die Iris ist bei Männchen und Weibchen leuchtend rotbraun. Alarmruf und Gesang klingen etwa so wie bei der Samtkopfgrasmücke.

Die Bartgrasmücke *(Sylvia cantillans)* und die **Brillengrasmücke** *(Sylvia conspicillata)* sind mit 12–13 cm Gesamtlänge kleinere Arten. Sie steigen in den Gebirgen der Mittelmeerländer bis in Höhen von 2000 bis 3000 m, brüten aber auch in der Ebene, die Brillengrasmücke häufig in den Queller-Fluren der flachen Küstengebiete. Beide sind oberseits grau bis bräunlich, unterseits auf der Brust rötlich bis rotgelb gefärbt. Bei der Brillengrasmücke ist die Kehle weiß; die Bartgrasmücke trägt zu beiden Seiten der rostfarbenen Kehle einen schmalen weißen Bartstreifen. Die Weibchen sind matter gefärbt, wenn auch in den gleichen Tönen. Der Gesang beider Arten ähnelt dem der Dorngrasmücke.

Die Provencegrasmücke *(Sylvia undata)* bewohnt nicht nur die Ginster- und Zistrosengebüsche der westlichen Mittelmeerländer, sondern auch Westfrankreich und die Heide- und Stechginsterfluren Südenglands. Im Mittelmeergebiet ist sie Standvogel; wie die Samtkopfgrasmücke fällt sie deshalb oft in kalten Wintern einem Massensterben zum Opfer. Die Provencegrasmücke ist oberseits dunkelgraubraun, unterseits dunkel rostrot. Der dunkle, lange Schwanz wird aufrecht oder gefächert getragen. Der Gesang ist ein wohltönendes Zwitschern.

Die Sardengrasmücke *(Sylvia sarda)* lebt als Standvogel auf den Inseln des westlichen Mittelmeers, vor allem auf Sardinien und Korsika, aber auch auf Sizilien. Sie ist mit ca. 12 cm Gesamtlänge die kleinste Art und bis auf den hellen Unterbauch tief schwarzgrau gefärbt, nur die roten Augenlider heben sich von dem dunklen Gefieder ab. Die Weibchen sind mehr bräunlich getönt. Sie trägt den Schwanz stets „gestelzt" wie die Provencegrasmücke; wie diese ist sie scheu. Ihr Gesang ist ein melodisches Gezwitscher, ihr Alarmruf ein scharfes „Zick". In Nordafrika, Vorder- und Mittelasien sind 2 der kleinsten Grasmückenarten als Standvögel heimisch:

Die Atlasgrasmücke *(Sylvia deserticola)* lebt in der nordafrikanischen Buschsteppe. Sie ist 12 cm lang; ihre Oberseite ist graublau, die Unterseite rötlich, der Bartstreif weiß.

Die Wüstengrasmücke *(Sylvia nana),* hellgelblich gefärbt und nur 11,5 cm lang, bewohnt die Sahara und die Umgebung des Kaspischen Meeres.

Links: Die Provencegrasmücke nistet im undurchdringlichen dornigen Gestrüpp der Macchie oder Garigue und ist so scheu und heimlich, daß sie auch „Schlüpfgrasmücke" genannt wird. Sie brütet auch in Südengland und bevorzugt hier Nistplätze in Heide- und Stechginsterfluren (Foto E. Hosking).

Linke Seite oben: Besonders auffallend gezeichnet ist die Samtkopfgrasmücke, die als Standvogel in den Mittelmeerländern lebt. Wie bei einer Reihe von Grasmückenarten ist bei ihr das Auge durch auffallende Farben betont (Foto H. Chaumeton – Jacana).

Ein eben flügger Jungvogel der Klappergrasmücke, auch „Müllerchen" genannt wegen des Gesangs, der mit einem lauten Klappern auf einem Ton endet. Sie lebt in ähnlicher Umgebung wie die Dorngrasmücke (Foto Bille).

Rohrsänger

Die Rohrsänger erhielten ihren Gattungsnamen *Acrocephalus*, der „Spitzkopf" bedeutet, nach ihrem schlanken, schmalen Kopf und dem pfriemenförmigen Insektenfresserschnabel.

Drosselrohrsänger

Die größte und bekannteste Art der Gattung der Rohrsänger ist der Drosselrohrsänger, auch Rohrdrossel genannt *(Acrocephalus arundinaceus)*. Er ist mit etwa 20 cm Gesamtlänge etwas kleiner als ein Star. Das Gefieder ist oberseits dunkelbraun, unterseits gelblichweiß.

Mit Ausnahme Großbritanniens bewohnt der Drosselrohrsänger vom südlichen Schweden an südwärts alle ebenen Gegenden des gemäßigten und südlichen Europa sowie Westasien und verbringt den Winter in Afrika, bis in die Kapländer vordringend. Niemals verläßt er das Röhricht, fliegt selbst auf der Reise stets von Gewässer zu Gewässer. Am Brutort erscheint er frühestens gegen Ende April und verweilt höchstens bis Ende September.

Im Frühjahr hört man vom frühesten Morgen bis zum späten Abend den weit schallenden, in abwechselnde Strophen gegliederten Gesang der Männchen. Er erinnert ebenso an das Knarren und Quaken der Frösche wie an das Lied eines Vogels. Man kann ihn wiedergeben als „Dorre, dorre, dorre, karre, karre, karre, kerr, kerr, kerr, kei, kei kei kei kei, karre, karre, karre, kitt". Hochaufgerichtet, mit hängenden Flügeln und ausgebreitetem Schwanz, dick aufgeblasener Kehle, den Schnabel nach oben gerichtet, sitzt das Männchen auf seinem schwankenden

Links: Gut im Schilf versteckt hängt das Nest des Drosselrohrsängers zwischen den Rohrhalmen. Die Nestmulde ist so tief, daß die frisch geschlüpften Jungvögel auf dem Bild nicht zu sehen sind. Männchen und Weibchen füttern abwechselnd; sie sind äußerlich nicht zu unterscheiden (Foto A. Fatras).

Die Drosselrohrsänger füttern ihre Jungen mit Wasserinsekten. Um die gewandt fliegenden großen Libellen zu erbeuten, müssen sie schnelle, geschickte und unermüdliche Jäger sein (Foto Bille).

fliegen noch lange geleitet. Dieser Fürsorge bedürfen sie um so mehr, da sie, ehe sie ordentlich fliegen können, das Nest verlassen und sich einige Tage lang nur kletternd im Röhricht fortbewegen. Ende Juli sind sie selbständig geworden, und nun bereiten sie sich schon für die Winterreise vor.

Teichrohrsänger

Ein Abbild des Drosselrohrsängers im kleinen ist der Teichrohrsänger (Acrocephalus scirpaceus). Er ist knapp 13 cm lang, mit einfarbig graubräunlicher Oberseite und heller Unterseite, der für die Rohrsänger typische helle Augenstreif ist undeutlich und verwaschen.

In Deutschland bewohnt er ähnliche Gegenden wie sein größerer Verwandter, ist aber weiter verbreitet als dieser, dehnt sein Wohngebiet mehr und mehr aus und nimmt auch an Zahl merklich zu. In Aussehen und Verhalten erinnert er an seinen größeren Verwandten; selbst sein Lied hat mit dessen Gesang die größte Ähnlichkeit, nur daß es sich in höherer Tonlage bewegt als das des Drosselrohrsängers.

Recht häufig findet man im Nest des Teichrohrsängers nicht seine eigenen Sprößlinge, sondern einen jungen Kuckuck, der, nachdem er kurz nach dem Schlüpfen seine Stiefgeschwister aus dem Nest geworfen hat, als einziges „Kind" die Brutpflege seiner unfreiwilligen Adoptiveltern genießt, die bis zur Erschöpfung arbeiten, um seinen unersättlichen Hunger zu stillen.

Sumpfrohrsänger

Dem Teichrohrsänger täuschend ähnlich, in der Lebensweise jedoch durchaus von ihm verschieden ist der Sumpfrohrsänger (Acrocephalus palustris). Er ist etwas größer als jener und läßt sich mit Sicherheit an den längeren Flügeln erkennen. Das Verbreitungsgebiet des Sumpfrohrsängers reicht nicht so weit nach Norden, sein Wandergebiet nicht so weit nach Süden wie das des Verwandten.

Am meisten unterscheidet er sich vom Teichrohrsänger durch seinen ungewöhnlich wohllautenden Gesang. Sein Lied ähnelt am meisten dem des Gelbspötters. Es enthält nachgeahmte Rufe und Strophen vieler Singvögel, Triller wie beim Kanarienvogel, dazwischen eingestreut die für Rohrsänger typischen zirpenden und knarrenden Laute, etwa: „Terr, zerr, zirr, tiri, tirr". Ständig in Bewegung, auf Nahrungssuche im Gebüsch, bei Verfolgung eines Nebenbuhlers – stets trägt der Sumpfrohrsänger unermüdlich sein klangvolles, schnelles, zeitweise zweistimmig klingendes Lied vor.

Halm, sträubt und glättet abwechselnd die Scheitelfedern, auch wohl das übrige Gefieder, so daß es viel größer erscheint als sonst, und schmettert sein Gequak fröhlich in die Welt hinaus.

Die Rohrdrossel brütet, wie fast alle ihre Verwandten, erst, wenn das neu aufschießende Röhricht geeignete Höhe erlangt hat, also frühestens Ende Mai, meist erst Mitte Juni, gewöhnlich gesellig an einem Brutplatz, auch wenn dies nur ein kleiner Teich ist. Das Nest steht immer auf der Wasserseite des Röhrichts. Es ist zwischen vier bis sechs Rohrstengeln, die in seine Wandungen eingewoben sind, aufgehängt, bis zu einem Meter über dem Wasserspiegel. Das Nest ist viel höher als breit, dickwandig und der Rand seiner Mulde einwärts gebogen. Die Wandungen bestehen aus dürren Grasblättern und Halmen. Die 4–5 Eier, auf bläulichem Grund gleichmäßig grau und braun gefleckt, werden 14–15 Tage bebrütet. Die Jungen werden mit Kerbtieren großgefüttert und von den Eltern nach dem Aus-

Oben und links: Die Teichrohrsänger ziehen häufig statt ihrer eigenen Brut ein Kuckucksjunges auf. Der fast flügge Kuckuck ist bereits wesentlich größer als seine Pflegeeltern und viel zu groß für das Teichrohrsängernest (Fotos A. Fatras und P. Montoya – Jacana).

Rechte Seite: Dem Teichrohrsänger sehr ähnlich ist der Sumpfrohrsänger. Sein Gesang ist aber viel reichhaltiger und temperamentvoller; er „spottet" andere Vögel nach. Er nistet in den Brennessel- und Staudendickichten an Grabenrändern (Foto E. Hosking).

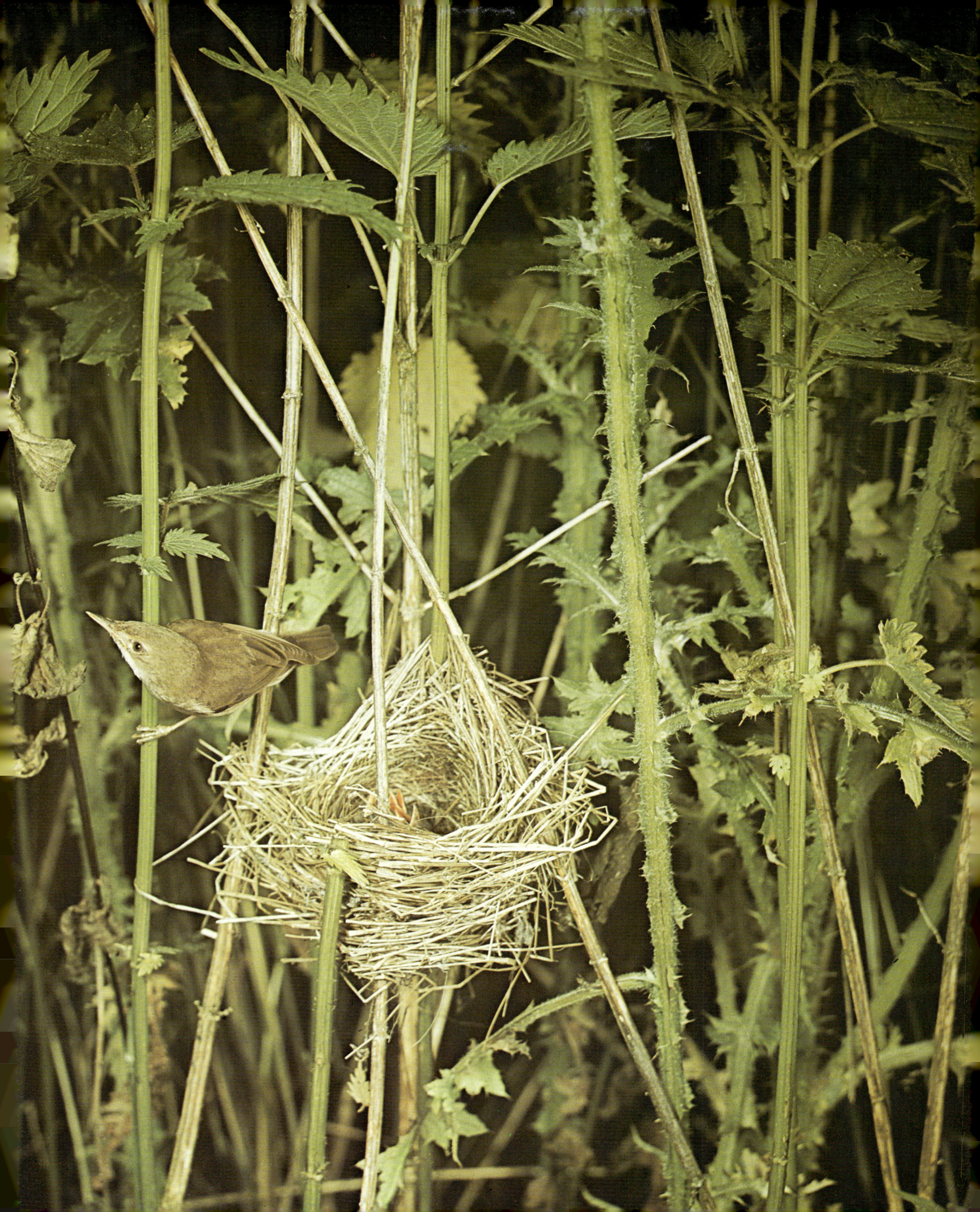

Das Nest steht häufig nicht im dichtesten Gestrüpp, sondern oft in einzelnen dicht am Fußweg stehenden kleinen Büschen, niemals über Wasser, aber ebenfalls niedrig über dem Boden. In seiner Bauart ähnelt es den Nestern anderer Rohrsänger, wird auch in ähnlicher Weise zwischen aufrecht stehenden Baumschossen oder tragfähigen Pflanzenstengeln, seltener an einem einzigen Zweig angehängt. Es ist ziemlich locker und unordentlich gebaut. Zunehmend brütet der Sumpfrohrsänger auch in Getreidefeldern, er wird daher auch Getreiderohrsänger genannt. Die Jungen verlassen frühzeitig das Nest und bewegen sich anfänglich nur kriechend und schlüpfend im Gebüsch fort.

In Osteuropa und Asien nimmt den Platz des Sumpfrohrsängers der ihm sehr ähnliche Buschrohrsänger *(Acrocephalus dumetorum)* ein. Beide Arten können mit Sicherheit nur an den dritten und vierten Handschwingen unterschieden werden, die beim Buschrohrsänger, anders als beim Sumpfrohrsänger, deutlich länger als die zweiten Handschwingen sind. Der Buschrohrsänger ist bis zum Baikalsee verbreitet. Sein Winterquartier ist Indien.

Schilfrohrsänger

Weit verbreitet in Deutschland und Osteuropa bis nach Westsibirien ist auch der Schilfrohrsänger *(Acrocephalus schoenobaenus).* Er unterscheidet sich von den bisher beschriebenen Verwandten durch die dunkle Längsstreifenzeichnung auf Oberkopf und Rücken und den auffallenden hellen Augenstreif.

Der Schilfrohrsänger bewohnt vorzugsweise die Sümpfe oder die Ufer eines Gewässers, am liebsten die Stellen, die mit hohem Seggengras, Teichbinsen und anderen schmalblättrigen Sumpfpflanzen bestanden sind, aber auch Felder in den Marschen, zwischen denen sich schilfbestandene Wassergräben hinziehen, mit einem Wort, das Ried und nicht das Röhricht. Er erscheint bei uns im letzten Drittel des April und verläßt uns erst im Oktober wieder; einzelne sieht man sogar noch im November. Den Winter verbringt er in Zentralafrika.

Auf Insektensuche klettert und schlüpft der Schilfrohrsänger mit mäuseähnlicher Gewandtheit durch das Pflanzendickicht. Weniger wendig und ausdauernd ist sein flatternder, schnurrender Flug, bei dem er den Schwanz spreizt und niederdrückt. Die Lockstimme ist ein schnalzender Laut, der Alarmruf ein kreischendes Quaken. Der abwechslungsreiche Gesang, dem der anderen Rohrsänger ähnlich, enthält einen langen, lauten, flötenartigen Triller.

In der Regel hält sich der Schilfrohrsänger soviel wie möglich verborgen; während der Begattungszeit aber kommt er auf die Spitzen hoher Pflanzen oder auf freie Zweige hinauf, um zu singen oder einen Nebenbuhler zu erspähen, dessen Lied seine Eifersucht reizte. Wird er aufgescheucht, dann erhebt er sich, fliegt aber nie weit und immer sehr niedrig über dem Boden oder dem Wasser dahin. Wenn das Weibchen brütet, singt das Männchen zu allen Tageszeiten sehr eifrig, am meisten in der Morgendämmerung, aber auch in hellen Nächten. Zur Zeit der Balz fliegt es häufig singend mit langsamen Flügelschlägen von seinem Sitzpunkt aus schräg nach oben und schwebt, die Schwingen so hoch gehalten, daß die Spitzen sich oben berühren, langsam wieder herab oder stürzt sich senkrecht zum Boden, dabei aber immer noch aus voller Kehle singend und sich außerdem ballartig aufblähend.

Sein Nest baut er wie seine Verwandten zwischen Pflanzenstengeln aufgehängt, aber auch manchmal direkt auf dem Boden. Die etwa 17 mm langen Eier sind an einem Ende auffallend spitz, auf schmutzigweißem Grund verwaschen dunkel gefleckt. Nähert man sich dem brütenden Weibchen mit Vorsicht, so kann man bis unmittelbar zum Nest gelangen, bevor es flieht. Die Jungen verlassen das Nest erst, wenn sie vollkommen flügge sind, gebrauchen aber ihre Schwingen in der ersten Zeit gar nicht, sondern kriechen wie Mäuse durch die dichtesten Wasserpflanzen.

Seggenrohrsänger

Der nächste Verwandte des Schilfrohrsängers ist der Seggenrohrsänger *(Acrocephalus paludicola).* Er sieht aus wie ein gelblicher Schilfrohrsänger mit einem zusätzlichen gelblichen Längsstreif auf der Scheitelmitte. Bürzel und Brustseiten sind bräunlich gestreift. Sein Gesang ist einfacher, mehr schnarrend und pfeifend als beim Schilfrohrsänger. Offene Sümpfe mit niedrigem Pflanzenwuchs sind sein Lebensraum, wo er in Seggenbülten sein einfaches Nest baut und zwischen den Sauergräsern auf dem Boden laufend seine Nahrung sucht. Da in Europa die Sauerwiesen und Sümpfe zunehmend trockengelegt werden, ist er recht selten geworden; immer mehr wird er vom Schilfrohrsänger aus seinem Lebensraum verdrängt.

Zu den gestreiften Rohrsängerarten gehört der Schilfrohrsänger. Die Nester sind bei diesen Arten weniger kunstvoll, der Schnabel ist feiner und spitzer. Der Schilfrohrsänger und der ihm nah verwandte, sehr ähnliche Seggenrohrsänger bewohnen sumpfige Dickichte und nisten nahe dem Boden, gut im Pflanzenwuchs versteckt (Foto Varin–Jacana).

Mariskensänger

Der Mariskensänger (Acrocephalus melanopogon oder Lusciniola melanopogon) ist vom Schilfrohrsänger äußerlich nur an dem fast schwarzen Oberkopf und dem helleren Augenstreif, überhaupt an der kontrastreicheren Färbung zu unterscheiden, außerdem an seiner Gewohnheit, den Schwanz zu stelzen. Er lebt in Röhricht und Sümpfen der europäischen Mittelmeerländer, Südosteuropas und Westasiens bis zum südlichen Iran als Teilzieher. Vor allem besiedelt er Rohrkolbendickichte und – worauf sein Name hinweist – Bestände der Gemeinen Schneide (Cladium mariscus). Er singt ähnlich wie der Teichrohrsänger, aber besonders wohlklingend, in manchen Strophen an die Nachtigall erinnernd.

Seidensänger

An die Rohrsänger schließen sich die Seidensänger an, die jedoch eine eigene Gattung (Cettia) bilden. Sie werden in Südeuropa durch den Seidensänger (Cettia cetti) vertreten. Er sieht dem Teichrohrsänger ähnlich, kann aber auch mit der Nachtigall verwechselt werden, obwohl er deutlich kleiner ist als sie. Er nistet an feuchten Plätzen im dichten Pflanzenwuchs nahe dem Boden. Sein lauter jauchzender Gesang, der wie „tschjujuh" klingt, ist unverkennbar.

Schwirle

Die Schwirle, deren Gattungsname Locustella von lateinisch locusta = Heuschrecke abgeleitet ist, sind so benannt nach ihrem meist eintönig „schwirrenden" Gesang, der an die Laute der Heuschrecken und Grillen erinnert. Die Schwirle tragen keine Federborsten im Winkel des schmalen, spitzen Schnabels; ihr Schwanz ist gestuft, ihre Unterschwanzdecken sind ungewöhnlich lang. Sie sehen den Rohrsängern ähnlich.

Feldschwirl

Der Feldschwirl (Locustella naevia), auch Heuschrecken-Rohrsänger genannt, brütet als Zugvogel in den gemäßigten Breiten Europas und Westasiens. Er ist etwa 13 cm lang. Das Gefieder ist auf der Oberseite olivbraun mit schwarzbraunen dreieckigen Flecken gezeichnet bzw. gestreift; die Unterseite ist gelblichweiß, mit schwacher Streifenzeichnung. Der hellere Augenstreif ist sehr undeutlich. Im Herbstkleid ist die Unterseite gelblicher, im Jugendkleid die Brust gefleckt.

Der Feldschwirl bewohnt die Ebenen, ist aber nur stellenweise häufig zu finden; im Gebirge fehlt er ganz. In Deutschland erscheint er Mitte April und bleibt hier bis Ende September. Er lebt sehr heimlich und für den Beobachter meist unsichtbar auf versumpften Wiesen, im Heidekraut, auf dichtbewachsenen Waldlichtungen, kurz: überall da, wo dichter Bodenbewuchs ihm Deckung bietet. Wenn er an senkrechten Zweigen und Pflanzenstengeln auf- und absteigt, bewegt er sich wie ein Rohrsänger.

Am besten erkennt man den Feldschwirl an seinem absonderlichen Gesang, der nur aus einem einzigen monotonen, langgezogenen, bis 2 Minuten dauernden Triller besteht, dem Schwirren der Heuschrecken vergleichbar. Beim

In den Rohrwildnissen süd- und südosteuropäischer Gewässer, zum Beispiel am Neusiedler See, brütet gut verborgen der Mariskensänger. Sein Gesang erinnert in bestimmten Strophen an den Nachtigallenschlag (Foto J.-F. und M. Terrasse).

Singen wendet der Schwirl seinen Kopf mit weitgeöffnetem Schnabel hin und her, dabei ändert sich scheinbar die Klangfarbe seines Trillers und klingt wie von einem Bauchredner hervorgebracht. Das einfache flache Nest wird auf dem Boden ausschließlich aus trockenen Grasblättern errichtet. Das Gelege besteht aus 5–7 etwa 17 mm langen gelblich-bräunlichen, verwaschen violett gefleckten Eiern. Nach etwa vierzehntätiger Brutzeit schlüpfen die Jungen, wachsen rasch heran, verlassen, wenigstens bei Störung, das Nest, ehe sie vollständig flügge sind, und verschwinden dann, mäuseartig rennend, im benachbarten Pflanzendickicht. In der ersten Hälfte des August verlassen Alt- und Jungvögel die Niststätte, wenden sich zunächst dichter bestandenen Brüchen zu und treten allmählich die Winterreise an.

Schlagschwirl

Mehr den Südosten Europas und außerdem Westasien und Ostafrika bewohnt der in Deutschland seltene Schlagschwirl *(Locustella fluviatilis).* Er ähnelt dem Feldschwirl, ist aber oberseits ungefleckt. Auwälder und Brüche, aber auch verwachsene Lichtungen in Kiefernwäldern sind sein Lebensraum. Sein Gesang klingt schärfer und klarer als der des Feldschwirls, ist aber ebenso aufgebaut. Der Schlagschwirl breitet sich von Osteuropa zunehmend nach Westen aus.

Rohrschwirl

Der Rohrschwirl oder Nachtigallrohrsänger *(Locustella luscinioides)* sieht auf den ersten Blick wie ein kleiner Drosselrohrsänger aus. Seine Oberseite ist rötlichbraun und ungestreift, die Unterseite weißlich mit rostbräunlichen Flanken; der Augenstreif ist gelblich und undeutlich.

Vorzugsweise dem Süden Europas angehörend, ist der Rohrschwirl auch in Südrußland, in Holland und ebenso im westlichen Asien und in Nordafrika zu finden. Er verläßt nur äußerst selten das Röhricht, seinen Brut- und Lebensraum, wo er laufend und kletternd auf Insektenjagd geht. Im Frühjahr imponiert das Männchen dem Weibchen durch Balzflüge, indem es flatternd in die Höhe fliegt und sich nach Art der Grasmücken und Pieper, jedoch ohne zu singen, mit zurückgelegten Flügeln wieder ins Röhricht wirft. Der Gesang ist dem des Feldschwirls ähnlich, aber leiser. Zur Niststätte wird eine geeignete Stelle im alten, hohen Schilf oder im dichten Gras gewählt, und hier steht der große Bau zumeist auf eingeknickten Schilfstengeln, zuweilen 15 cm, manchmal auch bis 90 cm über dem Wasser. Das Nest besteht nur aus breiten Schilfblättern, ist aber so sorgsam geflochten und innen so glatt, daß die Eier in der Mulde rollen. Das Gelege besteht aus fünf, seltener vier, in Form und Farbe stark variierenden Eiern. Sie sind 21–25 mm lang und auf weißlichem Grund gelblich, bräunlich und violett gepunktet oder gefleckt. Beide Gatten brüten abwechselnd. In Mittel- und Ostasien nehmen Streifenschwirl *(Locustella certhiola),* Strichelschwirl *(Locustella lanceolata)* und Riesenschwirl *(Locustella fasciolata)* den Lebensraum der Schwirle ein. Der letztere singt am klangvollsten von allen seinen Gattungsverwandten.

Laubsänger

Die Laubsänger bilden mit fast 50 Arten die umfangreiche Gattung *Phylloscopus*, die in der gesamten Alten Welt, dagegen nicht in Australien, Neuseeland und Madagaskar, verbreitet ist. Eine Art, der Nordische Laubsänger, wandert im Frühling sogar über die Beringstraße nach Alaska, um dort zu brüten; er ist die einzige in der Neuen Welt vertretene Art der Unterfamilie Echte Grasmücken.

Die Laubsänger sind kleine, zierliche Vögelchen mit nur etwa 9 bis 12 cm Gesamtlänge. Die eurasiatischen Arten sehen einander mit ihrem grünlichen bis

Aus trockenen Schilfblättern flicht der Rohrschwirl sein Nest zwischen geknickten Schilfstengeln. Die Eier können recht verschieden groß und in der Färbung variabel sein (Foto A. Fatras).

Oben: Der Feldschwirl baut sein Nest aus Grasblättern nahe dem Boden. Männchen und Weibchen sehen gleich aus; meist brütet nur das Weibchen, während das Männchen in der Nähe seine seltsam monotonen, minutenlangen Triller singt (Foto F. Blackburn – Photo Researchers).

gelblichen Gefieder sehr ähnlich. Männchen und Weibchen sind fast gleich gefärbt. Sie halten sich in belaubten Baumwipfeln auf und suchen dort Insekten. Ihre überdachten Nester mit seitlichem Eingang bauen sie auf dem Boden oder dicht darüber, in Bodenwuchs und Laubstreu gut versteckt.

Nur das Weibchen baut das Nest, das Männchen hilft ihm gelegentlich beim Brüten und beteiligt sich meist beim Füttern der Jungen.

Die schönste und größte einheimische Art ist der Waldlaubsänger *(Phylloscopus sibilatrix)*. Die Oberseite ist hell olivgrün, ein bis auf die Schläfen reichender Augenstreifen, Kinn, Kehle und untere Flügeldecken blaßgelb, die übrige Unterseite weiß. Die Schwingen und Schwanzfedern sind dunkler. Das Verbreitungsgebiet umfaßt vom mittleren Schweden an ganz Mitteleuropa, ebenso Westasien; auf dem Winterzug besucht der Vogel die nordafrikanische Savanne.

Die in Deutschland häufigere Art ist der Fitislaubsänger *(Phylloscopus trochilus)*. Er ist kleiner als der Waldlaubsänger und gedeckter gefärbt. Vom mittleren Schweden und Schottland an verbreitet sich der Fitis über ganz Europa und den größten Teil Asiens und wird im Winter in Indien und fast überall in Afrika angetroffen.

In einzelnen Teilen Deutschlands tritt der Weidenlaubsänger, auch Zilpzalp genannt *(Phylloscopus collybita)*, häufiger auf als der Fitis. Er ist vom Fitis nur an den fast schwarzen Beinen zu unterscheiden, während die Füße des Fitis meist hellbraun sind. Auch der Zilpzalp dringt bis nach Nordschweden und Westasien vor; meist überwintert er in Nordafrika oder bereits im Mittelmeergebiet.

Im Nordosten Europas, insbesondere im nördlichen Ural, lebt der Nordische Laubsänger *(Phylloscopus borealis)*, der größer und dunkler gefärbt ist als die bisher geschilderten Arten.

Der Berglaubsänger *(Phylloscopus bonelli)* ist ebenso groß wie der Fitis, aber mehr grau als grünlich gefärbt; typisch ist der gelbliche Bürzel. Die Heimat dieser Art

Die Laubsänger – hier der Waldlaubsänger – bauen auf dem Waldboden ein Kuppelnest mit seitlichem Eingang. Der Nestbau ist allein Sache des Weibchens; das Männchen hilft später, die Jungen aufzuziehen (Foto E. Hosking).

Der Waldlaubsänger trifft bei uns erst Ende April ein und brütet einmal im Jahr, Ende Mai bis Anfang Juni. Die Jungen werden wie bei den anderen Laubsängern von der Mutter nach dem Flüggewerden und Ausfliegen noch einige Tage bewacht und gefüttert (Foto E. Hosking).

ist der Süden Europas, aber schon von Süddeutschland an, das westliche Asien und Nordafrika. Auf dem Winterzug besucht der Vogel die Savannenländer südlich der Sahara. In Nordosteuropa brütet der dem Zilpzalp sehr ähnliche Grüne Laubsänger *(Phylloscopus trochiloides)*. Er unterscheidet sich von jenem hauptsächlich durch eine schmale weiße Flügelbinde.

Außer den genannten wurde auf Helgoland eine asiatische Art, der Gelbbrauenlaubsänger *(Phylloscopus inornatus)* gefangen. Das Gefieder dieser Art ist oberseits düster olivgrün mit gelblichem Augenstreif, manchmal auch hellem Scheitelstreif, unterseits gelblichweiß. Die dunkelgraubraunen Flügel zeigen zwei helle Flügelbinden.

Unter unseren einheimischen Laubsängern trifft zuerst, meist schon Mitte März, der Weidenlaubsänger, später, gegen Ende März, der Fitislaubsänger und Mitte bis Ende April endlich der Waldlaubsänger ein; dieser verweilt nur bis August in unseren Wäldern, wogegen der Fitislaubsänger nicht vor Ende September und der Weidenlaubsänger erst im Oktober von uns wegziehen. Der Berglaubsänger, ein Alpenvogel, erscheint noch später als seine Verwandten und verläßt sein Brutgebiet bereits im August wieder. Wie der Vergleich mit der Lage der Winterquartiere zeigt, besteht ein gewisser Zusammenhang mit der Länge des Zugweges. Der Waldlaubsänger lebt aus-

Der größte und dunkelste aller Laubsänger ist der Nordische Laubsänger. Er brütet in der Taiga Eurasiens. Über die Beringstraße wandern Nordische Laubsänger jedes Frühjahr von Ostasien nach Alaska, um dort zu brüten (Foto M. Lelo – Jacana).

Links: Die Nahrung des Zilpzalps besteht wie bei den anderen Laubsängern aus Insekten, die er im Herbst auch von Fallobst abliest, das sie zahlreich anziehen kann. Einzelne Überwinterer nehmen mit kleinen Beeren vorlieb (Foto Robert–Jacana).

Linke Seite oben: Der Zilpzalp hat seinen Namen von den zwei charakteristischen Lauten mit unterschiedlicher Tonhöhe, aus denen sein Gesang in der Hauptsache besteht. Auf einige gedämpfte Zirplaute folgen sie in unregelmäßiger Reihenfolge (Foto Bille).

Weit verbreitet ist der Weidenlaubsänger oder Zilpzalp; er ist auch im Gebirge noch in der Laub- und Mischwaldstufe zu finden. Den Winter verbringt er in Nordafrika oder in den Mittelmeerländern (Foto B. Rebouleau–Jacana).

schließlich in Buchenwäldern; der Fitis tritt überall auf, wo er Mischwald mit viel Unterholz findet. Ähnlich verbreitet ist auch der Weidenlaubsänger, obschon er seinen Namen nicht umsonst trägt. Der Berglaubsänger ist in Lärchenbeständen auf den Südhängen der Alpen zu finden.

Wie die Grasmücken sind auch die Laubsänger fast ununterbrochen in Bewegung. Ihr Flug ist flatternd und etwas unsicher, auch beim Durchmessen größerer Strecken beschreiben sie eine unregelmäßige, aus längeren und kürzeren Bogen zusammengesetzte Schlangenlinie. Nicht umsonst heißt der Waldlaubsänger auch Waldschwirrvogel, denn die Hauptstrophe seines Liedes ist ein Schwirren, das man durch die Laute „Sisisisisirrrrrirrirr" ungefähr wiedergeben kann. Bei Beginn der Strophe erhebt sich der Waldlaubsänger mit zitternden Flügelschlägen von seinem Sitz und fliegt, während er sie beendet, einem anderen, nahen Ast zu; dort läßt er meist noch ein zartflötendes „Hoid hoid hoid" hören. Der Gesang des Fitis besteht nur aus einer Reihe sanfter Töne, die wie „Hüid, hüid, hoid, hoid, hoid" klingen; die flötenartige Kadenz fällt in der Tonhöhe langsam ab und endet mit dem charakteristischen Schluß „suit-suitú". Das Lied des Weidenlaubvogels dagegen beginnt mit „Trip, trip, trip, het", worauf lauter gesungen „Dillr, dellr, dillr, dellr" folgt, meist als „Zilp-zalp" wiedergegeben; dieser Gesang in wechselnden Tonhöhen hat dem Weidenlaubsänger zu seinem Zweitnamen verholfen. Der Gesang des Berglaubsängers klingt wie „S-e-e-e-e-trrre-e-e, da, da da, uit, uit, uit".

Alle Laubsänger bauen mehr oder weniger kunstvolle backofenförmige Nester auf oder unmittelbar über dem Boden. Der Waldlaubsänger wählt zu seinem Nistplatz den Fuß eines Baumstammes, der von Heidekraut, Heidel- oder Preißelbeeren, Moos und Gras dicht umgeben ist, errichtet hier aus starken Grashalmen, Moosstengeln und ähnlichen Stoffen den Kuppelbau von etwa 13 cm äußerem Durchmesser mit vier Zentimeter weitem seitlichem Eingangsloch und kleidet das Innere mit feineren Grashalmen äußerst sauber aus.

Direkt auf dem Boden baut der Fitis sein Kuppelnest. Gelegentlich, aber nicht immer, beteiligt sich das Männchen an der Fütterung der Jungen (Foto A. Fatras).

Rechte Seite: Die hellgelbe Kehle und der gelbe Augenstreif sind Kennzeichen des Waldlaubsängers. Er trifft erst Ende April aus seinem Winterquartier in der nordafrikanischen Savanne an und verläßt uns bereits im August wieder (Foto F. Blackburn – Photo Researchers).

Doppelseite links: Das napfförmige Nest des Gelbspötters wird in der Regel in der Astgabel eines Hasel-, Flieder- oder Holunderstrauchs oder ähnlichen Gehölzes angelegt. Die drei bis fünf Jungen werden mit Insekten gefüttert und verlassen das Nest fast voll erwachsen (Foto Robert – Jacana).

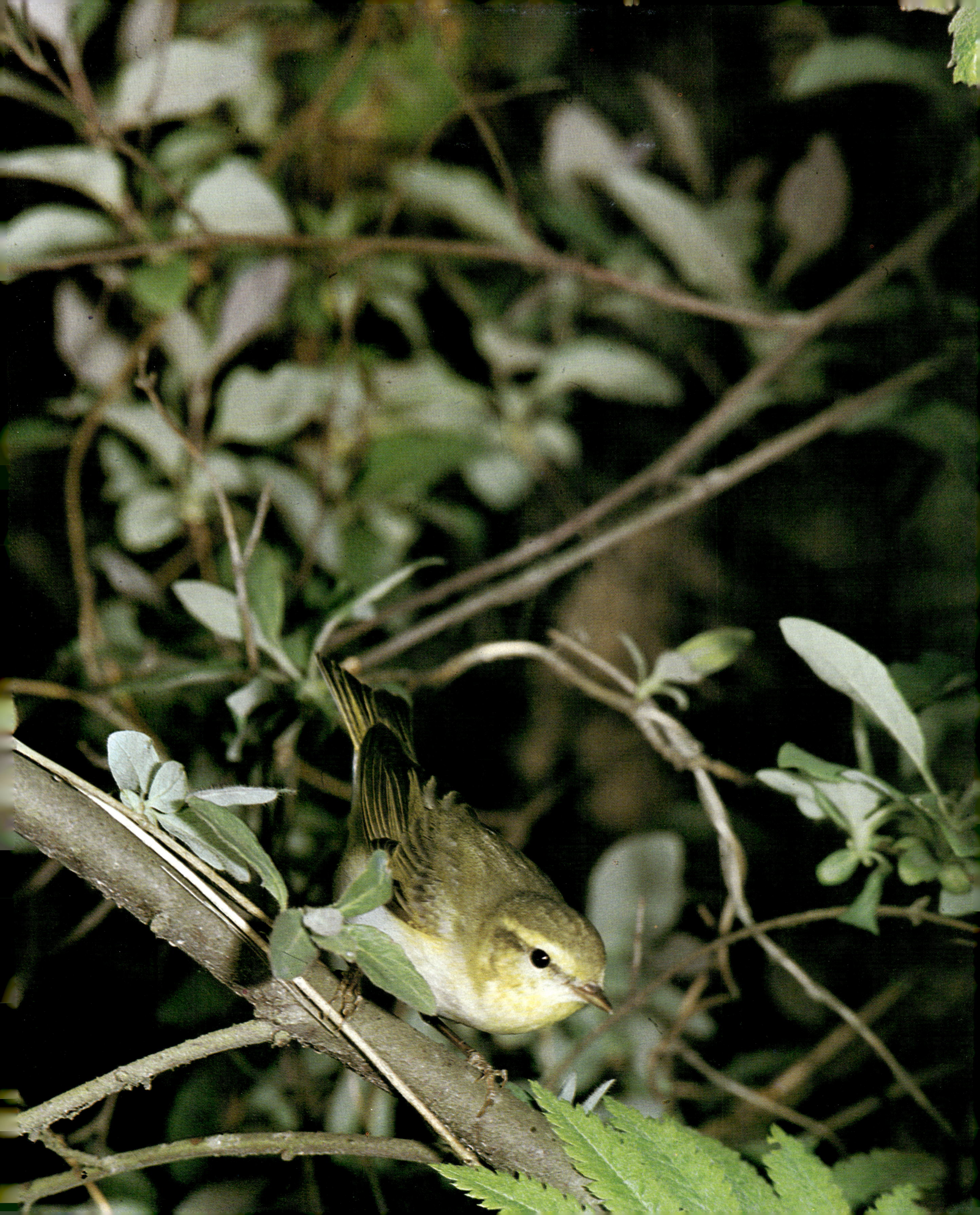

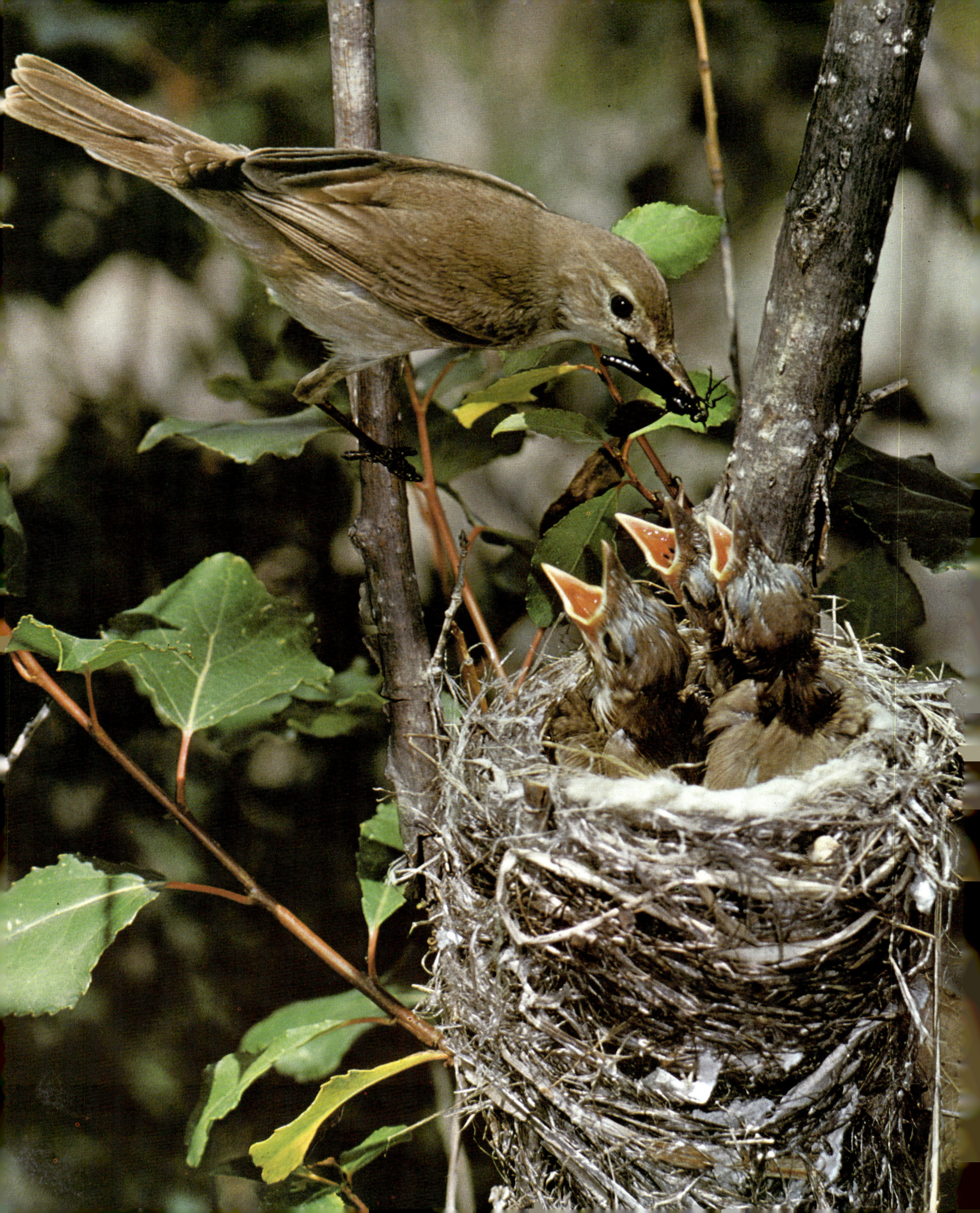

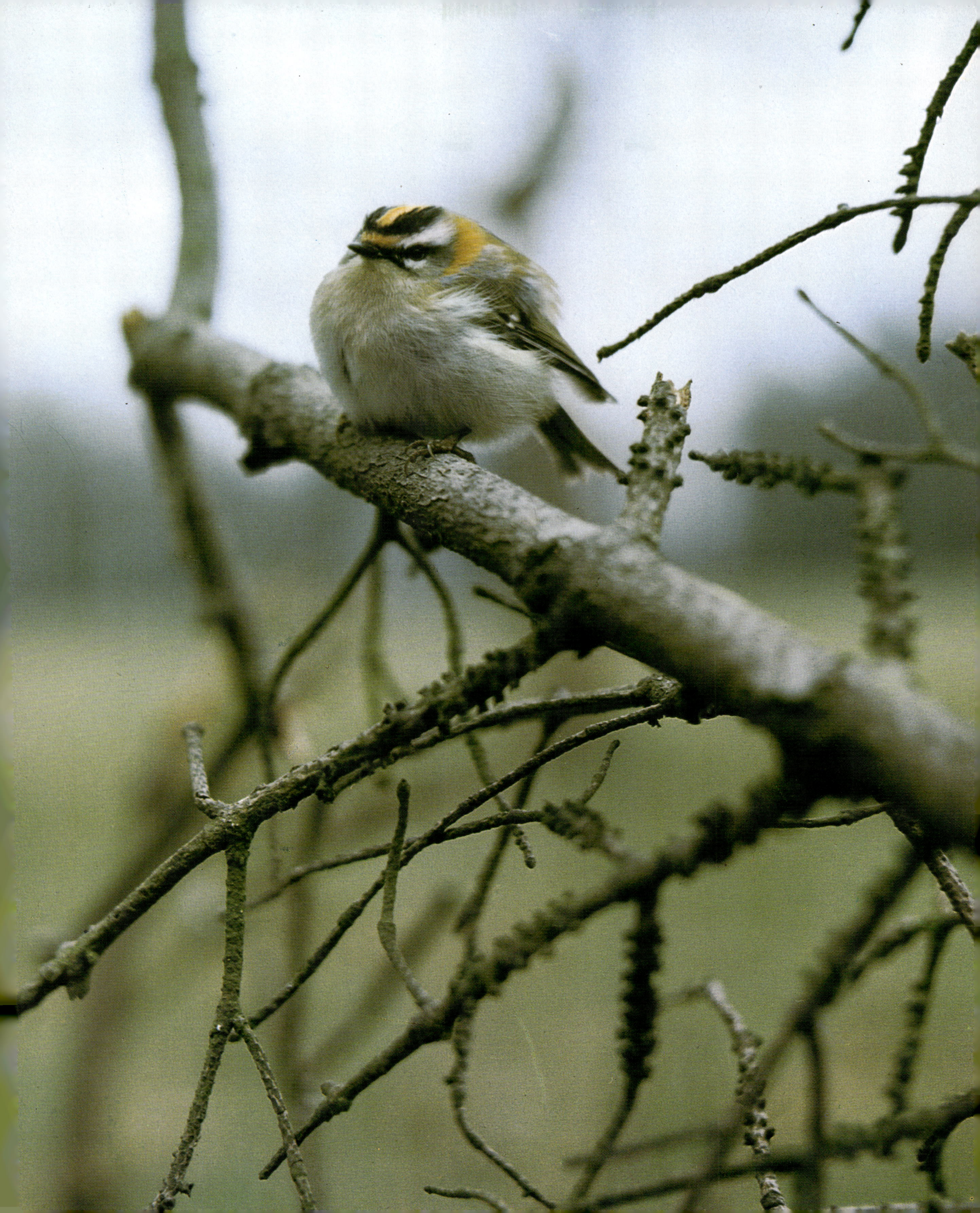

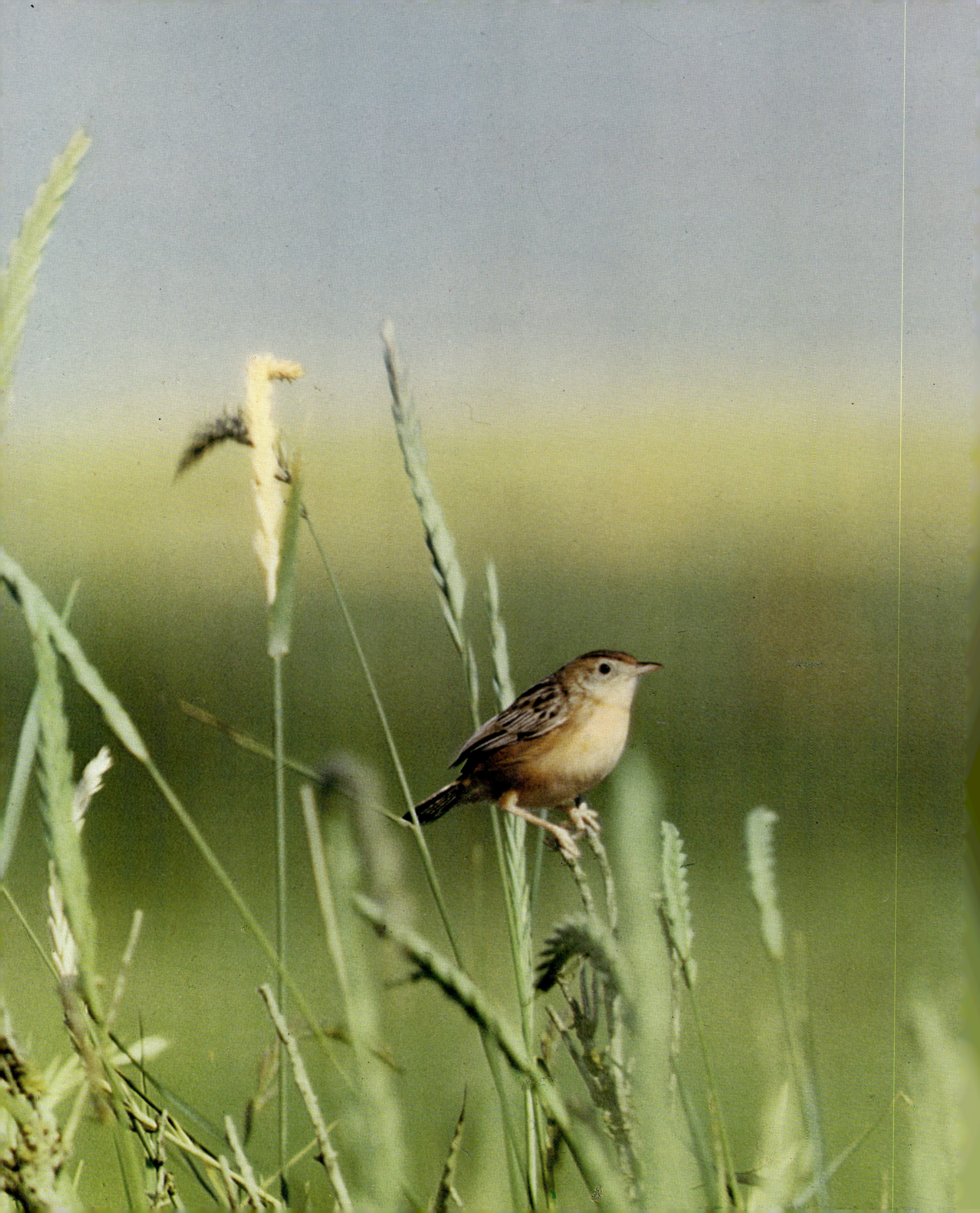

Fitis und Weidenlaubsänger verwenden Federn, vor allem Rebhuhnfedern, zur Ausfütterung des Nestes. Der Berglaubsänger endlich, der das größte Nest unter allen Verwandten baut, fertigt den Außenbau aus Wurzeln, Gras und dürren Ästchen, die Mulde kleidet er mit Tierhaaren aus. Der Waldlaubsänger brütet nur einmal im Jahr, und zwar Ende Mai oder Anfang Juni, der Fitis früher, meist schon Ende März, der Weidenlaubsänger ungefähr um dieselbe Zeit, der Berglaubsänger dagegen, der Lage seiner Wohnsitze entsprechend, kaum vor Mitte Juni. Das Gelege zählt durchschnittlich 4–7 Eier, die etwa 15–17 mm lang und je nach Art recht verschieden gefärbt und gezeichnet sind.

Beide Geschlechter brüten manchmal abwechselnd, das Männchen jedoch nur während der Mittagsstunden und auch nicht so hingebend wie das Weibchen, das sich fast mit Händen greifen oder beinahe ertreten läßt, bevor es wegfliegt. Nach höchstens dreizehntägiger Brutzeit schlüpfen die Jungen; ebenso viele Tage später sind sie erwachsen, noch einige Tage darauf selbständig geworden, und nun entschließen sich Fitis und Weidenlaubsänger auch wohl, zum zweitenmal zu brüten.

Kaum bemerkt oder erkannt, durchwandert alljährlich ein dem fernen Ostasien angehöriger Laubsänger Deutschland, um viele tausend Kilometer von seiner Heimat, in Westafrika, Herberge für den Winter zu nehmen: der Goldhähnchenlaubsänger *(Phylloscopus proregulus)*. Die Oberseite ist matt olivgrün, die ganze Körperseite vom Kopf an bis zu den Schenkeln zart grünlichgelb, die übrige Unterseite weißgelblich. Wie der Gelbbrauenlaubsänger trägt er zwei helle Flügelbinden. Er bewohnt Turkestan, Ostsibirien, China und den Himalaya in einem Höhengürtel zwischen 1000 und 3500 m und wandert allwinterlich nach Südindien. Kaum minder regelmäßig, stets aber in viel geringerer Anzahl, zieht er auch die westliche Straße, die ihn durch Nord- und Westeuropa führt. Man sieht ihn fast alljährlich auf der Insel Helgoland.

Doppelseite rechts: Das Sommergoldhähnchen ist durch den schwarzen Augenstrich und die weißen Flecken über und unter dem Auge gut vom nächst verwandten Wintergoldhähnchen zu unterscheiden (Foto B. Losier).

Linke Seite: Zu den kleinsten europäischen Grasmückenverwandten gehört der Cistensänger, der mit seinem Gewicht von 8–9 g nicht einmal Getreideähren zum Abbiegen bringt. Diese Art ist von Südeuropa bis Nordaustralien verbreitet (Foto S. Kowalski–Jacana).

Das Weibchen des Zilpzalp baut sein Kuppelnest nicht direkt auf den Boden, sondern in das untere Geäst von Büschen und Sträuchern. Nach dem Flüggewerden betreut es die Jungen noch einige Tage (Foto R. Longo).

Spötter

Die sechs rein altweltlichen Arten der Spötter (Gattung *Hippolais*) unterscheiden sich von den nahe verwandten Laubsängern durch einen breiten, flachen Schnabel, der auch an seiner Spitze nicht seitlich zusammengedrückt ist.

Der Gelbspötter *(Hippolais icterina)* ist auf der Oberseite grüngrau, auf dem Zügel und der unteren Seite blaß schwefelgelb, in der Ohrgegend, auf den Hals- und Körperseiten verwaschen grau; die Schwingen sind olivbraun, auf der Außenfahne grünlich, innen breit fahlweiß gesäumt, die Schwanzfedern sind lichter als die Schwingen, außen wie diese gesäumt. Das Auge ist dunkelbraun, der Schnabel graubraun, an der Wurzel des Unterschnabels rötlichgelb, der Fuß hellblau. Die Länge beträgt etwa 13 cm. Als Heimat des Gelbspötters kann man Mitteleuropa ansehen. Er ist nördlich bis Skandinavien verbreitet, während er im Süden des Erdteils durch Verwandte vertreten wird, so in Südeuropa, von Portugal bis Dalmatien, wie auch in Nordwestafrika durch den etwas kleineren und lebhafter gefärbten Orpheusspötter *(Hippolais polyglotta)*. Die Verbreitungsgrenze des Gelbspötters liegt im Westen im Bereich des Rheins und zieht sich von dort der Alpenkette entlang nach Osten.

Der Gelbspötter erscheint bei uns erst, wenn alle Bäume sich belaubt haben, niemals vor Ende April, und verweilt in Deutschland höchstens bis Oktober. Den Winter verbringt er in Afrika. Er brütet gern in unmittelbarer Nähe des Menschen und zieht Gärten und Obstpflanzungen dem Wald vor. Er fehlt im Nadelwald gänzlich und steigt auch im Gebirge nicht hoch empor. Gärten, Hecken und Gebüsche, in denen Holunder-, Flieder-, Hartriegel- und ähnliche Sträucher dichte und nicht allzu niedrige Bestände bilden, oder Obstpflanzungen, von Hecken eingefaßt, beherbergen ihn regelmäßig.

Sein Gebiet wählt er mit Sorgfalt aus; hat er aber einmal von ihm Besitz genommen, so hält er mit Hartnäckigkeit an ihm fest und kehrt jeden Sommer zu ihm zurück. Im Laufe des Tages ist das Männchen bald hier, bald dort, solange es nicht die Sorge um das brütende Weibchen oder um die Brut selbst an eine bestimmte Stelle fesselt. Gewöhnlich hüpft es in dichten Bäumen umher, immer möglichst verborgen, und es kann geschehen, daß man es viele Minuten lang vergeblich sucht, obwohl es sich beständig hören läßt. Gewisse Bäume, gewöhnlich die höchsten und belaubtesten seines Wohnraumes, werden zu Lieblingsplätzen; sie besucht es täglich mehrere Male, und auf ihnen verweilt es am längsten. Im Sitzen trägt der Gelbspötter die Brust aufgerichtet; wenn er etwas Auffälliges bemerkt, sträubt er die Scheitelfedern; im Hüpfen hält er sich waagerecht und streckt dabei den Hals vor. Der Flug ist rasch, gewandt und jäher Wendungen fähig. Auf den Boden herab kommt er selten. Nur während des Singens verweilt er längere Zeit an derselben Stelle. Die Lockstimme ist ein sanftes „Teck teck", dem ein wohllautendes „Dideroid" angehängt werden kann. Der Gelbspötter singt von der Morgendämmerung an bis gegen Mittag und abends bis zum Sonnenuntergang, am eifrigsten, während das Weibchen brütet oder wenn ein Nebenbuhler zum Kampf auffordert. Der Gesang ist ein Gemisch aus wohltönenden Lauten und Mißtönen, in das einzelne gequetscht klingende Laute eingestreut sind. Jedes Motiv wird mehrmals wiederholt. Teile aus dem Gesang anderer Arten können übernommen werden, was ihm den Namen gab. Nicht alle Gelbspötter spotten gleich gut.

Die Hauptnahrung des Gelbspötters besteht aus kleinen Insekten, die von den Blättern abgelesen oder aus der Luft gefangen werden. Er brütet nur einmal im Jahr, und zwar Ende Mai oder Anfang Juni. Das Nest steht regelmäßig im dichtesten Busch seines Gebietes. Es ist ein sehr zierlicher, beutelförmiger Bau, dessen Außenwandung aus dürrem Gras und Pflanzenfasern besteht und dessen Inneres mit einigen Federn ausgepolstert und mit Grashalmen ausgelegt wird.

Der südeuropäische Orpheusspötter füttert seine Jungen mit Insekten, die er flatternd zwischen den Zweigen fängt (Foto R. Longo).

Oben: Die Lebensweise des einheimischen Gelbspötters ist ähnlich der seiner Verwandten. In ihren Gesang nehmen sie Elemente aus den Liedern anderer Vogelarten auf; diese Imitation bezeichnet man als „Spotten" (Foto E. Hosking).

Der Orpheusspötter *(Hippolais polyglotta)* ist dem Gelbspötter sehr ähnlich. Seine Verbreitung schließt im Westen und Süden etwa an die des Gelbspötters an. Äußerlich sind die beiden Arten nur schwer im Feld zu unterscheiden. Die Oberseite des Orpheusspötters ist mehr bräunlich, die Unterseite meist mehr gelblich. Die Füße sind bräunlicher, die Flügel mehr gerundet und kürzer als bei der verwandten Art.

Besser als am Äußeren lassen sich die Arten durch den Gesang unterscheiden. Der Orpheusspötter trägt ein lang ausdauerndes, schnelles Lied vor, dem die rauhen Töne des Gelbspötters fehlen und das etwas an den Sumpfrohrsänger erinnert. Die Laute anderer Vögel, wie etwa der Sperlinge, Schwalben oder Drosseln, werden eingeflochten, jedoch ohne mehrfach wiederholt zu werden.

Der Lebensraum ist ähnlich wie beim Gelbspötter, aber auch dichtes Gebüsch in der Nähe von Gewässern oder Gestrüpp in offenem Gelände kommen dazu. Das Nest wird in Büschen oder auf Bäumen angelegt. Einmal im Jahr, Ende Mai oder Anfang Juni, wird gebrütet.

Der Blaßspötter *(Hippolais pallida)* kommt als Brutvogel in Spanien, selten im südlichen Frankreich, ferner verbreitet auf der Balkanhalbinsel bis zum Schwarzen Meer sowie in Nordafrika vor.

Der Olivenspötter *(Hippolais olivetorum)* ist mit 15 cm der größte europäische Spötter. Er kommt von der Balkanhalbinsel über Kleinasien bis Palästina vor. In Eichenwäldern und vor allem Olivenhainen ist er durch sein grauweißes Gefieder vorzüglich geschützt.

Cistensänger

Die Gattung *Cisticola* enthält kleine Grasmückenverwandte, die in Afrika mit über 70 schwer unterscheidbaren Arten vorkommen. Europa wird nur von einer Art erreicht, nämlich dem Cistensänger *(Cisticola juncidis)*.

Er mißt 10 cm und wiegt 8–9 g. Sein olivbrauner Rücken ist von kastanienbraunen und weißlichen Streifen überzogen, der Bauch ist weiß, Brust, Seiten und Schwanzunterseite sind gelblich.

Die Verbreitung des Cistensängers erstreckt sich vom mittleren und südlichen Spanien durch Italien, Griechenland, einen Teil Afrikas und Vorderasien bis China, Japan und Nordaustralien. Er ist im europäischen Bereich Standvogel, zieht also nicht. Im Bereich seines Vorkommens ist er im allgemeinen häufig oder sogar sehr häufig. Sein Lebensraum sind Buschwälder, Getreidefelder, Grasländer, aber auch die Ränder von Sumpfgebieten, wo er sich in der Vegetation verborgen hält. Nie dagegen ist diese Art im Gebüsch von Zistrosen anzutreffen.

Er fliegt nicht geradlinig, sondern stets langsam in einer Folge von wellenförmigen Bögen. Dabei äußert er beständig einen einfachen Zipplaut, der jedesmal mit einem Ansteigen und folgendem Abfallen zusammenfällt. Im Gebüsch dagegen gibt er keinen Laut von sich und bewegt sich schnell von der Stelle, weshalb er auf der Erde kaum zu beobachten ist, in der Luft aber sofort auffällt.

Kleine Insekten bilden seine Nahrung. Sein herausragendstes Merkmal ist sein Nest, das man mit dem keiner anderen Vogelart verwechseln kann. Männchen und Weibchen bauen gemeinsam. Das Nest befindet sich 30–40 cm über dem Boden und besteht aus einem Bündel von 40–80 Gräsern oder anderen Halmen, die

Der Cistensänger verfertigt sein Nest aus Grashalmen, die mit Spinnweben aus den Eikokons von Spinnen verbunden werden (Foto E. Hosking).

von den Vögeln durch Spinnwebfäden miteinander verbunden werden, die sie sich aus den Kokons von Spinnen ziehen. Diese Fäden laufen durch Löcher, die die Vögel mit dem Schnabel in die Gräser bohren. Das fertige Nest hat eine bauchige Beutelform von 6–7 cm Durchmesser und 10–14 cm Höhe. Der Eingang befindet sich oben an der Seite. Das Innere wird mit weichem pflanzlichem Material oder Flaum und trockenen Blättern ausgekleidet. Das Nest ruht auf einer elastischen Unterlage, die aus verschlungenen und verbundenen Halmen besteht. Diese Unterlage, die den sorgfältigsten Teil der Nestanlage ausmacht, wird vom Männchen allein hergestellt. Das Weibchen beginnt mit der Eiablage und Bebrütung, obwohl das Männchen noch einige Tage mit dem Bauen beschäftigt ist.

Anzahl und Färbung der Eier sind recht verschieden, es können 3–7 sein, die einfarbig oder braun gefleckt sind. Sobald die Jungen flügge sind, treiben sie sich im Gezweig umher. Bei Gefahr lockt das Weibchen sie fort, während das Männchen auffliegt, um die Aufmerksamkeit auf sich zu lenken. Für die Zweitbrut wird ein zweites Nest verfertigt, das noch eine dritte Brut beherbergen kann.

Der Vielfarbenstaffelschwanz (Malurus lamberti) gehört zu den wenigen farbenprächtigen Grasmücken. Die Unterfamilie Südseegrasmücken (Malurinae) ist auf Indonesien und den australischen Raum beschränkt (Foto Holmes-Lebel).

Schneidervögel

In Südostasien sind 9 Grasmückenarten zu finden, die man Schneidervögel nennt. Sie zeichnen sich innerhalb der Familie Grasmücken durch besondere Geschicklichkeit beim Nestbau aus. Am weitesten ist der Schneidervogel *(Orthotomus sutorius)* verbreitet, den man vom Himalaya, wo er bis 1300 m hinaufgeht, bis Südindien antreffen kann. Auch Ceylon und Nordburma sind von ihm bewohnt. Sein Aufenthaltsort sind Dickichte oder Gebüsche, Gärten oder Obstanlagen und Schilfbestände. Er ist ungefähr 12 cm groß. Rücken und Flügel sind olivgrün gefärbt, der Kopf gelb, Kehle und Bauch weiß. Er wird mit dem Menschen schnell vertraut und lebt paarweise in der Nähe menschlicher Siedlungen, wo man ihn oft umherhüpfen sieht. Als Nahrung kommen ausschließlich Insekten in Frage, die von Baumrinde oder vom Erdboden abgelesen werden.

Je nach dem bewohnten Raum liegt die Brutzeit zwischen April und September. Das Nest des Schneidervogels ist beutelförmig und hängt in der Regel wenig über dem Boden. Es wird aus Gräsern, Fasern, Wollfäden oder Haaren verfertigt, die zwischen zwei senkrechten Blättern verarbeitet werden, die Seite an Seite stehen und von der Spitze bis auf etwa halbe Länge miteinander vernäht werden. Hierzu bedient sich der Vogel eines dicken Wollfadens oder eines eigens hierfür versponnenen Spinnwebfadens. Auch vom Menschen hergestellte Fäden benutzt er gern, und man sieht ihn oft in der Nähe seiner Behausungen, wo er sich kleiner Fadenstücke zu bemächtigen sucht. Manchmal verwendet der Schneidervogel zum Nestbau auch mehr als zwei Blätter, zuweilen sogar nur ein einziges, in der Mitte gefaltetes Blatt. Mit dem Schnabel bohrt er Löcher in die Blattränder und zieht ein Fadenstück hindurch, das er an den Enden verknüpft, um das Zurückgleiten zu verhindern. Die Stiche haben jeweils einen bestimmten Abstand voneinander. Die gräulichgelben Eier sind rotbraun gefleckt. Beide Eltern sorgen für die Aufzucht der Jungen, doch ist offensichtlich das Weibchen allein für das Brutgeschäft zuständig.

Borstenschwanz

Zur Unterfamilie Südseegrasmücken *(Malurinae)* gehört der Borstenschwanz *(Stipiturus malachurus)*, der seinen Namen der Tatsache verdankt, daß die Strahlen der Schwanzfedern nicht miteinander verhakt sind. Während die Mehrzahl aller Vogelarten 10 oder 12 Schwanzfedern besitzt, einige sogar (Bekassinen) bis zu 32, hat der Borstenschwanz mit nur 6 die geringste Anzahl überhaupt.

Seine Gesamtlänge beträgt ungefähr 18 cm. Sein brauner Rücken ist schwarz gestreift, die Kehle grau, der Bauch gelblich. Er bewohnt die Sumpfgebiete von Südostaustralien bis zu den Ufern des Swan River, der an der Westküste dieses Erdteils mündet. Verbreitet ist er auch in Tasmanien. Im allgemeinen lebt er paarweise oder in kleinen Gruppen in dichtem Gebüsch. Mit seinen kurzen, runden Flügeln ist er nicht besonders flugbegabt, und er benutzt sie auch nur ausnahmsweise zum Fliegen. Im Gegensatz dazu läuft er mit außerordentlicher Geschwindigkeit sowohl in dichten Pflanzenbeständen als auch im offenen Gelände. Bei der geringsten Beunruhigung verschwindet er unmittelbar in einem Schlupfwinkel, den er überall zu finden vermag. Wenn er sich still verhält, hebt er den Schwanz und schlägt ihn nach vorn gegen den Rücken nieder. Im Lauf trägt er ihn waagerecht. Bei der Balz läßt das Männchen ein kurzes melodisches Geschwätz hören. Der Ruf ist sanft pfeifend.

Das Nest ist oval und besitzt einen großen Eingang; stets liegt es zwischen Pflanzen sorgfältig verborgen. Es ist sehr wenig dauerhaft angelegt und enthält 3–4 rotgepunktete Eier.

Goldhähnchen

Die Goldhähnchen *(Regulidae)* stehen den Laubsängern, zu denen sie Ähnlichkeiten im Bau, Verhalten und in der Stimmbildung haben, sehr nahe. Sie werden daher oft auch als Unterfamilie der Grasmücken geführt. Wie in vielen anderen Fällen der ornithologischen Systematik ist es auch hier nicht möglich, sicher anzugeben, welcher systematische Rang bestimmten Artengruppen zukommt.

Kennzeichen der Goldhähnchen sind ein sehr dünner Schnabel und ein überwiegend grünliches Gefieder mit einem gelben oder orangeroten Mittelstreif auf der Kopfoberseite, der bei den Weibchen blasser gefärbt ist und den Jungvögeln anfangs noch fehlt. Die Stimme der Goldhähnchen ist fein; ihr Gesang bewegt sich in sehr hohen Tonlagen.

Die sechs Goldhähnchenarten sind die kleinsten Sperlingsvögel überhaupt. 8–9 cm sind sie lang und wiegen 5 g. Sie ernähren sich von Insekten und leben be-

Der leuchtendgelbe Scheitelstreifen läßt das Wintergoldhähnchen erkennen. Die Goldhähnchen halten sich bevorzugt in Nadelbäumen auf (Foto R. Longo).

ständig auf Bäumen, vor allem Nadelhölzern. Sie sind ziemlich kälteempfindlich, aber sehr fortpflanzungsfreudig. Das Weibchen legt zweimal im Jahr 7–11 Eier.

Die Verbreitung erstreckt sich auf den Norden der Alten Welt von Europa bis Japan und auch auf das nördliche Nordamerika. In Europa leben zwei Arten der Gattung *Regulus*.

Das Wintergoldhähnchen *(Regulus regulus)* ist oberseits olivgrün, auf den Schläfen und Halsseiten olivbräunlich; der Stirnrand und ein Streif über den Augen sind heller, Zügel und Augenkreis weißlich, die Federn des Oberkopfes gelb, die verlängerten Federn des Scheitels lebhaft orange, seitlich durch einen schwarzen Längsstrich begrenzt; die Unterteile sind rostgelblichweiß, an den Seiten rostbräunlich, die Schwingen und Schwanzfedern olivbraun. Das Goldhähnchen zählt auch in Deutschland zu den in allen Nadelwaldungen und besonders in Kiefernbeständen vorkommenden Brutvögeln; es lebt während des Sommers ebenso in den höheren Gebirgen Südeuropas und besucht während seines Zuges im Herbst auch die dortigen Ebenen.

Das gleich große Sommergoldhähnchen *(Regulus ignicapillus)* ist oberseits lebhaft olivgrün, seitlich am Hals orange-

Links: Die Goldhähnchen verhalten sich meist gesellig und schließen sich gelegentlich auch Baumläufern oder Meisen an. Während der Brutzeit verteidigen sie jedoch ihr Revier erbittert gegen ihre Artgenossen (Foto F. Blackburn – Photo Researchers).

Linke Seite oben: In zwei Bruten ziehen die Goldhähnchen jährlich bis über 20 Junge auf. Die Nester werden an den äußersten Zweigen von Nadelbäumen angelegt (Foto R. Smith – Ardea Photographics).

Das Sommergoldhähnchen bevorzugt zwar auch Nadelbäume, ist aber nicht so stark an Nadelwaldungen gebunden wie seine Schwesterart (Foto A. Schmitz – Photo Researchers).

gelb, der Stirnrand rostbräunlich, ein schmales Querband über dem Vorderkopf wie ein breites Längsband über den weißen Augenstreifen sind schwarz, ein breites von beiden eingeschlossenes, den Scheitel und Hinterkopf deckendes Feld dunkel orangefarben, die Unterseite gräulichweiß, an Kinn und Kehle rostfahlbräunlich. Außer in Deutschland kommt der Vogel von der Iberischen Halbinsel bis zum Balkan vor. Beide Arten haben in ihrem Wesen und Treiben die größte Ähnlichkeit.

In Deutschland ist das Wintergoldhähnchen Stand- und Strichvogel. Oft hält es sich das ganze Jahr in einem kleinen Gebiet auf; doch kommen im Oktober viele Vögel dieser Art aus dem Norden an, die man in Gärten, Nadel- und Laubwäldern oder in buschreichen Gegenden sehen kann und die zum Teil bei uns überwintern. Das Sommergoldhähnchen dagegen bringt den Winter in der Regel nicht in Deutschland, sondern in wärmeren Ländern zu und erscheint bei uns in den letzten Tagen des März oder in den ersten des April und verweilt bis zu den letzten Tagen des September oder den ersten des Oktober. Sie wandern des Nachts und suchen am Tage ihre Nahrung. Im Sommer leben sie fast immer auf hohen Bäumen und kommen nur selten in Dickichte oder in niederes Stangenholz; im September streichen sie umher. Beide Goldhähnchen halten sich auch dann zwar vorzugsweise in den Nadelwaldungen auf, meist auf den Bäumen, kommen aber auch in niedere Gebüsche und nicht selten selbst zum Boden herab. Beide bevorzugen kleinere Bestände von fünfzig bis hundert Hektar mehr als ausgedehnte Waldungen. Ihr Aufenthalt und ihr Streichen im Herbst und Winter richten sich nach den Umständen. Ist im Winter das Wetter schön, heiter und nicht zu kalt, dann sind sie hoch auf den Nadelbäumen, bei Regen, Wind und Sturm oder sehr strenger Kälte aber kommen sie auf niedrige Gebüsche und auf den Boden herab. Im Winter halten sie sich immer an den Stellen des Waldes auf, die von der Sonne beschienen werden.

Die beiden Arten lassen sich am Gesang gut unterscheiden. Beim Wintergoldhähnchen wechseln in der Mitte der Strophe zwei Töne miteinander ab, denen ein Zwitschern folgt; beim Sommergoldhähnchen dagegen geht das „Si" in einem Ton fort und hat keinen andersartigen Schluß, so daß der ganze Gesang weit kürzer, einfacher und nichts als ein schnell nacheinander herausgestoßenes „Si si si" ist.

Beide Goldhähnchen brüten zweimal im Jahr, das erste Mal im Mai, das zweite Mal im Juli. Die Nester sind ballförmig, sehr dickwandig, außen 9–11 cm, innen nur 6 cm im Durchmesser und etwa 4 cm tief. Die bei beiden Arten gleichen Nester stehen sehr verborgen auf der Spitze langer Fichten- und Tannenäste, zwischen dichten Zweigen und Nadeln und auf herabhängenden Zweigen, die von der ersten Lage der Neststoffe ganz oder zum Teil umschlossen sind und bis an den Boden oder über ihn hinausreichen. Das Weibchen braucht mindestens 12, zuweilen auch 20 Tage, bis es den Bau fertig hat. Es umwickelt zunächst die Zweige, füllt die Zwischenräume aus und stellt dann die Wandungen des inneren Nestes her.

Die Goldhähnchen sind die kleinsten Sperlingsvögel überhaupt. Während die Wintergoldhähnchen bei uns mehr Standvögel sind, ziehen die Sommergoldhähnchen in der Regel für den Winter in südlichere Gebiete (Foto J. Burton).

Drosseln

Zur Familie der Drosseln (Turdidae) gehören einige der beliebtesten und bekanntesten Singvögel der Welt, wie Amsel, Nachtigall, Schamadrossel, Hüttensänger, Rotschwanz und Rotkehlchen. Insgesamt werden heute rund 300 Vogelarten zu den Drosseln eingereiht und zu rund 60 Gattungen zusammengefaßt. Doch war und ist es für den Zoologen schwierig, die Drosseln von den nahverwandten Familien der Fliegenschnäpper und Grasmücken abzugrenzen, da es viele Übergänge zwischen den drei Familien gibt. Gerade aber diese Übergangsformen, die nicht befriedigend klar zu einer dieser drei Gruppen einzuordnen sind, gibt es auch eine Reihe lebhaft gefärbte und gezeichnete Arten. Drosseln sind lebhafte Vögel, die sich kennzeichnend aufrecht halten. Viele Vertreter sind ausgezeichnete Sänger und gehören wie das Rotkehlchen zu den beliebtesten Singvögeln der Welt (Foto A. Fatras).

Verbreitungsgebiet: Drosseln sind über die ganze Erde verbreitet. Sie haben aufgrund ihres guten Flugvermögens selbst entfernte Inseln besiedelt. Ausgespart blieben lediglich der arktische Norden, die Wüstengebiete Australiens und Polynesien.

Zu den Drosseln gehören verhältnismäßig einfach gebaute Vögel mit gedrungener Gestalt und kräftigen Beinen. Der Schnabel ist kräftig, schlank, leicht gebogen und manchmal mit einem schwach entwickelten Haken versehen. In der Färbung sind sie recht verschieden, neben schlichten Formen

Das Rotkehlchen baut sein Nest am Boden. Es wird gut versteckt – immer durch eine Art Dach vollständig überdeckt – in Erdhöhlen, Mauerwinkeln, Wurzeln, dichten Hecken und an überhängenden Bachrändern, aber z. B. auch in Blechbüchsen angelegt (Foto Aarons).

Rechte Seite oben: Die rote Kehle und Brust spielen als Signal zur innerartlichen Verständigung eine wichtige Rolle. Auf Stopfpräparate, deren Brust verfärbt wurde, reagiert das Rotkehlchen nicht, ein Büschel roter Federn löst aber bei ihm Droh- und Imponierverhalten aus (Foto B. Saliner).

Rechts: Die Jungvögel sind gefleckt und besitzen noch keine rote Kehl- und Brustfiederung. Sie werden dadurch vom Revierinhaber nicht als Konkurrenten angesehen, sondern die Schlichtfärbung und das Bettelverhalten lösen bei diesem den Fütterungstrieb aus (Foto Okapia).

belegen eine enge, stammesgeschichtliche Verwandtschaft dieser drei Familien. Daher neigen viele Forscher dazu, die drei Familien als Unterfamilien in einer großen Familie zu vereinen, doch da letztere dann mehr als 1000 Arten umfassen würde, zieht man es aus praktischen Gründen vor, die Familien selbständig zu betrachten.

Die über 300 Drosselarten sind mittelgroße Vögel, deren Größe von 11 bis 33 cm schwankt. Auch sind sie in der Färbung recht verschieden, und die Geschlechter können gleich sein oder sich stark unterscheiden. Die Gestalt ist gedrungen, die Beine sind kräftig, mit Hornplatten belegt, aber nicht geschildert, der Schnabel ist kräftig und leicht gebogen und manchmal mit einem schwach entwickelten Haken versehen. Die verhältnismäßig einfach gebauten Singvögel tragen in der Jugend ein meist auf der Oberseite hell- und auf der Unterseite dunkelgeflecktes Federkleid. Der Schwanz ist nie besonders kurz, bei einigen Gattungen ist er sogar länger als der Körper. Er ist zwölffedrig, gegabelt, gerundet, stufig oder gerade abgeschnitten. Die Flügel sind kräftig, gerundet oder bei guten Fliegern auch zugespitzt. Da sie nur wenig an Busch und Baum gebunden sind, haben sich die Drosseln an sehr verschiedene Lebensräume angepaßt, wie Wälder, Parklandschaften, Brachland, Wiesen, Matten, Geröllfelder, Halbwüsten und Tundren. Sie sind praktisch in der ganzen Welt heimisch. Nur der hohe Norden, die Antarktis, schneebedeckte Gipfel und einige entlegene Inseln Polynesiens sind ausgespart. Neuseeland wurde allerdings auch nicht von ihnen selber besiedelt, doch wurden Amsel und Singdrossel im vorigen Jahrhundert dorthin erfolgreich eingebürgert. Am formenreichsten sind die Drosseln in den tropischen und gemäßigten Gebieten der Alten Welt vertreten, und hier liegt auch sehr wahrscheinlich ihr Entstehungszentrum. Von dorther sind schon sehr früh immer wieder Vertreter in die Neue Welt eingewandert, wo sie sich in der langen Zeit zu neuen Arten und Gattungen entwickelten, so daß die Drosseln heute sehr formenreich und weit über Nord- und Südamerika verbreitet sind.

Drosseln mausern nur einmal im Jahr. Sie bauen stets offene, napfförmige Nester, meist in Bäumen oder im Gebüsch, seltener auf dem Boden, in Baumhöhlen oder Gesteinsspalten. Das Gelege besteht aus 3–6 einfarbigen, häufig aber gefleckten Eiern, die etwa 14 Tage bebrütet werden, bei vielen Arten vom Weibchen allein. Die nördlichen Arten sind Zugvögel. Zur Brutzeit nisten nur wenige Arten in lockeren Kolonien, doch finden sich viele zum Schlafen und auf dem Zug gesellig zusammen. Die Nahrung besteht aus Kerbtieren und deren Larven, Würmern, Schnecken und einer großen Zahl kleiner Früchte. Einige Arten haben sich auf die vom Menschen veränderte Welt umstellen können und sind zu Kulturfolgern geworden. Andere Arten waren derart hohe Spezialisten, daß sie bald nach der Umweltveränderung ausstarben. So sind eine Reihe hawaiischer und westindischer Drosseln verschwunden.

Der Übersicht halber unterscheidet man einige Unterfamilien: Die Drosselschnäpper *(Cochoaninae)*, die sich durch leuchtende Farben und durch einen verbreiterten Schnabel mit stark entwickelten Borsten um seinen Grund auszeichnen. Sie leben in 3 Arten in Südasien. Da sie selten sind, ist über ihr Verhalten wenig bekannt. Die Gabeldrosseln *(Enicurinae)* sind in Südostasien und Indonesien beheimatet. Sie zeichnen sich durch einen langen, häufig tief gegabelten Schwanz und ein in der Hauptsache schwarzweißes Gefieder aus. Sie leben an den Ufern fließender Gewässer, wo sie nach Art der Bachstelzen ihre Nahrung suchen. Von den Rotschwanzverwandten, den Schmätzern, den Pfeifdrosseln und den Eigentlichen Drosseln werden im folgenden Vertreter ausführlicher beschrieben.

Rotschwanzverwandte

Die Unterfamilie der Rotschwanzverwandten *(Phoenicurinae)* umfaßt die kleineren, in der Hauptsache altweltlichen Drosselarten, deren Nahrung mit einem

Die Britischen Inseln, West- und Südeuropa bieten dem Rotkehlchen auch während der Winterzeit ausreichend Nahrung, in Nord- und Osteuropa aber wird das Futter wegen der härteren Klimabedingungen knapp. Rotkehlchen sind daher z. T. Stand-, z. T. Zugvögel (Foto P. Hinchliffe – Photo Researchers).

verhältnismäßig schwachen und zierlichen Schnabel gegriffen wird und vor allem aus Insekten und Spinnen besteht. Offene Parklandschaften, dichtes Gebüsch und Unterholz, offenes, freies und selbst felsiges Gelände sind der Lebensraum dieser Singvögel.

Rotkehlchen

Das Rotkehlchen *(Erithacus rubecula)* ist mit 14 cm Körperlänge und 15 g Gewicht ein kleiner Vogel, der auf seinen dünnen Beinchen oft aufgeplustert herumsteht und dann recht gedrungen erscheint. Es sieht dann aus wie ein kleines, zartes Federbällchen, in dem zwei große braune Augen stehen. Gerade diese Merkmale sprechen den Menschen stark an, da sie den Kennzeichen des Kleinkindes ähneln. Sein schnelles Zahmwerden und sein schöner, hell perlender Gesang, in dem eine Reihe scharfer, hoher Quetschlaute eingestreut sind, haben außerdem dazu beigetragen, daß das Rotkehlchen zu einem der bekanntesten und beliebtesten Vögel wurde. Es bewohnt unterholzreiche Wälder, dichtes Gebüsch und Dickungen in Parks und Anlagen bis rund 2000 m Höhe. In England lebt es sogar in Gärten und das ganze Jahr über in der Nähe des Menschen. Auf dem Festland lebt es nur im Winter in Gärten und in der Nähe des Menschen. Das Verbreitungsgebiet ist sehr groß und erstreckt sich von Nordwestafrika über ganz Europa bis nach Kleinasien und Westsibirien. In diesem ausgedehnten Gebiet bleibt es in den wärmeren Teilen, wie West- und Südeuropa und den Britischen Inseln, als Standvogel in seinem Lebensraum. Dagegen sind die Populationen im Norden und im Osten Europas und Asiens Zugvögel, die die grimmig kalte, nahrungsarme Zeit im Süden im Mittelmeerraum und im Nahen Osten überbrücken. Als Nahrung dienen hauptsächlich Kerbtiere und deren Larven und Würmer, im Winter aber Beeren. Das Rotkehlchen frißt auch die dicksten Raupen, die es nicht auf einmal hinunterschlingen kann. Dabei wurde des öfteren beobachtet, wie es mit aus dem Schnabel ragender Beute herumstand und wartete, bis das zuerst Verschlungene verdaut war, um den Rest hinunterzuwürgen.

Dem Rotkehlchen wurden viele Untersuchungen gewidmet. Diese zeigten, daß das „liebenswürdige" Rotkehlchen – aus menschlicher Sicht – sehr „unduldsam" und äußerst angriffsbereit ist. Mit großer Heftigkeit und Nachdruck verteidigt es sein Revier gegen jeden Eindringling. Im Durchschnitt nimmt ein Rotkehlchenhahn 600–700 qm als Revier in Anspruch, doch gibt es hierbei große individuelle Unterschiede, und Reviere von mehreren Tausend qm sind keine allzu große Seltenheit. In der Hauptsache dient der Gesang, der häufig frei sitzend vorgetragen wird, zur Abgrenzung der Eigenbezirke. Dabei spielt die auffällig gefärbte rote Brust eine nicht unwesentliche Rolle, denn sie wird dabei besonders deutlich vorgezeigt. Respektiert ein Eindringling aber nicht die Grenzen, so wird er angedroht. Das Rot an Kehle und Brust wird durch Aufplustern der Federn stark hervorgehoben und durch seitliche Bewegungen des Körpers betont. Dieses Verhalten des Revierinhabers hat meistens Erfolg. Daß die rote Brust dabei als Angriffssignal dient, zeigen eindeutig Versuche mit ausgestopften Vögeln, denen man unter anderem die Brust verfärbt hatte. Aber selbst ein Büschel roter Federn löst dann beim Rotkehlchenhahn Angriffsverhalten aus.

Das Balzverhalten ist ein abgewandeltes Drohverhalten, bei dem auch ein abgewandelter Gesang vorgetragen wird. Möglicherweise erkennen sich selbst die Geschlechter an diesem Verhalten, denn äußerlich gibt es keine Unterschiede, und alle Behauptungen, es gäbe solche, müssen zurückgewiesen werden. Das Weibchen baut im Revier des erwählten Männchens meist am Boden sein Nest. Dazu wählt es Bodenvertiefungen, Halbhöhlen an Böschungen, Wurzelwerk, ausgefaulte Baumstümpfe und seltener auch Baumhöhlungen oder Mauerlöcher bis in 2 m Höhe. In den gemäßigteren Gebieten erfolgen zwei Bruten. Da nur das Weibchen brütet, sitzt es meist schon wieder auf dem rund 6 Eier enthaltenden Gelege, während das Männchen die flügge Erstbrut noch füttert. Die Eier sind auf weißlichem Grund rötlich braun gesprenkelt. Nach rund 14 Tagen Bebrütung schlüpfen die Jungen. Rotkehlchen sind häufig Wirt des Kuckucks. Die Jungvögel sind gefleckt und schlicht gefärbt. Beringungsversuche zeigen, daß von ihnen 72% im ersten Jahr umkommen. In der freien Natur werden die restlichen Vögel 2–3 Jahre alt, und nur wenige Exemplare erreichen ein Alter von 5 Jahren. Das bisher bekannte Höchstalter von beringten Freilandrotkehlchen liegt bei 11 Jahren.

Nachtigall

Die Nachtigall *(Luscinia megarhynchos)* ist ein reiner Zugvogel. Nordwestafrika, Süd-, West- und Mitteleuropa, Kleinasien

Verglichen mit ihrem berühmten Gesang ist die Nachtigall enttäuschend schlicht gefärbt. Doch ist die Verbindung einer auffälligen Stimme mit einem merkmalsarmen Gefieder typisch für Singvögel, die versteckt im unübersichtlichen Buschwerk leben.

Die innerartliche Verständigung kann hier nur akustisch erfolgen, optische Signale dringen eben nicht weit durch. Wie beim Rotkehlchen sind beide Geschlechter gleich gefärbt und äußerlich nicht zu unterscheiden (Foto Bille).

Verbreitungsgebiet: Die Nachtigall bewohnt ihr Brutgebiet nur von Mitte März bis Mitte September, in den nördlichen und östlichen Zonen trifft sie sogar erst Mitte April ein. Den Winter verbringt sie in den Savannen und Dornbuschsteppen Afrikas südlich der Sahara, bleibt aber nördlich des Äquators.

und Mittelasien bis zum Quellgebiet des Ob sind die Sommer- und Brutheimat der hochbeinigen, 17 cm langen und etwa 23 g schweren, seit alter Zeit hochberühmten Sängerin, die in ihrer oben rötlichbraunen, unten hellgrauen Tracht und mit dem braunroten Schwanz enttäuschend schlicht gefärbt ist. Im Mittelmeerraum trifft sie schon im März, im übrigen Gebiet um die Mitte des April aus ihrem Winterquartier ein, das sich südlich der Sahara in den Savannen und Dornbuschländern von Guinea bis zum Victoriasee und weiter bis zur Küste Ostafrikas erstreckt. Schon Ende August bis Mitte September begeben sich die Nachtigallen auf die Rückreise ins Winterquartier. Sie ziehen nachts, und wie die wenigen bisher vorliegenden Wiederfunde beringter Vögel vermuten lassen, ziehen zuerst die Jungvögel, dann die Weibchen und zuletzt die alten Männchen. Letztere treffen aber im Frühjahr als erste an den Brutplätzen ein, gefolgt vom Gros der Männchen, und erst einige Tage danach kommen die völlig gleich gefärbten Weibchen an. Dann haben die Männchen ihre Reviere gegeneinander abgegrenzt und umwerben die Weibchen. Findet sich keines ein, verläßt der Revierinhaber seinen Bezirk und begibt sich auf die Suche nach neuen Örtlichkeiten. Es kommt dann wie bei der ersten Revierabgrenzung zuerst zu einem stetig beschleunigten Sangeswettstreit, der recht häufig in hitzige Kämpfe ausartet. Die Rivalen jagen sich mit „schirkendem" Gezwitscher durch das Gebüsch, bis zu den Wipfeln der Bäume hinauf und wieder bis zum Boden hinab; heftig fallen sie übereinander her, bis einer Herr des Revieres und wahrscheinlich auch des Weibchens geblieben ist.

In dieser Zeit der Revierabgrenzung und der Paarbildung singt die Nachtigall besonders häufig. Gerade ihr Gesang hat sie aber seit dem Altertum beim Menschen berühmt gemacht. Sanfte, klagende Töne wechseln mit fröhlichen, wirbelnden Strophen, wobei die Lautstärke sich verstärkt und wieder abschwächt. Nicht nur die Mannigfaltigkeit der Melodie entzückt, sondern auch die außerordentliche Lautstärke mancher Strophen läßt den Zuhörer erstaunen. Ihr Lied, das die Nachtigall bei Tag und bei Nacht erklingen läßt, muß sie selber erst erlernen. Angeborenermaßen erlernt sie aus dem Vogelkonzert die arteigene Weise, doch wenn sie in der Jugend keine Artgenos-

Der klangvolle, melodische und strophenreiche Gesang der Nachtigall hat schon immer die Aufmerksamkeit des Menschen auf sich gezogen, so daß sie in vielen Sagen, Märchen, Liedern und Gedichten Eingang fand. Doch singt sie nicht nur nachts, wie oft angenommen wird und wie ihr Name glauben läßt – das althochdeutsche „gallan" heißt singen. Viel häufiger erklingt ihr kraftvolles Lied am Tage und wird dann von den Zweigen eines jungen Baumes oder vom Gipfel eines Busches, aber nie von hoher Warte aus vorgetragen (Foto Rebouleau – Jacana).

sen zu hören bekommt, nimmt sie in der Lernphase fremde Gesänge an. In der Balz wird in das leiser vorgetragene Lied der Lockruf, der sich mit einem geflüsterten „Karr" umschreiben läßt, aufgenommen, und der Nachtigallenhahn vollführt dabei mit hängenden Flügeln Sprünge, zieht flatternd Bögen um die Umworbene und zuckt auffällig mit dem Schwanz.

Das tiefe, napfförmige Nest wird nur vom Weibchen gebaut und so gut im Strauch- oder Wurzelwerk verborgen, daß man es eher zertritt, bevor man es entdeckt. Die 4–6 Eier, die olivgrün bis olivbraun und meist ohne Fleckung sind, werden in 13 Tagen ausgebrütet. Dann beteiligt sich das Männchen an der Aufzucht, und der Gesang läßt stark nach. Als Lebensraum wählt die Nachtigall Laubwaldungen mit viel Unterholz, noch lieber

Als Lebensraum bevorzugt die Nachtigall ziemlich lichte Laub- und Mischwälder mit dichtem Unterholz und Pflanzengestrüpp aus Brombeeren, wilden Rosen, Doldenblütlern und Brennesseln. Auch Hecken, Gärten und Parkanlagen mit dichter Bodenbeschattung sucht sie auf (Foto J.-P. Varin – Jacana).

aber Buschwerk, das von Bachläufen oder Wassergräben durchzogen ist. Durch die fortschreitende Kultivierung der Landschaft und durch die sich ständig ausbreitende Zivilisation wird ihr Lebensraum stark eingeschränkt. Hinzu kommt, daß durch die verstärkte Anwendung von Insektiziden auch im afrikanischen Winterquartier die Zahl dieser beliebten Sänger in der letzten Zeit erschreckend abgenommen hat.

Sprosser

Der Sprosser (Luscinia luscinia) sieht der Nachtigall zum Verwechseln ähnlich. Er ist nur etwas größer und auf der Brust wolkig gefleckt. Letzteres ist das wichtigste Unterscheidungsmerkmal für den Freilandbeobachter. Für den Beringer aber ist das untrügliche Erkennungszeichen die Länge der ersten Handschwinge, die bei der Nachtigall über die Handdecken hinaus reicht, beim Sprosser jedoch ein bedeutendes Stück vorher endet. Im Gesang herrscht ebenfalls eine große Übereinstimmung. Nur wird er vom Sprosser lauter und die einzelnen Motive voneinander abgesetzt vorgetragen, und es fehlt das „Crescendo" des Nachtigallenschlages. Der Sprosser hält sich ebenfalls meist in buschreichem Gelände auf, ist aber dort noch mehr an das Wasser gebunden wie seine Schwesternart. So sind Brüche, Seen und Flußläufe sein bevorzugter Lebensraum. Wie die Nachtigall ist auch er Zugvogel. Sein sommerliches Verbreitungsgebiet schließt nordöstlich an das der Nachtigall an und reicht bis Südschweden, Südfinnland und über Rußland bis Mittelsibirien. In einem breiten Streifen von Mecklenburg über Polen bis zur Westukraine und bis nach Rumänien überlappen sich die Vorkommen von Sprosser und Nachtigall, im Winterquartier aber besiedelt der Sprosser Ostafrika in einem breiten Streifen von Südäthiopien bis südlich von Johannesburg und kommt nur auf der Höhe des Victoriasees mit der Nachtigall zusammen. In der Überlappungszone des Brutgebietes vermischen sich die beiden Arten nicht, sondern sie leben nebeneinander, nur überläßt die Nachtigall dem Sprosser die feuchteren Buschzonen und zieht sich in trockeneres Gelände, ja sogar auf Parks und Gärten zurück. Die große Ähnlichkeit und die geographische Verbreitung der beiden Arten zeigen aber an, daß durch die Eiszeit eine ursprüngliche Art in eine westliche und eine östliche Population getrennt wurde, die sich während der Dauer der Eisbarriere unabhängig voneinander weiterentwickelten. Erbliche Veränderungen, die nur in einer der beiden, räumlich getrennten Teilpopulationen auftraten, konnten nicht mehr durch Verpaarung in die andere Teilpopulation eingebracht werden. In den beiden Rückzugsgebieten waren die Umweltbedingungen ebenfalls verschieden, so daß beide Teilpopulationen teilweise unterschiedlichen Selektionsrichtungen ausgesetzt waren. Beide Vorgänge führten zur Entstehung von Eigenschaftsunterschieden zwischen den separierten Teilpopulationen. Als nach der Eiszeit die beiden Teilpopulationen wieder aufeinanderstießen, hatten sie sich bereits so weit verfremdet – hauptsächlich im Verhaltensbereich –, daß sie sich nicht mehr als Partner anerkannten und nun als gute Arten unvermischt nebeneinander leben.

Blaukehlchen

Das Blaukehlchen (Luscinia svecica) ist mit der Nachtigall nahe verwandt. Es ist ein rund 20 g schwerer und 15 cm langer Vogel, bei dem die Männchen im Brutkleid eine prächtvolle, lasurblaue Kehle besitzen, die gegen die weißliche Brust und Unterseite durch ein schwarzes, weißes und rotes Band begrenzt wird. In dem blauen Feld steht je nach Unterart ein weißer oder rostroter Stern, oder er fehlt. Im schlichteren Herbst- und Winterkleid ist der Kehlschmuck stark verblaßt. Die Weibchen haben stets eine weißliche, schwarzbraun eingefaßte Kehle. Beide Geschlechter zeigen einen weißlichen, auf der Stirn zusammenfließenden Übergangsstreif, eine dunkel graubraune Oberseite und sind stets an der rostroten Schwanzwurzel zu erkennen.

Blaukehlchen sind während der Brutzeit im Norden der Alten Welt und im Nordosten Alaskas heimisch und überwintern in Spanien, Nordafrika und Südasien. In Süd- und Mitteleuropa, Westrußland, im Kaukasus und in Persien brütet das kleinere, weißsternige Blaukehlchen. Busch- und gras- oder schilfreiche Fluß-, Bach- und Seeufer sind der bevorzugte Lebensraum. Deshalb meidet das Blaukehlchen in Deutschland fast gänzlich die Gebirge, doch brütet es in Spanien im Ge-

An der Aufzucht der Jungen beteiligt sich auch das mit einem prächtigen blauen Hals- und Kehlschild versehene Männchen des Blaukehlchens. Im Herbst ist es schlichter gefärbt, da kleine Federn dann das bunte Gefieder überdecken. Das Nest ist außerordentlich gut unter Büschen oder Krautpflanzen oder in Erdlöchern versteckt. Das Blaukehlchen lebt in seinem Lebensraum – dichte, zumeist niedrige, sumpfige Gehölze – als Bodenvogel sehr heimlich und versteckt (Foto E. Hosking).

Wenn auch kleine, bodenbewohnende Insekten, Spinnen, Regenwürmer und Schnecken den größeren Anteil an der Nahrung haben, so sind doch Sämereien und Beeren für das Rotkehlchen wichtig und ermöglichen in den gemäßigten Gebieten sein Verbleiben auch während der Winterszeit (Foto J. Markham).

Schwarzkehlchen trifft man auch in reich mit Buschwerk bestandenen Gebieten an. Hier jagen sie ihre Beute vom Rand der Gebüsche aus. In den gemäßigteren Gebieten Europas ist das Schwarzkehlchen Standvogel, dagegen ziehen die östlichen Populationen nach Afrika, die asiatischen nach Indien oder Südostasien (Foto L. Gaggero).

Das Nest der Nachtigall wird an gut verborgenen Stellen am Boden oder dicht darüber angelegt. Es ist recht locker aus alten Blättern, Halmen, Moos und Würzelchen gebaut, hat eine tiefe, ausgepolsterte Mulde und steht häufig im dichten Gestrüpp von Brombeeren und krautigen Stauden. Im Süden brütet die Nachtigall zweimal, bei uns nur einmal (Foto J. Markham).

Das Männchen des Gartenrotschwanzes ist einer der farbenprächtigsten Bewohner unserer Garten- und Parkanlagen. Gartenrotschwänze sind Höhlenbrüter. Höhlungen in alten Bäumen, Holzklaftern und Mauern, aber auch Nistkästen und Nischen alter Schuppen und Lauben sind Nistplätze (Foto E. Hosking).

birge und bezieht hier auch die Zwergstrauchheiden an steinigen Hängen bis zu 1800 m Höhe. In Friesland gibt es sich mit niedrig bewachsenen Grabenböschungen an Weg- und Straßenrändern zufrieden. Das rotsternige Blaukehlchen besiedelt die Gebirge Skandinaviens und die Tundren und feuchteren Steppen Rußlands, Sibiriens und Westalaskas und kommt in Pamir und Kaschmir noch in den strauchigen Matten in Höhen von 3500 m vor. In Mitteleuropa erscheinen die Blaukehlchen Anfang, meist sogar erst Mitte April und reisen im September ihrer Winterherberge zu. Auf ihrem Zug durchwandern beide Formen Mitteleuropa, die sibirischen Populationen streben allerdings nach Südasien und übersteigen hierbei erwiesenermaßen Gebirge von 5000 m Höhe. Blaukehlchen sind ausgesprochene Bodenvögel. Hier bewegen sie sich derart schnell hüpfend fort, daß man nicht sofort entscheiden kann, ob sie dabei nicht wie Stelzen laufen. Häufig werden in den Hüpfpausen der Kopf aufgeworfen und der Schwanz gestellt, so daß der Vogel ein keckes Aussehen bekommt. Der Flug ist schnell und verläuft in größeren und kleineren Bogen, wird aber selten weit ausgedehnt. Während des lauten, perlenden Gesanges, in dem sich oft gleiche Töne wiederholen und in dem Lieder und Rufe anderer Vogelarten, aber auch Froschquaken und Töne von Insekten eingebaut sind, sucht das Männchen gewöhnlich einen erhöhten freien Sitzplatz aus und bietet den weithin leuchtenden Kehlschmuck dar.

In der Balz vollführt es sogar auffällige Flugsprünge. Dabei steigt es singend halbschräg aufwärts und gleitet mit weit ausgebreiteten Flügeln und Schwanz abwärts.

Das Nest steht nahe am Wasser, meist am Ufer von Gräben und Bächen, auf oder dicht über dem Boden auf einer Grundlage dürren Laubes. Es ist gut versteckt in Erdhöhlungen, zwischen Wurzeln oder Gestrüpp und mit Federn gut ausgefüttert. Mitte Mai findet man in ihm 6–7 zartschalige Eier von lichtblaugrüner Grundfärbung und rotbrauner Fleckung. Diese bebrütet das Weibchen 13 Tage allein. Nach dem Schlupf ziehen beide Eltern die Jungen auf, die das Nest bereits verlassen, bevor sie fliegen können. Die Nahrung besteht aus Würmern, Insekten und Spinnen, im Herbst auch aus Beeren.

Die Kultivierung des Brutgebietes und die Regulierung der Wasserläufe haben große Lücken in die Verbreitung des Blaukehlchens gerissen. Besonders gefährdet wird heute sein Bestand durch den Gebrauch der Insektizide.

Rubinkehlchen

Das 14 cm lange Rubinkehlchen (*Luscinia calliope*) liebt wie das Blaukehlchen busch- und dickichtreiche Gebiete, besonders in der Nähe von Gewässern. Diesen Lebensraum bieten ihm die unterholzreichen alten Nadelwälder des Taigagürtels vom Ural bis zum Pazifik und die Bergwälder Westchinas. Den Winter übersteht es in Südostasien. Wegen seines schönen Gesanges, der auch nachts vorgetragen wird, und dem schwarzeingefaßten rubinroten Kehlschild beim Männchen ist der Sänger bei den Chinesen ein gern gehaltener Stubenvogel.

Bei den Blaukehlchen tragen die Männchen der nord- und osteuropäischen Rassen einen rostroten Stern im blauen Kehlschild, dagegen haben die südlichen Formen Eurasiens einen weißen Stern, der bei der südwestasiatischen Population auch oft fehlen kann. Die Weibchen besitzen dagegen nur ein graues Brustband, das eine helle Kehle umschließt (Foto B. Mallet – Jacana).

Heckensänger

Der Heckensänger (*Erythropygia galactotes* oder *Cercotrichas galactotes*) vermittelt in seinen Merkmalen zwischen Grasmücken und Drosseln und wird heute in die letztere Gruppe eingeordnet. In der Haltung ziemlich drosselähnlich, ist der gut 15 cm lange, schlanke und langbeinige Vogel sicher an seinem langen, häufig bewegten und gefächerten, am Ende breit schwarz-weiß gesäumten, sonst kastanienbraunen Fächerschwanz zu erkennen. Er bewohnt Spanien, den südlichen Balkan, Klein- und Westasien, das mittelmeerische Nordafrika und die Sahelzone Mittelafrikas. In Mittelafrika ist der Heckensänger – auch Afrikanische Nachtigall genannt – Standvogel, in Asien, Südeuropa und Nordafrika Zugvogel. Seinen nördlichen Lebensraum verläßt er im September und sucht ihn Ende April wieder auf. Dabei stimmt das Winterquartier der nördlichen Populationen ziemlich mit dem Brutareal der südlichen Populationen, den Standvögeln, überein. Vorzugsweise lebt er in dünn bestandenen Steppenwäldern, in jenen dürren Gebieten, die nur vom Regen gefeuchtet werden und spärlich mit niederem Buschwerk bestanden sind, ohne jedoch Gärten, Obst- und Olivenpflanzungen zu meiden. Der Gesang ist wohlklingend und lerchenähnlich, doch stärker abgehackt. Er wird auf der Warte sitzend, am Boden dahinlaufend und im schmetterlinghaften Balzflug fast ununterbrochen vorgetragen. Die Brutzeit liegt Ende Mai. Das grobe und unschöne, oben offene Nest wird zwischen den Ästen alter Bäume oder im dichten Gebüsch angelegt. Das Gelege besteht aus 4–5 veränderlich gefärbten Eiern. Die Nahrung besteht aus Würmern, Insekten und Spinnentieren.

Schamadrossel

Die Schamadrossel (*Copsychus malabaricus*) gehört zu den besten Sängern unter den fremdländischen Vögeln. Ihre Heimat sind die Dschungelurwälder Indiens, Hinterindiens und Indonesiens. Hier lebt der scheue Vogel vor allem in der Nähe von Wasserläufen und sucht seine Nahrung, die hauptsächlich aus Insekten und deren Larven besteht, auf dem Boden, seltener fängt er sie in der Luft. Das Nest wird im niedrigen Astgewirr oder in Baumhöhlen, gewöhnlich vom Weibchen alleine, angelegt. Das Gelege besteht aus 4–6 grünlichen Eiern mit dunkelbrauner Fleckung. Die Aufzucht der Nestjungen übernehmen beide Geschlechtspartner. Das Männchen ist auf der Oberseite, an Kehle und Vorderbrust metallisch schwarz glänzend, auf der Unterseite kastanienbraun, auf dem Bürzel weiß gefärbt und hat einen schwarzen, an den Seiten weiß gerandeten langen und gestuften Schwanz. Wegen ihres prachtvollen Gefieders und wegen des wundervollen, häufig vorgetragenen und durch Nachahmungen sehr vielfältigen Gesangs werden die Schamadrosseln gerne als Stubenvögel gehalten. Sehr schnell und leicht lernen sie z.B. Amseln und Nachtigallen zu imitieren, aber auch das Quietschen von Türen oder andere wenig schöne Laute. Das Weibchen ist blasser gefärbt und anstelle der schwarzen Färbung grau gehalten. Die rund 25 cm großen Vögel verlangen große Volieren mit sehr vielen Versteckmöglichkeiten, will man sie mit Erfolg züchten; denn sie sind untereinander recht unverträglich, und die Balz und Paarung geht recht stürmisch vor sich, da das Männchen das Weibchen dabei anhaltend jagt. Mit der Schamadrossel gehört auch die Dayaldrossel (*Copsychus saularis*) zu den gern gehaltenen Stubenvögeln. Ihre Heimat ist ebenfalls der südostasiatische Raum, doch bewohnt sie dort die mehr parkartigen Landschaften. Ihr Gesang ist nicht so vollkommen, doch ist er melodisch und nicht überlaut.

Der Heckensänger vermittelt in seinen Merkmalen zwischen den Drosselartigen und den Grasmücken. Früher wurde er zu den Grasmücken gerechnet, wird aber heute den Drosselvögeln zugeordnet. Sein Lebensraum sind offene Landschaften der Mittelmeer-, Steppen-, Wüsten- und Savannenzone Afrikas. Der lerchenhafte Gesang ist wohlklingend, wird aber abgehackter vorgetragen. Der Sänger sitzt dabei auf freier Warte, oder er führt eine Art Singflug aus. In Europa lebt er im Süden Iberiens und des Balkans (Foto J.-L.-S. Dubois – Jacana).

Rechte Seite oben: Der Hausrotschwanz bewohnte früher nur felsige Berghänge, doch hat er seinen Lebensraum auf die Ziegel- und Steindächer menschlicher Siedlungen ausgedehnt und ist mitten in Großstädten zu beobachten. Der charakteristische Gesang verrät seine Anwesenheit (Foto Bille).

Hausrotschwanz

Der Hausrotschwanz *(Phoenicurus ochruros)* ist ursprünglich ein Felsenbewohner. Noch vor gut 100 Jahren war sein Vorkommen auf die Gebirge Marokkos, Südeuropas, Vorder- und Zentralasiens begrenzt. Doch hat er sich seitdem in Europa in dem Maße weiter nach Norden ausgebreitet, in dem die früher üblichen Strohdächer durch Ziegeldächer ersetzt worden sind. So erschien der 14 cm lange und rund 15 g schwere Vogel in der zweiten Hälfte des vorigen Jahrhunderts in der Norddeutschen Tiefebene und in Dänemark, und erst seit etwa 1925 ist er regelmäßiger Brutvogel in Süd- und Ostengland, mit Ende des Zweiten Weltkrieges auch in Norwegen. Neben den Hausdächern und Gemäuern der Städte und Dörfer sind felsige, warme Hänge mit vielen Felstrümmern und tiefen Spalten, auch Steilklippen am Meer sein eigentlicher Lebensraum, und er geht in den Alpen bis 2500 m, im Himalaya sogar bis 5000 m hoch. Hier erbeutet er vom felsigen Grund oder in meisterhaftem Flug mit geschickten Wendungen Käfer, Fliegen, Mücken und Schmetterlinge, Spinnen und Tausendfüßler. Allgemein erfreut er den Betrachter durch seine Emsigkeit und ständige Aktivität vom Tagesgrauen bis nach

Rechts: Beim Hausrotschwanz sind die Weibchen, die jungen und viele einjährige Männchen am Körper rauchgrau gefärbt. Erwachsene Männchen aber tragen ein schwarzes Gefieder, das helle Flügelflecken aufweist. Bei allen ist der Schwanz rostrot gefärbt (Foto H. Chaumeton – Jacana).

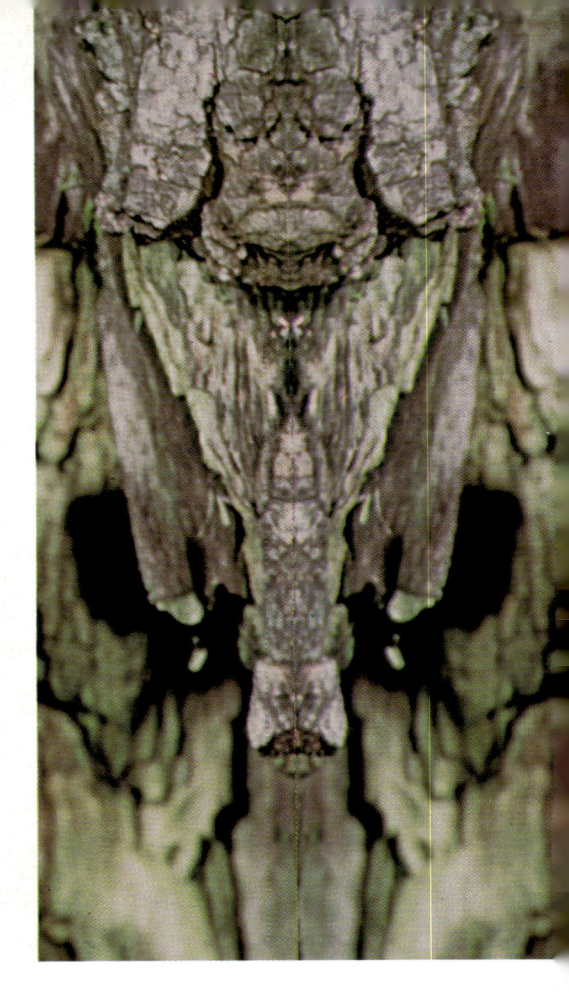

Sonnenuntergang. Sein Lied, das mit einer gequetschten Tonreihe – ähnlich dem Reiben von Glasbruchstücken – beginnt, ist einfach und wird schon vor dem Morgengrauen vom Hausdach oder von einer anderen freien Warte vorgetragen. In Mittel- und Nordeuropa ist der Hausrotschwanz Zugvogel. Ende März oder Anfang April treffen diese nördlichen Populationen aus dem Winterquartier ein und ziehen Oktober bis November wieder ab, um den Winter in den mittelmeerischen und westeuropäischen Gebieten zu verbringen, wo der Tisch so reichlich mit Beeren gedeckt ist. Die Brutpaare verteidigen mit großer Heftigkeit ihre Reviere. Das Nest wird in Spalten und Höhlungen von Mauern, Felsen und Häusern angelegt. Aber auch unter Brücken, in Erd- und Lehmwänden und gelegentlich in Briefkästen wird genistet. Ein meist unordentlicher Haufen aus Pflanzenmaterial ist die Grundlage, in der eine mit vielen Federn und Haaren ausgepolsterte Mulde das Gelege, in der Regel 5–7 hellweiße Eier, aufnimmt. Das Weibchen brütet allein, doch ziehen beide Eltern die Jungvögel auf. Droht Gefahr, so versuchen sie deren Urheber vom Nest oder von den Jungvögeln wegzulocken, sie verleiten ihn. Nach der ersten Brut folgt regelmäßig eine zweite und sogar gelegentlich eine dritte. In der Balz verfolgt das Männchen ungestüm das Weibchen, krächzt und singt, legt sich vor der Umworbenen platt hin, schlägt zitternd mit ausgebreiteten Flügeln und drückt den breit gefächerten Schwanz gegen die Unterlage.

Gartenrotschwanz

Lichtere Laubwälder, in denen die Baumkronen kein dichtes Dach bilden, ein reiches Unterholz gedeiht und auch kahle Bodenstellen vorkommen, auch reine, lichte Kiefernbestände, außerdem Gärten, Parkanlagen, Wald- und Straßenränder sind der Lebensraum des Gartenrotschwanzes *(Phoenicurus phoenicurus)*. Dichte Waldungen, besonders die Fichtenmonokulturen meidet er. Sein Verbreitungsgebiet erstreckt sich über ganz Europa bis weit nach Mittelasien, verlängert sich über Kleinasien bis nach Persien hinein und faßt in Nordwestafrika inselhaft Fuß. Wenn er in diesem Gebiet auch die Ebenen wegen ihrer Laubwälder bevorzugt, so meidet er doch nicht das Gebirge, wo er bis zur Baumgrenze vorstößt. Im Norden bildet die Birkenzone die Grenze des Vorkommens. Als Zugvogel bevölkert er dieses Gebiet von April bis September. In dieser Zeit zieht er gewöhnlich zwei Bruten auf, die er mit Insekten, Spinnen und kleinen Würmern füttert. Im Spätsommer und Herbst frißt er auch alle Arten von Beeren und saftigen Kleinfrüchten. Die tierische Nahrung wird vom Boden, von den Blättern und Zweigen abgelesen oder im Flug nach Schnäpperart geschickt erjagt. Als Höhlenbrüter legt er sein Nest in Baumhöhlen, Spalten und Höhlungen in Fels und Erdwänden, an Gebäuden und Mauern an. Häufig benutzt er auch verlassene Schwalbennester und Spechthöhlen und nimmt gerne Nistkästen an. In der Balz, die ähnlich wie beim Hausrotschwanz verläuft, zeigt das revierbeherrschende Männchen durch auffälligen Anflug und betontes Vorzeigen die Nisthöhle. Dabei spreizt es den leuchtend roten Schwanz als optisches Signal und trägt dem Weibchen aus dem Flugloch seinen Balzgesang vor. Findet die von ihm erwählte Bruthöhle ihr Gefallen, so beginnt das Weibchen mit dem von ihr alleine ausgeführten Bau des Nestes. Es ist ein unordentlicher, lockerer Bau aus dürren Blättern, Halmen und Wurzeln, der aber innen mit Tierhaaren und Federn reich ausgepolstert ist. Die 5–7 türkisfarbenen Eier werden in der zweiten Maihälfte gelegt und in 13 Tagen vom Weibchen allein ausgebrütet. An der Jungenaufzucht beteiligt sich auch das Männchen, und im Gegensatz zu anderen Drosselarten bleibt die Familie nach dem Ausfliegen zusammen. Eine zweite Brut erfolgt im Juli.

Im Norden ist der Gartenrotschwanz recht häufig Wirtsvogel des Kuckucks, dagegen wird er von dem Brutschmarotzer in den gemäßigten und südlichen Zonen seines Verbreitungsgebietes kaum behelligt. Der Gesang ist für das menschliche Ohr wohlklingender und reicher als beim Hausrotschwanz. Er beginnt meist mit einem länger gezogenen Hochton, dem zwei tiefere, kurze Töne folgen, und ist im übrigen ein flötenartiges Klingeln. Häufig klingen Laute anderer Vogelarten dabei an. Als ausgesprochener Zugvogel verläßt der Gartenrotschwanz zum Winter sein Brutgebiet und zieht nach Nord- und Mittelafrika, überschreitet aber nicht den

In den letzten Jahren zeigen immer mehr Vogelarten die Tendenz, in die Anlagen und Gärten der menschlichen Siedlungen einzuwandern und dort auch zu brüten. Neben Grünfinken und Meisen trifft man regelmäßig auch den Gartenrotschwanz an, der als Höhlenbrüter sehr gerne bereitgestellte Nistkästen annimmt. Hat das schlicht gefärbte Weibchen die Höhle angenommen, die ihm das balzende Männchen durch auffälliges Hinfliegen und Hineinschlüpfen zeigt, so baut es dort ein lockeres Nest aus Halmen und Wurzeln, dessen Mulde es mit Tierhaaren reichlich auspolstert. Das Weibchen brütet auch allein die 5–6 weißen Eier aus. Dabei hält es einen bestimmten Rhythmus ein: es sitzt recht genau 15 Minuten auf den Eiern, dann verläßt es für 10–25 Minuten das Nest, so daß der Tag in rund 30 Brutphasen unterteilt ist. Ist die Umgebungstemperatur niedrig, verkürzt sich die Dauer der Abwesenheit. Nach 13 Tagen

10. Grad nördlicher Breite. Der Zug führt ihn über Westeuropa. Im Osten schließen sich an das Vorkommen des Gartenrotschwanzes andere Rotschwanzarten an. Erwähnt seien der mit 18 cm Länge um 5 cm größere Riesenrotschwanz *(Phoenicurus erythrogaster),* der im Kaukasus und im Elburs-Gebirge südlich des Kaspischen Meeres brütet, und der ebenso große Weißkopfrotschwanz *(Chaimarrornis leucocephalus),* dessen Färbung der des Gartenrotschwanzes sehr ähnelt, nur sind Brust und Rücken des Männchens blauschwarz und der gesamte Scheitel weiß. Er ist ein Bewohner felsiger Hänge des Himalaya und steigt in ihm bis zu 4500 m hoch.

Die Rotschwänze sind Bewohner der Alten Welt. Ihren Lebensraum nehmen in Nordamerika die in der Gestalt sehr ähnlichen, aber ausgedehnt blau gefärbten 3 Arten der Hüttensänger *(Sialia)* ein. Ernährungsweise und Verhalten ähneln sehr stark dem Gartenrotschwanz. Zwar besteht der Gesang nur aus wenigen, klangarmen Tönen, doch ist der Balzflug sehr auffällig. Als überwiegende Insektenfresser weichen die nördlichen Populationen vor der Härte des Winters nach Süden aus. Besonders bekannt ist der Rotkehlhüttensänger *(Sialia sialis),* der recht häufig in lockeren Waldungen, Parks und Gärten vorkommt, bei dem das Männchen oben indigoblau und, abgesehen vom hellen Bauch, unten bräunlich gefärbt ist, während das Weibchen grauer und dunkler aussieht. Sie sind Höhlenbrüter und ziehen 2–3 Bruten im Jahr auf.

Brutzeit schlüpfen die Jungvögel. An ihrer Aufzucht beteiligt sich das bunte Männchen mit großem Eifer (Fotos J. Markham, R. Smith – Ardea photographics und ZEFA).

Schmätzer

Auch die Unterfamilie der Schmätzer (Saxicolinae) umfaßt nur mittelgroße, zwischen 12 und 18 cm lange Drosselarten, die vor allem offeneres Gelände, wie Wiesen, Felder, Brachen, Steppen und Halbwüsten, ja selbst steiniges Ödland bewohnen und wenig gesellig leben. Als Vögel offener Lebensräume dienen bei ihnen in stärkerem Ausmaß optische Signale zur Verständigung, während die akustischen Signale etwas mehr in den Hintergrund treten.

Schwarzkehlchen

Das Schwarzkehlchen (Saxicola torquata) ist in Eurasien und Afrika sehr weit, zum Teil aber lückenhaft verbreitet. Es bewohnt bevorzugt freies, trockenes und teilweise pflanzenloses Gelände. Auf diesen Lebensraum ist es beschränkt, wenn es neben dem Braunkehlchen in demselben Gebiet vorkommt. Doch hält es außerhalb des Verbreitungsareals des Braunkehlchens auch dessen Lebensraum besetzt. Von höherer Warte oder vom Boden aus erbeutet es seine Nahrung, in der Hauptsache Insekten, verschmäht aber auch Früchte und Sämereien nicht, die ihm besonders im Winter willkommen sind. Nur die nördlichen Populationen sind Zugvögel, die im Mittelmeerraum, Westeuropa, Afrika und Südasien überwintern. Im März kehren sie zurück. Sobald das Männchen ein Revier besetzt hat, beginnt es mit der Balz, bei der es Schwanz und Flügel abspreizt und so die kontrastreichen Farbfelder zur Schau stellt. Der Gesang besteht aus abgerissenen, zwitschernden Strophen und wird von erhöhtem Sitz aus oder in einem Singflug vorgetragen. Auffällig ist ein ständiges Wippen mit Flügeln und Schwanz. Das Nest wird in Bodenmulden und an Böschungen gut versteckt im Pflanzenwuchs nur vom Weibchen angelegt. Zweimal brütet es 4–6 auf blaugrünem Grund rötlich gefleckte Eier aus.

Links und rechte Seite oben: Charakteristisch für das Schwarzkehlchen sind der schwarze Kopf, die schwarzbraune, schuppige Oberseite, die rostrote Brust und der weiße Hals- und Schulterfleck. Das Weibchen ist heller gefärbt (Fotos F. Blackburn – Photo Researchers).

Braunkehlchen

Das Braunkehlchen *(Saxicola rubetra)* ist in Europa und im westlichen Asien bis zum Altai zu Hause. Mit dem Vorrücken des Ackerbaus und dem Ausbau von Straßen- und Eisenbahnnetz in Westsibirien hat der 12 cm lange, 17 g schwere Vogel sein Brutgebiet weit nach Osten ausgedehnt. In diesem großen Areal sind Wiesen, die mit einzelnen niederen Büschen bestanden sind, an Waldungen oder an freie Felder grenzen, feuchte Heiden und Moore und reich blühende Hochlandmatten sein Aufenthaltsort. Hier jagt er vor allem blütenbesuchende Insekten und Ohrwürmer. Von niederer Warte, wie Grashalmen, niederen Büschen oder Zaunpfosten, hält er wippend Ausschau, um sich schnell und sicher auf die er-

Rechts: Vom Schwarzkehlchen unterscheidet sich das Braunkehlchen durch den hellen Überaugenstreif, die weiße Schwanzwurzel und die rahmfarbene Kehle. Auch die Weibchen der beiden Arten lassen sich an diesen Merkmalen auseinanderhalten (Foto J. Good – N.H.P.A.).

spähte Beute zu stürzen, die er häufig im Flug ergreift, oder er sucht mit schnellen Sprüngen den Boden ab. Häufig erklingt sein kurzes aus rauhen Lauten und Pfeiftönen bestehendes Lied. Das Nest, das nur vom Weibchen gebaut wird, steht gut verborgen im Pflanzenwuchs am Boden. Braunkehlchen sind Zugvögel und überwintern im afrikanischen Busch und im Savannengürtel südlich der Sahara und in den Steppen Ostafrikas. Hierhin ziehen auch die im westlichen Asien ansässigen Brutvögel. Von April bis September suchen sie ihr Sommer- und Brutquartier auf, sind also dort reine Sommervögel. Die Sahara überqueren sie auf ihrem Zug in breiter Front.

Das Braunkehlchen sitzt gerne auf höheren Wiesenpflanzen, auf Büschen, Bäumen, Zäunen und Pfosten. Von hier sucht es seine Beute, Insekten und Schnecken, zu erspähen. Am Boden bewegt es sich in raschen Sprüngen, zwischen die Verharrungspausen eingelegt werden. Typisch ist dabei ein häufiges Knicksen. Der Flug ist rasch und gewandt (Fotos E. Hosking und A. Fatras).

Steinschmätzer

Mit dem Steinschmätzer *(Oenanthe oenanthe)* gehören knapp 20 weitere kleinere, drosselartige Vögel zur Gattung der Steinschmätzer *(Oenanthe).* Es sind bewegliche, flinke Bodenvögel von 12 bis 18 cm Länge, von denen die meisten einen auffallend weißen Bürzel und weißen, am Ende und in der Mitte schwarzen Schwanz aufweisen. Während die Weibchen der einzelnen Arten nur schwer oder kaum zu unterscheiden sind, lassen sich die Arten anhand der charakteristisch gefärbten Männchen gut auseinanderhalten. Nur einige Arten machten den Systematikern Schwierigkeiten, da innerhalb der Art bei den Männchen zwei oder mehr verschiedene Möglichkeiten der Färbung gegeben sind. Das Nest steht stets auf dem Boden, verborgen in Höhlen, Tiergängen, Spalten, Rissen, in Steinhaufen oder im Geröll. Beide Partner beteiligen sich am Nestbau, doch brütet das Weibchen allein. In den warmen und gemäßigten Zonen erfolgen stets 2 Bruten. Ödland, Kahlschläge, steinige Halden, Steppen, Dünenlandschaften, ja selbst Wüstengebiete der Alten Welt sind der

Im Brutkleid unterscheiden sich Männchen (links) und Weibchen (oben) des Steinschmätzers deutlich in der Färbung, dagegen ähneln sich die Geschlechter sehr stark im Ruhekleid, das bei beiden schlichtfarben ist. An der Aufzucht beteiligen sich beide Eltern (Fotos E. Hosking und J. Markham).

Lebensraum dieser Vögel, die damit zeigen, wie sehr sie sich im offenen Gelände an die verschiedensten Lebensbedingungen bis zu denen der kargen Wüsten angepaßt haben.

Am wenigsten spezialisiert ist der Steinschmätzer, so daß er sich außerordentlich weit über die Alte Welt ausbreiten konnte. Er besiedelt Nordwestafrika, ganz Europa, Vorderasien bis Syrien und den Iran, das ganze nördliche Asien bis Turkestan, bis zur Mongolei und bis zur Beringstraße. Über Island und über die Beringstraße hat er sogar zweimal in Nordamerika Fuß gefaßt und besiedelte nach der letzten Eiszeit einmal Alaska und zum anderen Nordostkanada und Grönland. Für diese Annahme spricht das Zugverhalten des Steinschmätzers. Von überall her überwintert er nämlich im tropischen Afrika. Die ostamerikanische Population zieht dazu über Island und Westeuropa nach Westafrika, die westamerikanische Population durch ganz Asien und überwintert mit den asiatischen Vertretern nach einem ungewöhnlich langen Wanderweg in Ostafrika, obwohl ökologisch ähnliche Gebiete in Mittel- und Südamerika und in Südwestasien viel näher liegen. Man vermutet, daß diese eigenartigen Zugwege die Ausbreitungsrouten des Steinschmätzers waren. In Nordamerika und im Norden Eurasiens trat der Steinschmätzer auf keinen Vertreter, der seinen Lebensraum in vergleichbarer Weise nutzte. In Zentralasien aber stößt er im gleichen Raum auf den Isabellsteinschmätzer *(Oenanthe isabellina)* und lebt im Mittelmeergebiet in zwischenartlicher Konkurrenz mit dem Mittelmeersteinschmätzer *(Oenanthe hispanica)*, der sich von ihm durch den graubräunlichen, isabellfarbenen bis weißen Rücken unterscheidet. Im Berührungsgebiet weichen sich die Konkurrenten aus. So geht der Mittelmeersteinschmätzer mehr in die Niederungen, der Steinschmätzer in diesen Gebieten mehr in die höheren Lagen. Auf Kreta kommt daher unter 600 m Höhe nur der Mittelmeersteinschmätzer, über 800 m nur der Steinschmätzer vor. Beide Arten jagen Insekten, Tausendfüßler und Spinnen am Boden, unter den Steinen und seltener im Flug. Auch kleine Samen der niedrigen Vegetation ihrer Lebensräume werden gefressen. Wie der Steinschmätzer ist auch der Mittelmeersteinschmätzer Zugvogel, der in den Mittelmeerländern brütet und in den Halbwüsten südlich der Sahara überwintert.

Trauersteinschmätzer

Der Trauersteinschmätzer *(Oenanthe leucura)* ist mit 18 cm Länge die größte Steinschmätzerart, die in Europa vorkommt. Das Verbreitungsgebiet umfaßt Nordwestafrika von Kap Blanco (Spanisch Westsahara) bis zur Großen Syrte östlich von Tripolis, die Iberische Halbinsel und die Riviera. Dort tritt er mit dem Steinschmätzer und Mittelmeersteinschmätzer nicht in Konkurrenz, da er trockene, öde Felsen- und Geröllhalden, Steinbrüche, überhaupt steile Felsen und Felsen in der Sandwüste bewohnt. Im Atlasgebirge kommt er bis zu einer Höhe von 2500 m vor. Seine Nahrung besteht ausschließlich aus Insekten, wie Ameisen, Grillen, Heuschrecken und Käfern. Die verwandtschaftliche Beziehung zu den schwarzgefärbten Steinschmätzern Afrikas ist wie die Verwandtschaft aller Arten noch nicht befriedigend klargestellt. Das große Nest steht in Felshöhlen und -nischen. Gewöhnlich ist der Eingang durch einen kleinen Kieselsteinwall verschmälert.

Oben links und rechts: Steinschmätzer sind sehr lebhafte Bodenvögel, die rastlos über den offenen Boden huschen. In den kurzen Pausen suchen sie aufmerksam nach Beute, wobei sie typisch häufig knicksen. Nur selten jagen sie auch fliegende Insekten. Während der Balz umtanzt das Männchen das Weibchen, wobei es den schwarz-weißen Schwanz fächerförmig spreizt. Es fliegt auch ab und zu steil auf und läßt sich danach bis fast zum Boden fallen. Das Nest steht stets überdacht im Geröll, in Felsnischen, unter Holzstößen und ähnlichem (Fotos M. Brosselin-Jacana und Ardea photographics).

Rechts: Der Trauersteinschmätzer bewohnt Felslandschaften der Wüste und der Gebirge. Anders als viele Wüstenvögel ist er nicht hell, sondern auffällig schwarz gefärbt. Diese Färbung ist aber für seinen Lebensraum mit den vielen Schlagschatten eine gute Tarnung (Foto R. Tercafs – Jacana).

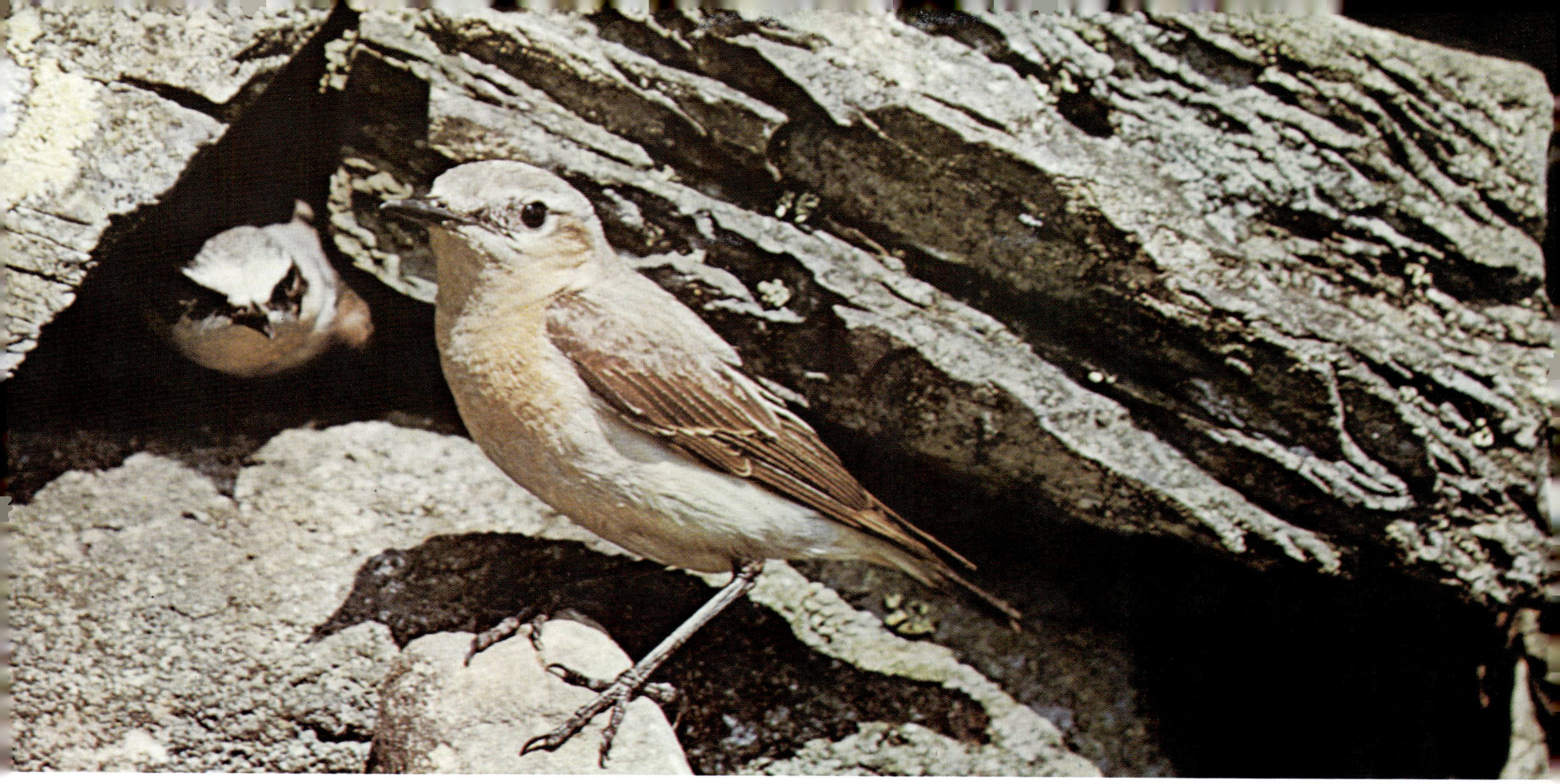

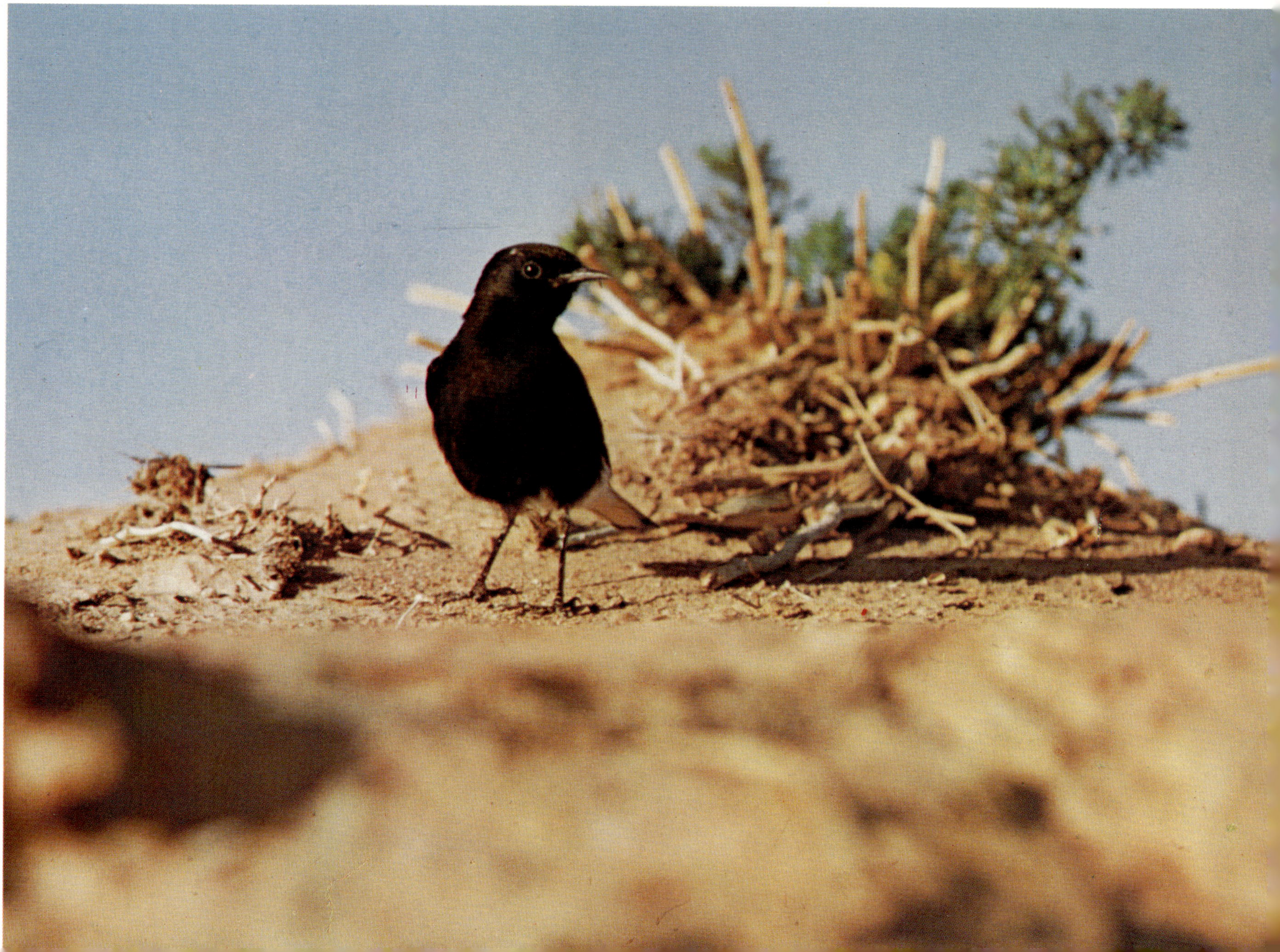

Pfeifdrosseln

Die Unterfamilie Pfeifdrosseln (Myiophoncinae) umfaßt nur eine Gattung mit 7 Arten, die von einigen Vogelkundlern noch als verhältnismäßig urtümliche Drosseln angesehen werden. Es sind amselgroße Vögel, die in Mittel- und Südasien von Afghanistan, Kasachstan über Tibet bis Formosa und im indonesischen Inselreich wohnen. Hier leben sie an den Ufern von Wasserläufen in Gebirgs- und Bergwäldern. Von Stein zu Stein hüpfend, suchen sie im flacheren Wasser nach Schnecken, Krebsen, Insekten und deren Larven. Auch Beeren der Ufervegetation zählen zu ihrer Nahrung. Die im allgemeinen blauschwarz und in beiden Geschlechtern gleich gefärbten Vögel leben außerhalb der Brutzeit einzelgängerisch.

Blaue Pfeifdrossel

Die Blaue Pfeifdrossel (Myiophoneus caeruleus) ist rund 30 cm groß. Typisch ist ihr schriller Pfiff. Ihr Gesang hat angenehm flötende Töne. In behenden Sprüngen huscht sie auf der Nahrungssuche auf den Klippen und Felsen der Gewässer oder am Boden der Ufervegetation umher. Ihr napfförmiges Nest aus Moos wird mit Gräsern ausgepolstert und versteckt in wassernahen Felshöhlen, Steinnischen oder Höhlen alter Bäume, aber auch unter Brücken und in altem Gemäuer angelegt. In der Erregung wird der Schwanz nicht nach Amselart hochgestellt, sondern abwärts geschlagen.

Eigentliche Drosseln

Die Unterfamilie Eigentliche Drosseln (Turdinae) ist die artenreichste Gruppe der Drosseln. Mit weit über 100 Arten besiedelt sie, abgesehen von den unwirtlichen Trocken- und Eiswüsten, die Länder der ganzen Welt, und auf einigen entfernt liegenden Inseln wie Neuseeland haben sich einige Vertreter mit Hilfe des Menschen erfolgreich eingewöhnt. In Mitteleuropa brüten 7 Arten, und weitere 10 Arten sind dort als durchziehende Zugvögel bekannt, von denen allerdings die meisten recht selten auf ihrem Zug dorthin verschlagen werden. Da all die vielen Arten sich mehrheitlich in Lebensweise und Gestalt sehr ähneln, kann man durch Beschreibung einiger weniger Vertreter die Unterfamilie zumindest charakterisieren; denn es ist beinahe nicht möglich, weder einen befriedigenden Überblick zu geben, noch das große Wissen, das viele Forscher über die Drosseln zusammengetragen haben, auch nur gerafft vorzustellen.

Steinrötel

Der Steinrötel (Monticola saxatilis) ist in seiner systematischen Stellung noch umstritten, da er Merkmale sowohl der Eigentlichen Drosseln als auch der Rotschwänze und Schmätzer aufweist. Mit 19 cm Körperlänge – gemessen wird von der Schnabel- bis zur Schwanzspitze beim auf dem Rücken liegenden Vogel – gehört er schon zu den größeren Drosselarten. Sein Verbreitungsgebiet umfaßt Nordwestafrika, Südeuropa, Kleinasien, den Iran, Afghanistan, Westturkestan und das südliche Sibirien bis zum Baikalsee, ferner inselartig die innere Mongolei in Nordostchina. Noch um 1850 hat der muntere Vogel regelmäßig im Taunus und Harz und auch in den polnischen Karpaten gebrütet. Sehr wahrscheinlich wurden diese nördlichen Brutgebiete durch Klimaschwankungen aufgegeben. In dem großen, in sich lückenhaften Brutareal ist der Steinrötel überall auf warme, sonnige und vorwiegend trockene Felshänge und Gebirgsregionen angewiesen und ist nirgends häufig. In den Gebirgen geht er bis zu 2500 m und bei südlicherer Lage bis zu 3600 m Höhe hinauf. Außerhalb der eigentlichen Brutzeit lebt er ungesellig. Von einem Beobachtungsposten, einem Felsvorsprung oder einem Ast aus, wird die Beute – hauptsächlich große Insekten, wie Käfer, Heuschrecken und Grillen, aber auch Spinnen, Tausendfüßler, Schnecken

Oben: Der Steinrötel gehört seiner bunten Farben wegen zu den auffälligsten Bergvögeln. Im Ruhekleid sind der schieferblaue Kopf und Rücken des Männchens durch rahmfarbene Federränder verdeckt. Das Weibchen (rechts) ist gefleckt und am roten Schwanz zu erkennen (Foto R. Longo).

und kleinere Eidechsen – erspäht und dann meistens vom Boden aufgenommen. Auffallend ist dabei ein häufiges Knicksen und Zittern mit dem Schwanz. Der Gesang ist abwechslungsreich und ähnelt dem der Amsel und Misteldrossel. Häufig sind Nachahmungen eingebaut. Während der Balzhandlungen fliegt das singende Männchen oft mehrere Meter hoch und gleitet anschließend mit ausgebreiteten Flügeln und Schwanz langsam abwärts. Genistet wird in Felshöhlen, Geröllspalten oder unter dichtem Gestrüpp. Das Weibchen baut das stabile Nest und brütet die 4–5 blaugrünen, manchmal braun gesprenkelten Eier allein aus. Die Jungvögel werden von beiden Eltern gefüttert. Es erfolgt nur eine Brut im Jahr. Zum Winter ziehen die Steinrötel in die lichten trockenen Savannen des tropischen Afrikas. Im Gegensatz zu den eigentlichen Drosseln mausern sie zweimal, im Herbst vollständig, im Frühjahr nur die Kleinfedern, die beim Männchen das Prachtkleid überdecken und es im Herbst schlicht erscheinen lassen. Das Jugendkleid ist wie beim erwachsenen Weibchen stark gesprenkelt.

Blaumerle

Die Blaumerle *(Monticola solitarius)* ist mit gut 20 cm Länge etwas größer als der Steinrötel. Wie dieser bevorzugt sie warme Felshänge von der Küste bis hoch ins Gebirge, und ihr Verbreitungsgebiet deckt sich größtenteils mit dem des Steinrötels. Südeuropa, Nordafrika, Kleinasien, der Iran, Afghanistan, Westturkestan, der südliche Himalaya, Nordchina, Korea und Japan sind ihre Brutheimat. Sie dringt nicht im Norden so weit nach Sibirien vor wie ihr Vetter, doch ist

Links: Der Steinrötel verteidigt wie nur wenige andere Vogelarten zwei räumlich getrennte Reviere, das Brutrevier und ein Nahrungsrevier. Eine solche Trennung erfolgt nur, wenn an Nistplatz und Nahrungsgebiet unterschiedliche ökologische Ansprüche gestellt werden (Foto L. Gaggero).

Während das Männchen der Blaumerle ein durchgehend schieferblaues Federkleid mit dunkleren Flügeln und Schwanz trägt, ähnelt das Weibchen dem Steinrötelweibchen. Doch ist es dunkler, und dem Schwanz fehlt die rostrote Färbung. Auch führen die Blaumerlen keine zitternden Bewegungen mit

dem Schwanz aus. Blaumerlen sind wie der Steinrötel ungesellig lebende Vögel, doch sind sie in Südeuropa mancherorts bis in die Städte vorgedrungen und vertreten dort die „Stadt"-Amseln (Foto C. Pissavini – Jacana).

sie viel weiter ostwärts verbreitet. Es herrscht noch keine Klarheit, wie sich die Lebensräume von Blaumerle und Steinrötel unterscheiden, denn beide Arten kommen häufig nebeneinander vor. Allerdings bevorzugt die Blaumerle im allgemeinen wärmere, einsamere, ödere und tieferliegende Orte, geht aber im Atlas- und Himalayagebirge bis auf knapp 4000 m hoch. Obwohl sie allgemein scheu ist, besucht sie in Südeuropa die Ortschaften, in denen die Amsel fehlt. Hier treibt sie sich auf Kirchen, Burgen, Mauern und Hausdächern umher, ja selbst auf Denkmälern belebter Plätze in Großstädten wird sie beobachtet. In Japan hat die Blaumerle eine veränderte Lebensweise angenommen. Hier ist sie nur an den Felsküsten, in Fischereihäfen und Dörfern an der Küste anzutreffen, wo sie nach Art der Watvögel ihre Nahrung zwischen Steinen, Kies und Tang sucht. Dieses Ausweichen der japanischen Population in einen Lebensraum, der vom sonst üblichen abweicht, deutet darauf hin, daß in Japan eine konkurrenzüberlegene Vogelart die gewohnte Planstelle besetzt hält, die Blaumerle aber auf eine andere, noch nicht besetzte ausweichen kann. In ihrem übrigen Verbreitungsgebiet kann sie aber ihre japanische Lebensweise zusätzlich verwirklichen, da hier diese Planstelle vom Strand- oder Wasserpieper eingenommen wird. Die Nahrung ist sehr vielfältig. Insekten, Spinnen, Regenwürmer, kleine Schlangen, außerdem Schnecken, Muscheln, Krebschen und eine Vielfalt von Beeren werden vertilgt. Die Beute wird zumeist am Boden gefangen, und nur gelegentlich wird ein fliegendes Insekt in der Luft ergriffen.

Blaumerlen sind muntere, aber scheue und ungesellige Vögel, die nur zur Brutzeit als Paare anzutreffen sind. Das Lied ist amselartig flötend und wird häufig in einem Singflug vorgetragen. Im Balzverhalten nimmt das Männchen oft eine waagerechte Haltung an, plustert sich auf, dreht den Kopf nieder und stelzt den zusammengelegten Schwanz dann und wann nach Amselart hoch. Das in Felshöhlen oder Mauernischen gebaute Nest enthält Anfang Mai 4–6 grünlichblaue, häufig rotbräunlich gefleckte Eier, die nur vom Weibchen ausgebrütet werden. Das Männchen beteiligt sich aber recht fleißig an der Aufzucht der Jungvögel. Blaumerlen sind vorwiegend Zugvögel und überwintern in felsigen Buschsteppen und trockenen Savannen Nordafrikas, Süd- und Südostasiens. In den Mittelmeerländern bleibt aber ein Großteil der Population als Standvögel im Brutgebiet.

Die Gattung der Merlen (Monticola) umfaßt insgesamt 9 Arten, von denen allein 5 Arten in Afrika heimisch sind. In der Lebensweise ähneln sie alle den beiden vorgestellten Arten. Sie haben lange, spitze Flügel, einen kurzen Schwanz und sind lebhaft gefärbt.

Amsel

Einer der häufigsten und auch beim Laien bekanntesten Vögel Europas ist die Amsel oder Schwarzdrossel *(Turdus merula),* die mit ihrer melodischen Stimme selbst die steinerne Einöde der Großstädte mit Leben erfüllt. Sie gehört zu der formenreichen Gattung der Drosseln im engeren Sinne *(Turdus),* die mit gut 60 Arten in allen Kontinenten vertreten ist, mit Ausnahme Australiens und der Insel Madagaskar. Doch wurden Vertreter mittlerweile dorthin vom Menschen eingebürgert. Die Vögel der Gattung *Turdus* sind im Vergleich zu den vorher geschilderten Formen verhältnismäßig kräftig und groß, ihre Länge schwankt zwischen 20 und 30 cm. Der Lauf ist kräftig, und die Flügel ermöglichen einen schnellen Flug. Der Schnabel ist ziemlich schlank und zum Greifen der Nahrung – Insekten, deren Larven, Regenwürmer, Schnecken und Beeren – gut geeignet. Nahrungsaufnahme und Balz spielen sich vorwiegend am Boden ab. Die meisten Vertreter sind gute bis hervorragende Sänger. Neben einfarbigen braunen oder schwarzen Formen gibt es gefleckte oder kontrastreich gefärbte Arten. Man unterschied früher diese beiden Gruppen und nannte die farbigeren Arten „Drosseln", die einfarbigen Formen „Amseln". Diese Einteilung stellte sich aber als zu künstlich heraus und hat mit den Verwandtschaftsbeziehungen der Arten nichts zu tun. Offene und geschlossene Wälder, Feldhölzer, kümmerliche Baumgruppen, auch Gärten und Parkanlagen sind der Aufenthaltsort der Drosseln. Vom Wald aus fliegen sie auf Wiesen und Felder, an die Ufer von Flüssen und Bächen und andere Nahrung versprechende Plätze. Häufig wühlen sie mit dem Schnabel im abgefallenen Laub nach Futter, und nur wenig beachten sie fliegende Insekten.

Die Amsel ist in Europa die bekannteste Vertreterin der Gattung Turdus. Die mittelgroßen, kräftigen Vögel dieser Gattung suchen ihre Nahrung hauptsächlich am Boden und fressen neben Insekten, Spinnen und Würmern auch größere Mengen pflanzlicher Kost. Das große, napfförmige Nest wird in der Regel nur vom Weibchen gebaut. Dieses besorgt auch das Brutgeschäft meist allein, und nur bei wenigen Arten, wie z. B. bei der Amsel, löst das Männchen hin und wieder dabei ab. Doch beteiligen sich die Männchen an der Jungenaufzucht. Im allgemeinen gleichen sich die Geschlechter. Zu den wenigen Ausnahmen gehört wieder die Amsel, bei der das Männchen einfarbig schwarz ist, das dunkelbraune Weibchen aber eine hellere Unterseite und eine oft gefleckte Kehle aufweist (Fotos S. C. Porter – Photo Researchers und J. Markham).

Das Nest wird im allgemeinen vom Weibchen allein gebaut und meist in Bäumen oder Büschen versteckt angelegt. Doch ist der Standort des Nestes je nach Art und deren Aufenthaltsort verschieden. Im Bau sind sich die Nester – ein verhältnismäßig großer Napf – im wesentlichen sehr ähnlich. Das Gelege besteht aus 4–6 Eiern, die knapp 14 Tage bebrütet werden. Die Aufzucht der Jungen dauert ebenfalls rund 14 Tage bis sie ausfliegen. Sie werden dann noch etwa 3 Wochen weitergefüttert. Häufig erfolgen 2 Bruten hintereinander. Ein gewisser Hang zur Geselligkeit scheint den meisten Arten eigen zu sein. So nisten einige Arten sogar in kleineren Kolonien, in denen die Paare nur einen kleinen Raum um das Nest beanspruchen, aber gemeinsam auf neutralem Gebiet nach Futter suchen. Bei anderen Arten nehmen die Paare in der Brutzeit ein größeres Revier in Anspruch, in dem sie auch die Nahrung sammeln, finden sich aber nach der Brutzeit zu Trupps zusammen, zumindest zum Schlafen. Zu den letzteren Formen gehört auch die Amsel. Sie ist rund 25 cm groß und knapp 100 g schwer. Das Männchen hat ein gleichmäßig schwarzes Gefieder und einen gelben Augenring und Schnabel, das Weibchen ist auf der Oberseite braun bis mattschwarz, auf der Unterseite durch lichtgraue Flecke gezeichnet. Die Amsel wirkt durch die heftige Verteidigung eines oft nur kleinen Reviers in der Paarungs- und Brutzeit einzelgängerisch, neigt aber außerhalb dieser Zeit zur Geselligkeit. Noch vor gut 100 Jahren war die Amsel ein reiner Waldvogel, doch gehört sie zu den wenigen Singvögeln, die sich als Kulturfolger an die Veränderungen angepaßt haben, die der Mensch in ihrem Lebensraum vorgenommen hat. Ihr Verbreitungsgebiet erstreckt sich über ganz Europa – mit Ausnahme von Nordskandinavien und Nordrußland –, die Azoren, die Kanarischen Inseln und Nordwestafrika, weiter über Kleinasien nach Westturkestan und über den Himalaya und Südchina bis zum Pazifik. Sie bewohnt zu einem Großteil verschiedene Wälder mit reichem Unterholz, wie Laub-, Misch- und lichtere Nadelwälder von der Ebene bis zur Baumgrenze im Gebirge. In West- und Mitteleuropa und in China ist die Amsel heute auch ein gemeiner Stadtvogel, der in Parks, in Gärten, auf Friedhöfen und selbst in kleineren Baumbeständen lebt. Dabei unterscheiden sich heute schon Wald- und Stadtamsel. Erstere ist ein scheuer Waldvogel geblieben, letztere aber hat sich nicht nur an die Nähe des Menschen angepaßt, sondern auch in einigen Eigenheiten verändert. So übersteigt bei der Stadtamsel die Anzahl der Weibchen häufiger die der Männchen, eine für Singvögel seltene Erscheinung. Auch Zugverhalten und Brutverlauf sind verschieden, da das Stadtklima für die Vögel günstiger ist. Zwar ziehen bei den nördlichsten und östlichsten Populationen alle Vögel und in Deutschland noch ein Teil der Weibchen und die Jungvögel in die gemäßigteren und wärmeren Gebiete Westeuropas bis Nordafrika, aber in den Städten der kälteren Gebiete bleiben die Amseln vermehrt zurück. Ab und zu brüten sie in den Großstädten schon im Winter, während sonst die Brutperiode in unseren Breiten Ende März oder Anfang April beginnt. Die Balz ist sehr handlungsarm und wird selten ausgeführt. Da-

sichert ihren Bestand und hat zu ihrer weiten Verbreitung beigetragen, obwohl viele kleinere Raubsäuger, aber auch Elstern häufig ihre Nester plündern. Die mittlere Lebenserwartung herangewachsener Jungvögel liegt bei 2–4 Jahren, das bisher durch Beringungsversuche beobachtete Höchstalter in Freiheit beträgt 10 Jahre.

Amseln leben von Kerbtieren, Würmern und Schnecken, die sie in der Bodenstreu, auf dem Boden und der Wiese erjagen und mit den Füßen und dem Schnabel erscharren. Auch dient ihnen eine Vielzahl von kleinen Früchten als Nahrung.

Den kräftigen, wechselvollen und langsam vorgetragenen Amselgesang kennt fast jedermann. Viele Strophen bestehen aus reinen Flötentönen, einige sind ein rauhes Gezwitscher. Die Kombination der Strophen erfolgt nicht starr, wodurch sich die reiche Abwechslung im Gesang ergibt. Untersuchungen haben nun ergeben, daß die Reihenfolge der verschiedenen Strophen durch drei Faktorengruppen festgelegt ist. Einmal beeinflussen Instanzen wie Spontanperiodik und Antrieb die Entscheidung, welche Strophe als nächste vorgetragen wird, zum anderen ist diese Entscheidung abhängig von dem, was zuletzt vorgetragen wurde und was die Sängerin aus der Umgebung von Artgenossen hört. Der Gesang ist nämlich eine besondere Form der innerartlichen Verständigung, er ist also eine Kommunikationsform, die im Dienst der Revierbehauptung oder der Paarbeziehung steht. Damit aber eine Amsel ihren Artgesang beherrscht, muß sie ihn in der Jugend einmal gehört haben, sie beherrscht ihn also nicht ohne akustisches Vorbild. Zwar singt ein einzeln isoliert aufgewachsenes Männchen, doch ist dieser „unvollkommene" Gesang oft recht verschieden von dem der Wildvögel. Schon viel besser, d.h. dem Wildgesang ähnlicher, klingt das Lied von Amseln, die in Gruppen, aber vom Artgesang isoliert aufgezogen wurden. Sie scheinen demnach die von Mitgenossen zufällig richtig vorgetragenen Gesangselemente als solche zu erkennen und zu lernen. Spielt man isoliert aufgezogenen Amseln unter artfremden auch den arteigenen Gesang vor, so wird dieser angeborenermaßen als der arteigene erkannt und gelernt. Das junge Amselmännchen „weiß" demnach mehr vom zu erlernenden Gesang, als es selber alleine ohne akustische Hilfe hervorbringen kann.

Singvogeljunge sperren mit ausgestrecktem Hals den Schnabel gegen den am Nest erscheinenden Altvogel weit auf. Diese Instinkthandlung wurde an Jungamseln genauer untersucht. Dabei stellte sich heraus, daß nur ganz bestimmte Reiz-

bei plustert das Männchen die Federn und fächert den Schwanz. Das Nest wird ausschließlich vom Weibchen in Astgabeln, im Gebüsch, aber auch auf Balken, in Mauernischen und vereinzelt auf dem Boden angelegt. Es besteht außen aus feinen Zweigen, Würzelchen, Moos und oft trockenem Laub, ist mit einer erdigen Mittelschicht befestigt und innen mit feinen Grashalmen ausgepolstert. Die 4–6 dunkelgrünen, rostrot gefleckten Eier werden 13 bis 14 Tage bebrütet. Hierbei wird das Weibchen gelegentlich vom Männchen abgelöst. Beide Eltern füttern die Nestlinge, die ihre Wiege nach 13 Tagen verlassen. Während das Männchen die flüggen Jungen noch füttert, beginnt das Weibchen teilweise schon die nächste Brut. Amseln brüten so drei- bis viermal hintereinander. Die hohe Fruchtbarkeit

Das Sperren der Amsel-Jungvögel wird als angeborenes Verhalten zunächst durch Erschütterung ausgelöst und durch die Schwerkraft ausgerichtet. Sobald die Augen offen sind, wird die über dem Nestrand stehende Kontur des Altvogels Auslöser und richtendes Signal (Foto ZEFA).

Rechte Seite: Die Misteldrossel zählt zu den Hauptverbreitern der halbparasitären Mistelpflanzen, deren weiße Beeren sie gerne frißt. Bei ihr passieren die Kerne den Darmtrakt. Mit dem Kot fallen sie auf Zweige, wo sie alsbald keimen (Foto A. Fatras).

Doppelseite links: Die Pfeifdrosseln sind große, dunkle Drosseln, die an den Wasserläufen bergiger Gebiete leben. Die Geschlechter sind gleichfarben. Namengebend war ihr schriller Ruf (Foto R. K. Murton – Photo Researchers).

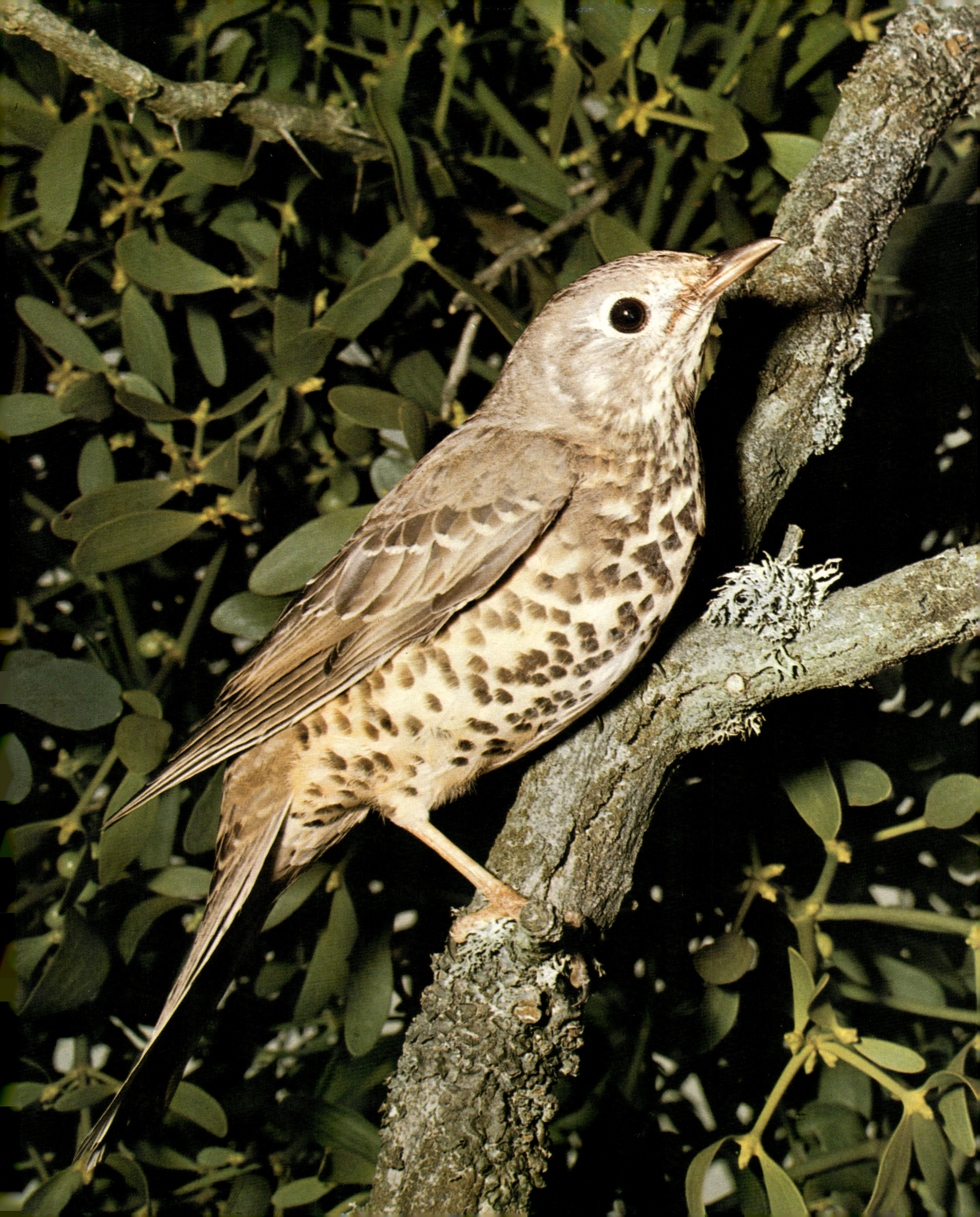

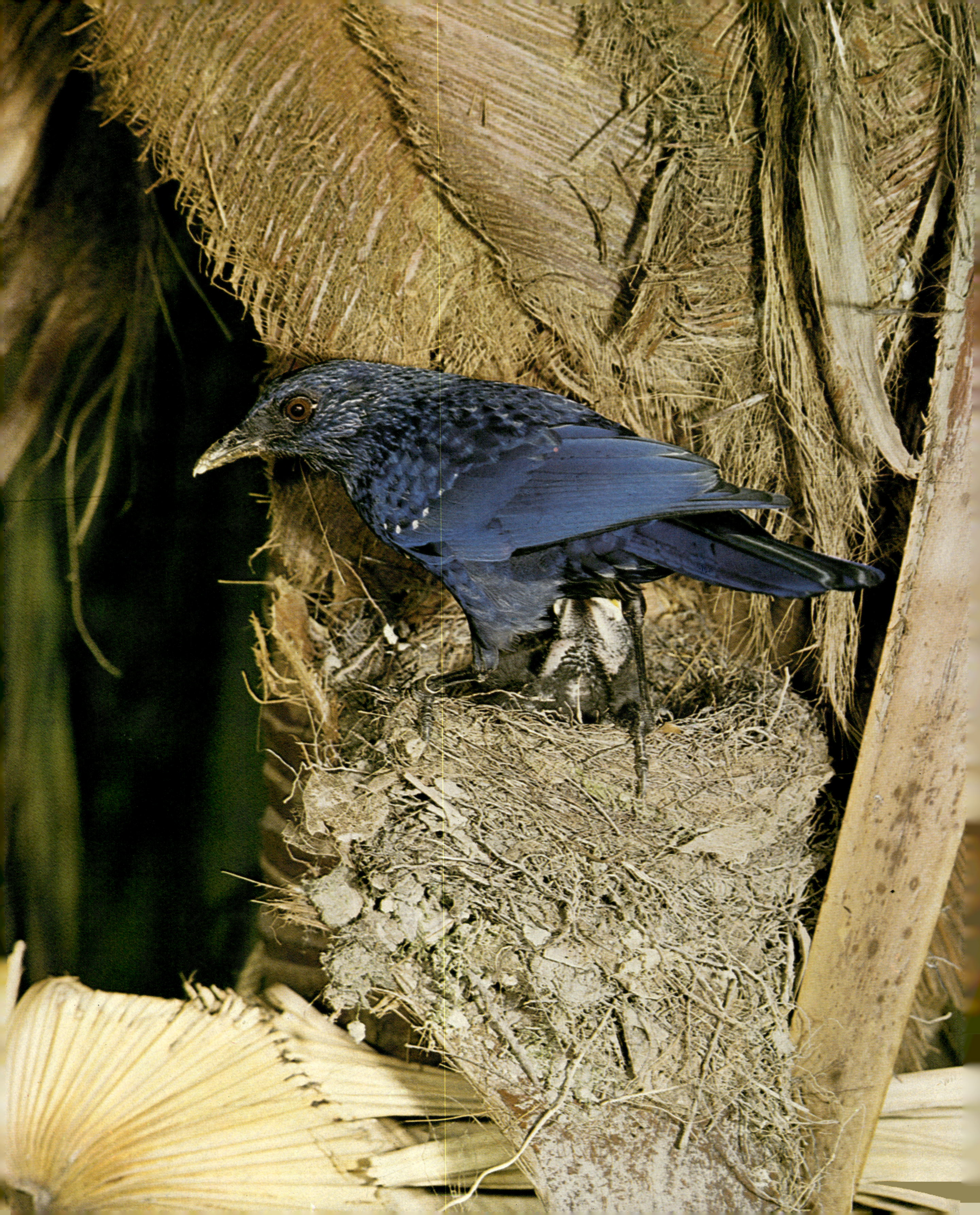

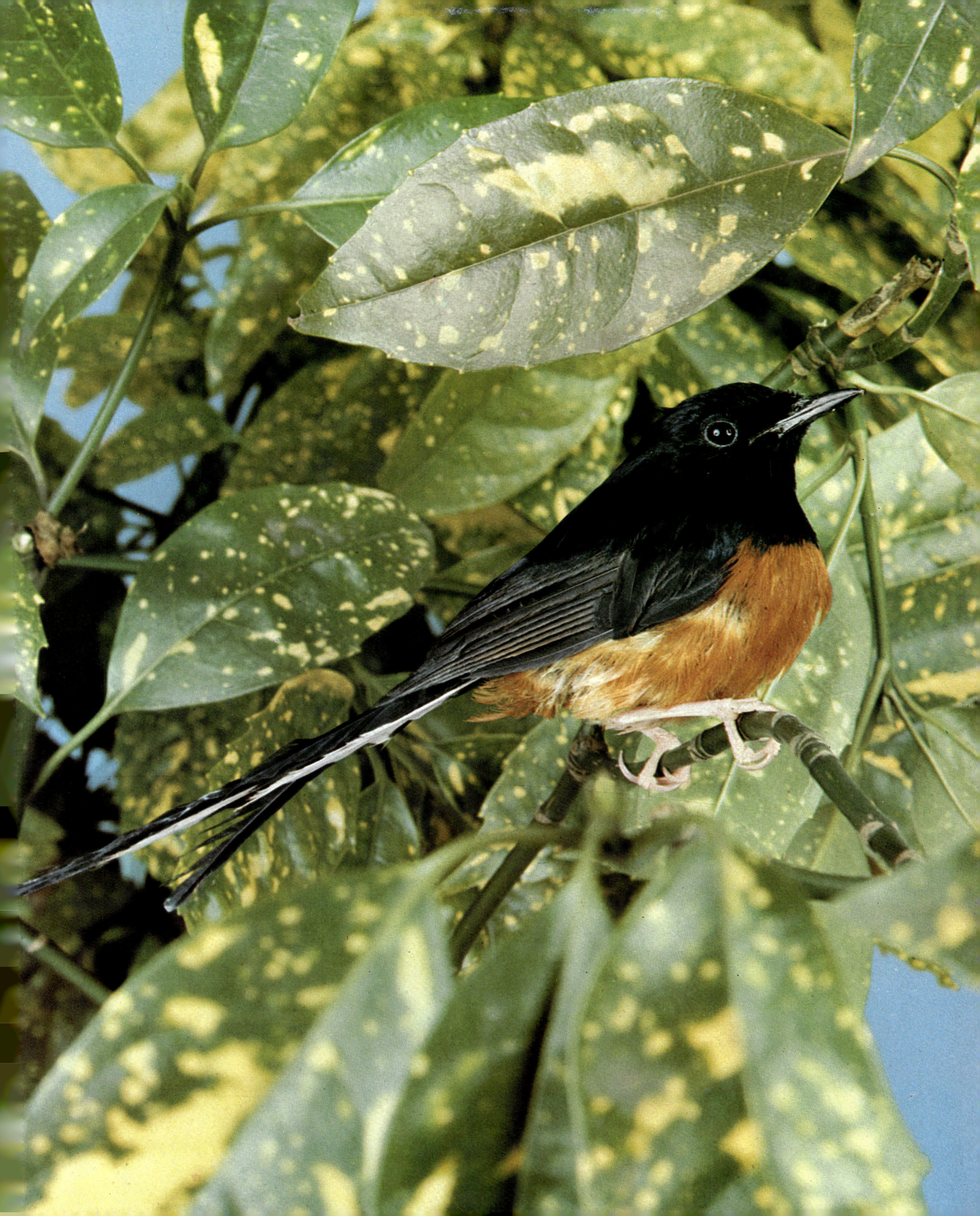

Die Amsel zählt zu unseren besten Sängern. Im Frühjahr färbt sich der gelbe Schnabel und Augenring orangefarben. Dann beginnen die Männchen Reviere abzugrenzen, die in der Regel 1200 qm umfassen. Oft werden dabei die alten Reviere wieder eingenommen, allerdings mit Grenzkorrekturen (Foto Bavaria – Schünemann).

situationen – sogenannte Schlüsselreize – dieses angeborene Verhalten auslösen und ausrichten. Die Schlüsselreize wechseln aber im Verlauf der Entwicklung. Zuerst sind Erschütterungen und Erdschwere, nach dem Öffnen der Augen ein über dem Nestrand sich bewegender Gegenstand und die Kopf-Rumpf-Kontur des Altvogels auslösender bzw. ausrichtender Reiz für das Sperren. Der dabei zu fordernde neurosensorische Mechanismus, der aufgrund des Schlüsselreizes das Verhalten freigibt, wird als „angeborener Auslösemechanismus" beschrieben.

Der Gesang steht nicht nur im Dienst innerartlicher Verständigung, sondern er kann auch in eine Art „Alleinunterhaltung" übergehen, wie viele messende Beobachtungen zeigen. So entziehen sich viele Drosselarten wie die Amsel zu bestimmten Tageszeiten dem gesanglichen Wettstreit mit den Nachbarn und singen zurückgezogen sozusagen „dichtend" leise vor sich hin. Neben dem Gesang verfügt die Amsel noch über eine ganze Anzahl von Lautäußerungen mit gut abgegrenzter Bedeutung für die innerartliche Verständigung. Besonders wichtig sind die auch von anderen Arten verstandenen Warnlaute für Luftfeinde und für Bodenfeinde, da sich die Artgenossen hierauf verschieden verhalten müssen. Manche Amsel wendet nun den Luftfeindwarnlaut auch in geradezu „lügnerischer" Weise an, wenn sie besonders schöne Futterbrocken entdeckt hat. Die Konkurrenten stürzen in sichere Deckung, während sie, falls sie nicht von der Fluchtaktion der Artgenossen mitgerissen wurde, in Ruhe die Beute fressen kann.

Beobachtet man Amseln längere Zeit, so wird einem bald ihr dunkles „Tock-Tock" vertraut, wobei sie die Flügel etwas hängen lassen und mit ihnen zucken. Vertraut ist auch das gellende „Gix-Gix-Gix", das sich zum schrillen Zetern steigert, wenn der Vogel z. B. durch das Auftauchen einer Katze in Erregung gerät. Doch hört man das „Gixen" auch nach der Brutzeit, bevor die Vögel, die nun mancherorts Schlafgesellschaften bilden, abends zur Ruhe gehen. Es wird aber nicht vom Schlafplatz vorgetragen. Diesen suchen die Vögel heimlich und auf Umwegen auf. Die Bedeutung dieser Lautäußerung ist noch nicht geklärt.

Doppelseite rechts: Die Schamadrossel ist ein scheuer, ungeselliger Vogel der Dschungelwälder Hinterindiens. Die Geschlechter sind sehr ähnlich gefärbt. Der herrliche Gesang und die Lebhaftigkeit machten den Vogel zum beliebten Käfigvogel (Foto B. Losier).

Oben: Die Jungamseln werden nach Verlassen des Nestes noch wochenlang von den Altvögeln gefüttert, bis sie deren Größe erreicht haben. Ihr Gefieder ist deutlich gefleckt. Die Männchen sind nach der ersten Mauser am Flügel noch schwarzbraun gefärbt und haben einen schwärzlichen Schnabel (Foto Bille).

Unter den Stadtamseln sind gelegentlich teil- oder vollalbinotische Individuen. Doch sind die wenigsten so gleichmäßig weiß wie im Bild. Die meisten albinotischen Amseln bilden nur vereinzelt weiße Federn aus, so daß die Vögel unregelmäßig gescheckt aussehen (Foto Rabanit – Jacana).

Ringdrossel

Die Ringdrossel *(Turdus torquatus)* lebt in lichten Nadelwäldern an der Baumgrenze, in der Krummholzzone, in alpinen Matten auf Steilhängen mit einzelnen Felsbrocken, an Bergbächen mit breiterem Grasbewuchs an den Ufern, in Nordeuropa auch in Heiden und Mooren mit einzelnen Büschen. Ihr Verbreitungsgebiet ist auffällig zerrissen. Die Pyrenäen, die Alpen, die südlichen Teile der europäischen Mittelgebirge, wie die Südvogesen, der Südschwarzwald, das Erzgebirge und die Karpaten, der Balkan und der Kaukasus sind die südliche, England, Irland und der Gebirgsstock Skandinaviens die nördliche Brutheimat dieser Gebirgsamsel. Aufgrund dieser Verbreitung nimmt man an, daß die Ringdrossel ursprünglich ein reiner Gebirgsvogel war, der während der Eiszeit durch die Vergletscherung der Gebirge in niedere Gebiete abgedrängt wurde und in der Tundra- und Gebüschzone zwischen dem nordeuropäischen und dem alpinen Eis lebte. Am Ende der Eiszeit teilte sich diese mitteleuropäische Tundra- und Kaltzone und folgte nordwärts als Tundra- und Gebüschzone, südwärts als Matten- und Krummholzgürtel den zurückweichenden Eisfeldern. Die Ringdrossel folgte ihren Brutgebieten, in denen sie den in die nun wärmeren Zonen nachrückenden Vettern allein überlegen war, so daß die anfänglich einheitliche Population ebenfalls in mehrere, zur Brutzeit geographisch isolierte Teilpopulationen zerfiel. Die kalte Jahreszeit von September bis März verbringen die etwa 25 cm langen und rund 110 g schweren Vögel im Mittelmeergebiet und bevorzugen dabei das Atlasgebirge. Hauptkennzeichen der scheuen Ringdrossel ist das schwarze, durch hellere Ränder der Federn auf der Unterseite schwach gefleckte und im Flügel einen Spiegel aufweisende Gefieder des Männchens, von dem ein rein weißes, halbmondförmiges Brustband absticht. Das Weibchen ist bräunlich gefärbt, zeigt aber im Gegensatz zu den Jungen ein helles Brustband. Der abgehackt vorgetragene Gesang besteht aus mehrfach wiederholten zwei- bis dreisilbigen Rufen.

Wanderdrossel

Die Wanderdrossel *(Turdus migratorius)* vertritt in Lebensweise und Lebensraum in Nordamerika die altweltliche Amsel, wie diese war sie einst reiner Waldvogel, hat sich aber auch der fortschreitenden Zivilisation angepaßt, so daß sie heute in der Nähe menschlicher Gebäude in Parks, Vorstadtgärten und Kulturland weitaus häufiger vorkommt als im freien Wald. Das Brutgebiet erstreckt sich von der nördlichen Baumgrenze bis zu den Südstaaten der USA. Den Winter verbringt die Wanderdrossel in den warmen Staaten am Golf von Mexiko und in Mittelamerika. Auf ihrem Zug von den nördlichen Brutgebieten ins Winterquartier wurden einige wenige Exemplare nach England und Helgoland verschlagen. Früher wurde der rund 25 cm lange Vogel stark bejagt. Heute ist er wegen seiner Lebhaftigkeit und Zutraulichkeit sehr beliebt, doch droht ihm wegen der hohen Anwendungsrate von Insektiziden, die sich über eine der Hauptnahrungsquellen, den Insekten und Regenwürmern, im Vogelkör-

Die Ringdrossel vertritt die Gebirgsform unter den Drosseln. Ihr Nest baut sie in Fichten und kleinen Bäumen, wie Wacholder oder Latschen, dicht am Stamm. Nur gelegentlich steht das Nest auf dem Boden, doch dann immer geschützt in Felsspalten oder unter kleinen Sträuchern. Es ist sehr dickwandig und besitzt eine erdige Mittelschicht. Außen wird es häufig mit Flechten verkleidet. In der Regel erfolgt nur eine Brut, da im Lebensraum der Ringdrossel der Frühling erst spät einsetzt. Bisweilen nutzt der Kuckuck die Ringdrossel als Wirtsvogel (Foto Bille).

Die Wanderdrosseln sind bekannt geworden, weil sie sich im Verlauf der Überwinterung in den Südoststaaten der USA zu riesigen Schwärmen bis zu 50000 Individuen konzentrierten. Wahrscheinlich ist der Südostteil der Vereinigten Staaten das Überwinterungsgebiet des gesamten Artbestandes, der sich im Sommer auf das Gebiet zwischen der Baumgrenze Kanadas bis nach Guatemala verteilt. Die Wanderdrossel ist ein gutes Beispiel dafür, daß der Dauertag in der Arktis die Aufzucht der Jungen beschleunigt. So bleiben junge Wacholderdrosseln in Alaska auf 69° nördlicher Breite nur 9 Tage im Nest, in den gemäßigten Breiten aber knapp 14 Tage. Durch den Dauertag verlängert sich die Aktivitätsperiode der Vögel, sie können pro Tag häufiger füttern. Dadurch verkürzt sich die Aufzuchtzeit (Foto Des Bartlett).

per anreichern, eine große Gefahr, obwohl er bis zu 60% kleinere Früchte zur Ernährung aufnimmt. Das sich anreichernde Gift führt zu einer oft stark verminderten Fruchtbarkeit. Das Lied klingt singdrosselähnlich.

Wacholderdrossel

Die verhältnismäßig bunt gefärbte Wacholderdrossel *(Turdus pilaris)*, auch „Krammetsvogel" genannt, ist besonders leicht an ihrem häufig geäußerten Lockruf zu erkennen, der wie ein schmatzendes „Tschack-tschack-tschack" klingt. Sie wurde früher in unzähliger Menge gefangen, um als Leckerbissen die menschliche Speisekarte zu bereichern. Sie ist äußerst gesellig und nistet in kleinen Kolonien von rund 10 oder auch mehr Paaren, in denen jedes Paar nur einen kleinen Raum um sein Nest für sich beansprucht, die Nahrungssuche aber auf neutralen Gebieten gemeinsam erfolgt. Auf der Erde und im Gras wird eine Vielfalt kleiner Tiere – Insekten, Spinnen, Schnecken und Regenwürmern – erbeutet. Daneben werden viele Beeren und Früchte aufgenommen, die knapp die Hälfte der Nahrung ausmachen.

Ursprünglich ist die Wacholderdrossel ein typischer Brutvogel der Taiga. Seit der letzten Eiszeit hat sie ihr Brutareal beständig von Sibirien nach Westen ausgedehnt und breitet sich auch heute wieder, mit der durch die fortschreitende Zivilisation zunehmenden Umwandlung Westeuropas in eine Kultursteppe, beständig weiter nach Westen aus. Hier besiedelt sie lichte Kiefern- und Birkenwälder in grasreichem Gelände, auch Waldränder, Baumgruppen und parkähnliche Anlagen in entlegenerem Kulturland. In ihrem Stammland bieten ihr die lichte Taiga an Flüssen und moosigen Stellen und birkenreiche Waldungen Nistplätze. Ende Januar 1937 wurde ein größerer Trupp von Wacholderdrosseln durch einen anhaltenden Südost-Sturm nach Grönland verschlagen, blieb dort als Standvogel und begründete eine bis heute auf dieser Insel lebende Wacholderdrosselpopulation. Dieser Besiedlungsvorgang einer fernen Insel durch eine dorthin verschlagene kleine Schar von Gründerindividuen konnte glücklicherweise für die Wissenschaft belegt und protokolliert werden.

Das Nest der Wacholderdrossel ist ein aus Zweigen und Erde unordentlich gebauter Napf und wird meist in einer Astgabel in mehr als 5 m Höhe angelegt. Das Gelege besteht aus 4–6 grünbläulichen, rotbraun gefleckten Eiern. Der reiche Anteil der Nahrung an Pflanzenkost erlaubt es der Wacholderdrossel, ihre Winterwanderung unregelmäßig auszuführen und der Witterung anzupassen. Ziemlich regelmäßig aufgesuchte Winterquartiere sind West-, Süd- und Mitteleuropa, Südrußland und Turkestan.

Oben links und Mitte: Die Wacholderdrossel lebt im Spätherbst und Winter weitgehend von kleinen Früchten und Sämereien. Früher wurde sie in großen Mengen gefangen und als Delikatesse sehr geschätzt. Heute ist der Vogelfang verboten (Fotos P. Montoya – Jacana und D.N. Dalton – N.H.P.A.).

Rechts: Die Singdrossel trägt ihr abwechslungsreiches Lied stets von Baumwipfeln vor. Ihre Nahrung aber sucht sie nach Art der Eigentlichen Drosseln am Boden. Neben Kerbtieren und Würmern sind Schnecken ihre bevorzugte Beute (Foto A. Dobrski – A.L.I.).

Singdrossel

Die Singdrossel *(Turdus philomelos)* hat ihren Namen von ihrem klangvollen, melodischen und äußerst wechselvollen Gesang erhalten, den sie bereits im März von einer hohen Warte aus vorträgt. Es sind ein- oder mehrsilbige Flötenrufe, die jeweils zwei- bis viermal wiederholt werden. Gute Sänger beherrschen über ein Dutzend verschiedener Motive, die in unterschiedlicher Reihenfolge kombiniert werden. Nach ihrem scharfen Flug- und Lockruf heißt die nur 22 cm große Drossel auch mancherorts „Zippe". Von der sehr ähnlichen Misteldrossel unterscheidet sich die Singdrossel durch ockergelbe Unterflügeldecken, durch die dunklere und braunere Oberseite und vor allem

Die Rotdrossel brütet in der Taiga Eurasiens in der Zeit von Ende Mai bis Juli. Die sehr späte Brutzeit ist durch die nördliche Lage ihrer Heimat bedingt. Das Nest steht auf Bäumen, oft nur in geringer Höhe, im hohen Norden auch auf dem Boden (Foto A. Fatras).

durch den Gesang. Ihre Heimat erstreckt sich von den Pyrenäen und dem nördlichen Apennin über ganz Europa bis zum Baikalsee in Sibirien und umschließt das nördliche Kleinasien und den Kaukasus. Hier bevorzugt sie lichtere, gemischte Laub- und Nadelwälder mit reichem Unterwuchs. Auch dringt sie in Parks und Gärten in Stadtnähe vor, ist aber dort noch nicht so häufig wie die Amsel. Sie ist vorwiegend Zugvogel, der in Südeuropa, Nordafrika und Südwestasien überwintert, in Westeuropa aber häufig im Brutgebiet bleibt. Oft erfolgen zwei Bruten im selben, innen mit Holzmulm und Lehm glatt ausgeschmierten Napfnest.

Rotdrossel

Die Rotdrossel *(Turdus iliacus)* ist mit 22 cm Länge die kleinste Vertreterin der Gattung *Turdus.* Von der Singdrossel ist sie durch den auffälligen, hellen Überaugenstreif und die rotbraunen Flanken und Unterflügeldecken unterschieden. Sie besiedelt den nördlichen Waldgürtel von Island bis Ostsibirien und ist wie die Wacholderdrossel ein charakteristischer Brutvogel der Taiga, doch bevorzugt sie lichtere Waldungen als die Singdrossel und geht in Skandinavien an deren Stelle in die Gärten, Parks und sogar in Städte. Da sie seit der Eiszeit ihr Brutareal von Si-

Rechte Seite: Die Misteldrossel, ursprünglich reiner Waldvogel, beginnt wie die Amsel als Kulturfolger in die Nähe menschlicher Siedlungen vorzudringen. So trifft man sie in Nordwestdeutschland und in Belgien bereits in Dörfern und bei Gehöften an. Im Winter ernährt sich die Misteldrossel von Beeren

birien bis Island westwärts ausbreitete, müssen gelegentliche Bruten in den Vogesen, in Belgien und Holland als Vorposten aufgefaßt werden. Aus ihrer nördlichen Heimat zieht sie über den Winter nach Nordafrika, Süd- und Westeuropa und Südwestasien, wo sie gewöhnlich in größeren Schwärmen auftritt. Der Gesang ist weniger drosselartig, sondern vielmehr ein grasmückenhaftes Geleier.

Misteldrossel

Unter den in Europa brütenden Drosselarten ist die Misteldrossel *(Turdus viscivorus)* die größte. Ihre Länge beträgt

und kleineren Früchten, so daß sie auch in Gebieten mit härterem Winterklima überdauern kann. Ihr Nest ist in kahlen Astgabeln hoher Bäume oder in den Kronen von Kiefern angelegt. In der Regel erfolgen 2 Bruten im Jahr (Fotos Merlet – Atlas Photo und A. Fatras).

27 cm, ihr Gewicht liegt bei 110 g. Ihre Heimat sind Nordwestafrika, Europa und das mittlere Asien bis zum Baikalsee und zum Himalaya, doch kommt sie in den Steppen und Wüstengebieten zwischen Schwarzem Meer und Balchaschsee nicht vor. Sie bevorzugt nämlich hohe, nicht zu dichte Kiefernwälder, aber auch montane Laub- und Mischwälder und kommt heute in Westeuropa und Nordwestdeutschland auch in Gärten, Obstplantagen, Feldgehölzen und Parkanlagen vor. Diese Eigenschaft als Kulturfolger breitet sich seit dem 20. Jahrhundert von Westeuropa nach Osten aus. Im Süden ihres Verbreitungsgebietes ist die Misteldrossel hauptsächlich Gebirgsvogel und geht im Himalaya bis auf 3500 m Höhe hinauf. Ihre kurzen, amselähnlichen Lieder trägt

sie schon sehr früh im Jahr vor, manchmal schon im Januar. Wie bei der Singdrossel werden dabei einzelne Motive mehrfach wiederholt. Hauptunterscheidungsmerkmale zur sehr ähnlichen Singdrossel sind die weißen Unterflügeldecken. Das Nest wird ziemlich hoch angelegt. Den Standort wählt das Weibchen, doch beteiligt sich das Männchen am Bau. Das Nest sieht wie ein großes Amselnest aus und wird wie dieses durch Erde verstärkt. Als Nahrung dient eine Vielzahl von kleineren Tieren – Würmer, Insekten und Schnecken –, die auf der Erde und im Gras erbeutet werden. Daneben stellen kleinere Früchte fast die Hälfte der Kost, besonders die Beeren der Mistel, die hauptsächlich von dieser großen Drossel verbreitet wird. Bei der Flucht fliegt die Misteldrossel im Gegensatz zu ihren Verwandten in weiten, geraden Flügen davon. Im Osten stößt das Brutareal der Misteldrossel an das der Rostflügeldrossel *(Turdus eunomus)*. Insgesamt leben in Asien noch 20 weitere *Turdus*-Arten, von denen die Weißbrauendrossel *(Turdus obscurus)*, die Rotkehldrossel *(Turdus ruficollis)* und die Naumanndrossel *(Turdus naumanni)* als seltene Irrgäste vereinzelt nach Deutschland verschlagen wurden.

Walddrossel

Die Walddrossel *(Hylocichla mustelina)* gehört zu einer Reihe von kleineren Drosselvögeln, die hauptsächlich in Nordamerika beheimatet sind, von dort den äußersten Osten Sibiriens besiedelt haben und eine eigene Gattung *(Hylocichla)* bilden. Von den Drosseln im engeren Sinne unterscheiden sie sich äußerlich hauptsächlich durch ihre etwas geringere Größe. Neben der Walddrossel gehören in diese Gruppe noch die Einsiedler-, die Zwerg-, die Grauwangen- und die Wiesendrossel. Alle Arten sind reine Waldbewohner, deren Oberseite braun bis rotbraun und deren Unterseite weiß und an der Brust kräftig gefleckt ist. Sie durchsuchen den Waldboden nach Würmern und Insekten, fressen aber auch große Mengen an kleinen Früchten und Knospen. Die verschiedenen Arten besiedeln verschiedene Waldformen wie Nadel-, Laub- und Mischwälder oder bevorzugen verschiedene Höhenlagen oder Breitengrade. Die Lieder gleichen denen der Singdrossel. Die Walddrossel ist ein typischer Vogel der Nadelwälder in den Oststaaten der USA und verbringt den Winter in Mittelamerika. Sie ist die einzige Art ihrer Gattung, die wie unsere Amsel und Singdrossel sich der Kulturlandschaft des Menschen anpaßte und die Hecken in den Vorstädten als Nistplatz ebenfalls erwählt.

Zaunkönigdrosseln

Die systematische Stellung der Familie Zaunkönigdrosseln *(Zeledoniidae)* ist sehr unsicher. Sie umfaßt nur eine Art, die Zaunkönigdrossel *(Zeledonia coronata)*, die sich von allen anderen Drosselartigen genügend unterscheidet, so daß man ihr den Rang einer eigenen Familie zugestehen muß. Der nur 11 cm lange Vogel lebt im dichten Pflanzengewirr der feuchten Gebirgswälder Costa Ricas und Guatemalas in 2000–3000 m Höhe. Dort sucht er vorwiegend den Boden und das moosbewachsene Unterholz nach Spinnen, Insekten und deren Larven ab, die er mit seinem kurzen, geraden Schnabel sicher ergreift. Nur selten bekommt man ihn zu sehen. Häufiger fällt er durch seinen Gesang auf, der aus einer sechs- bis achtteiligen Reihe wohltönender gleicher Pfiffe besteht. In der Gestalt ähnelt er dem Zaunkönig. Wie dieser fliegt er nicht gerne. In der Färbung ist er äußerst unauffällig. Die Oberseite ist olivgrün bis olivbraun, die Unterseite aschgrau. Nur die braungoldenen, aufrichtbaren Federn auf dem Scheitel heben sich hervor. Erst kürzlich wurde das Nest der so verborgen und heimlich lebenden Zaunkönigdrossel entdeckt, die von manchen Forschern in die Nähe der gestaltreichen Familie der Drosseln gestellt wird.

Die Walddrossel gehört zu einer Gruppe kleinerer Drosselvögel, die in den Wäldern Nordamerikas leben und teilweise auch den äußersten Osten Sibiriens besiedeln. Es sind oberseits rotbraune, unterseits weiße Vögel mit kräftig gefleckter Brust. Die Lebensweise gleicht derjenigen unserer Drosselarten. Alle Arten dieser Gruppe sind gute Sänger. Als einzige Form von ihnen ist die Walddrossel in die Heckenlandschaft der Vorstädte eingedrungen (Foto E.P.S.).

Spottdrosseln

Die rund 30 Arten der Familie der Spottdrosseln (Mimidae) sind in ihrer Verbreitung auf Nord- und Südamerika beschränkt. Sie sind besonders für ihre Fähigkeit bekannt, die Stimmen anderer Vögel nachzuahmen. Diese Fähigkeit gab ihnen auch den Namen. Äußerlich erinnern sie stark an schlanke, langschwänzige Drosseln. Man nimmt heute an, daß sich die Familie der Spottdrosseln ebenso wie die der Zaunkönige und Wasseramseln einst aus drosselähnlichen Vorfahren entwickelt hat. Zu den Zaunkönigen, besonders zu den größeren amerikanischen Arten, bestehen nämlich große Ähnlichkeiten in der Lebensweise, insbesondere könnte man die Krummschnabelspottdrosseln (Gattung Donacobius) im Aussehen und Verhalten für zu groß geratene Zaunkönigarten halten. Die Größe der verschiedenen Formen schwankt zwischen 20 und 30 cm, der Schnabel ist schlank und stark, bei langschnabeligen Arten ist er abwärtsgebogen. Die Färbung des Gefieders ist meist unscheinbar grau bis rotbraun und am Bauch meist heller. Unterschiede bei den Geschlechtern sind nicht oder nur geringfügig vorhanden. Trotz ihres schlichten Aussehens fallen die Spottdrosseln durch ihre Lebhaftigkeit, Neugierde und die Heftigkeit, mit der sie ihr Nest und ihr Revier verteidigen, auf. Im Gegensatz zu den Zaunkönigen bauen sie offene, schüsselförmige Nester und gleichen hierin den echten Drosseln. Auch die 2–5 Eier sind drosselähnlich und in der Grundfarbe grün, blau oder beige gehalten und können schlicht oder leicht bis dicht gefleckt sein. Bei den meisten Arten brütet nur das Weibchen, doch füttern beide Eltern die Jungen. Die Spottdrosseln leben ausschließlich in Bodennähe und ernähren sich von Insekten, Larven, Früchten und Beeren. Einige Arten saugen auch die Eier anderer Vögel aus. Der oft sehr melodische Gesang wird häufig und von exponierten Orten vorgetragen. Das Verbreitungsgebiet erstreckt sich vom südlichen Kanada bis in den Süden Argentiniens und Chiles. Nur die nördlichsten und südlichsten Populationen sind Zugvögel, sonst sind alle Spottdrosselarten Standvögel. Man ordnet die rund 30 Arten zu 13 Gattungen. Bekanntere Arten sind die Spottdrossel, die Katzendrossel, der Rotsichelspötter, der Kalifornien-Sichelspötter und die Galápagos-Spottdrossel.

Spottdrossel

Die bekannteste Vertreterin der Familie ist die Amerikanische Spottdrossel (Mimus polyglottos), die auch der Familie den Namen gab. Sie ist die Sängerkönigin der USA, wo zwei Unterarten wohnen, und kommt südwärts bis Mexiko und auf vielen der westindischen Inseln vor. Auch ist sie gelegentlich in Südkanada beim Brü-

Die gut 30 Spottdrosselarten, die in ihrer Verbreitung auf Nord- und Südamerika beschränkt sind, sind insgesamt lebhafte, neugierige und streitsüchtige Vögel. In ihrem Körperumriß sind sie alle sehr ähnlich. Die Größe schwankt zwischen 20 und 30 cm. Besonders auffällig ist aber ihre Nachahmungsfähigkeit der Stimmen anderer Vogelarten. Diese Fähigkeit brachte ihnen auch den Namen ein. Die bekannteste Art ist die abgebildete Amerikanische Spottdrossel. Sie ist die Sängerkönigin unter den Spottdrosseln, und man kennt Sänger, die über 30 Motive anderer Vogelarten fehlerfrei wiedergaben. In den Südstaaten ist die Art so beliebt, daß sie zum Symboltier dieser Staaten erklärt wurde. Wegen ihres melodischen Gesanges wurde die Spottdrossel auf Hawaii und den Bermudas eingebürgert (Foto Okapia).

ten beobachtet worden. Ihre Beliebtheit verdankt sie besonders ihrer erstaunlichen Begabung, andere Vogelstimmen nachzuahmen, ihrer steten Betriebsamkeit und dem Mut, mit dem sie ihr Revier auch außerhalb der Brutzeit gegen Konkurrenten verteidigt. Mit dem Besitz eines Reviers das ganze Jahr hindurch ist wohl auch wie bei den Zaunkönigen der ganzjährige Gesang verbunden. Das ganze Jahr über läßt die Spottdrossel von einem erhöhten, freien Platz zu den ungewohntesten Zeiten ihre herrlichen Strophen ertönen, nicht selten bei Vollmond auch mitten in der Nacht. Neben ihrem eigenen, sprudelnden Gesang geben sie meist die Weisen anderer Vogelarten wieder, wobei jede Strophe 3- bis 4mal wiederholt wird, bevor eine neue beginnt. Bei guten Sängern konnte man nicht weniger als 30 Stimmen verschiedener Vogelarten nacheinander heraushören. Hinzu kamen noch andere fremde Laute aus der Umgebung des Vogels, wie das Pfeifen des Postboten, das Miauen der Katze, das Grunzen des Schweines, das Quietschen der Wetterfahne oder das Schnarren einer Säge. Kaum hatte man von Europa Nachtigallen eingeführt, so hörte man deren Schlag schon bald täuschend nachgeahmt von der Spottdrossel vorgetragen. Klangspektrographische Untersuchungen zeigen, daß die Stimmen der anderen Vögel mit großer Genauigkeit auch außerhalb des menschlichen Hörbereichs nachgeahmt werden. Doch ist bis heute nicht geklärt, warum einige Vogelarten spotten, d.h. fremde Stimmen in ihr Repertoire aufnehmen.

Jeder Vogel verteidigt eifersüchtig die Grenzen seines Reviers. Eindringlinge werden mit hocherhobenem Kopf und aufgerichtetem Schwanz angedroht. Verlassen sie nicht sofort das fremde Revier, so kommt es zu Auseinandersetzungen, bei denen die Gegner federnd und flatternd gegeneinander anspringen. Dabei stehen sie sich stets Aug in Auge gegenüber. In diesen Bedrohungskämpfen wird der Grenzverlauf zwischen den Grenznachbarn genauestens festgelegt. Die Balz verläuft dagegen ganz anders. Hier zeigt das Männchen seine auffälligen Flügelmuster, sowohl wenn es sitzt als auch wenn es fliegt, und singt ganz besonders weich und einladend.

Je nach Wohngebiet brütet die Spottdrossel früher oder später im Jahr. Beide Geschlechter bauen das solide napfförmige Nest in 1 bis 6 m Höhe in einem Gebüsch oder niedrigen Baum und kleiden

Die Amerikanische Spottdrossel ist nur im Jugendkleid auf der Brust dunkel gesprenkelt. Später ist sie auf der Unterseite einheitlich grau gefärbt. Sie hält das ganze Jahr über ein Revier besetzt und singt daher auch das ganze Jahr hindurch (Foto Holmes-Lebel).

Oben: Die in Nordamerika heimische Katzendrossel trägt ihren langen, ungegliederten, flötenden, mit rauhen Tönen und dem charakteristischen miauenden Ruf durchsetzten Gesang aus Buschwerk und Bäumen auch des Kulturlandes vor. Ihre Nahrung besteht aus Insekten, Beeren und kleinen Früchten, gelegentlich werden auch Vogeleier erbeutet (Foto Russ Kinne – Photo Researchers).

es mit Gras oder feinem Wurzelwerk aus. Die 3–6 grünlichen, rotbraun gefleckten Eier werden in 12–14 Tagen hauptsächlich vom Weibchen ausgebrütet. Da beide Eltern füttern, wachsen die Jungen schnell heran und können manchmal schon 14 Tage nach dem Schlüpfen das Nest verlassen. Häufig erfolgen 2–3 Bruten im Jahr. Mit der Spottdrossel gehören noch weitere 8 Arten zur Gattung *Mimus,* deren Heimat von den mittleren USA über Mittelamerika und die westindischen Inseln bis Argentinien und Chile reicht.

Katzendrossel

Die Katzendrossel *(Dumetella carolinensis)* ist einheitlich schiefergrau gefärbt und an der dunklen Kopfkappe und den braunroten Unterschwanzdecken erkenntlich. Ihren Namen verdankt sie ihrem miauenden Ruf. Auch sie spottet recht begabt, wiederholt aber nicht die einzelnen Strophen. Wie die Spottdrossel wurde auch die 22 cm lange Katzendrossel zum Kulturfolger. Sie bewohnt die sumpfigen Ufer, Waldränder, Pflanzungen und Gärten vom südlichen Kanada an über ganz Nordamerika bis zu den am Golf von Mexiko gelegenen Staaten und kommt auf den Bermudas vor. Im Winter zieht sie bis Panama und den Westindischen Inseln und verrät dort ihre Anwesenheit durch ihren charakteristischen Ruf, während sie sich im dichten Gebüsch recht verborgen aufhält. Auf ihrem Zug ins Winterquartier können die Vögel durch Winde weit abgetrieben werden. So tauchte um die Mitte des vorigen Jahrhunderts einmal ein Exemplar auf Helgoland auf. Neben der Insektennahrung frißt die Katzendrossel eine beträchtliche Menge an Beeren und kleinen Früchten. Ihr Gelege besteht aus 4–6 glänzend grünblauen Eiern, aus denen nach knapp vierzehntägiger Brutdauer die Jungvögel schlüpfen. In der Balz werden die Flügel hängend getragen und der Schwanz hoch aufgerichtet. Dabei werden dem umworbenen Weibchen die braunroten Unterschwanzdecken mit besonderem Nachdruck gezeigt.

Rotsichelspötter

Der Rotsichelspötter *(Toxostoma rufum)* ist mit 30 cm Gesamtlänge die größte Spottdrossel. Er lebt in den östlichen und mittleren Gebieten der USA. Er wurde nicht zum Kulturfolger, sondern meidet die Nähe des Menschen. Sein Lebensraum sind Büsche und Wälder, wo er in der Bodenstreu und im Unterholz Nahrung sucht. Er spottet nicht, wiederholt aber die Strophen seines Liedes zweimal und singt meist von versteckten Plätzen aus. Sein Nest verteidigt er mit heftigen Angriffen auch gegen den Menschen.

Kalifornien-Sichelspötter

Der lohbraune Kalifornien-Sichelspötter *(Toxostoma redivivum)* lebt an den buschigen Berghängen Kaliforniens. Unter den 10 Arten der Toxostoma-Gattung besitzt er den längsten, stark gekrümmten Schnabel, mit dem er bei der Nahrungssuche wie mit einer krummen Hacke tief in den Boden eindringt, während die Toxostoma-Arten mit kurzem, fast geradem Schnabel die Nahrung nur vom Boden aufpicken oder höchstens darin ein wenig herumstochern können. Besonders viele Toxostoma-Arten leben in den Kakteen- und niedrigen Dornbuschbeständen der Trockengebiete im Südwesten der USA und Mexikos.

Der Rotsichelspötter lebt mehr an Waldrändern, wo er, ähnlich der Amsel, die Bodenstreu nach Nahrung durchsucht. Der schön rotbraun gefärbte, auf der Unterseite kräftig längsgefleckte Vogel meidet im allgemeinen die Nähe des Menschen. Sein Gesang ist laut, aber frei von Nachahmungen. Das Männchen beteiligt sich beim Brüten, wie es alle Sichelspötter im Gegensatz zu den anderen Spottdrosseln tun (Foto Russ Kinne).

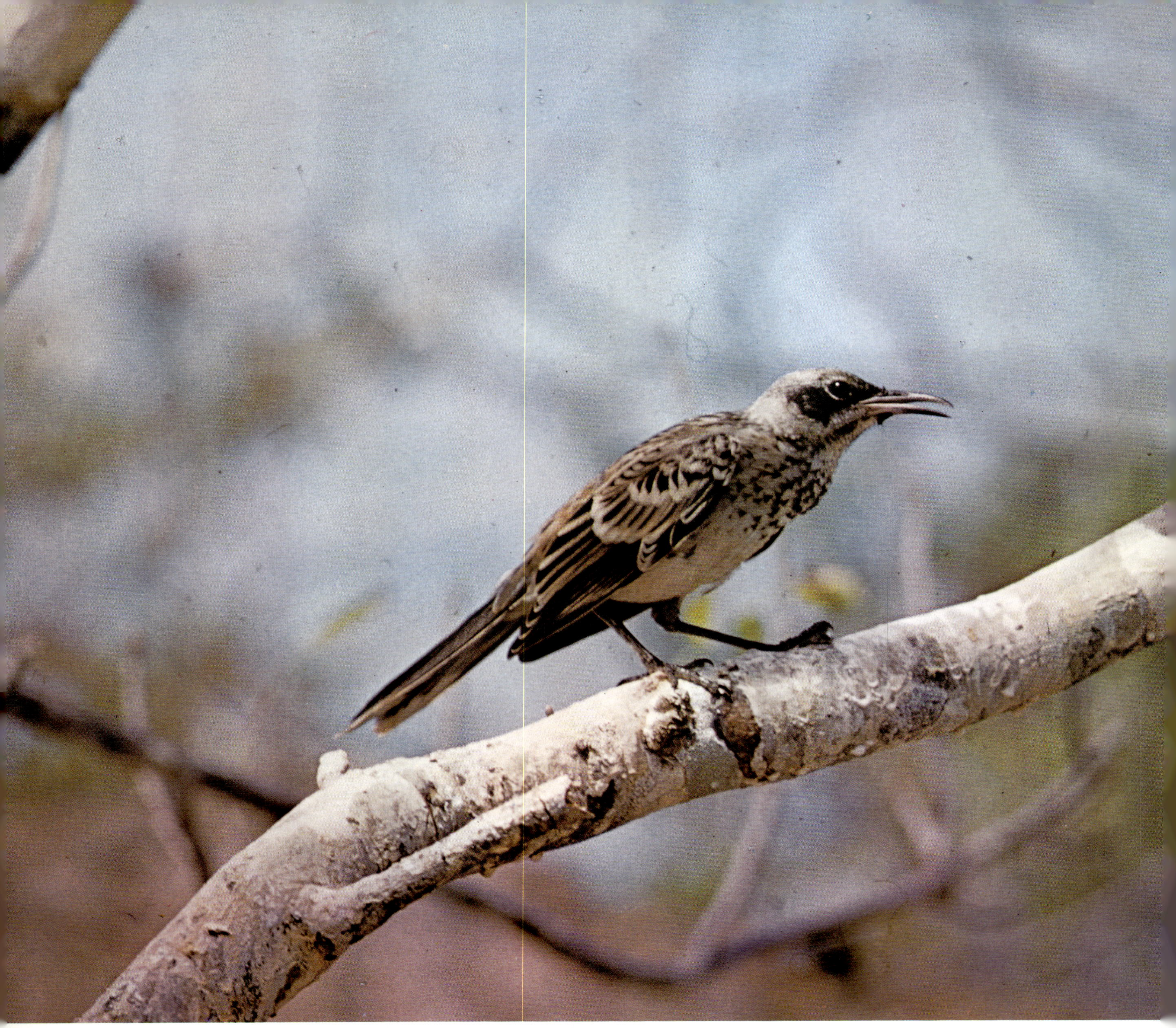

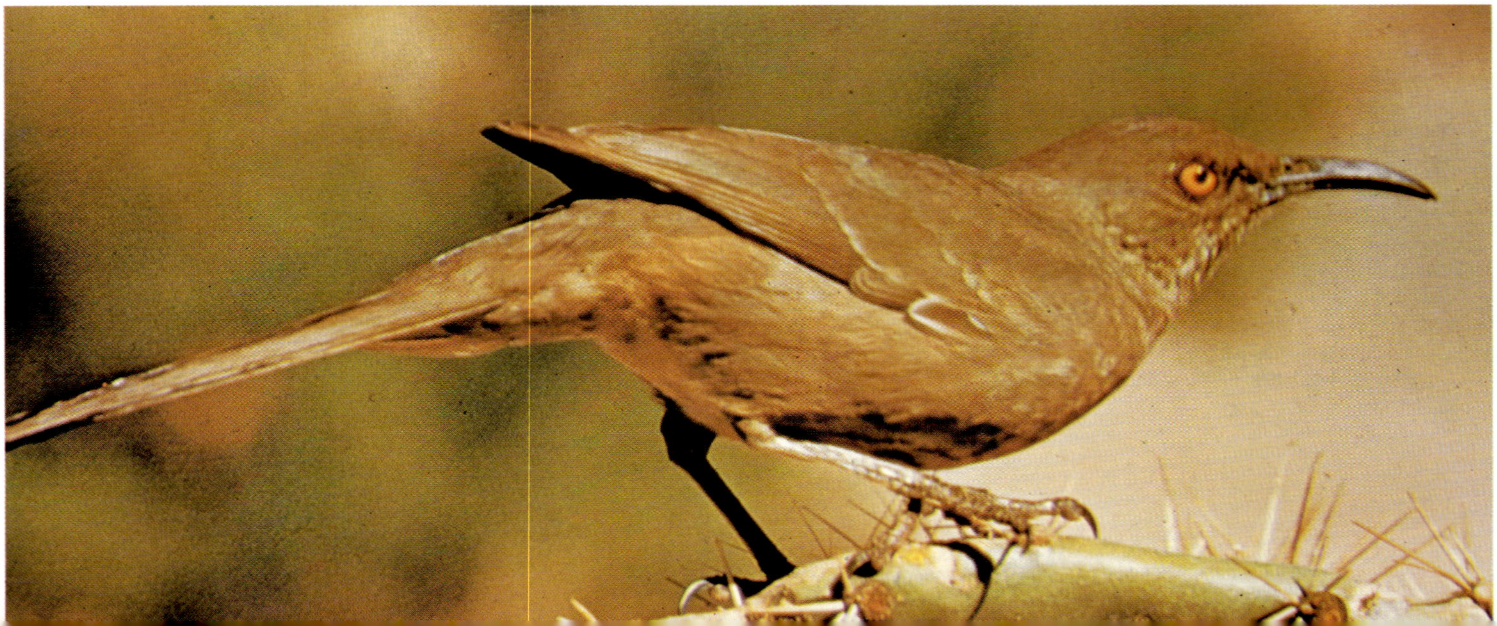

Linke Seite oben und rechts: Auf den Galápagosinseln lebt eine eigene Gattung der Spottdrosseln, die sich von den anderen Spottdrosselgattungen in Schnabel- und Beinform unterscheidet. Diese Gattung umfaßt nur eine Art, die Erdspottdrossel (Nesomimus trifasciatus). Von dieser Erdspottdrossel lassen sich aber 9 Unterarten beschreiben, die sich in Färbung und Größe unterscheiden. Da die Galápagos-Spottdrossel der nordamerikanischen Spottdrossel im Verhalten und Aussehen sehr stark ähnelt, vermutet man, daß sie von nach den Galápagosinseln versprengten Spottdrosseln abstammt, auf den Inseln aber einen eigenen Evolutionsweg durchmachte und auf dem besten Wege ist, sich in neun neue Arten aufzuspalten, die heute noch Unterarten sind. Die Erdspottdrossel wäre somit ein schönes Beispiel für die Entstehung neuer Arten, die noch nicht abgeschlossen ist (Fotos F. Erize).

Links: Der Kalifornien-Sichelspötter meidet dichte Waldungen und sucht seine Nahrung auf und im Boden des kalifornischen Buschlandes. Sein langer, gekrümmter Schnabel erlaubt ihm, den Boden recht tief nach Insekten und Spinnen zu durchsuchen (Foto Holmes-Lebel).

Zaunkönige

Zu der artenreichen, aber in sich recht einheitlichen Familie der Zaunkönige oder Schlüpfer *(Troglodytidae)* gehören kleine, gedrungen gebaute und kurzflügelige Singvogelarten, die das Laub- und Astwerk der Strauch-, Kraut- und Bodenschicht nach Insekten, Spinnen und Weichtieren absuchen. Die äußerst lebendigen und aktiven Vogelzwerge, deren Gesamtlänge, gemessen von der Schnabelspitze bis zur Schwanzspitze, zwischen 9 und 22 cm schwankt, durchschlüpfen sehr behende selbst dichtestes Buschwerk und engste Schlupfwinkel. Dabei können sie die verschiedensten Körperstellungen einnehmen und so auch die verborgensten Spalten und Ritzen nach Beute sorgfältig absuchen. Man trifft jedoch Zaunkönigarten auch außerhalb des dichten Laubwerkes an. Sie haben sich an felsige Landschaften, an Steppen und sogar Wüsten angepaßt. Die Bewohner dieser Gegenden sind gleichzeitig auch die größeren Formen, da in ihrem Lebensraum der Selektionsdruck auf große Wendigkeit im dichten Ast- und Zweigrevier der Dickichte entfallen ist. Bei allen rund 60 Arten ist das Gefieder recht einheitlich. Charakteristisch ist eine enge, dunkle Querstreifung des braunen, schwarzen oder grauen, bei beiden Geschlechtern gleich gefärbten Federkleides. Auch das Jugendkleid weicht nicht durch eine hellere Fleckung von dem der Altvögel ab. Nur einmal pro Jahr wird das Gefieder gemausert. Der Schnabel ist ein typischer Insektenfresserschnabel, er stellt eine feine, schmale Pinzette dar, mit der die kleine Beute aus den engen Ritzen gut herausgeholt werden kann. Die Füße und Zehen sind verhältnismäßig kräftig. Die kurzen Flügel erlauben nur einen geraden, kurzen, schnellen und schnurrenden Flug. Daher fliegen die Zaunkönige

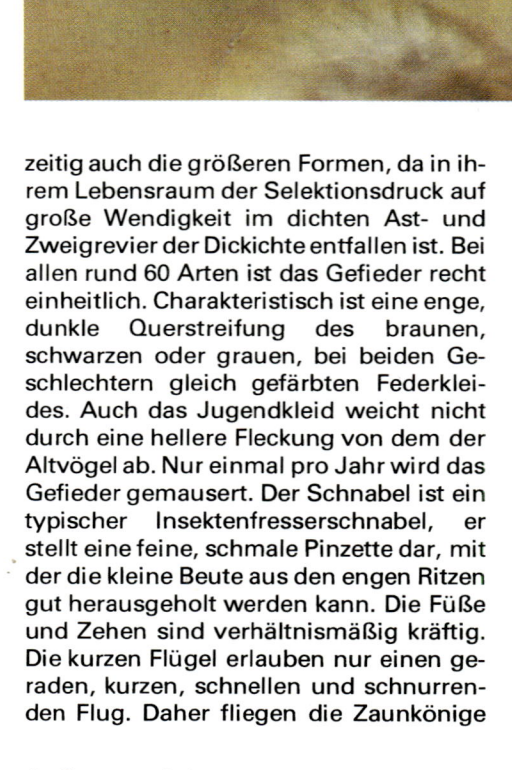

In einem großen, geräumigen und überdachten Nest werden 6–10 rein weiße Eier nur vom Weibchen ausgebrütet, doch füttert das Männchen das brütende Weibchen und beteiligt sich an der Aufzucht der Jungen. Es erfolgen mehrere Bruten im Jahr (Foto J. Markham).

Oben: Zaunkönige verfügen über einen höchst melodiösen und sprudelnden Gesang und tragen ihn mit einer Lautstärke vor, die man bei einem solch winzigen Vogel nie vermuten würde. Beide Geschlechter können singen, und ihr Gesang ist das ganze Jahr über zu hören. Lautstärke und Dauer der Gesangsperiode hängen mit der Lebensweise und dem Lebensraum zusammen. Im dichten, unübersichtlichen Pflanzenwuchs in Bodennähe hält jeder Vogel ganzjährig ein Revier besetzt, das durch Gesang abgegrenzt wird (Foto M. Brosselin – Jacana).

nur kurze Strecken und verstecken sich bei Gefahr im Pflanzengewirr in Bodennähe. Der Schwanz ist mittellang bis sehr kurz und wird recht häufig gestelzt. Die 12 Steuerfedern, die ihn bilden, sind weich und nicht straff wie bei den meisten Vogelarten. Die Nester werden meist am Boden, zwischen Wurzelwerk, an Böschungen in Erd-, Fels- und Baumhöhlen oder niedrig im Strauchwerk angelegt. Freistehende Nester sind Kugelnester. Das Gelege besteht aus 2–10 Eiern, die rein weißlich, bräunlich oder grünlich oder auf hellem Untergrund rot- oder braungefleckt sind. Sie werden in der Regel nur vom Weibchen ausgebrütet. Bei der Aufzucht der Nestlinge beteiligen sich aber die Männchen. Besonders auffallend an den Vogelzwergen ist die laute, weittragende Stimme, mit der sie ihren oft sehr melodischen Gesang vortragen, wobei Männchen und Weibchen bei einigen Arten im Duett singen. So ist der Gesang oft über 1 km weit zu hören, obwohl der Sänger nur rund 10 cm mißt und nur 10 g wiegt. Daneben vernimmt man während der Balz aber auch Lautäußerungen, die nur wenige Meter weit hörbar sind. Im ersten Fall richtet sich der Gesang an die Reviernachbarn und signalisiert die Besitzrechte über ein bestimmtes Areal oder soll Weibchen herbeilocken. Im zweiten Fall sind die Laute an den in der Nähe sich befindenden Partner gerichtet und dienen der Kontakthaltung mit diesem im unübersichtlichen Lebensraum. Wenn es auch im allgemeinen schwierig ist, Eigenheiten des Gesanges in Verbindung zum Lebensraum des Sängers zu bringen, so lassen sich dennoch einige Merkmale der Lautäußerungen als Anpassungen an den engeren Lebensraum deuten. Wie jede Tierart, so müssen sich auch Vögel in Art und Geschlecht erkennen, sich genau verständigen und den Standort der Einzelindividuen bestimmen können. Hierfür verfügen sie über optische und akustische Ausdrucksmittel. In einem geschlossenen Lebensraum ist eine optische Verständigung natürlich im Gegensatz zur offenen Landschaft nur über kurze Entfernungen möglich. Man muß daher erwarten, daß bei typisch Wälder und Dickichte bewohnenden Arten die akustische Verständigung in den Vordergrund tritt. Das zeigen neben anderen Arten sehr gut die Zaunkönige. Auch fällt auf, daß die Bewohner des Unterholzes kräftige und klangvolle Stimmen haben und sich ihrer recht häufig bedienen, daß aber Bewohner der Wipfelregionen sich stimmlich ruhiger verhalten und vor allem optische Signale einsetzen.

Der Zaunkönig nimmt nicht nur eine Sonderstellung in den europäischen Märchen ein, sondern auch in tiergeographischer Hinsicht. Er ist der einzige Vertreter der rund 60 Arten umfassenden Familie, der auch in der Alten Welt Eurasiens vorkommt. Alle anderen Arten leben ausschließlich in der Neuen Welt. Fossile Reste aus dem Eiszeitalter lassen vermuten, daß der Zaunkönig über Alaska nach Asien und von dort nach Europa vorgedrungen ist. In dem riesigen Lebensraum Nordafrika-Eurasien hat sich die Art in dieser langen Zeit in rund 35 Rassen aufgespalten (Foto Bille).

In ihrem reichgegliederten und wenig durchschaubaren Lebensraum fallen die Zaunkönige auch dem Menschen meist nur durch ihr Rufen und häufiges Singen auf. Bei vielen von ihnen ist der Warnruf ein kürzeres, weckerähnliches „Zerr" oder „Zerz", bei weniger starker Erregung dagegen ein hartes „Zick-zik-zik". Der Gesang ist hoch entwickelt und reicht von manchmal groben, harten Tonreihen bis zu recht musikalischen Strophen, die bei manchen Arten an sehr rein vorgetragene Flötenlieder erinnern. Diese Arten zählen zu den für das menschliche Ohr vollendetsten Sängern im Vogelreich. Hier ist besonders der 12 cm lange Rotkehl-Zaunkönig *(Cyphorinus aradus)* zu nennen, der in den Urwäldern von Honduras bis Westecuador, Boliviens und des Mato Grosso lebt.

Alle rund 60 Arten der Zaunkönigfamilie sind in ihrem Vorkommen auf Nord- und Südamerika beschränkt, und nur eine Art, der Zaunkönig, konnte sein Verbreitungsgebiet auf die Alte Welt ausdehnen. Sehr wahrscheinlich hat er während des Eiszeitalters Asien über die Beringstraße erreicht und ist dann bis nach Nordafrika und Spanien vorgedrungen. Die einzelnen Zaunkönigarten leben in teilweise recht unterschiedlichen Lebensräumen. So ist die Gattung der Kaktuszaunkönige *(Campylorhynchus)* an ein Leben in den heißen Wüstengebieten zwischen dem US-Staat Utah, Südkalifornien und dem mexikanischen Hochland und an die Trockenwald- und Dornbuschgebiete Mittelamerikas bis Nordbrasilien angepaßt, in denen nur Kakteen und dürre Sträucher gedeihen. Hier schlüpfen die verschiedenen Kaktuszaunkönigarten ebenfalls in Bodennähe durch die eigenartige Vegetation und suchen Boden und Pflanzen nach Kerbtieren ab. Ihr Kugelnest bauen sie im Schutz der Stacheln und Dornen. Den Innenraum erreichen sie durch einen seitlichen, langen Röhrengang, der bei mehrjähriger Benutzung des Nestes öfters erneuert wird. Zu den Kaktuszaunkönigen gehört auch die mit 22 cm Körperlänge größte Zaunkönigart, der Kaktuszaunkönig *(Campylorhynchus brunneicapillus).* Er ist auf der Rückenseite auf dunkelbraunem Grund reichlich weiß und unten auf weißlichem Grund dunkel gefleckt. Sein Gesang ist ein eintönig hartes, rasches Keckern. Sein langer, spitzer und etwas nach unten gebogener Schnabel ermöglicht es ihm, zwischen den Dornen der Kakteen seine Nahrung zu suchen. Seinen Wasserbedarf deckt er möglicherweise aus seiner Nahrung. So kann der Langschnäbelige Sumpfzaunkönig *(Cistothorus palustris),* der an den Lagunen der Meeresküste lebt, seinen Wasserbedarf ausschließlich aus seiner Kerbtiernahrung bestreiten; denn er ist nicht in der Lage, das Salzwasser seines Lebensraumes zu trinken. An eine felsige und trockene Landschaft sind der Felsenzaunkönig *(Salpinctes obsoletus)* und der Canyonzaunkönig *(Catherpes mexicanus)* angepaßt. Beide Arten messen knapp 14 cm. Die erste Art ist von Südkanada bis Costa Rica verbreitet, die zweite Art lebt in den Felsschluchten zwischen Britisch-Kolumbien und dem Südrand des Hochlands von Mexiko. Ihre Nester bauen sie in Felsspalten. Sehr viele verschiedene Lebensräume haben die Zaunkönige in Costa Rica besiedelt. In diesem kleinen mittelamerikanischen Land leben über 20 Zaunkönigarten nebeneinander.

Zaunkönig

Der Zaunkönig *(Troglodytes troglodytes)* besiedelt Europa einschließlich Island, Nordafrika, die Inseln des Mittelmeeres, die Türkei, den Kaukasus, Westpersien, das zentralasiatische Gebirge vom Hindukusch bis zum Altaigebirge, das Himalayamassiv, das nördliche China, die Mandschurei, die Japanische Inselkette, die Aleuten und Nordamerika im Süden Kanadas und im Norden der USA bis

Die im Norden verbreiteten Populationen des Zaunkönigs sind vielehig. Von seinen vielen Nestern bietet das Männchen in der Balz ein Nest seiner Umworbenen an. Nimmt das Weibchen das Nest an und polstert es für die Brut aus, so ist der Bund geschlossen (Foto L. Gaggero).

Rechte Seite: Je nach Größe des Geleges verlassen die Jungen 12–18 Tage nach dem Schlüpfen das Nest und halten sich im dichten Pflanzenwuchs am Boden versteckt, wo sie noch länger von den Elternvögeln gefüttert werden (Foto J. Burton – Photo Researchers).

Doppelseite: Die Erdspottdrossel der Galápagosinseln hält sich entsprechend ihrer baum- und buscharmen Heimat sehr viel am Boden auf, den sie eifrig nach Bodentieren absucht. Sie pickt aber auch Eier auf und schlürft sie aus, wie hier das Ei des großen Albatrosses (Foto F. Erize).

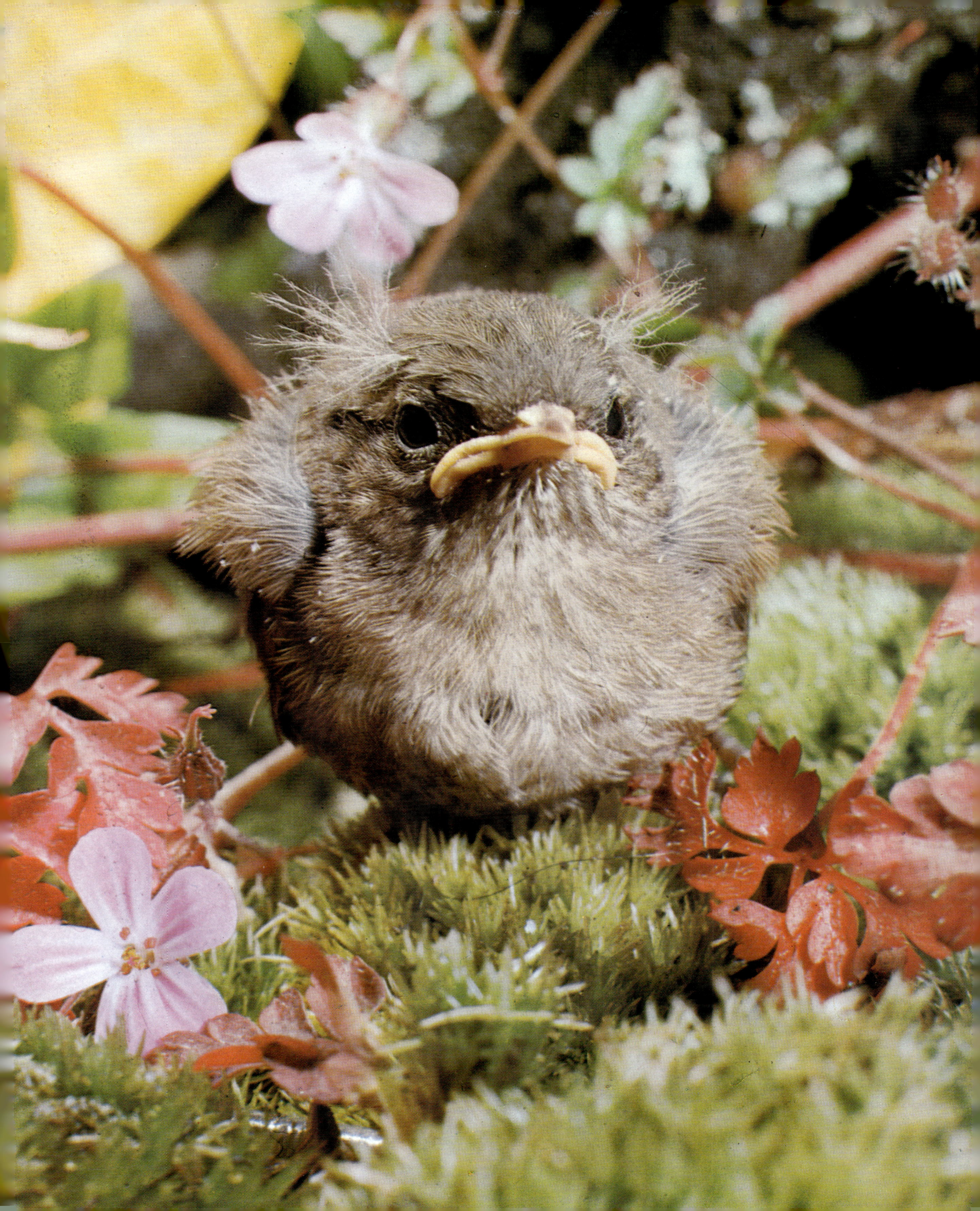

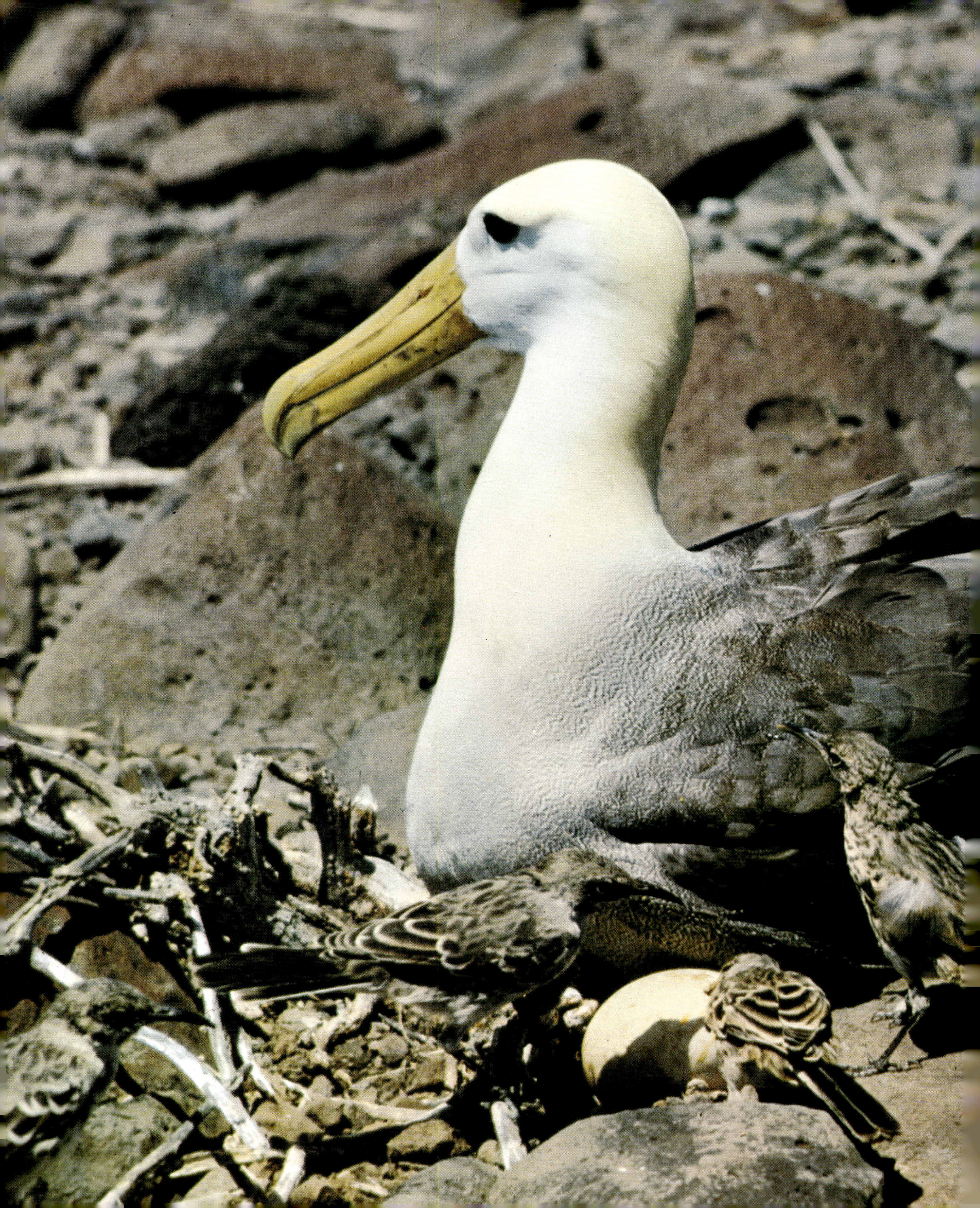

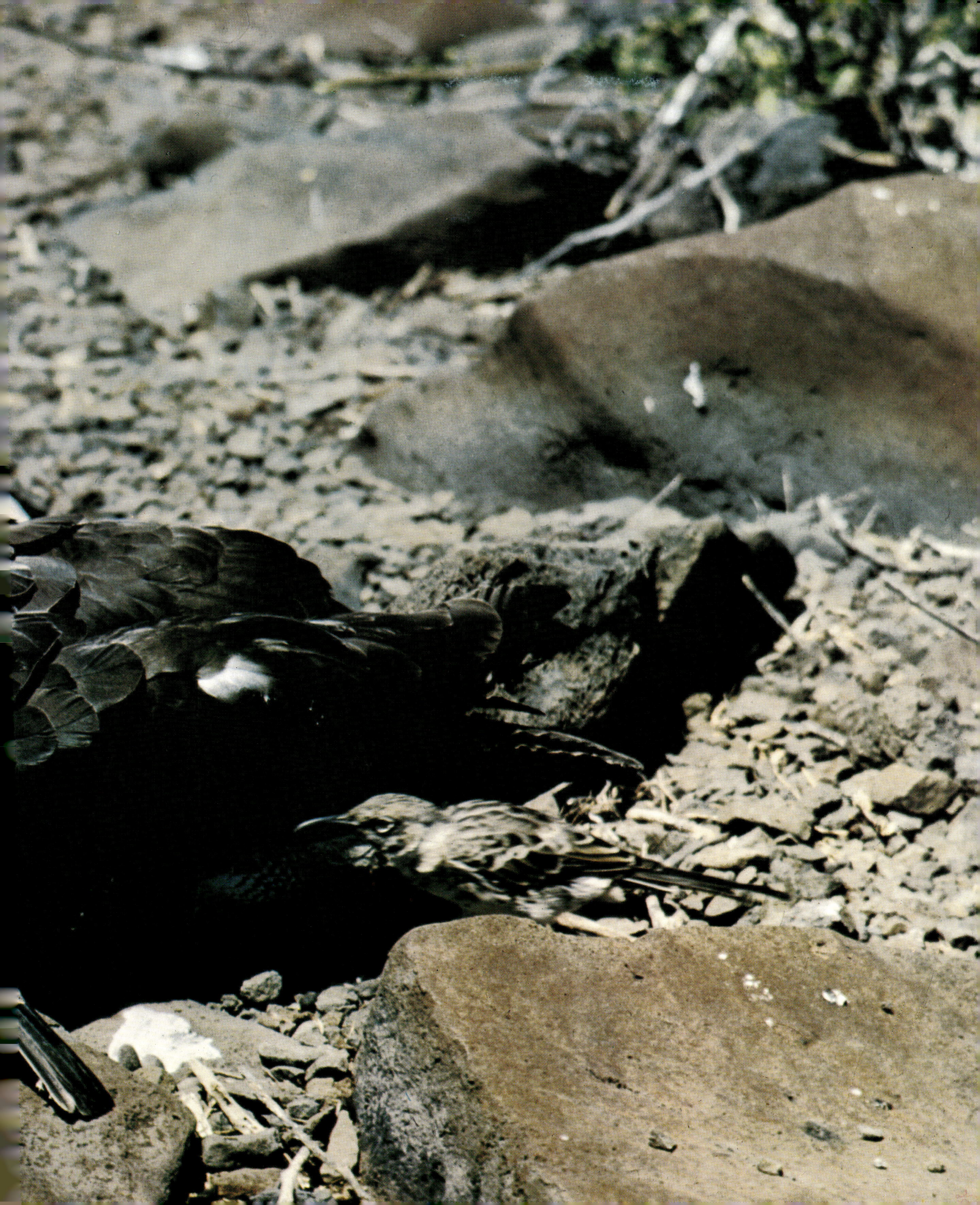

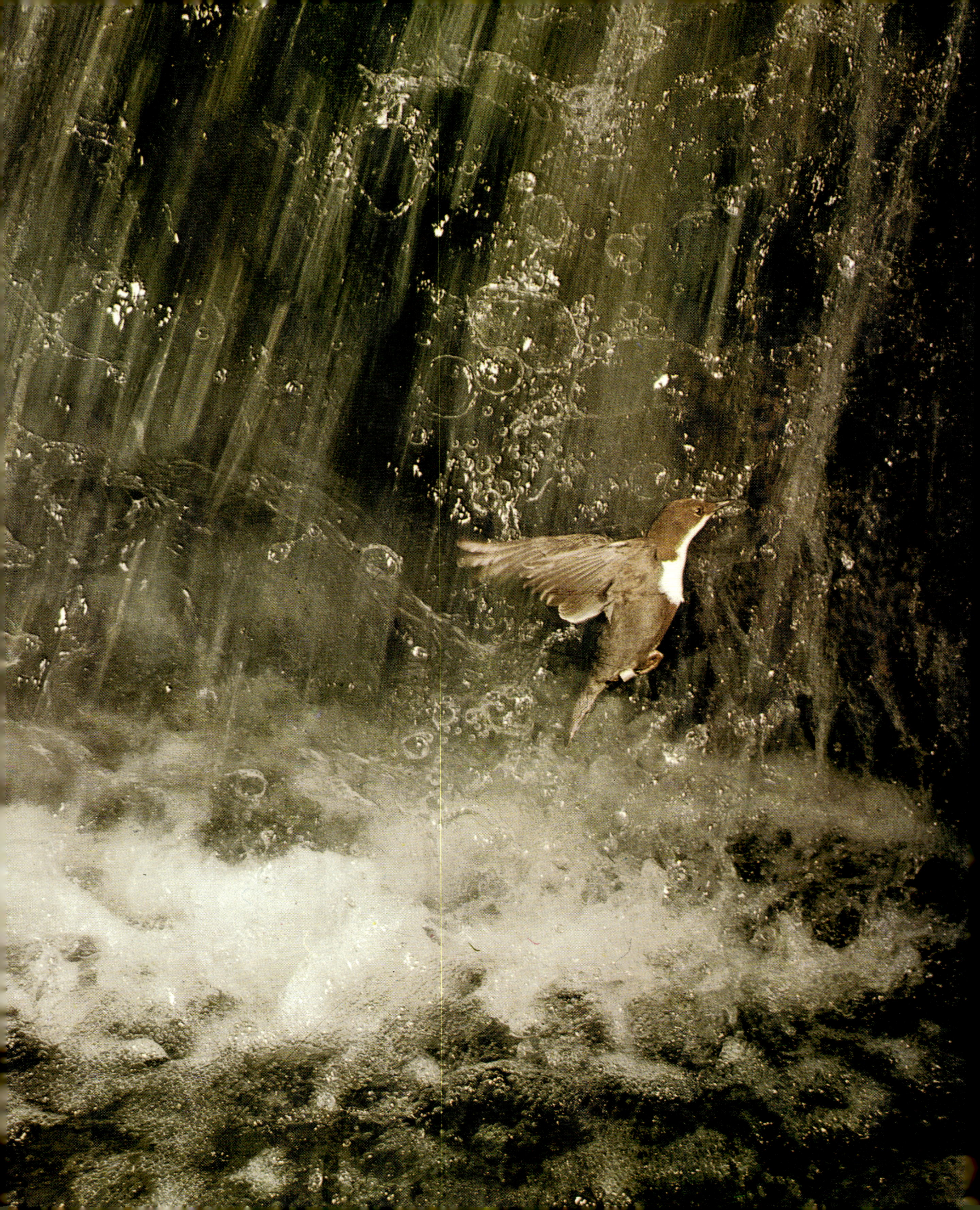

Neufundland. In diesem gewaltigen Verbreitungsgebiet bewohnt er die verschiedensten Lebensräume. Da nur die nördlichsten Teilpopulationen im Winter wegen Nahrungsmangel wegziehen müssen, hat die feste Bindung an die engere Umgebung mit dazu geführt, daß sich der Zaunkönig in dem ausgedehnten, aber stark zerklüfteten Areal in rund 35 Rassen aufgespalten hat. In Mitteleuropa wohnt er in unterholzreichen Wäldern, in Tälern, deren Wände mit Gebüsch bedeckt sind, in Gärten, Hecken und Parks. In den Gebirgen geht er bis über die Baumgrenze, und in Tibet trifft man ihn in der baumlosen Hochsteppe bis zu 4300 m an. Selbst auf den sturmgepeitschten Klippen von Saint Kilda vor den Hebriden findet er sich zurecht und wird dort für die Zoologen ein interessantes Untersuchungsobjekt.

Der Zaunkönig wirkt durch seine Lebhaftigkeit ausgesprochen anziehend auf den Betrachter. In geduckter Haltung hüpft er überaus schnell über den Boden dahin, schlüpft mit erstaunlicher Fertigkeit durch Ritzen und Löcher, die für jeden anderen Vogel unzugänglich scheinen, wendet sich rastlos von einer Hecke, von einem Busch, von einem Reisighaufen zum anderen, untersucht dabei alles nach Nahrung. Hält er einmal offen sitzend Ausschau, so nimmt er eine Haltung ein, die auf den menschlichen Beobachter sehr keck wirkt: die Brust ist gesenkt, das kurze Schwänzchen aber gerade empor gestelzt. Nimmt etwas seine Aufmerksamkeit besonders in Anspruch, so wirft er unter häufigem Knicksen das Schwänzchen noch höher auf als gewöhnlich. Er fliegt aber nicht gerne über größere freie Strecken, die er in geradem Schnurflug knapp über dem Boden durchmißt. Das häufig und laut vorgetragene Lied besteht aus vielen harmonisch abwechselnden, hellen Tönen, die sich in der Hälfte des eben nicht kurzen Gesanges zu einem klangvollen, in der Tonreihe absinkenden Triller gestalten. Auch in den Wintermonaten wird der Gesang recht häufig vorgetragen. Das hängt damit zusammen, daß jeder Zaunkönig das ganze Jahr über sein bestimmtes Revier beibehält. Diese Eigenart zeigen alle bisher genauer untersuchten Zaunkönigarten. In dem Revier unterhalten die Vögel einige Spiel- und Schlafnester. Zur Nahrung dienen Spinnen, Kerbtiere und deren Larven und im Herbst auch mancherlei Beeren. Nur lange, strenge Winter werden nicht gut überstanden.

Zu Beginn der Brutzeit verlassen die Weibchen ihre Reviere und suchen sich ein Männchen. Nähert sich ein Weibchen einem Zaunkönigmännchen, so ändert dieses seinen Gesang ab und beginnt mit der Werbung. Sie besteht in der Einladung, eines seiner Nester zu besichtigen. Je näher dabei das Männchen dem Nest kommt, um so lebhafter wird es, läßt nur noch Gesangsbruchstücke hören und bewegt sich betont ruckweise von Zweig zu Zweig. Vor dem Nest breitet es Flügel und Schwanz aus und singt besonders weich. Dann schießt es zum Nest und schlüpft hinein. Dieses Verhalten veranlaßt das Weibchen, das Nest von innen zu besichtigen. Trägt es danach die Federpolsterung ein, ist der Bund geschlossen, und das Männchen beginnt nach einiger Zeit, um ein weiteres Weibchen zu werben, dem es dann ein anderes seiner vielen Nester anbietet. Auf diese Weise lebt etwa die Hälfte aller Männchen in Doppel- oder Vielfachehe. Diese auch bei den anderen nördlich lebenden Zaunkönigarten, nämlich dem Hauszaunkönig (*Troglodytes aedon*) und dem Langschnäbeligen Sumpfzaunkönig (*Cistothorus palustris*) beobachtete Vielehe ist sonst sehr selten bei den Singvögeln, ja steht sogar im Gegensatz zu vielen tropischen und subtropischen, einehigen Zaunkönigformen. Die Jungen versorgt hauptsächlich das Weibchen, doch hilft das Männchen mit aus und versorgt die Brut allein, wenn das Weibchen verunglückt ist.

Linke Seite: Besonders typische Nistplätze für die Wasseramsel sind Wasserfälle. Hinter dem Vorhang aus herabstürzenden Wassermassen ist ihr Nest trocken und völlig sicher vor den Nachstellungen der Katzen, Marder, Iltisse, Wiesel und Elstern, und nur die Ratten stellen noch eine Gefahr für die Brut dar. Die Altvögel selber gelangen zum Nest, indem sie die Wasserwand regelrecht durchfliegen. Leider ist die Wasseramsel in Mitteleuropa durch die Verschmutzung der Gewässer und die Begradigung der Ufer stark zurückgegangen, da dadurch Nahrung und Nistplätze knapp wurden (Foto Merlet – Atlas Photo).

Zaunkönige sind wendige, kleine Buschschlüpfer, die mausgleich durch das Geflecht von Buschwerk, Reisig und Wurzelwerk schlüpfen, um mit ihrem feinen, spitzen Schnabel die dort versteckten Käfer, Fliegen, Maden und Spinnen abzulesen (Foto L. Gaggero).

Die Arbeit des Nestbaues wird hauptsächlich vom Männchen ausgeführt. Sein Bautrieb ist dabei so stark entwickelt, daß es in seinem Revier bis zu mehr als ein Dutzend Nester anlegt. Bevorzugte Bauplätze sind Gesteinsspalten, überdachte Nischen, Reisighaufen und das Wurzelwerk von Bäumen, bevorzugtes Baumaterial sind Moos, Stroh, Gräser und Wurzeln, so daß das Bauwerk nicht nur verborgen angelegt, sondern auch seiner Umgebung sehr stark angepaßt ist. Letzteres zeigt besonders gut das in einem Strohhaufen eingeflochtene Nest, dessen Vorhandensein nur durch den anwesenden Elternvogel verraten wird (Fotos A. Fatras und S. C. Porter – Photo Researchers).

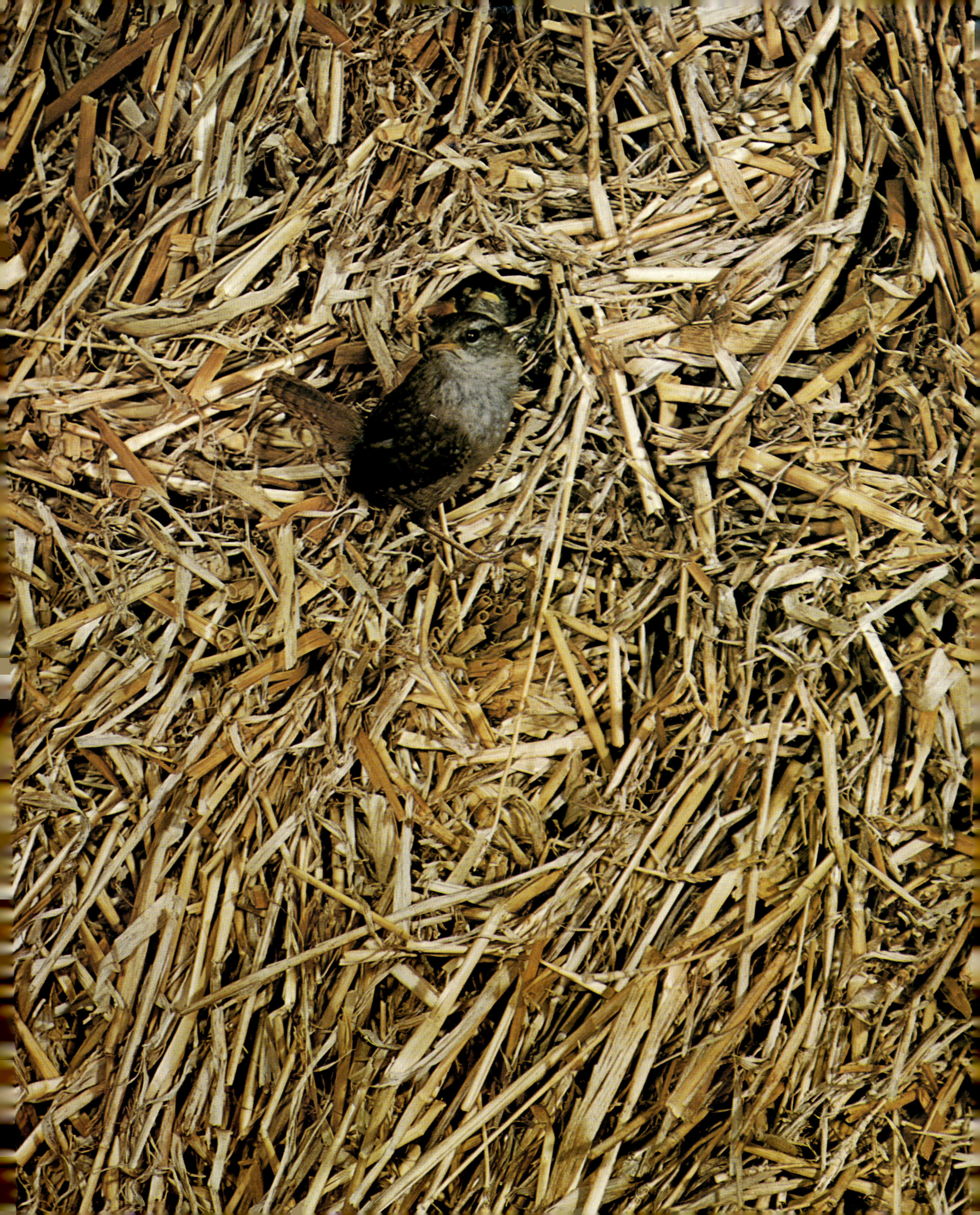

Wasseramseln

Die Familie der Wasseramseln *(Cinclidae)* umfaßt nur 1 Gattung mit 5 Arten. Sie steht in näherer Beziehung zu den Zaunkönigen und Spottdrosseln. Der Körper der 17–20 cm großen Vögel erscheint wegen der sehr dichten Befiederung gedrungen. Der Schnabel ist verhältnismäßig schwach, gerade und vorn schmal auslaufend. Die Nasenöffnungen sind durch Hautdeckel verschließbar. Der Fuß ist hoch; stark, langzehig und mit langen Krallen bewehrt. Die Flügel sind ungewöhnlich kurz und stark abgerundet. Auch der Schwanz ist sehr kurz und wird wie beim Zaunkönig häufig hochgestellt. Die Knochen sind nur wenig luftgefüllt, wodurch das Gewicht der Vögel mit 50–70 g verhältnismäßig schwer ist. Besonders gut entwickelt sind die Bürzeldrüsen, die das zum Einölen des Gefieders nötige Fett absondern. Männchen und Weibchen gleichen einander, nur sind die Männchen etwas größer. Kennzeichnend und sehr auffällig ist das häufige Knicksen der Vögel, wenn sie auf Steinen oder überhängenden Ästen Ausschau halten. Sie ähneln darin sehr stark den Zaunkönigen, wie sie auch sonst als drosselgroße Zaunkönige beschrieben werden können. Nur sind sie die einzigen, echten Wasservögel unter den Sperlingsvögeln, die sich nicht nur am Rand des Wassers aufhalten, sondern schwimmend und tauchend ihre Nahrung suchen. Abgesehen von den langen Zehen

Die Wasseramseln bilden die einzige Singvogelgruppe, die echte Wasservögel geworden sind. Allerdings sind sie Wasservögel mit Singvogelfüßen ohne Schwimmhäute oder verbreiterte Zehen. Nur selten suchen sie wie Bachstelzen die Uferzone nach Nahrung ab. Ihr Hauptjagdgebiet ist vielmehr das Wasser selbst, in dem sie tauchend und schwimmend nach Nahrung suchen. Schon die grau und weiß gefärbten, noch nicht flüggen Jungen können bereits tauchen und schwimmen und stürzen sich bei Gefahr sofort ins sichere Wasser (Fotos H. Barnfather, R. Longo und L. Gaggero).

mit den großen scharfen Krallen und dem dichten Federkleid zeigen die Vögel aber kaum eine besondere körperliche Anpassung an die amphibische Lebensweise. Die Anpassung liegt fast ausschließlich in der nervösen Bewegungskoordination, im Verhalten. So schwimmen und tauchen die Wasseramseln mit Leichtigkeit unter Wasser, indem sie mit den Flügeln schlagen und steuern und, sich schräg gegen die Strömung ausrichtend, sich von dieser hinunterdrücken lassen. Auch laufen sie, niedergedrückt von dem schnell dahinfließenden Wasser auf dem Boden entlang, wobei sie sich mit den Krallen festhalten und bachaufwärts, selten bachabwärts oder quer, Steine umwälzen, um an Insektenlarven, Krebschen, Würmer, Schnecken und seltener auch an kleine Fische zu gelangen. Unverdauliche Hartteile der Nahrung, die hauptsächlich von Insekten stammen, werden nicht zu einem Gewölle verdichtet und ausgewürgt, wie bei Vögeln sonst üblich, sie passieren den Darmtrakt.

Da das dichte, lufterfüllte und wasserabstoßende Gefieder ihnen genügend Auftrieb gibt, können sie auch mit heftig paddelnden Beinen auf dem Wasser schwimmen oder sich zu neuen Tauchstellen treiben lassen. Auch laufen sie im flachen Wasser mit halb untergetauchtem Körper hin und her, indem sie sich an Steinen und Steinspalten mit den langen Zehen und Krallen verankern. Verglichen mit anderen tauchenden Vögeln, sind die Leistungen der Wasseramseln gering. Immerhin können sie bis zu 30 Sekunden,

150 cm tief und 20 cm weit tauchen. Für den wartenden Beobachter erscheint die Tauchdauer aber beträchtlich länger.

Die Wasseramseln sind an schnell strömendes und strudelndes, kristallklares, nicht verschmutztes Wasser gebunden. Sie bewohnen an entsprechenden Stellen Europa mit Ausnahme Islands, Nordafrika, Asien bis an die Nordgrenze Indiens und Indochinas und bis Taiwan und die westlichen Gebirge Amerikas von Alaska bis Argentinien.

In ihrer Lebensweise ähneln sich die 5 Arten so stark, daß ein Lebensbild der eurasiatischen Art, der Wasseramsel, vollständig zur Lebenskunde aller 4 anderen Arten ausreicht. Eine der 5 Arten, die völlig dunkelbraune Bachwasseramsel *(Cinclus pallasii)*, lebt in Turkestan, im Himalaya und in Westchina mit der Wasseramsel im gleichen Biotop, doch bevorzugt sie breitere Wasserläufe und watet mehr im seichteren Wasser. Von den Aleuten und Alaska bis Panama besitzt die Grauwasseramsel *(Cinclus mexicanus)* das Biotop der Wasseramsel in den Rocky Mountains. Sie ist rundum schiefergrau gefärbt. In den Anden von Kolumbien und Venezuela bis Nordargentinien schließt dann die Kronwasseramsel *(Cinclus leucocephalus)* an. Die südlichste in den Anden lebende Art ist die Rotkehlwasseramsel *(Cinclus schulzi)*.

Wasseramsel

Die schiefergrauschwarz, auf dem Kopf und hinter dem weißen Brustlatz rotbraun gefärbte, 18 cm große Wasseramsel *(Cinclus cinclus)*, die auch Wasserschwätzer oder Wasserstar genannt wird, gehört nicht allein zu den auffallendsten, sondern auch zu den anziehendsten Vögeln. An ihr zusagenden Orten, wie Bächen und Flüssen mit schnell fließendem, klaren Wasser, steinigem Grund und Ufergebüsch, ist sie zwar nicht häufig, aber regelmäßig anzutreffen. Meistens fällt sie dem Beobachter auf, wenn sie, mitten im schäumenden Wasser auf einem Stein sitzend, mit hochgestelltem Schwanz knicksend und sich drehend ihren weißen Hals vorzeigt. Bald fällt auch ihr Blinken mit den Augen auf, wenn sie nämlich das weiße, zurückgeschlagen aber völlig unauffällige Oberlid über das Auge zieht.

Recht häufig unterbricht die Wasseramsel die Tauch- und Schwimmtätigkeit, um mitten zwischen dem dahinströmenden Wasser auf einem Stein sitzend Ausschau zu halten oder größere Beute in Ruhe zu vertilgen, oder aber auch ihr helles, zwitscherndes Lied ertönen zu lassen. Aus der Beute, die für die Jungen im Schnabel gesammelt wurde, sieht man deutlich, daß Wasseramseln auch über Wasser manches fliegende Insekt erjagen. Das rotbraune Band zwischen Bauch und weißem Brustlatz besitzt nur die mitteleuropäische Unterart (Fotos Bille, Ardea photographics und S. C. Porter – Photo Researchers).

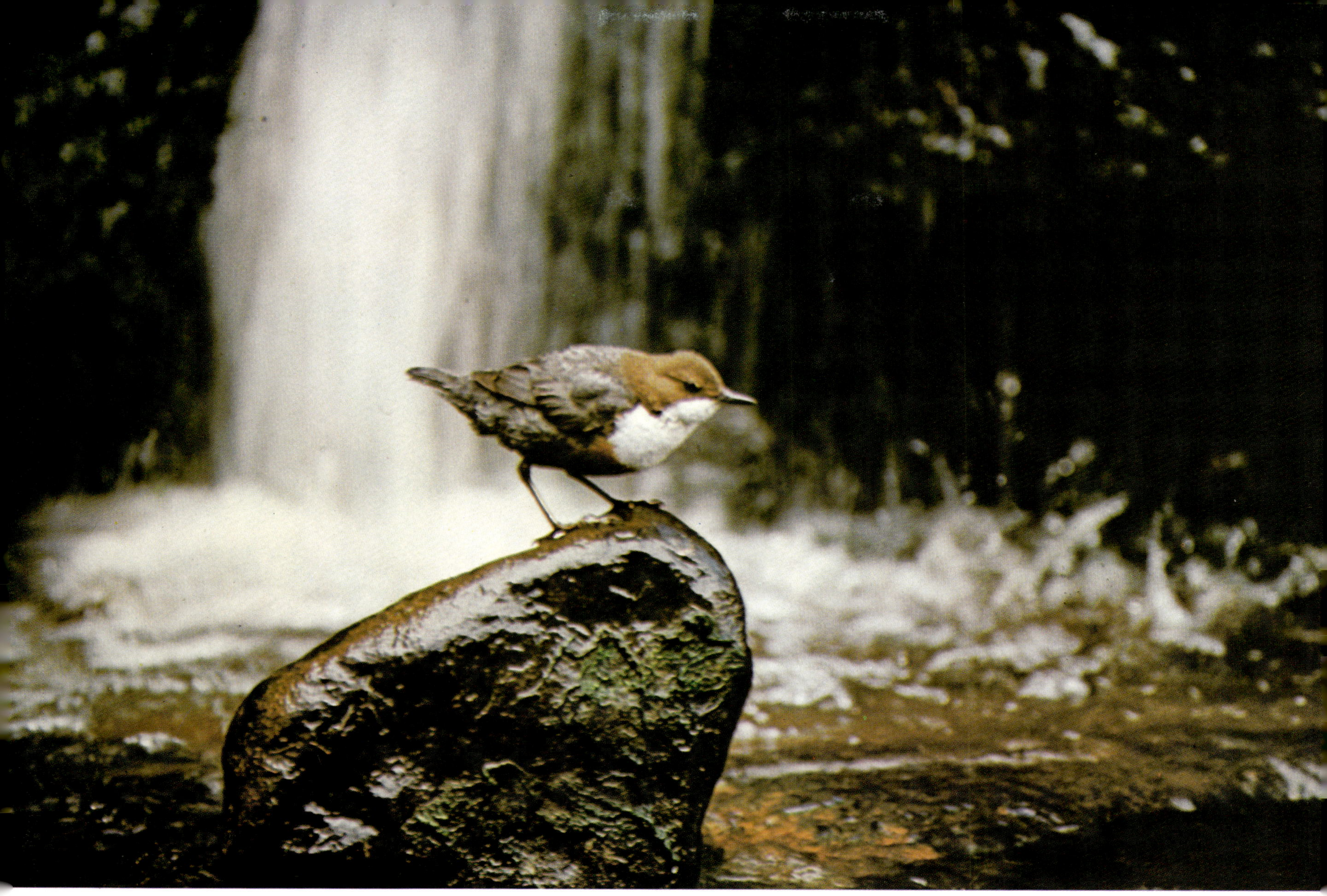

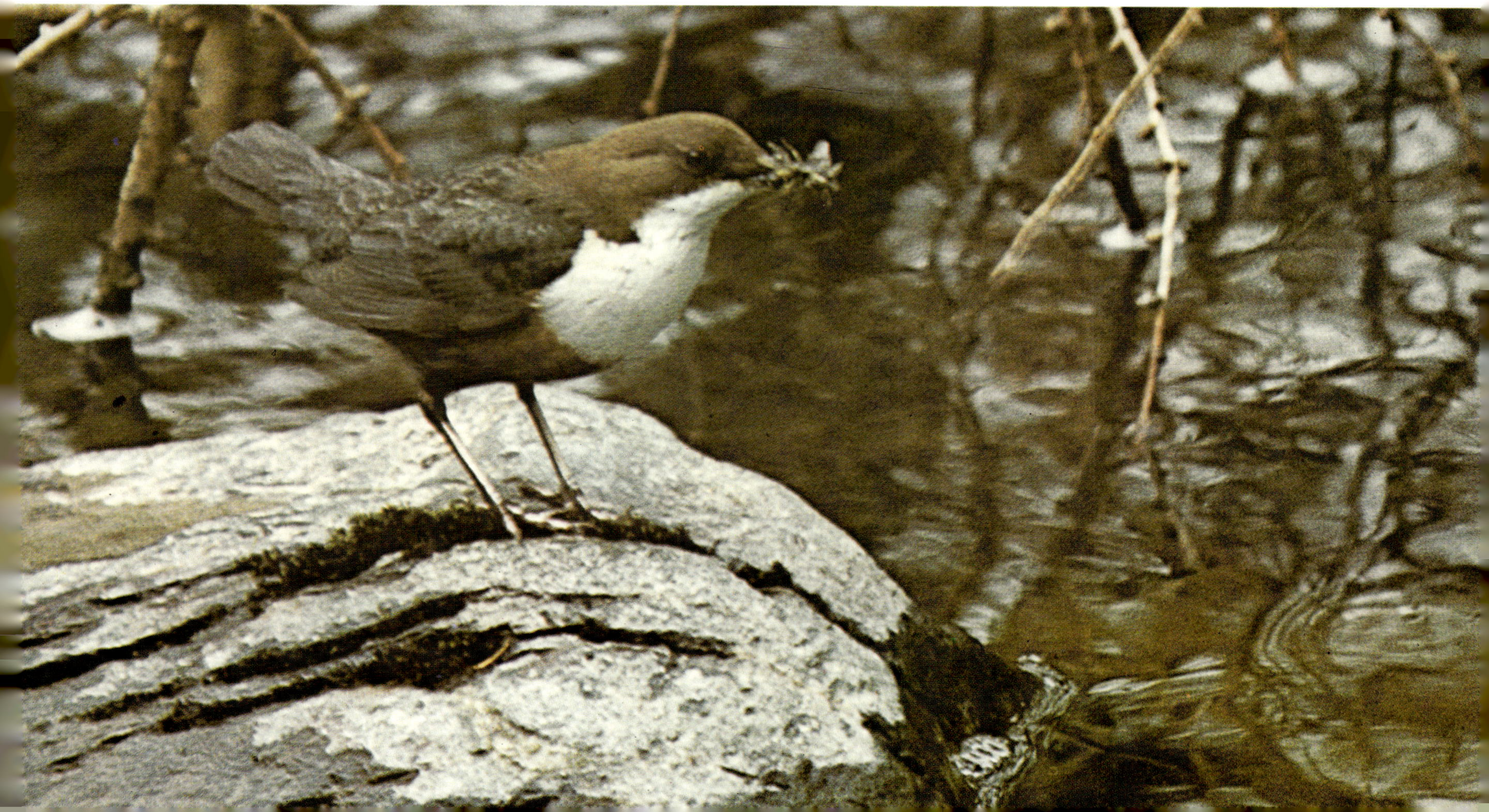

Nicht selten hört man dabei von ihr – übrigens wie beim Zaunkönig zu jeder Jahreszeit – den nicht sehr lauten, abwechslungsreichen, aus hohen hellen Zwitscher- und Pfeiftönen bestehenden und dahinplätschernden Gesang. Stört man sie, so fliegt sie mit schnellen Flügelschlägen in niedriger Höhe mit lauten metallischen „Zrrb"-Rufen rasch über dem Wasser dahin, jeder Krümmung des Wasserlaufes folgend. Unvermittelt landet sie dann auf einem neuen Ruhepunkt, oder sie läßt sich in einer Art Schwirrflug langsam auf das Wasser nieder, um gleich nach Freßbarem wegzutauchen. Scheucht man den Vogel vor sich her, so biegt er an bestimmten Stellen, den Reviergrenzen in einem weiten Bogen um und flieht nun in die entgegengesetzte Richtung. Etwa 1 km Bachlauf wird als Revier von den ungesellig lebenden Wasseramseln gegen jeden Artgenossen heftig verteidigt und wird auch im strengen Winter erst aufgegeben, wenn keine offenen Wasserlöcher im Eis vorhanden sind. Dann ziehen sie bachabwärts bis zur nächsten, unbesetzten offenen Stelle. So kommt es, daß in strengen Wintern an dem gleichen Bachabschnitt mehrere Wasseramseln zu beobachten sind, denn offensichtlich dulden die Vögel dann ein oder zwei Konkurrenten in ihrem Revier. Das ändert sich aber ziemlich schnell, wenn im frühen Frühjahr die Paarbildung einsetzt. Dann verteidigen die Pärchen mit großer Vehemenz ihr Revier und stürzen sich gemeinsam auf jeden Eindringling. Zu Beginn des Aprils beginnen sie ein kugelförmiges Nest mit seitlichem Eingang zu bauen. Der Nistplatz befindet sich immer direkt am oder über dem strömenden Wasser, unter überhängenden Felsen, Wurzelwerk oder Uferbewuchs. Auch Mauerhöhlungen, Brücken und, besonders kennzeichnend, Wasserfälle sind zum Nestbau gern aufgesuchte Orte. Mitte April werden 4–6 weiße Eier gelegt, die dann gut zwei Wochen vom Weibchen alleine bebrütet werden, wie auch der Nestbau hauptsächlich Angelegenheit des Weibchens ist. Doch bei der Fütterung der Jungvögel beteiligt sich das Männchen sehr stark. Sobald die Jungen selbständig werden, lockert sich auch die Bindung zwischen den Altvögeln. Die Wasseramsel ist in ganz Europa mit Ausnahme Irlands, in Nordafrika, in Vorderasien und in Asien im Ural und vom Pamir bis zum Baikalsee und über Tibet bis nach China verbreitet.

Das Nest wird hauptsächlich vom Weibchen gebaut, und zwar schon zu Anfang April. Es ist ein überdachtes Kugelnest, das in Höhlungen und unter Überdachungen aus Grashalmen, Stroh, Reisig, Wurzeln und viel Moos locker zusammengesetzt wird. Inwendig wird es mit Laub ausgepolstert, und nur ein enges Eingangsloch wird ausgespart. Die 4–6 weißen Eier werden nur vom Weibchen rund 15 Tage bebrütet, anschließend füttern beide Eltern die Jungvögel, die nach etwa 25 Tagen das Nest verlassen. Sie werden dann noch einige Zeit außerhalb des Nestes gefüttert. Sobald sie selbständig sind, werden sie von den Altvögeln aus dem Revier vertrieben. Manchmal schließt sich noch eine zweite Brut an. Sind keine Jungvögel mehr zu versorgen, lockert sich auch das Band zwischen den Altvögeln, und jeder Vogel lebt mehr für sich, doch wird der Partner im Revier geduldet (Foto L. Gaggero).

Haarvögel

Die 119 Arten der Haarvögel oder Bülbüls *(Pycnonotidae)* sind Singvögel, deren Hauptverbreitungsgebiet das tropische Afrika ist, wo 13 der insgesamt 14 Gattungen dieser Familie leben. Weiterhin sind sie sehr verbreitet in Südasien bis Japan und bis zu den Philippinen. Eine dieser Arten wurde vom Menschen nach Australien und Nordamerika eingeführt, wo sie sich eingebürgert hat.

Die Haarvögel sind 15–30 cm lang. Die Flügel sind meist nicht sehr lang; auch der Schwanz, der zuweilen etwas gegabelt sein kann, ist von mittlerer Länge. Der kurze, kräftige Schnabel ist oft leicht gekrümmt und am Außenrand des Oberschnabels etwas gezähnelt. Am Grund des Schnabels befinden sich stets Borsten, die eine Sinnesfunktion ausüben.

Das Männchen ist meist größer als das Weibchen, beide Geschlechter tragen jedoch oft dasselbe Kleid. Es ist in der Mehrzahl der Fälle einfarbig düster. Das Gefieder ist weich und dicht, besonders am Bürzel; oft findet sich im Nacken eine Gruppe von Federn ohne verbindende Federstrahlen, die ein haarartiges Aussehen besitzen, was diesen Vögeln den Namen gab. Manche Bülbüls tragen sogar eine Haube auf dem Kopf.

Die Haarvögel oder Bülbüls sind in Afrika und Asien weit verbreitet. Ihre bevorzugte Nahrung sind überreife Früchte; dies gilt auch für den abgebildeten Graubülbül (Foto Guggisberg – Photo Researchers).

Die Bülbüls leben gesellig. Sie sind sehr lebhaft, ständig in Bewegung, werden mit dem Menschen schnell vertraut und passen sich seiner Gegenwart an. Regelmäßig suchen sie seinen Wohnbereich und sogar städtische Parkanlagen auf. Für Obstgärten zeigen sie eine besondere Vorliebe; denn sie ernähren sich sowohl von Insekten als auch von Früchten. Ganz besonders bevorzugen sie leicht angefaultes oder gärendes Obst, mit dem sie sich geradezu vollstopfen können. Dieses Verhalten ist keineswegs einzigartig; man findet es vielmehr bei Früchte verzehrenden Vogelarten aus verschiedenen Familien.

Ihr munteres Treiben, ihr beständiges Gezwitscher und ihr sehr angenehm klingender Gesang haben dazu geführt, daß die Bülbüls von alters her, in allen Gebieten ihres Vorkommens bekannte Vögel sind. Woher ihr Name stammt, ist sprachgeschichtlich unklar. Vermutlich handelte es sich ursprünglich um eine lautmalerische Bezeichnung. Jedenfalls sind sie oftmals in Gedichten des persischen Dichters Omar Chaijam (12. Jh.) erwähnt, woraus man sie – höchstwahrscheinlich zu Unrecht – mit „Nachtigall" übersetzt hat.

Die Bülbüls tragen zuweilen auf dem Nacken verlängerte, haarartige Federn (daher die Bezeichnung „Haarvögel") und auf dem Kopf Haubenfedern, die beim Schwarzhaubengelbbülbül (Pycnonotus melanicterus) besonders auffallend sind (Foto T. Roth).

Oben: Der indische Weißwangenbülbül (Pycnonotus leucogenys) lebt in Scharen von etwa 50 Tieren zusammen (Foto P. Jackson).

Vor allem in Afrika sind die Bülbüls häufig. Man hört sie vom Morgengrauen bis zum Abend singen. Die Graubülbüls sind sehr zahlreiche Gartenvögel (Foto J.-P. Varin–Jacana).

Rotohrbülbül

Das Einbringen neuer Arten in ein bestimmtes Gebiet oder in einen anderen Kontinent hat meist nachteilige Folgen für das ökologische Gleichgewicht zwischen den einheimischen Arten. Oft genug stellt sich ein derartiger Einbürgerungsversuch als ausgesprochen unglückliches Unternehmen heraus. Es sei hier nur an die Kaninchenplage in Australien, die Einfuhr des Haussperlings nach Nordamerika oder die Einschleppung von Ratten auf einsame Inseln im Atlantischen und Stillen Ozean erinnert. Das Gleichgewicht zwischen den Angehörigen der Fauna eines Gebiets ist dynamischer Art und sehr empfindlich, es hat sich durch natürliche Auslese im Lauf der Zeit herausgebildet. Bei Einwirkung von außen auf diesen ausgeglichenen Zustand ist mit hoher Wahrscheinlichkeit zu erwarten, daß er unrettbar beeinträchtigt, ja zerstört wird.

Allerdings gibt es auch – selten genug – Fälle, in denen sich das Einbringen fremder Tierarten nicht zum Nachteil des in dem betreffenden Gebiet bestehenden natürlichen Gleichgewichts auswirkte. Die Fremdarten fügten sich dabei allmählich in die Faunengemeinschaft ein, in der sie vermutlich Bereiche der Umwelt nutzten, die von den einheimischen Arten bislang nicht beachtet worden waren oder die für diese keine ausreichenden Lebensmöglichkeiten boten. Wenn es in einem Gebiet gewissermaßen leere „ökologische Planstellen" gibt, können neue Arten sie einnehmen, ohne den ansässigen Konkurrenz zu machen. Einen dieser Fälle mit günstigem Ausgang stellt das Einbringen des indischen Rotohrbülbüls *(Pycnonotus jocosus)* nach Florida dar. Vermutlich wurden Vögel von einem Importeur aus dem Raum von Kalkutta nach Amerika gebracht, wo einige dem Gewahrsam des Menschen entkamen. Die ersten Freilandbeobachtungen stammen aus dem Jahr 1961, als diese Bülbüls in der Umgebung von Miami Nester anlegten und sich im Herbst weiter nach Süden ausbreiteten. Inzwischen ist die Art in Florida offenbar heimisch geworden, wobei ihre Anzahl gleichmäßig niedrig zu bleiben scheint. Man erwartet von ihr keine gewaltige Bevölkerungsvermehrung, die anderen Arten zu einer Gefahr werden könnte, da die in ihrer indischen Heimat herrschenden tropischen Klimabedingungen im Bereich der Vereinigten Staaten nur auf Florida beschränkt sind, und dort ist offensichtlich keine Art beheimatet, mit der sie ernstlich in Konkurrenz geraten könnte.

Hieraus darf man jedoch nicht schließen, daß weitere Versuche zur Einbürgerung des Rotohrbülbüls folgen sollten. Es gibt nämlich schon einen früheren Fehlschlag zu Beginn des 20. Jahrhunderts. Dabei handelte es sich um eine bewußte Einführung und Freilassung des munteren und lebhaften Vogels in Neusüdwales in Australien, wo er sich im Bereich der Großstädte Melbourne und Sidney sehr schnell ausbreitete. Seine Vorliebe für reife Früchte, besonders für Kirschen, ließ ihn umgehend höchst unerwünscht werden. Auch auf der Insel Mauritius, wo er ebenfalls eingebürgert worden ist, hat er sich in den Obstgärten durch seine Plündereien unbeliebt gemacht.

Der Rotohrbülbül ist ungefähr 20 cm lang. Körperoberseite, Flügel und Schwanz sind braun, Bauch, Brust, Kehle und Wange sind weiß. Er hat einen roten Bürzel und einen roten Fleck hinter dem Auge. Auf dem schwarzen Kopf trägt er eine dreieckige Federhaube; vom Grund des Schnabels her teilt ein schwarzer Bartstreif Kehle und Wangen. Als Standvogel ist er in ganz Indien, Indonesien und bis nach China verbreitet. In seiner Lebensweise ähnelt er den Sperlingen. Wie diese hält er sich mit Vorliebe in der Nähe menschlicher Siedlungen auf. In Gärten und vor allem Obstanlagen findet man ihn, wo er alle Arten von Früchten zu sich nimmt. Zwischen den Monaten März und Mai liegt die Brutperiode. Wie alle Bülbüls verfertigt auch diese Art ein becherförmiges, ziemlich unsorgfältig gebautes Nest. Es besteht aus Gräsern und Wurzeln und wird innen beinahe stets mit welkem Laub ausgekleidet. Sein Standort ist im Gebüsch, niedrig über dem Erdboden. Das Weibchen legt 2–4 rosafarbene Eier mit roten und malvenfarbenen Flecken. Anscheinend besorgt es allein das Brutgeschäft, während das Männchen in dieser Zeit für die Nahrung sorgt und dann die Jungen mit aufzieht.

Außerhalb der Fortpflanzungszeit ist der Rotohrbülbül ein gesellig lebender Vogel, der kleine Schwärme bildet und kein ausgesprochenes Revierverhalten zeigt. Sobald sich jedoch ein Feind nähert, schlägt er unverzüglich Alarm. Handelt es sich um einen für ihn selbst oder das Nest sehr gefährlichen Angreifer – Greifvogel, Elster oder Krähe –, macht er alle Bülbüls der Umgebung aufmerksam, die sich sammeln und dem Eindringling solange zusetzen, bis er sich entfernt. Der Rotohrbülbül wird in Gefangenschaft leicht zahm und läßt sich gut halten, zeigt sich jedoch – wie die meisten Haarvögel – seinen Käfiggenossen gegenüber häufig angriffslustig.

Der Rotohrbülbül stammt aus dem indischen Bereich und wurde nach Florida eingeführt, wo er das ökologische Gleichgewicht zwischen den einheimischen Arten offensichtlich nicht stört (Foto P. Jackson).

Rechte Seite: Ähnlich wie die Sperlinge hält sich der Rotohrbülbül gern in der Nähe menschlicher Siedlungen, vor allem in Obstgärten, auf (Foto B. Losier).

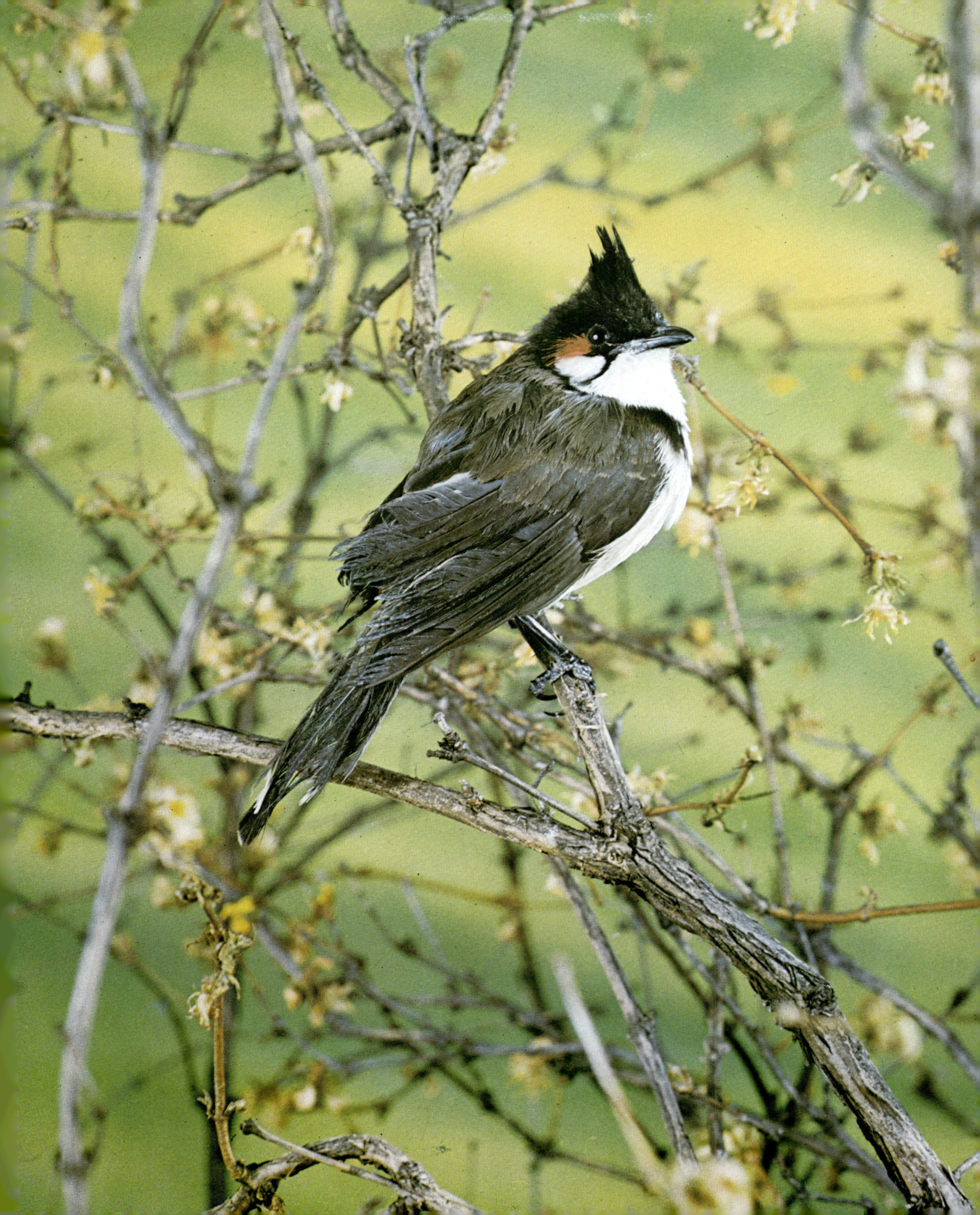

Timalien

Die Familie der Timalien *(Timaliidae)* umfaßt etwa 280 Arten, die recht verschieden aussehen und diese Familie zu einer der ungleichförmigsten unter allen Sperlingsvögeln machen. Sie bewohnen vor allem die tropischen Wälder der Alten Welt. In der indomalaiischen Region liegt ihr Verbreitungsschwerpunkt, aber sie kommen auch bis Afrika und Australien vor. Je eine Art ist in Europa und Nordamerika beheimatet.

Die Timalien messen zwischen 9 und 40 cm. Im Flaumgefieder, das bei den Jungen im Gegensatz zu den nahe verwandten Grasmücken und Drosselvögeln nur ausnahmsweise gefleckt ist, sind sie dunkel oder auch leuchtend gefärbt.

Graubülbül

Der Graubülbül *(Pycnonotus barbatus)* ist in weiten Teilen Afrikas verbreitet, wo er etwa 20 verschiedene Unterarten ausgebildet hat, die sich durch ihre Gefiederfärbung unterscheiden. Ihre Systematik ist noch nicht endgültig geklärt, manche der Rassen werden zuweilen auch als eigene Arten geführt (z. B. *Pycnonotus tricolor* und *Pycnonotus xanthopygos*). Das Hauptverbreitungsgebiet ist der nördliche und nordöstliche Bereich des afrikanischen Tropengürtels.

Der Graubülbül ist etwa 20 cm lang, oberseits dunkel graubraun und unterseits hellgrau. Im Nacken besitzt er ein Büschel Haarfedern. Wälder, Gärten, Gebüsch und Kulturland bis an die Grenzen der Wüste sind sein Lebensraum. Er lebt, wie die Mehrzahl seiner Gattungsgenossen, gesellig und hält sich so auch in der Nähe menschlicher Siedlungen auf.

In Westafrika gilt er als einer der besten Sänger. Sein volltönender und abwechselnder Gesang erinnert an den unserer Drosseln; man kann ihn vom Morgengrauen an hören.

Der Graubülbül bevorzugt als Nahrung Insekten. Die meisten Beutetiere findet er in Blüten und auf Blättern. Während der Blütezeit der Akazien sitzt er mit Vorliebe auf diesen Bäumen und verzehrt die Insekten, die die Blüten besuchen. Wenn er sie mit seinem Schnabel aus den Blüten herauspickt, bedeckt er die Kopfvorderseite mit Pollen, was ihm ein merkwürdiges Aussehen verleiht. Er verzehrt auch Früchte in großer Zahl, sobald sie reif geworden sind.

Stachelbürzler

Diese Familie, die man auch als Raupenfresser *(Campephagidae)* bezeichnet, umfaßt rund 70 Arten. Sie sind durch eigenartige Federn am Hinterrücken und Bürzel gekennzeichnet, die steife und zugespitzte Federschäfte besitzen. Ihre Verbreitung erstreckt sich von Afrika bis Melanesien, mit Schwerpunkt im malaiischen Gebiet. Als Nahrung bevorzugen sie ganz ausgesprochen Raupen, die sie mit ihrem breiten Schnabel fassen, der zuweilen oben noch eine zahnartige Spitze trägt. Es handelt sich um reine Baumvögel von Sperlings- bis Drosselgröße, die meist einfach gefärbt und nur ausnahmsweise buntfarben sind.

Der Graubülbül, der in Afrika vor allem im Nordteil des Tropengürtels vorkommt, aber weit verbreitet ist, brütet im dichten Laubwerk (Foto P. Johnson–N.H.P.A.).

Rechts: Der Weißhaubenhäherling gehört zu der vielgestaltigen Familie der Timalien. Er ist ein scheuer Vogel des dichten Gebüschs im Bereich des Himalaya, der durch seine lauten Schreie auffällt (Foto A. Visage–Jacana).

Schnabel und Füße sind in der Regel kräftig, die Flügel kurz und gerundet. Sie halten sich in kleinen Schwärmen vor allem im Unterholz auf und ernähren sich hauptsächlich von Insekten und Beeren in artweise verschiedener Zusammensetzung. Obgleich sie sich überwiegend im Gebüsch und Laubwerk aufhalten, bauen sie ihre Nester auf oder wenig über dem Boden. Das Nest kann becher- oder kugelförmig sein.

Viele Timalien rufen laut und auffallend. Daher haben einige die Bezeichnung Lärmdrosseln erhalten. Nur wenige zeichnen sich durch melodische Lieder aus, die zudem meist kurz sind.

Die Verschiedenartigkeit im Aussehen und die unterschiedliche Verbreitung der Timalien gab Anlaß dazu, sie in 7 Unterfamilien einzuteilen, die von manchen Autoren auch als eigenständige Familien gewertet werden.

Die Unterfamilie Laufflöter *(Cinclosomatinae)* umfaßt buntgefärbte Vögel mit langen Füßen und langem Hals, die Australien und benachbarte Inselgebiete bewohnen. Ihre Jungen sind hell gefleckt. Als Beispiel sei der Klein-Orthonyx *(Orthonyx temmincki)* aus Ostaustralien und Neuguinea erwähnt. Er hat eine unter den Vögeln einzigartige Weise des Nahrungserwerbs entwickelt: Außer seinen Füßen benutzt er auch die lang zugespitzten Enden der Schwanzfedern dazu, im Laubwerk auf dem Boden zu scharren, um Insekten und Schnecken ausfindig zu machen, die seine Nahrung bilden.

Die Dschungeltimalien *(Pellorneinae)* sind kleine braune Vögel, die in Afrika und dem indomalaiischen Gebiet verbreitet sind und unseren Laubsängern ähneln. Sie leben in dichten Wäldern im Unterholz oder auf dem Boden und nähren sich von Insekten. Die Streifentimalie *(Pellorneum ruficeps)* aus dem Dschungel Südostasiens ist kennzeichnend für diese Gruppe; sie baut ihre Kugelnester bis in 1700 m Höhe.

Die Sicheltimalien *(Pomatorhininae)* sind Bodenvögel mit Ähnlichkeit zu unseren Drosseln. Die Sicheltimalie *(Pomatostomus isidori)* von Neuguinea baut Hängenester mit einer Länge bis zu 1 m. Der Bau ist ein Gemeinschaftswerk, das 3 Monate dauert. Die Eingeborenen sind der Meinung, daß alle am Bau beteiligten Vögel darin übernachten, was wohl nicht zutrifft. In dieser Unterfamilie gibt es auch einige kleine Arten, die den Zaunkönigen ähnlich sind.

Die Mitglieder der Eigentlichen Timalien *(Timaliinae)* sind lebhaft gefärbt, mittelgroß und kurzflügelig. Sie bewohnen Madagaskar, den indomalaiischen Raum und die Philippinen. Die Rotkäppchentimalie *(Timalia pileata)* trifft man vom Himalaya bis Java an, sie sei hier stellvertretend erwähnt. Sie lebt paarweise oder in kleinen Gruppen im Dickicht und baut ein Nest nahe dem Erdboden. Es ist kugelig mit einem oben liegenden Eingang. 3-4 weiße, rotgefleckte Eier werden hineingelegt. Bei Beunruhigung oder Gefahr richtet die Rotkäppchentimalie den Schwanz und das Kopfgefieder auf.

Die wichtigste, weil artenreichste, Gruppe stellen die Droßlinge *(Turdoidinae)* mit ihren ca. 140 Arten dar. Ihre Verbreitung ersteckt sich von Afrika bis Indonesien. In der Größe schwanken sie zwischen 10 und 30 cm. Im Aussehen sind sie verschieden, manche sind düster gefärbt, andere dagegen grellfarben. Sie sind laut, und ihr Geschrei klingt zuweilen wie Gelächter. Als Vertreter der Gruppe der Häherlinge, die unter ihren 47 Arten die größten Timalien enthält, sei der Weißhaubenhäherling *(Garrulax leucolophus)* erwähnt, der 30 cm lang ist. Er ist ziemlich scheu, macht sich jedoch durch Lärm im Gebüsch bemerkbar. Seine Heimat ist die Randzone des Himalayas. Der Weißbürzeldroßling *(Turdoides leucopygia)* lebt in dichtem Gebüsch in Äthiopien, Rhodesien und Angola, vor allem im Gebirge zwischen 1500 und 2600 m. Er bildet Gruppen von etwa zehn Vögeln, die gemeinsam von einem Dickicht zum andern ziehen, sich zerstreuen und wieder sammeln, wobei sie beständig ihre lauten, wenig angenehm klingenden Rufe hervorbringen. In diese Unterfamilie gehört auch der Sonnenvogel *(Leiothrix lutea)*, dem der nächste Abschnitt gewidmet ist.

Die Unterfamilie Papageischnabeltimalien *(Paradoxornithinae)* enthält die am weitesten nach Norden vorkommenden Timalien. Es handelt sich um die einzige europäische Art, die Bartmeise *(Panurus biarmicus)*, die im übernächsten Abschnitt geschildert wird, sowie um die Chaparraltimalie *(Chamaea fasciata)*, die als einzige Art Amerikas im dichten Gebüsch des Chaparralgebiets von Oregon bis Kalifornien vorkommt; beide haben sich nicht als Meisen, sondern als echte Timalien herausgestellt. Manche Arten haben einen papageiartig hohen und kräftigen Schnabel und einen langen Schwanz mit schmalen Federn. Die meisten Angehörigen dieser Gruppe leben am Südostrand von Tibet.

Die letzte Gruppe, die *Picathartinae*, wird ebenfalls gesondert beschrieben. Sie enthält zwei sehr eigenartige Formen der Stelzenkrähen *(Picathartes)*, bodenlebende Vögel Westafrikas.

Die Timalien leben in der Regel auf Bäumen, manche Arten ähneln kleinen Drosseln. Ihre Rufe, die wenig melodisch klingen, haben ihnen auch die Bezeichnung Lärmdrosseln eingetragen (Foto P. Johnson – N.H.P.A.).

Oben: Zu den farbenprächtigsten Timalien gehört der Silberohrsonnenvogel aus Südostasien (Foto T. Roth).

Rechte Seite: Im Röhricht von Sumpfgebieten hält sich die Bartmeise auf. Sie lebt in Gruppen und bildet kleine Nestkolonien. Ihre heutige Verbreitung in Europa ist durch Umgestaltung der Landschaft nur noch sehr lückenhaft (Foto A. Visage – Jacana).

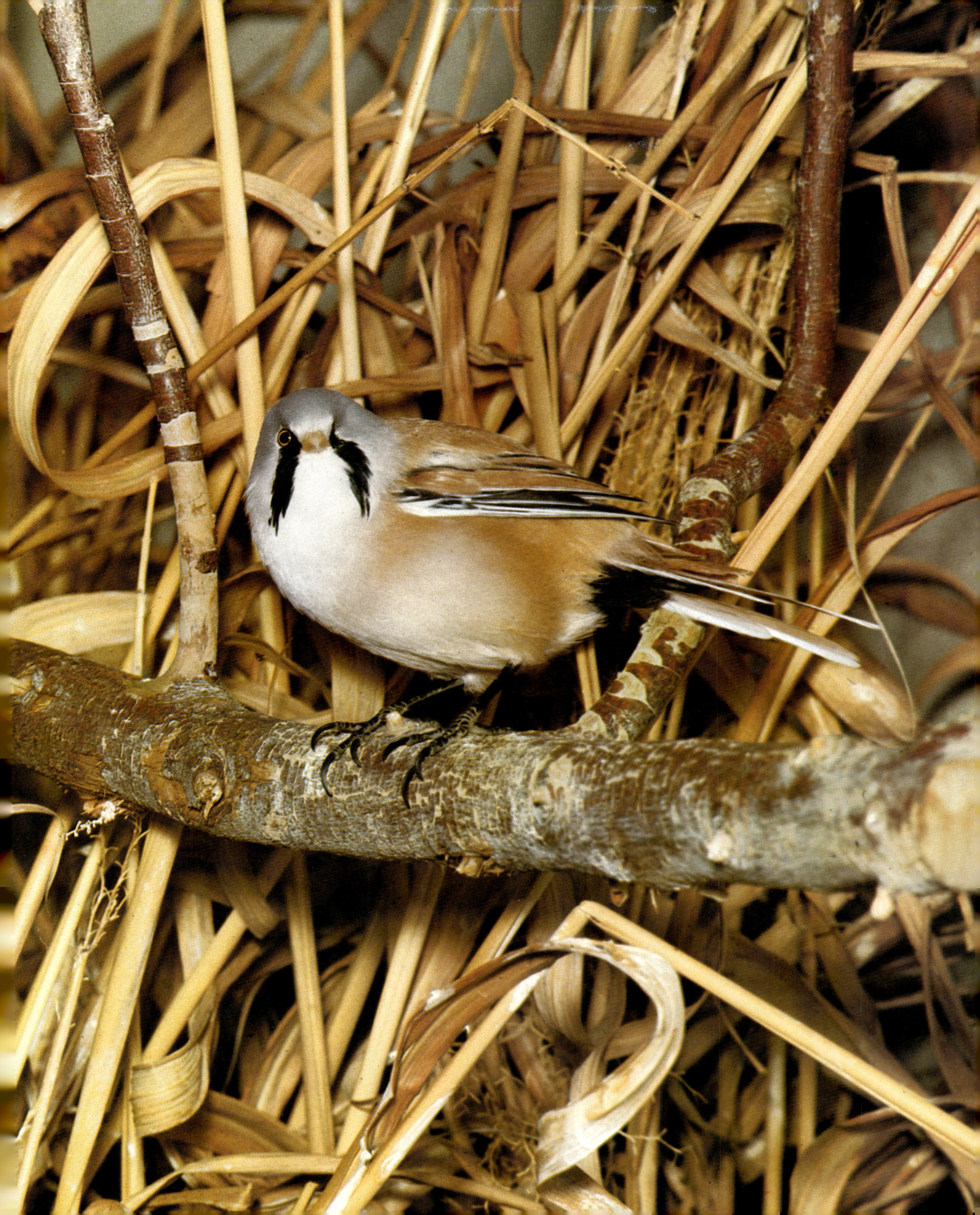

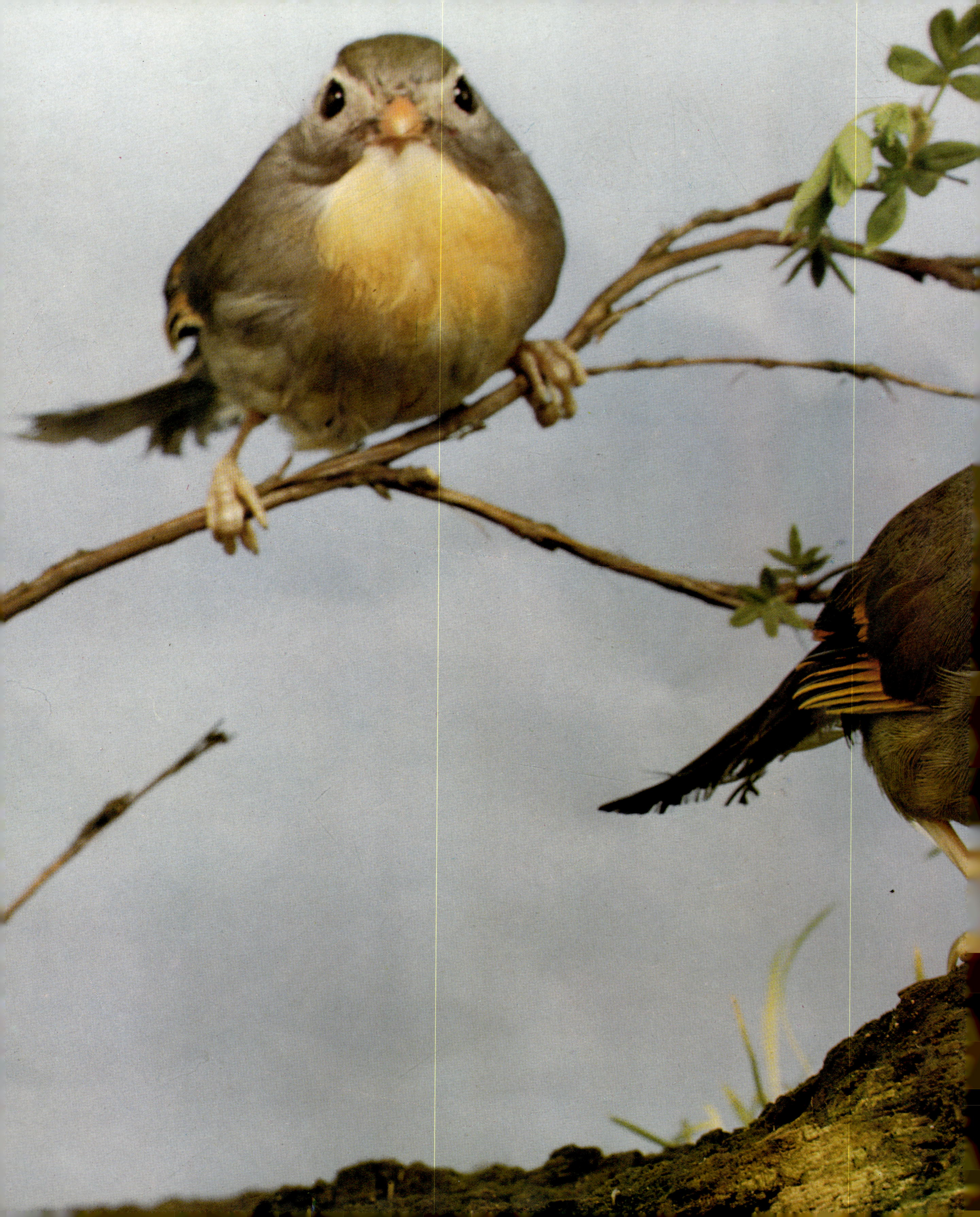

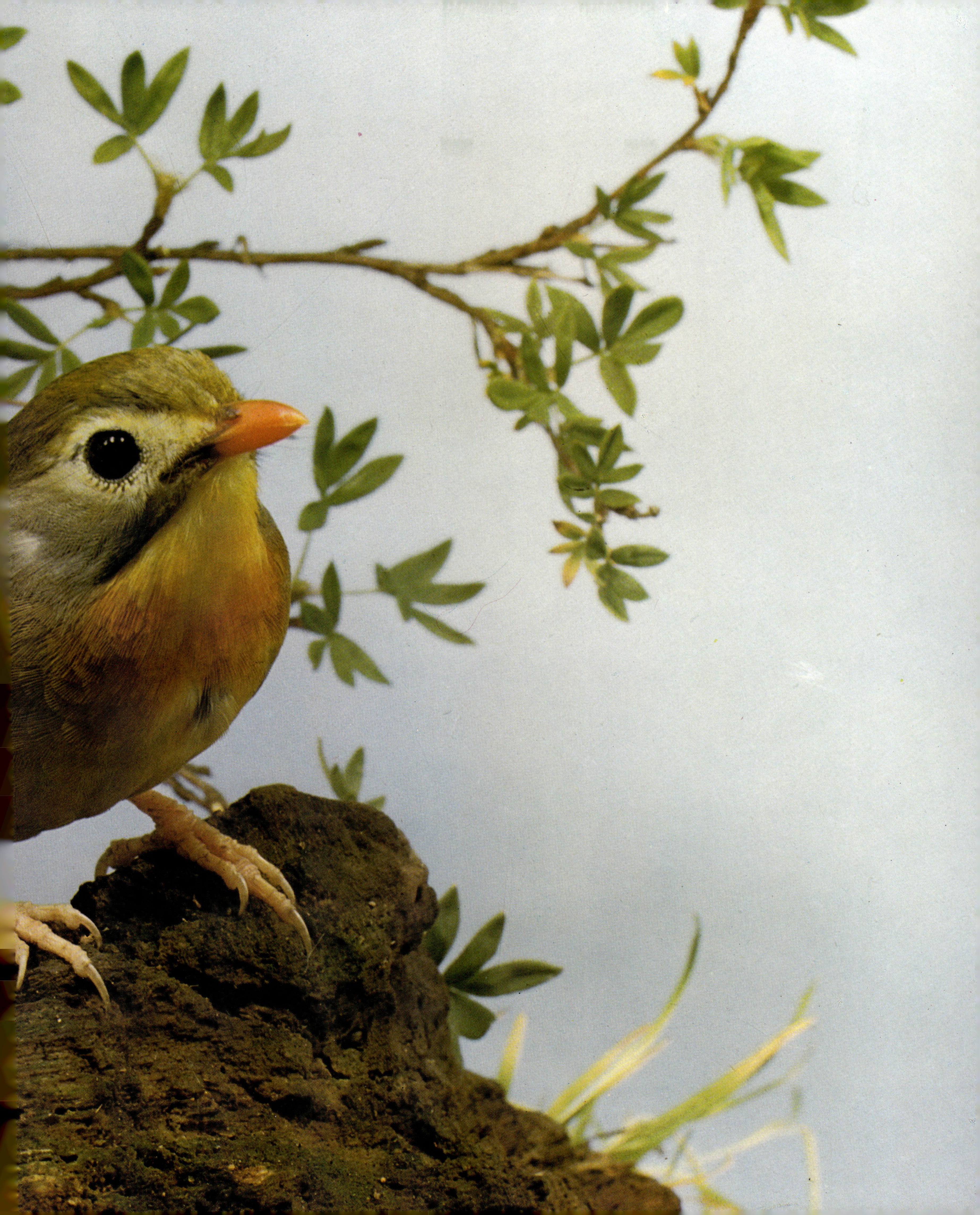

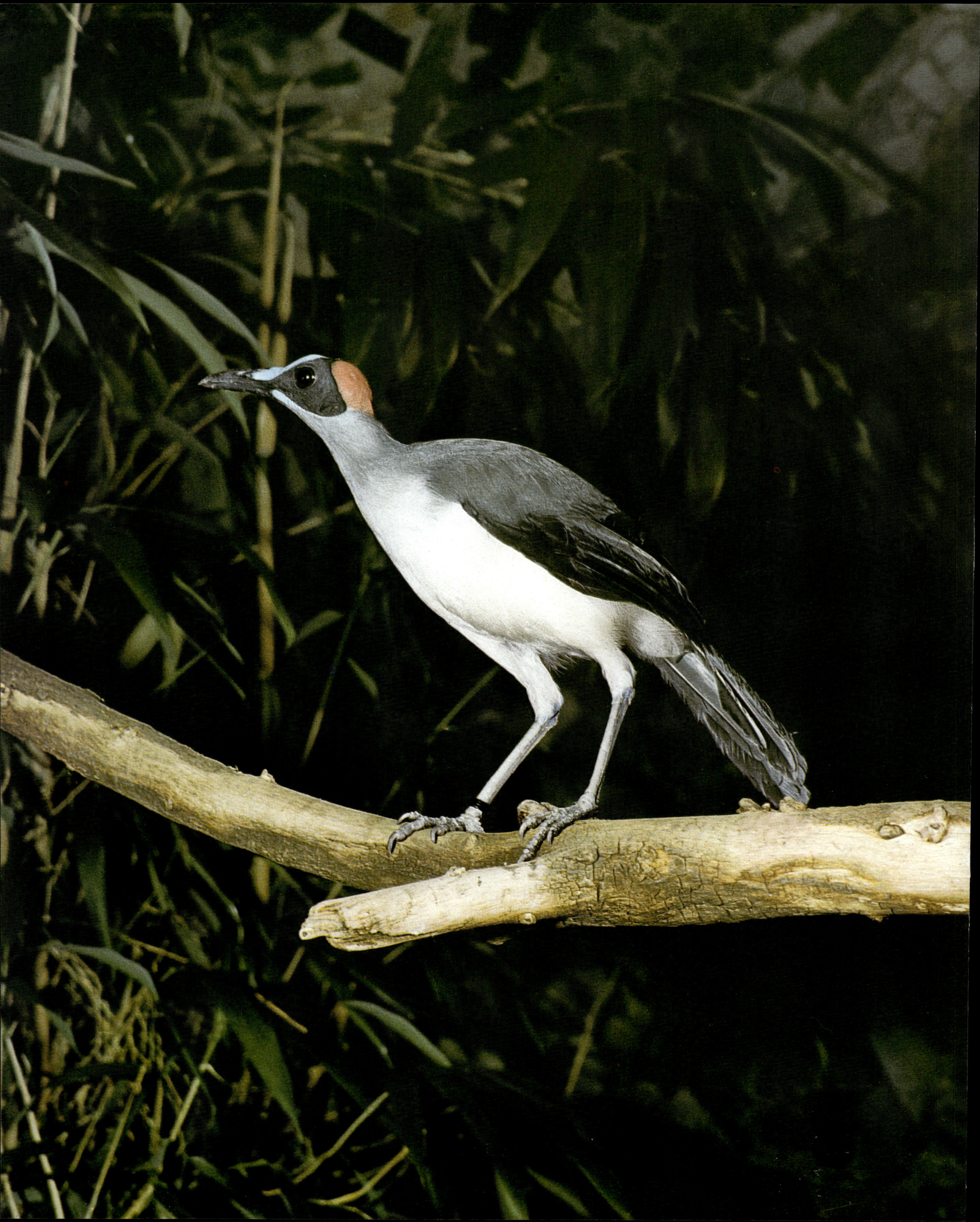

Sonnenvogel

Der Sonnenvogel *(Leiothrix lutea)* wurde schon als Angehöriger der Unterfamilie *Turdoidinae* erwähnt. Man bezeichnet diese Art auch als Chinesische Nachtigall. Sie lebt vom Bereich des Himalayas bis zum südlichen China. Sie ist 15 cm lang. Der Rücken ist oliv, die Kehle gelb, die Brust orange und der Bauch cremefarben, die Schwungfedern haben Muster aus denselben Farben. Der Sonnenvogel lebt truppweise im undurchdringlichen Bambusdschungel zwischen 1500 und 3000 m Höhe. Er ist ein lebhafter, vorsichtiger und scheuer Vogel. Seine Nahrung besteht in der Hauptsache aus Insekten, aber auch aus Beeren, Früchten oder Würmern.

Sein Nest baut er aus Stengeln, Blättchen, kleinen Wurzeln, trockenem Moos und Pflanzenfasern. Es ist becherförmig und steht gewöhnlich im Gebüsch nahe dem Erdboden. In der Regel legt das Weibchen 3 bläuliche Eier mit rötlicher Fleckung.

Die lebhafte Färbung und sein angenehm klingender Gesang machen den Sonnenvogel zu einem beliebten Käfigvogel nicht nur im Orient. Er wird in Gefangenschaft leicht zahm, benötigt jedoch wegen seines Bewegungsbedürfnisses eine recht geräumige Voliere.

Noch prächtiger gefärbt ist die zweite Art der Gattung, der Silberohrsonnenvogel *(Leiothrix argentauris).* Er lebt vom Himalaya bis nach Sumatra.

Doppelseite: Die Sonnenvögel Südostasiens werden wegen ihres angenehm klingenden Gesangs auch als Chinesische Nachtigallen bezeichnet und sind beliebte Volierenvögel (Foto Aarons).

Linke Seite: Die Kamerunstelzenkrähe ist eine der beiden Arten der Gattung Picathartes, die man meist als eigene Unterfamilie der Timalien führt. Sie leben in der Felsenregion westafrikanischer Gebirgswälder (Foto Okapia).

Die farbenprächtigen Sonnenvögel kommen vom Himalaya bis Südchina in undurchdringlichen Waldungen vor (Fotos B. Losier und R. Longo).

Bartmeise

Die Bartmeise *(Panurus biarmicus)* ist in Europa der einzige Vertreter der Timalien. Es ist nicht möglich, sie zu den Meisen *(Paridae)* zu zählen; vielmehr sind ihre nächsten Verwandten unter den asiatischen Papageischnabeltimalien *(Paradoxornithinae)* zu finden. Nur das Männchen besitzt den namengebenden Bartstreifen aus verlängerten schwarzen Federn. Der Rücken ist zimtbraun, der Bauch rosa, der Kopf grau. Der zimtbraune Schwanz ist lang und schmal. Die Gesamtlänge des Vogels beträgt 16,5 cm. Das Weibchen ist heller gefärbt, fast gelblich.

Dieser Vogel lebt in den Schilfbeständen von Sumpfgebieten. Die Trockenlegung von Sümpfen hat seine ursprünglich weite Verbreitung in Europa stark eingeschränkt. Sein heutiges Vorkommen ist sehr zerstreut. Vereinzelt brütet er im deutschen Binnenland, an der Nordsee im Rheinmündungsgebiet und um das Ijsselmeer sowie an der englischen Ostküste. Stellenweise kommt die Bartmeise im Mittelmeerraum und an der südlichen Ostseeküste, im Balkangebiet, in der Donauniederung und von Rußland bis zur ostasiatischen Küste des Stillen Ozeans vor.

Die Bartmeisen leben auch zur Fortpflanzungszeit sehr gesellig. In Scharen von etwa 50 Vögeln streifen sie umher und übernachten zusammen im Schilf nahe beieinander. Die Brutpaare entfernen sich nicht weit voneinander und bauen ihre Nester nahe beim Nachbarn; so entstehen kleine Kolonien. Ein Revierverhalten scheint bei ihnen nicht ausgeprägt zu sein, und sie suchen auch gemeinsam Nahrung, oft bis in einige Entfernung von den Nestern. Beim schwirrenden Flug werden die Schwanzfedern gespreizt.

Mit der Fortpflanzung beginnen sie im April. Das Nest ist fast bodenständig und wird in Gräsern oder im Rohr angelegt. Aus Halmen dieser Pflanzen wird es verfertigt und im Innern mit weichem Pflanzenmaterial ausgelegt. 4–6 hell cremefarbene Eier legt das Weibchen hinein. Das Paar löst sich mit dem Brüten während der zehntägigen Brutdauer ab. Nur 9–12 Tage bleiben die Jungen im Nest und verlassen es dann, noch bevor sie flügge sind. Weitere 10 Tage etwa bleibt die Familie zusammen und zerstreut sich darauf im allgemeinen Verband. In der Regel findet im Juni/Juli eine Zweitbrut statt.

Die Bartmeise ist ein ziemlich ausgeprägter Standvogel und verläßt ihr Röhrichtgebiet nur, wenn die klimatischen Bedingungen sehr schlecht werden. Dann unternimmt sie gelegentlich weitere Wanderungen; so fand sich im Dezember in Rom eine Bartmeise, die während des Sommers am Neusiedler See, der mit das bedeutendste mitteleuropäische Brutvorkommen besitzt, beringt worden war.

Die Vögel wirken ständig aufgeregt und sind immer in Bewegung. Ihr Gesang ist sehr einfach und näselnd. Man beobachtet sie nicht leicht, weil sie sich andauernd im verbergenden Röhricht aufhalten. Ihre Hauptnahrung sind im Sommer Insekten, während sie im Winter Samen von Schilfrohr, Sumpf- und Riedgräsern verzehren.

Stelzenkrähen

Eine eigene Unterfamilie der Timalien, die Stelzenkrähen *(Picathartinae)*, bilden die zwei Arten der Gattung *Picathartes*, die man auch schon bei den Rabenvögeln eingeordnet hat. Wie auch andere Unterfamilien der Timalien wird diese zuweilen in den Rang einer eigenen Familie erhoben. Die Arten unterscheiden sich

Das Nest der Bartmeise steht niedrig im Röhricht. Beide Altvögel bauen es, auch brüten beide und ziehen gemeinsam die Jungen auf (Foto J. Markham).

Rechte Seite: Nur die männliche Bartmeise trägt die verlängerten, schwarzen Bartfedern seitlich der Kehle. Dies ist die einzige europäische Timalienart (Foto Okapia).

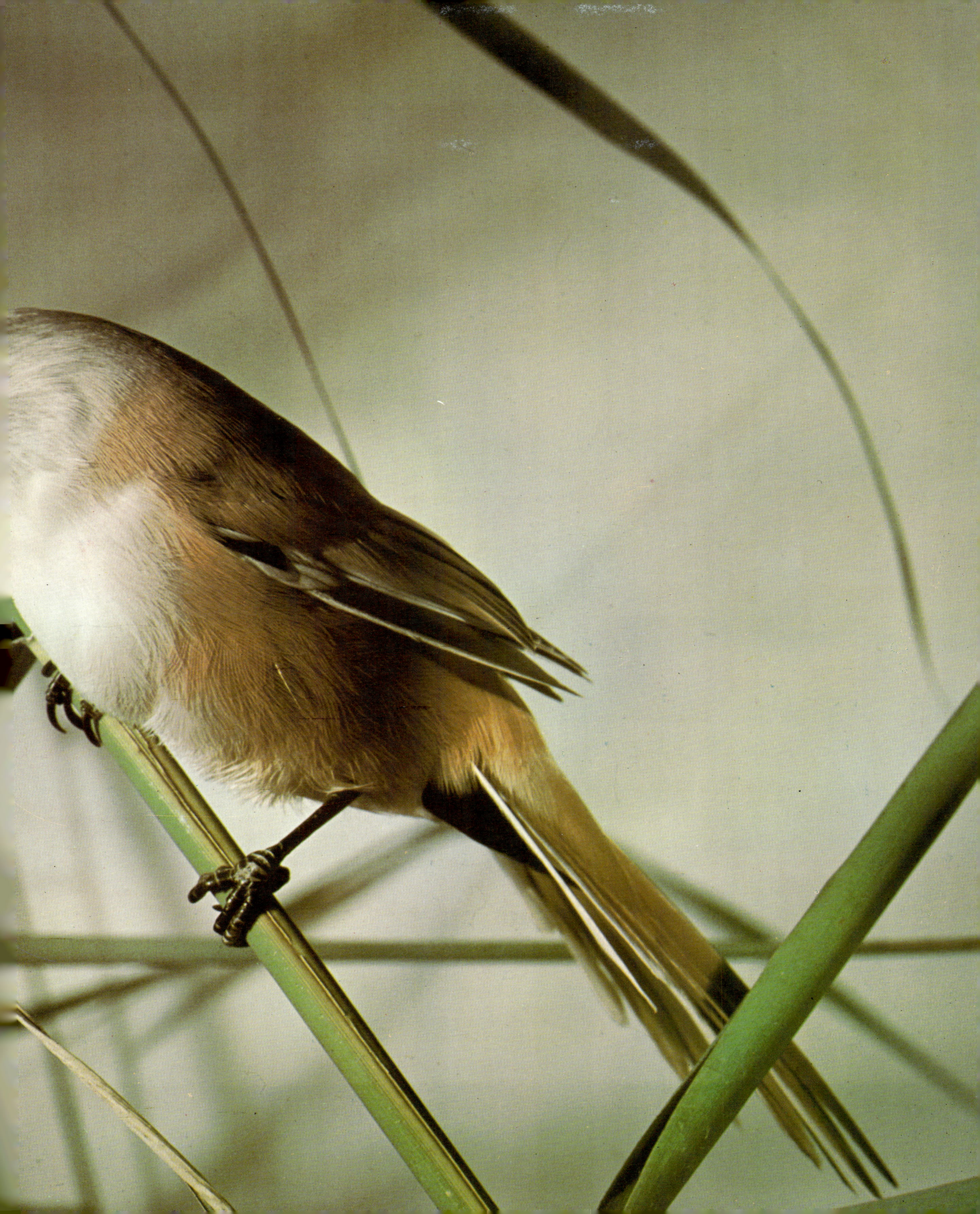

durch die Kopffärbung. Ihre Länge beträgt 35 cm. Sie haben lange und kräftige Füße, grauen, etwas bräunlichen Rücken und weißen Bauch.

Die Weißkehlstelzenkrähe *(Picathartes gymnocephalus)* hat einen unbefiederten gelben Kopf mit je einem großen schwarzen Fleck hinter der Ohrenregion.

Die Kamerunstelzenkrähe *(Picathartes oreas)* hat ein blauschwarzes Gesicht und einen roten Hinterkopf. Beide Arten kommen in Westafrika vor. Sie leben gesellig auf dem Boden des tropischen Regenwaldes; dabei ziehen sie ausgesprochen felsiges Gelände vor, weshalb man sie auch als Felshüpfer bezeichnet. Ihre Nahrung bilden Insekten, Frösche und Schnecken. Das napfförmige Nest verfertigen sie aus Schlamm. Im Innern wird es mit Gräsern, feinen Wurzeln und zuweilen einigen Federn ausgekleidet. Der Nistplatz befindet sich 1,50–5 m über dem Boden in einer Felsspalte oder anderen natürlichen Höhlung. Gelegentlich wird es auch an eine senkrechte Felswand unter einem als Regenschutz dienenden Vorsprung gekittet.

Baumläufer

Die Baumläufer *(Certhiidae)* sind kleine, ausschließlich an oder auf Bäumen lebende Singvögel, die an den Stämmen nach Spechtart klettern. Sie kommen in den meisten Wäldern der Erde vor, ausgenommen Südamerika, Neuseeland und Madagaskar. Ihre Gefiederfärbung ist unauffällig. Die bräunlichen Federn sind gestrichelt oder gefleckt und lassen die Vögel auf der Rinde von Bäumen, wenn sie sich ruhig verhalten, fast unsichtbar werden. Mit ihrem im Gegensatz zu den Verhältnissen bei den Spechten dünnen und gebogenen Schnabel können sie nicht in das Holz hacken, sondern suchen damit in den Spalten der Borke nach darin verborgenen Insekten, deren Eiern und Larven, von denen sie sich ernähren.

Die Schwanzfedern sind kräftig und zugespitzt, mit ihnen stützen sie sich beim Klettern am Stamm ab. Die Mauser dieser Federn läuft wie bei den Spechten ab, die beiden innersten fallen als letzte aus, wenn die anderen schon gemausert sind, so daß immer eine Stütze vorhanden ist. Dieser Fall ist bei den Sperlingsvögeln einzigartig. Man kann die Baumläufer als Standvögel betrachten. Die 5 oder 6 Arten gehören alle zu der einzigen Gattung *Certhia.*

Die Weißkehlstelzenkrähe lebt wie ihre Verwandte, die Kamerunstelzenkrähe, von Insekten und Fröschen, die sie mit eigenartigen Sprüngen erbeuten kann (Foto J. Dragesco–Atlas Photo).

Das Nest der Stelzenkrähen – hier der Kamerun-Stelzenkrähe – befindet sich meist in einer Gesteinsspalte einer senkrechten Felswand. Es wird aus Schlamm gefertigt und innen mit Gräsern und Federn weich ausgekleidet (Foto Devez–M.B.G.–Jacana).

Gartenbaumläufer

Der Gartenbaumläufer oder Kurzzehige Baumläufer *(Certhia brachydactyla)* ist 12 cm lang und wiegt 7–10 g. Dunkelbraun ist seine Oberseite, darüber sind kleine graue Flecken verstreut, der Bauch ist schmutzigweiß. Der Fuß ist kurz und hat lange, gekrümmte Krallen. Dies gilt auch für andere Baumläuferarten. Männchen und Weibchen sehen gleich aus.

Seine Verbreitung erstreckt sich auf große Teile Mittel-, West- und Südeuropas, Nordafrikas und Kleinasiens. Bei uns ist er überwiegend Standvogel in Gärten, Parkanlagen und Laubwäldern. Ausgedehnte Nadelbaumforsten meidet er; in der Höhe geht er bis 1800 m. Während die Erwachsenen am Platz bleiben, streifen die Jungen im Herbst oft umher, zuweilen in Gesellschaft mit Meisen.

Der Gartenbaumläufer ist wenig scheu und einzelgängerisch. Den ganzen Tag über sucht er nach Nahrung. Er beginnt am Fuß eines Baumes und klettert an ihm aufwärts, indem er den Stamm spiralig umkreist. Bei Gefahr drückt er sich gegen die Borke und verhält sich unbeweglich: Sein Gefieder ist auf diesem Untergrund ein ausgezeichnetes Tarnkleid, das ihn unsichtbar macht. Vom Stamm geht er auf die Äste über, die er ebenso sorgfältig oberseits wie unterseits absucht. Vom Wipfel eines Baumes schwingt er sich hinab und fliegt an den Fuß des nächsten Stammes.

Am Abend sucht er einen Unterschlupf auf, ein Baum- oder Mauerloch, in dem er die Nacht senkrecht hängend, auf den Schwanz gestützt und mit dem Kopf unter den Flügeln, verbringt. Gelegentlich teilen sich Baumläufer einen solchen Platz, und man fand schon bis zu 20 steif und klamm aneinandergepreßt.

Gegen Ausgang des Winters bilden sich die Paare. Sie suchen sich ein Revier aus, das sie gegen Eindringlinge derselben Art verteidigen. Bei der einfachen Balz verfolgt das Männchen kletternd das Weibchen am Stamm, bis es zuletzt zur Paarung kommt. Ende März baut das Weibchen das Nest. Es befindet sich hinter loser Rinde, in einem Holzstapel oder unter einem Dachvorsprung. Ob das Männchen beim Bauen hilft, ist unklar; es soll Baumaterial herbeitragen. Hierzu gehören trockene Stengel, kleine Zweige, Rindenstücke und Spinnweben. Das Nestinnere wird mit sehr feinen Fasern, Moos oder Federn ausgekleidet. Abwechselnd bebrüten Männchen und Weibchen die 8–9 weißen, rotgefleckten Eier. Dies dauert zwei Wochen. Die Jungen bleiben ebenso lange im Nest und werden von den Eltern eifrig gefüttert, die sich dem Nest immer nur kletternd, nie fliegend nähern. Wenn die Jungen das Nest verlassen, können sie nur klettern und sind noch nicht flügge. Bis zum Herbst trifft man Familien an, obwohl im Juni oder Juli noch eine Zweitbrut durchgeführt wird.

Der Gesang des Gartenbaumläufers ist gut untersucht. Er gehört zu den Vögeln, von denen eine ausgeprägte Dialektbildung bekannt ist. Um derartige Feinheiten ausfindig machen zu können, darf sich der Untersucher nicht auf sein Gehör verlas-

Die beiden einheimischen Arten der Baumläufer – hier der Gartenbaumläufer – sind einander sehr ähnlich und im Feld äußerlich schwer unterscheidbar. Ganz verschieden dagegen ist ihr Gesang (Foto J.-P. Varin–Jacana).

Rechte Seite: Das Nest der Baumläufer wird meist unter einem abstehenden Rindenstück angelegt. Ihr tarnfarbenes Gefieder macht sie auf dem Untergrund fast unsichtbar (Foto S. Dalton–N.H.P.A.).

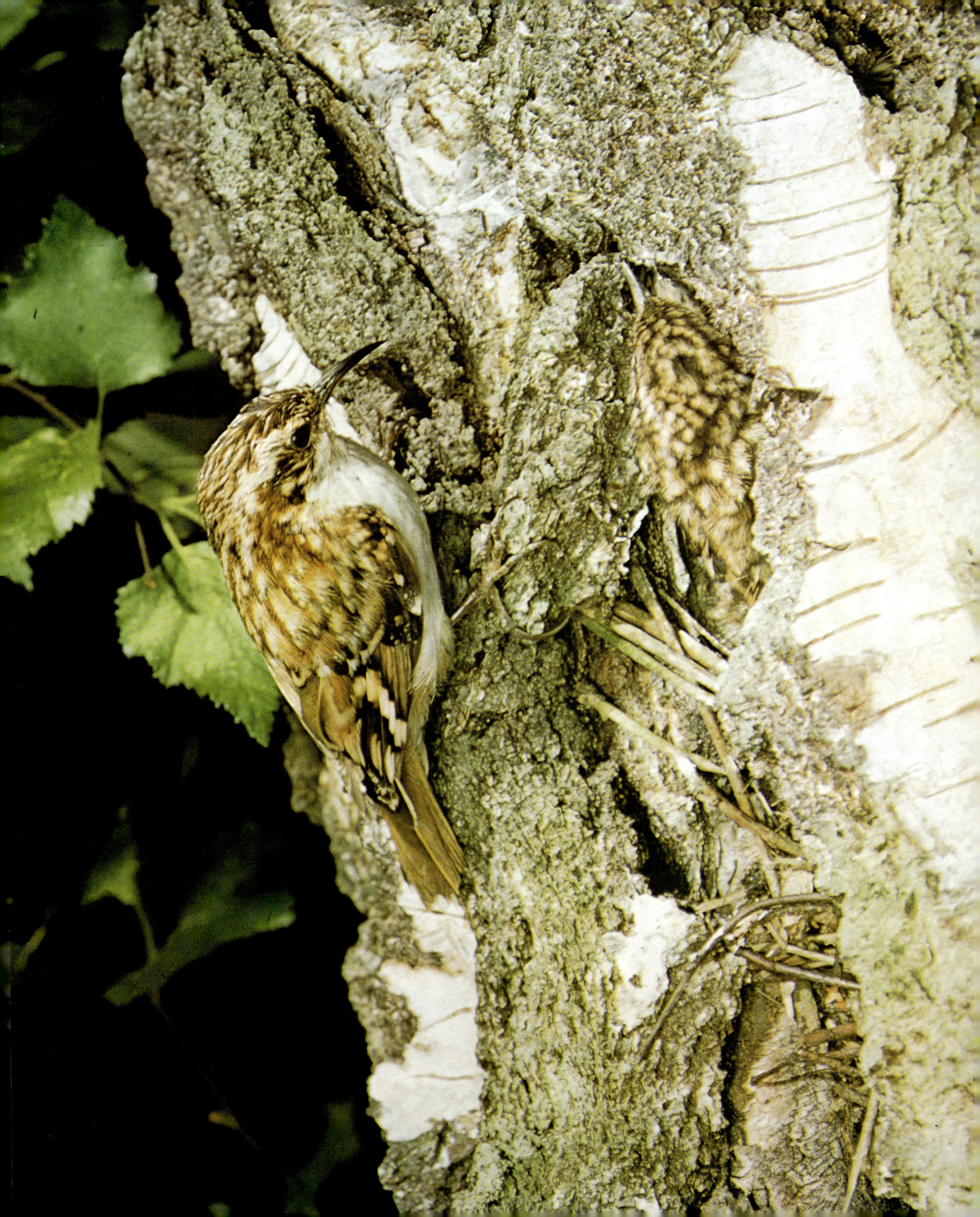

sen; vielmehr bedient er sich technischer Hilfsmittel für die Bioakustik. Dazu gehören tragbare Tonaufnahmegeräte und ein Klangspektrograph. Dieser liefert aus der Bandaufzeichnung der Laute ein zweidimensionales Frequenzspektrum, dem Intensität, Tonhöhe und Dauer der Einzelelemente einer Lautäußerung zu entnehmen sind.

Der Gesang besteht aus 6 (5–7) Elementen, die man mit „tüt, tüt, tüteroitit" umschreiben kann. Populationen zwischen Norddeutschland und Südspanien wurden auf die Ausprägung dieser Elemente hin untersucht. Dabei stellten sich regionale Unterschiede heraus, die innerhalb der Iberischen Halbinsel (Fehlen von verbindenden Waldgebieten) größer waren als zwischen den Pyrenäen und Niedersachsen.

Waldbaumläufer

Der Waldbaumläufer *(Certhia familiaris)* ist mit dem Gartenbaumläufer sehr nah verwandt. Von ihm unterscheidet er sich insbesondere durch die Stimme und den Aufenthaltsort. Sein Gefieder ist etwas heller, der Bürzel rostfarben und der Bauch reinweiß. Die Hinterkralle ist länger und weniger gekrümmt. Sein Gesang ist länger und mehr zwitschernd, mit Trillern durchsetzt und abfallend in der Tonhöhe.

Der Waldbaumläufer hat ein wesentlich größeres Verbreitungsgebiet als die Zwillingsart. Es erstreckt sich über fast die gesamte Nordhalbkugel der Erde. Die beiden Arten scheinen Konkurrenz untereinander zu vermeiden. Während der überwiegende Lebensraum des Gartenbaumläufers in Laubwäldern der Ebene liegt, hält sich der Waldbaumläufer in den Nadelwäldern der Berglagen auf. Der Waldbaumläufer scheint die überlegene Art zu sein; denn überall, wo er nicht vorkommt, findet sich der Gartenbaumläufer auch in reinen Nadelwäldern.

Garten- und Waldbaumläufer sind ein Beispiel für Zwillingsarten, die unter dem Einfluß der europäischen Eiszeiten entstanden sind. Damals zogen sich die Stammformen vieler heutiger Arten in isolierte Räume, vorzugsweise in den Südwesten und Südosten Europas, zurück. Während der langen Zeit der Trennung, bei der die Fortpflanzungsgemeinschaft abgebrochen war, entwickelten sich die einzelnen Populationen so weit auseinander, daß beim Wiederzusammentreffen nach dem Abschmelzen des Eises keine fruchtbaren Paarungen mehr möglich waren: neue Arten waren entstanden. Ihre äußeren Unterschiede waren meist gering. Um Fehlpaarungen zu vermeiden, setzen Zwillingsarten unter den Vögeln fast immer den Gesang ein, der in der Regel deutlich verschieden ist.

Die Baumläufer suchen ihre Nahrung an Stämmen und Ästen. Sie klettern spiralig um die Stämme empor und stützen sich dabei wie die Spechte mit dem Schwanz ab (Foto J. Markham).

Kleiber oder Spechtmeisen

Zu der Familie der Kleiber oder Spechtmeisen *(Sittidae)* gehören die besten Kletterer unter den Vögeln. Die Kleiber sind so geschickt, daß sie die Spechte in einer Hinsicht sogar noch übertreffen, sie beherrschen nämlich die schwere Kunst, an senkrechten Flächen von oben nach unten, mit dem Kopf voraus, hinabzuklettern, was außer ihnen kein anderer Vogel fertigbringt. Beim Aufwärts- und Abwärtsklettern stützen sie sich nicht auf ihren kurzen Schwanz, sondern halten sich nur mit den großen Füßen fest. Dabei leisten die stark gebogenen kräftigen Zehenkrallen gute Dienste.

Die Größe der Kleiber liegt zwischen 10 und 19 cm. Sie haben einen verhältnismäßig breit gebauten Körper, ein weiches Gefieder, mittellange Flügel, und die Färbung der Oberseite hat oft eine blaugraue Tönung. Beide Geschlechter sind gewöhnlich gleich oder ziemlich ähnlich gefärbt.

Die meisten Kleiber sind Standvögel und halten sich jahraus, jahrein an derselben Stelle auf. Nur wenige Arten streifen außerhalb der Brutzeit etwas umher. Wo ihnen hohe alte Bäume oder unter Umständen Felswände genügend Nahrung bieten, fehlen sie meist nicht. Sie steigen auch ziemlich hoch im Gebirge empor. Ihre Nahrung besteht aus Kerbtieren und Pflanzenstoffen, besonders aus Sämereien, die sie von den Bäumen und von Felswänden sowie vom Erdboden aufnehmen. Sie nisten vorwiegend in Baum- oder Felslöchern, deren Eingang von vielen Kleiberarten regelmäßig mit Lehm und Schlamm überkleidet wird. Das Gelege besteht aus 4–10 oft rot gepunkteten Eiern, die 14–18 Tage bebrütet werden. Der bei uns bekannteste Vertreter der Familie ist der etwa sperlingsgroße, ziemlich häufige Kleiber *(Sitta europaea)*. Dieser und der vorwiegend in steinigem Gelände lebende Felsenkleiber *(Sitta neumayer)* werden weiter unten als typische Formen noch eingehender behandelt.

Die insgesamt 16 Arten aus der Gattung der Eigentlichen Kleiber *(Sitta)* sind in Europa, Asien und Nordamerika verbreitet. In Nordamerika spielt der 13 cm lange, Laubwälder bewohnende Weißbrust- oder Karolinakleiber *(Sitta carolinensis)* die gleiche Rolle wie bei uns der Kleiber. Er hat eine schwarze Kopfplatte, seine Brust ist weiß gefärbt, und der Augenstreif fehlt bei ihm. Weitere nordamerikanische Kleiber sind die nur etwa 10 cm langen Zwergkleiber *(Sitta pygmaea)* und Braunkopfkleiber *(Sitta pusilla)* sowie der 11,5 cm lange Kappenkleiber *(Sitta canadensis)*, der bis auf einen weißen Strich zwischen dem schwarzen Augenstreifen und der schwarzen Kappe weitgehend unserem Kleiber gleicht, aber nicht den Rand des Nestloches verklebt. Mit einer Länge von 18,5 cm ist der asiatische Riesenkleiber *(Sitta magna)* der größte Kleiber. Er lebt in den Bergwäldern von Burma bis Siam. Prächtig blau gefärbt sind der Samtstirnkleiber *(Sitta frontalis)* und der Azurkleiber *(Sitta azurea)*, die von Indien bis Indonesien verbreitet sind. Sie sind jeweils 12,5 cm lang.

In Australien ist die Familie der Spechtmeisen durch die Gattung Australkleiber *(Neositta)* vertreten. Diese 10–12 cm langen weißbürzeligen Vögel bewegen sich wie unser Kleiber auf- und abwärts an Baumstämmen, sie nisten aber nicht in Höhlen, sondern bauen in Astgabeln kunstvolle, napfförmige Nester aus Spinngeweben, Haaren und Rindenstücken zur äußeren Tarnung. Ein ähnliches Nest legen die verwandten Neuguineakleiber *(Daphoenositta)* an. Ebenfalls in Australien und Neuguinea leben die etwa 16 cm langen, in Baumhöhlen brütenden Baumrutscher (Gattung *Climacteris*), die wie die in Mittelafrika und in Teilen Indiens beheimateten und Napfnester anlegenden Baumsteiger oder Fleckenbaumläufer (Gattung *Salpornis*) an rauhrindigen Bäumen umherklettern. Sie können aber nicht wie die Eigentlichen Kleiber kopfabwärts laufen. Sie erinnern in ihrer Lebensweise und mit dem leicht gekrümmten Schnabel an Baumläufer (Familie *Certhiidae*), doch stützen sie sich im Gegensatz zu den eigentlichen Baumläufern beim Klettern nicht mit ihren weichen Schwanzfedern ab.

Die Zuordnung der verschiedenen Gattungen (außer den Eigentlichen Kleibern) zu der Familie der Spechtmeisen oder Kleiber ist wiederum noch nicht genau geklärt. Teilweise wird ihnen der Rang eigener Familien zugesprochen oder sie werden der Familie Baumläufer *(Certhiidae)* zugesellt. Das gilt auch für den in europäischen und asiatischen Gebirgsgegenden heimischen Mauerläufer *(Tichodroma muraria)*.

Kleiber

Der bei uns ziemlich häufige und im Winter am Futterhäuschen leicht zu beobachtende Kleiber *(Sitta europaea)* zeigt alle typischen Eigenarten der Eigentlichen Kleiber. Er findet sich von Südskandinavien an bis Südeuropa, in der Türkei und quer durch Asien überall in Wäldern mit Laubbäumen, in Parkanlagen und Gärten.

Verschiedene Vogelarten können sehr geschickt an Baumrinden, im Astwerk oder am Felsgestein umherklettern. Spechte und Baumläufer halten sich dabei mit den Füßen fest und stützen sich mit harten Schwanzfedern ab, Papageien nehmen beim Klettern zu den Füßen noch den kräftigen, gebogenen Schnabel zu Hilfe. Als einzige Vögel können aber Kleiber oder Spechtmeisen auch kopfabwärts an einem senkrechten Baumstamm hinabklettern. Zum Festhalten und Abstützen dienen ihnen dabei allein die großen, mit starken Hakenkrallen ausgerüsteten Füße. Die Körperform der Kleiber ist wie bei dem abgebildeten asiatischen Samtstirnkleiber gewöhnlich gedrungen, und der Schwanz ist nur kurz (Foto A. Visage – Jacana).

Er lebt nirgends in größeren Gesellschaften, sondern paarweise oder in kleinen Familien, gelegentlich aber auch mit anderen Vögeln vereinigt. Gemischte, hochstämmige Waldungen, in denen es nicht gänzlich an Unterholz fehlt, werden von ihm bevorzugt. Er scheut die Nähe des Menschen nicht und findet sich in den von Spaziergängern besuchten Parks ebenso zahlreich wie im einsamen Wald. Im Sommer kann er sich an einer einzigen Eiche stundenlang beschäftigen und hält sich auch sonst in einem festen Revier auf. Nur im Herbst und im Winter streift er etwas umher.

Die Färbung unseres Kleibers ist bis auf kleine Abweichungen für viele Kleiberarten charakteristisch. Er ist auf der Oberseite bleigrau, auf der Unterseite rostgelb gefärbt; ein schwarzer Streifen zieht sich durch die Augen und läuft auf den Kopfseiten bis zum Hals hinunter; Kinn und Kehle sind weiß, die Flanken und die Unterschwanzdeckfedern kastanienbraun, die Schwingen bräunlich schwarzgrau, licht gesäumt, die vordersten auch an der Wurzel weiß, die mittleren Schwanzfedern aschgraublau, die übrigen tiefschwarz mit aschblauer Spitzenzeichnung. Die Länge beträgt 14 cm, die Flügelspannweite 23 cm, die Fittichlänge 7 cm und die Schwanzlänge 4 cm. Das

Links: Kleiberpaare bilden feste Reviere, die von dem Männchen gegen andere Artgenossen heftig verteidigt werden. Das Revier wird in der Regel das ganze Jahr über besiedelt, und nur in manchen Jahren unternehmen Kleiber ausgedehnte Wanderungen (Foto Bavaria).

Weibchen unterscheidet sich kaum vom Männchen.

Die zahlreichen geographischen Unterarten variieren jedoch etwas in der Färbung. So sind der Skandinavische Kleiber *(Sitta europaea europaea)* und die osteuropäische Form unterseits weiß gefärbt, der südasiatische Kastanienkleiber *(Sitta europaea castanea)* hat dagegen eine kastanienbraune Unterseite.

Der Kleiber fällt durch sein rastloses Treiben auf. Bald hüpft er an einem Baum hinauf, bald an ihm hinab, bald um ihn herum, bald läuft er auf den Ästen vor oder hängt sich an sie an, bald spaltet er ein Stückchen Rinde ab, bald hackt er, bald fliegt er; dies geht ununterbrochen, und nur gelegentlich hält er inne, um seine Stimme hören zu lassen. Das weiche, lange Federkleid wird meist etwas aufgeplustert getragen, wodurch er ein plumpes Aussehen erhält. Sein Flug ist leicht, doch nicht sehr schnell, mit weit ausgebreiteten Schwingen und starker Flügelbewegung, nicht selten flatternd. Er legt im Flug gewöhnlich nur kurze Strecken zurück.

Kleiber leben in der Regel paarweise in festen Revieren. Gegen andere Artgenossen sind sie meist unduldsam, doch schließen sie sich beim Umherstreifen außerhalb der Brutzeit nicht selten kleinen Trupps anderer Sperlingsvögel an, die ähnliche Nahrungsansprüche haben. So trifft man Kleiber gelegentlich als Anführer von Finken, Hauben- und Tannenmeisen, unter die sich auch oft die Sumpfmeisen, die Baumläufer und die Goldhähnchen mischen. Mitunter schließt sich ein vereinzelter Buntspecht der Gesellschaft an. In dieser aus mehreren Arten bestehenden Gemeinschaft ist der Zusammenhalt nur lose.

Linke Seite oben: Der in Mischwäldern bei uns häufige Kleiber ist ein sehr lebhafter Vogel. Da er so geschickt klettern kann wie ein Specht und mit seinem kräftigen Schnabel Rindenstücke zu spalten vermag, andererseits aber den Meisen ähnlich ist, wird er auch Spechtmeise genannt (Foto Bille).

Kleiber klettern als einzige Vögel bei der Futtersuche auch kopfabwärts Baumstämme hinab. Sie verkrallen sich dabei mit den weitspannenden Füßen in der Rinde. Beim Abwärtsklettern wird immer ein Fuß zum Festhalten benutzt (Foto Heimpel).

Das Nest der Kleiber wird stets in Höhlen angelegt und mit Rindenstückchen und trockenen Blättern ausgepolstert. Bereits vor dem Brüten verkleinert das Weibchen den Eingang mit Lehmklümpchen so weit, daß es gerade noch durchschlüpfen kann. Beide Eltern füttern die Jungen (Foto L. Gaggero).

Der laute Lockton des Kleibers ist ein flötendes, helles „Tü tü tü", sonst stößt er beim Umherklettern ein kurzes und nicht weit hörbares, aber doch scharfes „Tsit" aus. Außerdem hört man Töne, die wie „Zirr twit twit twit" oder „Twät twät twät" klingen. Der Paarungsruf besteht aus sehr schönen, laut pfeifenden Tönen, die weit vernommen werden. Das „Tü tü" ist die Hauptsache; ihm wird „Quü quü" und „Tirr" zugefügt. Das Männchen sitzt dabei gewöhnlich auf einer Baumspitze und dreht sich hin und her. Das Weibchen antwortet mit „Twät". Dann fliegen beide miteinander herum und jagen sich spielend, bald die Wipfel der Bäume umflatternd, bald auf den Ästen sich tummelnd und alle ihnen eigenen Kletterkünste entfaltend, immer aber laut rufend.

Der Kleiber frißt vor allem Kerbtiere, Spinnen, Sämereien und Beeren. Erstere liest er von den Baumrinden ab, sucht sie aus dem Moos und fängt sie auch wohl gelegentlich durch einen raschen Schwung vom Ast, wenn sie an ihm vorbeifliegen. Zum Hacken ist sein Schnabel zu schwach, und deshalb arbeitet er nie Löcher in das Holz; wohl aber spaltet er von der Rinde ziemlich große Stückchen ab. Bei seiner Kerbtierjagd kommt er nicht selten unmittelbar an die Gebäude heran, klettert auf diesen umher und hüpft wohl sogar in die Zimmer hinein. Ebensogern wie Kerbtiere frißt er auch Sämereien, besonders Bucheckern, Ahorn-, Kiefern-, Tannen- und Fichtensamen, Eicheln, Gerste und Hafer. Den Tannensamen, den außer ihm wenige Vögel fressen, scheint er sehr zu lieben. Wenn unsere alten Tannen reifen Samen haben, sind ihre Wipfel ein Lieblingsaufenthalt der Kleiber. Den ausgefallenen Holzsamen lesen sie vom Boden auf, die Gerste und den Hafer spelzen sie ab, und die Eicheln zerstückeln sie, ehe sie diese Früchte verschlucken. Hartschalige Samen klemmen sie oft in Baumritzen ein, halten sie noch zusätzlich geschickt mit den Zehen fest und hacken sie auf.

Bei großem Nahrungsangebot legt der Kleiber manchmal auch Vorräte an; indem er die meist ölhaltigen Samen in Rindenspalten speichert.

Das Nest wird immer in Höhlungen, regelmäßig in Baumlöchern und nur ausnahmsweise in Mauer- oder Felsritzen angelegt. In vielen Fällen benutzt er natürliche Baumhöhlen, die durch Ausfaulen des Holzes entstanden sind. Im morschen Holz kann er den Hohlraum auch mit dem Schnabel erweitern, doch zimmert er nie wie der Specht ganze Nesthöhlen im festen Holz. Er benutzt allerdings gern die vom Specht gefertigten Wohnungen als Nistplatz.

Eine besondere Eigenart der Kleiber ist, daß das Weibchen den Eingang zu seinem Nest bis auf ein kleines Loch, das für sein Ein- und Ausschlüpfen gerade groß genug ist, mit feuchtem Lehm oder anderer klebriger Erde verkleinert. Dazu wird mit dem Schnabel ein Klümpchen Lehm nach dem anderen herangetragen. Man glaubt einen kleinen Maurer zu sehen, der, um eine Tür zu verschließen, einen Stein nach dem anderen einlegt und festmacht. Diese Lehmwand ist 2–6 cm dick und hat, wenn sie trocken ist, eine solche Festigkeit, daß man sie nicht mit dem Finger ausbrechen kann. Das Eingangsloch, das sich stets in der Mitte der Lehmwand befindet, ist kreisrund und so eng, daß ein Kleiber kaum durchkriechen kann. Mit dieser Maurerarbeit wird erreicht, daß andere, etwas größere Ganzhöhlenbrüder, wie z. B. der Star, dem Kleiber die Nesthöhle nicht streitig machen und daß Feinde, wie Baummarder und Eichhörnchen, nicht an die Brut gelangen können. Der Nestboden wird mit trockenen Blättern und Rindenstückchen ausgepolstert. Auf dieser harten Unterlage findet man Ende April oder Anfang Mai 6–9, etwa 19 mm lange und 14 mm dicke, auf weißem Grund äußerst fein mit hellroten oder dunkler roten, bald schärfer hervortretenden, bald verwaschenen Pünktchen gezeichnete Eier, die mit denen der Meisen viel Ähnlichkeit haben. Das Weibchen bebrütet sie allein etwa 14–18 Tage. Die Jungen werden von beiden Eltern mit Kerbtieren, besonders mit Raupen, großgefüttert, sitzen aber so lange im Nest, bis sie völlig fliegen können. Nach dem Ausfliegen in der 4. Lebenswoche halten sie sich noch etwa 10 Tage in der Nähe der Alten auf, von denen sie ernährt, vor Gefahren gewarnt und zum Futtersuchen angeleitet werden. Dann sind die Jungen selbständig und treiben sich als kleiner Trupp in der weiteren Umgebung ihres Geburtsortes herum. Doch bereits im Juli beginnen die jungen Männchen ein eigenes Revier zu gründen und dieses in heftigen Kämpfen gegen Rivalen zu verteidigen.

In der Gefangenschaft ist der Kleiber gut zu halten. Er nimmt ohne weiteres Futter an, ist ziemlich anspruchslos und behält auch im Käfig die Anmut seines Wesens bei. Mit anderen Vögeln verträgt er sich vortrefflich. Nur seine dauernde Unruhe kann ihn unangenehm werden lassen.

Auf der Insel Korsika wird der Kleiber durch eine eigene Art, den Korsischen Kleiber *(Sitta whiteheadi)*, vertreten. Er ist nur 12 cm lang, hat einen schwarzen Scheitel, einen weißen Überaugenstreif und eine weißliche Unterseite. Sonst ist er ähnlich wie unser Kleiber gefärbt. Er lebt in Gebirgswaldungen und zimmert sich gewöhnlich selbst seine Nisthöhlen in morschen Bäumen. Ihm gleicht wiederum weitgehend der Türkenkleiber *(Sitta krueperi)*, der lediglich zusätzlich ein rotbraunes Brustband besitzt. Der Türkenkleiber besiedelt Nadelwälder Kleinasiens bis zum Kaukasus.

Der Felsenkleiber ähnelt im Aussehen und in seinem unruhigen Wesen zwar stark unserem einheimischen Kleiber, doch hält er sich nur gelegentlich auf Bäumen auf. Seinen Lebensraum bilden vor allem Felsen, Geröllhalden und Ruinen. Vor allem im Nestbau unterscheidet er sich wesentlich vom Kleiber. Er mauert seine Nester selbst aus Lehm und feuchter Erde unter Felsvorsprünge und polstert sie mit Federn und Haaren weich aus (Foto Chevillat – Images et Textes).

Rechte Seite: Ein reiner Felsbewohner ist der Mauerläufer. Am Bau des napfförmigen Nestes in Mauerspalten, bei dem er keine klebrige Erde verwendet, sind beide Eltern beteiligt; dabei trägt das Männchen gewöhnlich das Nestmaterial herbei (Foto Bos – Jacana).

Felsenkleiber

Der Felsenkleiber *(Sitta neumayer)* sieht wie ein blasser Kleiber aus, doch ist die Oberseite bräunlich aschgrau, die Unterseite unrein weiß und der Bauch einschließlich der unteren Schwanzdecken rostrot gefärbt.

Der Felsenkleiber bevorzugt sonnige Felslandschaften und ist von der Balkanhalbinsel bis Persien verbreitet. Er ist ungemein behend und klettert an waagerechten Felsgesimsen mit derselben Sicherheit umher wie an den senkrechten Wänden. Wenn er einen Felsen anfliegt, hängt er sich gern mit dem Kopf abwärts; auf Felsenplatten und Mauern hüpft er ruckweise. Bäume besucht er höchst selten. Sein Geschrei klingt wie ein durchdringendes, hoch tönendes schrilles Gelächter, ungefähr wie „Hidde hati tititi". Er ernährt sich wie unser Kleiber von Kleintieren und Pflanzensamen. Diesem ähnelt der Felsenkleiber überhaupt in seinem lebhaften Verhalten.

Doch wird das Nest nicht in Höhlen angelegt, sondern an schroffe Felswände unter dem natürlichen Dach eines Felsvorsprungs mit Lehm gemauert. Es ist außen sehr groß und mit einer bis 8 cm langen Eingangsröhre versehen. Als Bindemittel dienen zerquetschte Beeren und Kerbtiere, so daß außen am Nest gewöhnlich die Flügeldeckel verschiedener Käfer sichtbar sind. Innen ist das Nest mit Haaren und Federn ausgepolstert.

Die Legezeit fällt in die letzten Tage des April oder in die ersten des Mai; das Gelege besteht aus 8–9 Eiern, die ebenfalls auf weißem Grund rot gefleckt sind. Auch hier brütet nur das Weibchen.

Eine sehr ähnliche Lebensweise in Felslandschaften hat der Klippen- oder Steinkleiber *(Sitta tephronota)*. Er kommt von Irak bis Afghanistan vor. In den Überschneidungsgebieten, in denen die beiden felsbewohnenden Kleiberarten nebeneinander vorkommen, unterscheiden sich diese beiden sonst sehr ähnlichen Arten deutlich voneinander. Der Klippenkleiber hat dann gewöhnlich einen stark ausgeprägten Augenstreif, der beim Felsenkleiber dieses Gebietes sehr dünn ist oder sogar fehlt.

dann aber, bis sie quer in der Schnabelmitte liegen, schleudert sie links und rechts gegen die Steine und wirft sie schließlich durch Vor- und Rückwärtsschlenkern des Kopfes der Länge nach in den Schlund.

Die Brutzeit fällt in die Monate Mai und Juni. Das Nest, ein großer, flacher und auffallend leichter Bau aus feinem Moos, Pflanzenwolle, Wurzelfasern, großen Flocken Schafwolle, Haaren und dergleichen, steht in flachen Felsenhöhlen. Etwa 3–5, ungefähr 20 mm lange und 13 mm dicke Eier, die auf weißem Grunde mit braunschwarzen, scharf umrandeten Punkten gezeichnet sind, bilden das Gelege.

Meisen

Eine von der Lebensweise und der Gestalt her ziemlich scharf umgrenzte Familie bilden die Meisen (Paridae). Ihr Schnabel ist spitzkegelförmig und kurz, auf dem First gerundet, an den Seiten zusammengedrückt und an den Schneiden scharf. Die Füße sind stark und stämmig, die Zehen mittellang und kräftig, die Krallen verhältnismäßig groß und scharf gekrümmt. Die Flügel besitzen kurze Schwingen und sind rund; der Schwanz ist meist kurz und dann in der Regel gerade abgeschnitten, zuweilen aber auch lang und dann stark abgestuft. Das dichte, weiche Gefieder ist bei einer Reihe von Arten unscheinbar grau, braun oder grünlich mit schwarzen und weißen Anteilen gefärbt, andere Arten besitzen zusätzlich gelbe, blaue und rotbraune Farbtöne, die oft großflächige, kontrastreiche Muster bilden. Männchen und Weibchen sind weitgehend gleich gefärbt, und die Färbung ist das ganze Jahr über unverändert. Die Größe der Meisen liegt zwischen 8 und 20 cm.

Die Familie verbreitet sich über den ganzen Norden der Erde, tritt aber auch in Afrika, im indischen und im indonesischen Gebiet auf. Viele Arten sind Standvögel, die das ganze Jahr über ein bestimmtes Gebiet bewohnen, andere sind Strichvögel, die außerhalb der Brutzeit in kleinen Schwärmen, sogenannten Trupps, durch das Land ziehen, doch ihre Reisen niemals weit ausdehnen. Gelegentlich kommen aber auch Massenwanderungen vor. Ihr eigentliches Wohn- und Jagdgebiet ist der Wald; denn fast sämtliche Arten leben ausschließlich auf Bäumen und Sträuchern und nur wenige mehr im Röhricht als im Gebüsch. Sie vereinigen sich beim Umherziehen nicht nur mit ihresgleichen, sondern auch mit anderen Arten ihrer Familie, unter Um-

Mauerläufer

Der eigenartige, ebenfalls zur Familie der Kleiber gestellte Mauerläufer (Tichodroma muraria) ähnelt in seiner Gestalt mehr den Baumläufern. Er ist gekennzeichnet durch seinen gedrungenen Körper, den langen, dünnen, sanft gebogenen Schnabel und durch ein lockeres, zerschlissenes, seidenweiches Gefieder von teilweise auffälliger Färbung. Die Zunge erinnert im allgemeinen an die der Spechte; sie ist so lang, daß sie beinahe bis zur Schnabelspitze reicht, spitz und mit borstenartigen Widerhaken besetzt.

Das Gefieder ist der Hauptfärbung nach aschgrau, die Kehlgegend im Sommer schwarz, im Winter weiß; die Schwingen und die Steuerfedern sind schwarz, dagegen sind die Federn des Flügelbuges prächtig hochrot gefärbt, die Steuerfedern sind an der Spitze weiß gesäumt; die Innenfahnen der Schwingenfedern sind mit hellen Flecken verziert. Die Länge beträgt 16 cm, die Flügelspannweite 27 cm, die Schwanzlänge 6 cm.

Der Mauerläufer bewohnt alle Hochgebirge Mittel- und Südeuropas, West- und Mittelasiens, nach Osten hin bis Nordchina. In den Alpen, Karpaten und Pyrenäen ist er nicht selten und verfliegt sich von hier aus gelegentlich weit ins Flachland, wo er sich dann an Türmen, Ruinen und großen Gebäuden aufhält. Wie sein Name bereits besagt, sucht der Mauerläufer vor allem Felsen und Mauern auf. Beim Aufwärtsklettern trägt er den Kopf stets gerade nach oben gerichtet und sieht dann fast ebenso kurzhalsig aus wie der Kleiber. Er bewegt sich mit erstaunlicher Schnelligkeit die steilsten Fels- und Mauerwände hinauf, teils in einzelnen Sätzen, von denen jeder durch einen gleichzeitigen Flügelschlag unterstützt und oft von einem kurzen Kehlton begleitet wird, teils förmlich springend. Beim Erklettern der Felswand zeigt er große Kraft und Gewandtheit (gefangene Mauerläufer laufen sogar mit Leichtigkeit an den Tapeten eines Zimmers empor). Oben angekommen sieht man ihn oft mit ziemlich weit entfalteten Flügeln, so daß die roten Flügelfedern und die weißen Flecken deutlich sichtbar werden, schmetterlingsartig am Felsen hängen und sich rüttelnd in der Schwebe halten, wobei er den Kopf links und rechts wendet und über die Schultern weg ein tiefer gelegenes Anflugsziel ausmacht. Mit einem kräftigen Stoß schnellt er sich dann plötzlich vom Felsen weg in die Luft hinaus, wendet sich hier mit Leichtigkeit und fliegt nun, bald mit unregelmäßigen Flügelschlägen, bald mit ganz ausgebreiteten Schwingen gleitend, bald wie ein Raubvogel mit nach unten gerichtetem Kopf und angezogenen Flügeln hinunterschießend, eine neue Felsstelle an. Er ist überhaupt ein guter Flieger. Besonders gut fliegt er in senkrechter Richtung.

Außer der Fortpflanzungszeit sieht man den Mauerläufer selten paarweise. Artgenossen, mit Ausnahme seines Brutpartners, sucht er zu vertreiben.

Die Nahrung besteht überwiegend aus Spinnen und Kerbtieren. Mit seinem feinen Schnabel erfaßt er auch die kleinste Beute mit Sicherheit, wie mit einer feinen Kneifzange. Die Zunge dient dazu, die mit der Schnabelspitze erfaßten Insekten oder deren Larven und Puppen durch rasches Vorschnellen anzuspießen und beim Zurückziehen im hinteren Teile des Schnabels abzustreifen. Größere Tiere, Raupen z. B., ergreift er zuerst mit der Schnabelspitze, dreht und schüttelt sie

Vor allem aus den schmalen Ritzen im Gestein holt sich der Mauerläufer allerlei Kleintiere als Nahrung. Mit seinen großen, mit langen Krallen versehenen Füßen findet er auf dem rauhen, verwitterten Gestein genügend Halt und kann sogar an senkrechten Flächen emporlaufen, ohne sich dabei wie Spechte oder Baumläufer mit dem Schwanz abzustützen (Foto Bille).

ständen selbst mit fremdartigen Vögeln, in deren Gesellschaft sie dann tage- und wochenlang zusammenleben.

Meisen gehören zu den lebhaftesten und beweglichsten Vögeln, die man kennt. Den ganzen Tag über sind sie fortwährend beschäftigt. Sie fliegen von einem Baum zum anderen und klettern ohne Unterlaß auf den Zweigen umher, um Nahrung zu suchen. Im Zweigwerk hüpfen sie gewandt hin und her, hängen sich geschickt nach unten an und können sich in der hängenden Stellung nicht nur halten, sondern dabei auch noch arbeiten. Sie klettern recht gut und zeigen sich im Durchschlüpfen von Dickichten ungemein behend. Der Flug ist schnurrend, kurzbogig und scheinbar sehr anstrengend; die meisten Arten fliegen deshalb auch nur selten weit, vielmehr gewöhnlich bloß von einem Baum zum andern. Die im Verband fortwährend zu hörende Stimme ist ein feines Gezwitscher, das dem Pfeifen der Mäuse nicht unähnlich ist. Der eigentliche Gesang der Männchen besteht vielfach aus verschiedenen hohen Tönen.

Viele Meisen verzehren neben Kerbtieren auch Sämereien; die Mehrzahl dagegen hält sich vorwiegend an erstere und jagt vorzugsweise kleinere Insekten, noch mehr aber deren Larven und Eier. Wegen ihrer unentwegten Regsamkeit brauchen sie verhältnismäßig viel Nahrung. Sie sind dadurch große Insektenvertilger. Wenig andere Vögel verstehen so wie sie die Kunst, ein bestimmtes Gebiet auf das gründlichste zu durchsuchen und die verborgensten Kerbtiere aufzufinden. Da unter den zahlreichen (täglich etwa 1000) verzehrten Insekten viele Forst- und Obstbaumschädlinge sind, werden Meisen als natürliche Schädlingsbekämpfer sehr geschätzt, um so mehr, weil sie keinerlei Schaden anrichten. Zudem vermehren sie sich sehr stark; denn sie legen größtenteils zweimal im Jahr und jedesmal etwa 5–12 Eier. Die zahlreiche Brut, die sie heranziehen, ist schon im nächsten Frühjahr fortpflanzungsfähig.

Die Nester werden gewöhnlich mit viel weichem Material in Baumhöhlen oder anderen Höhlen angelegt. Einige Arten bauen auch freie, geschlossene Nester. Beide Eltern beteiligen sich an der Brutpflege, obgleich meist das Weibchen allein brütet.

Zu der Familie der Meisen *(Paridae)* werden die Eigentlichen Meisen, die Schwanzmeisen und die Beutelmeisen gezählt. Die Familie umfaßt insgesamt etwa 65 Arten. Neuerdings wurden die Beutelmeisen und Schwanzmeisen oft von den Meisen abgetrennt und jeweils als eigene Familien Schwanzmeisen *(Aegithalidae)* und Beutelmeisen *(Remizidae)* geführt.

Die sehr lebhaften und gewandt kletternden Meisen sind kleine Baumvögel. Mit ihren kräftigen Füßen können sie sich in den verschiedenen Stellungen festhalten. Sie brüten – wie die abgebildete Weidenmeise – in der Mehrzahl in Höhlen, die sie mit reichlichem Nistmaterial weich auspolstern. Ihre Nahrung besteht aus Insekten, bzw. deren Eiern oder Larven und aus Sämereien. Mit ihren kurzen, spitzen Schnäbeln können sie auch harte Samenschalen aufhacken (Foto F. Blackburn – Photo Researchers).

Das Verbreitungsgebiet der gut 60 Meisenarten erstreckt sich vor allem auf die nördliche Erdhälfte und auf Afrika mit Ausnahme von Madagaskar. In den baumlosen Tundrengebieten des hohen Nordens fehlen sie ebenfalls.

Schwanzmeisen

Ein langer Schwanz, der oft mehr als die Hälfte der Gesamtlänge ausmacht, ist das namengebende Merkmal der Unterfamilie Schwanzmeisen *(Aegithalinae)*. Im Gegensatz zu den Eigentlichen Meisen errichten sie freistehende, kunstvolle Kugelnester. Am Nestbau und an der Jungenaufzucht sind beide Elternvögel beteiligt, gelegentlich unterstützen auch fremde Altvögel die Fütterung der Jungtiere. Schwanzmeisen sind gegenüber Artgenossen sehr gesellig, doch bilden sie keine Gesellschaften mit anderen Singvogelarten.

In Europa kommt nur die unten ausführlich behandelte Schwanzmeise *(Aegithalos caudatus)* vor. Vom Himalaya bis Taiwan und Indochina ist die 10 cm lange Rotstirnschwanzmeise *(Aegithalos concinnus)* verbreitet, und in den Bergwäldern Javas lebt die nur knapp 9 cm lange Java-Schwanzmeise *(Psaltria exilis)*. Bei ihr mißt der Schnabel nur 6,5 mm. Die ca. 10 cm lange Kappenbuschmeise *(Psaltriparus minimus)* vertritt die Schwanzmeisen im westlichen Nordamerika.

Schwanzmeise

Die bei uns heimische Schwanzmeise oder Pfannenstielchen *(Aegithalos caudatus)* ist auf dem Scheitel und auf der gesamten Unterseite weiß gefärbt, an den Flanken ist sie verwaschen rosa, auf der Oberseite schwarz und auf den Schultern rötlichbraun. Die hinteren Armschwingen und die äußeren Schwanzfedern sind außen weiß gerandet. Die west- und mitteleuropäische Rasse besitzt zudem einen auffälligen dunklen Augenstreif, während die nord- und osteuropäische einen rein weißen Kopf hat. Die Länge beträgt 14 cm, wovon knapp 8 cm auf den Schwanz entfallen. Die Schwanzmeise ist in ganz Europa außer dem hohen Norden, in Nordasien bis China und Japan sowie in Kleinasien verbreitet. Bei uns streift sie vor allem im Herbst und Frühjahr umher, doch findet man auch im Winter nicht selten Schwanzmeisentrupps in den Baumkronen herumklettern.

Die Schwanzmeise ist munter, rege, aber nicht so räuberisch wie andere Arten ihrer Familie. Ihre Plauderstimme ist ein zischendes „Sit", ihr Lockton ein pfeifendes „Ti ti", ihr Warnungslaut ein schneidendes „Ziriri" und „Terr". Die Nahrung besteht ausschließlich aus Kerbtieren.

Das kunstvolle, oben geschlossene Nest der Schwanzmeise wird in Astgabeln von Büschen und Bäumen oder im dichten Dornendickicht errichtet. Seine Gestalt ist die eines großen Eies, in dem oben seitlich das Eingangsloch ange-

Schwanzmeisen bauen sich ihre Bruthöhlen selbst in Form von freistehenden, oben geschlossenen Nestern. Diese sind sehr kunstvoll aus Moosen, Flechten, Baumrinde und Gespinsten von Kerbtieren angelegt. Innen werden sie mit Federn und Haaren ausgepolstert (Foto Bille).

Rechte Seite: Das geschützt in einer Baumhöhle eingerichtete Nest der Kohlmeise ist vor allem im Frühjahr in dem gelegentlich noch Nachtfröste auftreten, mit viel wärmedämmendem Material ausgelegt. Auch bei der Kohlmeise brütet nur das Weibchen (Foto A. Fatras).

Doppelseite: Die jeweils stattliche Nachkommenschaft eines Meisenpaares wird von beiden Elternvögeln den ganzen Tag über mit Raupen und anderen Kleintieren versorgt. Auch nach dem Flüggewerden werden sie noch etwa weitere 2 Wochen gefüttert (Foto Bavaria–Schünemann).

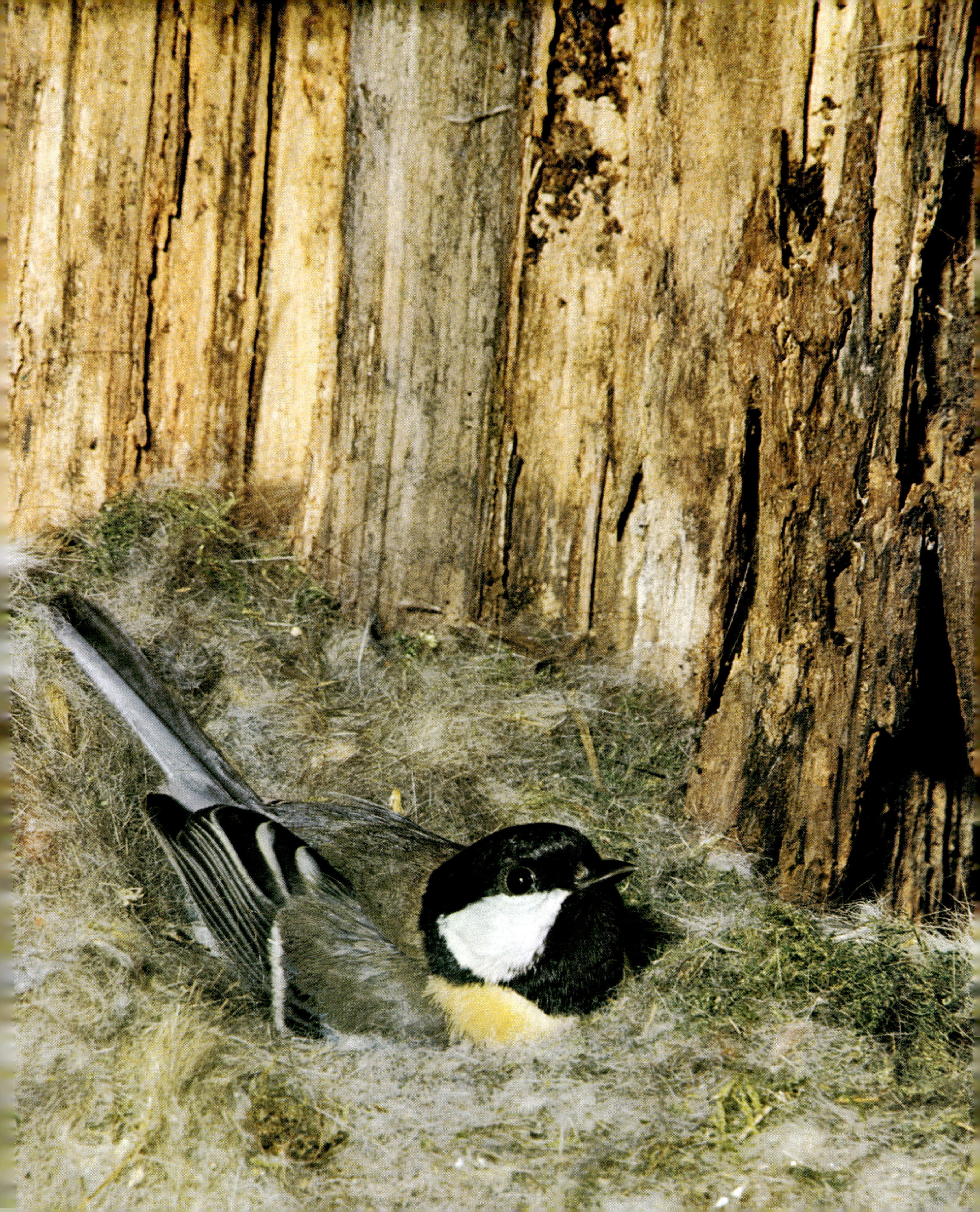

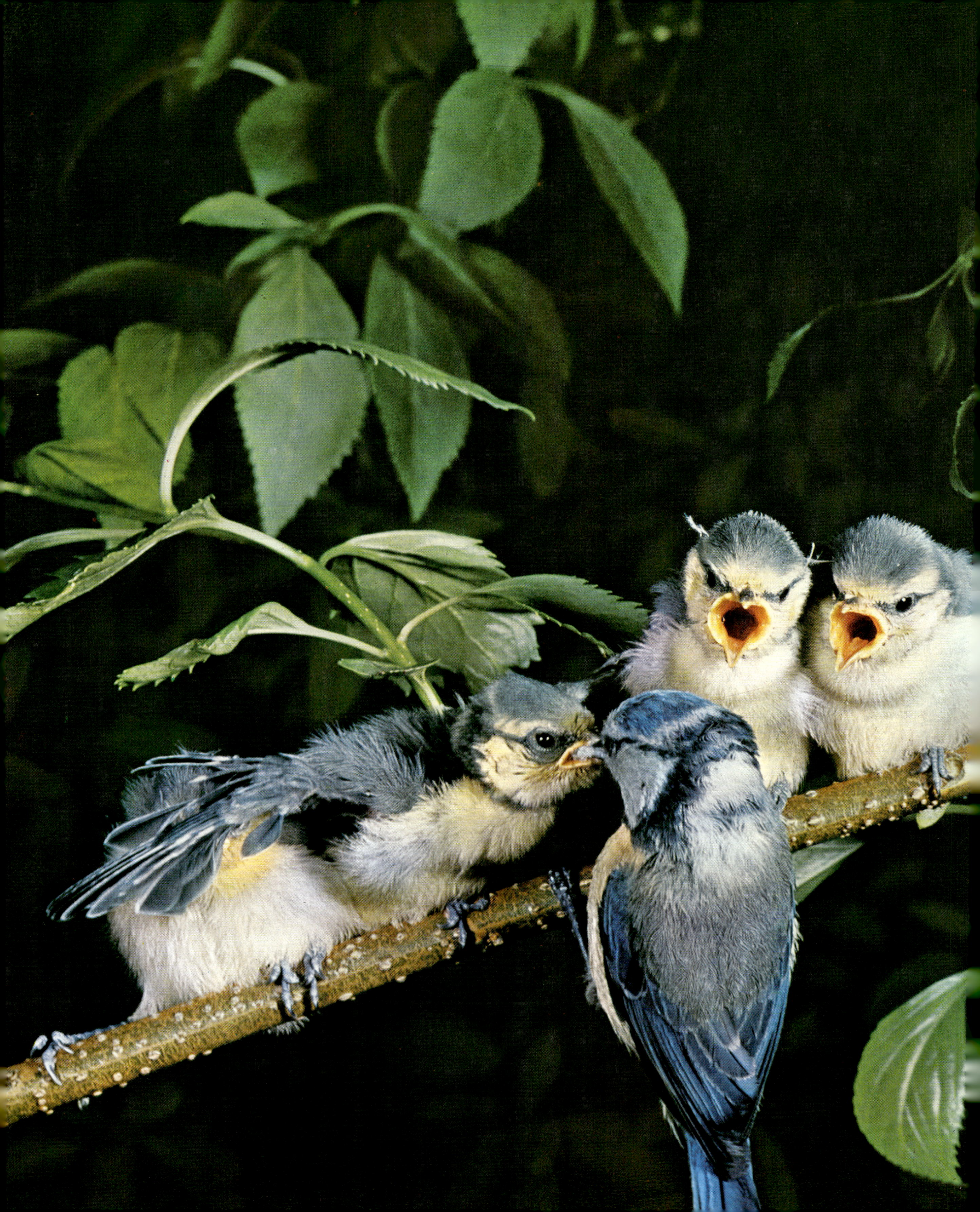

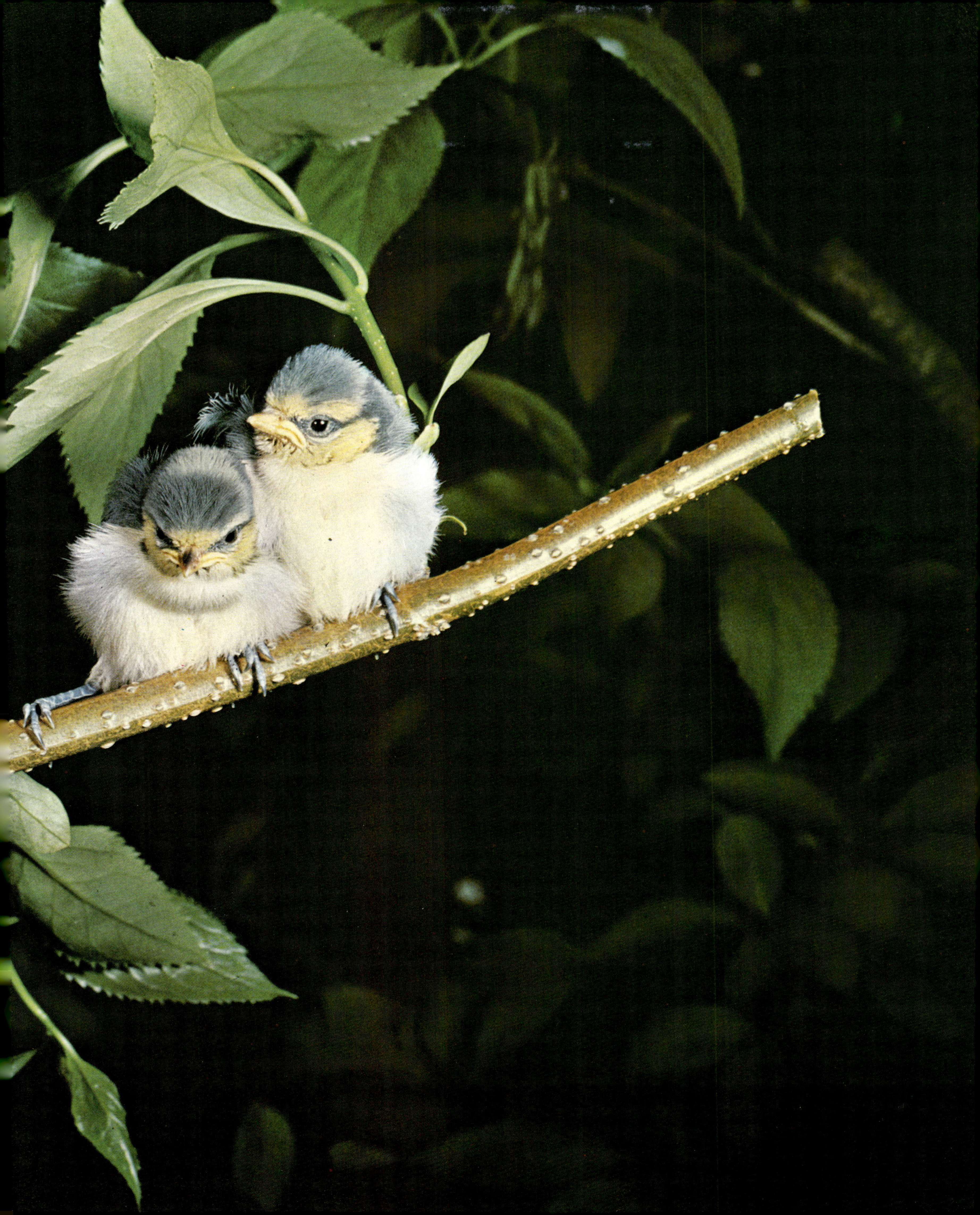

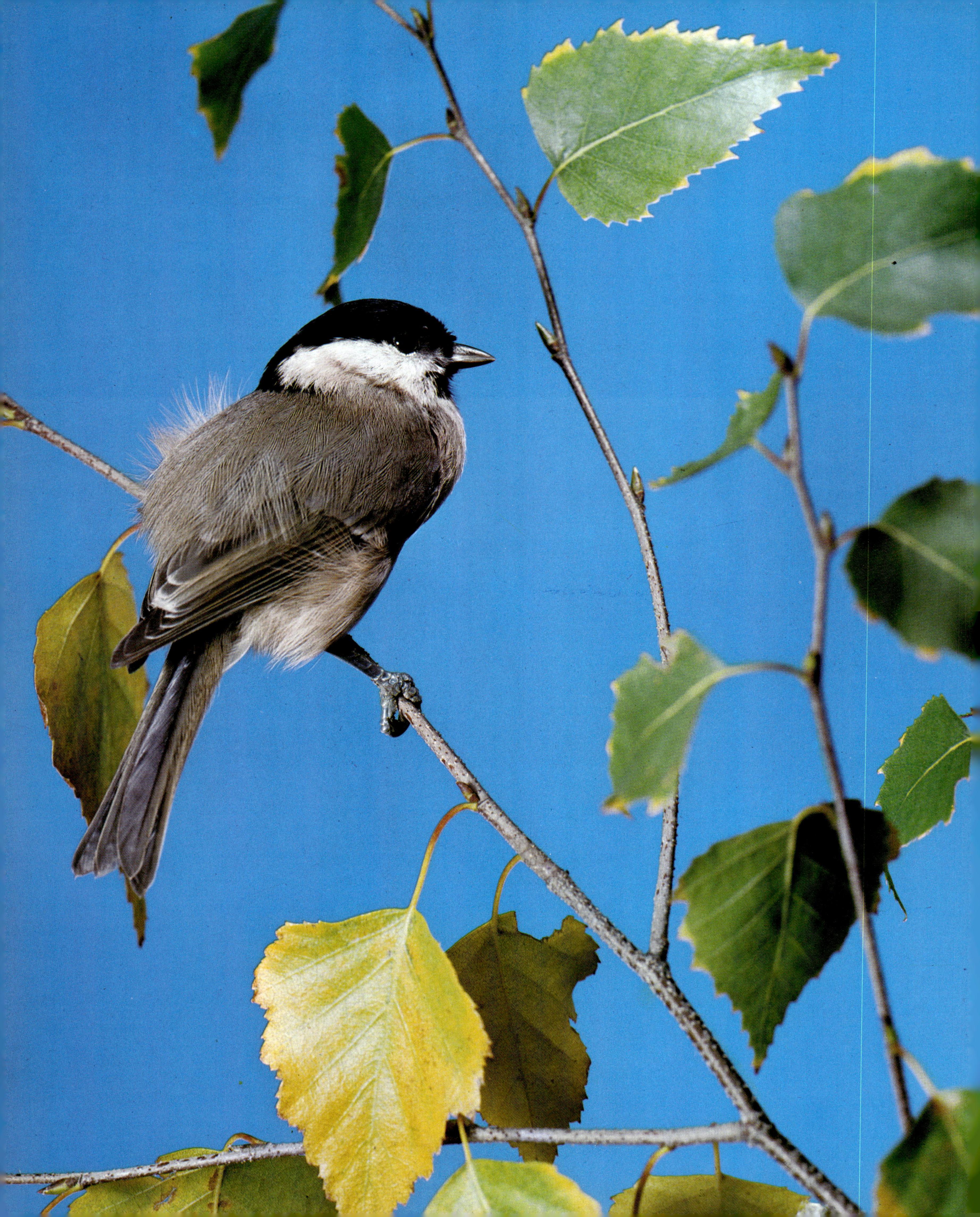

bracht ist. Die Höhe beträgt etwa 24 cm, die Weite 10 cm.

Der Bau selbst dauert zwei, oft auch drei Wochen, obgleich beide Gatten sehr eifrig beschäftigt sind. Das Männchen dient dabei überwiegend als Handlanger. Um Mitte April ist das erste Gelege vollzählig. Es besteht aus 7–12, zuweilen bis 17 Eiern. Beim Heranwachsen der jungen Schwanzmeisen wird das Nest bald zu eng. Abhilfe wird dadurch geschaffen, daß das filzige Gewebe der Nestwand weit ausgedehnt wird, ja stellenweise zerreißt und im unteren Teil Löcher bekommt. Es sieht recht sonderbar aus, wenn die größer werdenden Jungvögel ihre langen Schwänze durch diese Löcher herausstrecken.

Beutelmeisen

Die 11 Arten der Unterfamilie Beutelmeisen *(Remizinae)* gehören mit einer Größe von 8–11,5 cm zu den kleinsten Vögeln. Von den übrigen Meisen unterscheiden sie sich durch einen zierlicheren Schnabel mit einem geraden First und durch den Bau großer, beutelförmiger Hängenester. Beutelmeisen werden oft als eigene Familie geführt.

Die meisten Arten kommen in Afrika vor. In anderen Erdteilen leben u. a. die in Eurasien verbreitete Beutelmeise *(Remiz pendulinus)*, die zwischen Kaschmir und Südwestchina anzutreffende, in Baumhöhlen brütende Feuerkopf- oder Rotscheitelmeise *(Cephalopyrus flammiceps)* und die in Amerika von Texas bis Mexiko heimische, gelbköpfige Goldmeise *(Auriparus flaviceps)*.

Die afrikanischen Schließbeutelmeisen *(Anthoscopus)* bauen aus tierischen und pflanzlichen Fasern besonders komplizierte Beutelnester. Bei diesen liegt unter dem röhrenförmigen Eingang, der beim Verlassen des Nestes mit dem Schnabel zusammengedrückt und dadurch verschlossen werden kann, noch eine geschlossene, ein Einschlüpfloch vortäuschende Nische.

Beutelmeise

Die gelegentlich auch in Mitteleuropa brütende Beutelmeise *(Remiz pendulinus)* ist 11 cm lang und durch eine auffällige Zeichnung gut zu erkennen. Vor der Stirn zieht über den grauweißen Kopf ein breiter schwarzer Streifen zu den Schläfen. Mantel und Schultern sind zimtfarben, Bürzel, Oberschwanz- und kleine obere Flügeldecken rostbräunlich, die übrigen Unterteile gelblichweiß und die Schwingen und Steuerfedern braunschwarz gefärbt.

Die Beutelmeise ist von Ost- und Südeuropa über Kleinasien bis Mittelchina und Japan verbreitet. Sie kommt in Spanien nur im Westen vor und in Frankreich nur in einigen südlichen Teilen. In Deutschland gehört sie zu den Seltenheiten, obgleich sie wiederholt beobachtet oder wenigstens das von ihr gebaute Nest aufgefunden worden ist. Sümpfe und ähnliche Örtlichkeiten bilden die bevorzugten Wohngebiete. In manchen Brutgebieten ist die Beutelmeise als Standvogel das ganze Jahr über vorhanden, aus anderen zieht sie im Winter mehr oder weniger weit weg. Bei ihren Wanderungen erscheint sie auch in Ländern, die außerhalb des eigentlichen Verbreitungskreises liegen, so mit einer gewissen Regelmäßigkeit an manchen Seen Nord- oder Ostdeutschlands.

In ihrer Lebhaftigkeit, Gewandtheit und auch in ihren Bewegungen und der Lockstimme verhält sich die Beutelmeise wie andere Meisen. Sie klettert geschickt im Gezweig und wohl auch im Rohr auf und nieder, hält sich möglichst verborgen und läßt ihr weit hörbar klingendes „Sih" fast ohne Unterbrechung hören. Allerlei Kerbtiere, besonders solche, die sich im Röhricht aufhalten, deren Larven und Eier bilden die Nahrung. Im Winter begnügt sie sich mit Samen.

Die Beutelmeise ist eine ausgezeichnete Baukünstlerin. Ihr Beutelnest ist nur an seinem oberen Ende befestigt und hängt also, wie die Nester der Webervögel, frei, in vielen Fällen über dem Wasser. „Ich habe", berichtet ein Vogelkundler, „sieben Wochen lang fast täglich den kleinen Nestkünstler bei seinem Nist- und Brutgeschäft beobachten können."

Was den Gang der Arbeit betrifft, so windet das Männchen fast immer Wolle, aber auch verschiedene Pflanzenfasern und wollige Samenhaare, um einen dünnen, herabhängenden Zweig, der sich meist einige Zentimeter unter dem oberen Anknüpfungspunkt in eine oder mehrere Gabeln spaltet. Zwischen dieser Gabelung werden die Seitenwände angelegt, die daran ihren Halt finden. Der Vogel setzt sodann die Filzwirkerei so lange fort, bis die über die Gabelspitzen herabhängenden Seitenwände unten zusammengezogen werden können und einen flachen Boden bilden. Das Nest hat jetzt die Gestalt eines flachrandigen Körbchens. Nun beginnt der Bau der Seiten, die bis auf ein kleines rundes Loch geschlossen werden. Anschließend wird die Nestöffnung mit einer 2–8 cm langen Röhre versehen."

Das fertige Nest stellt einen runden Ball oder Beutel dar von etwa 15–20 cm Höhe und 10–12 cm Breite, an dem wie ein Flaschenhals der bald herabgebogene, bald waagerecht abstehende, runde Eingang befestigt ist. Während das Männchen mit dem Nestbau beginnt, wirbt es bereits um

Linke Seite: Die Sumpfmeise besiedelt im Gegensatz zu ihrem Namen in Mitteleuropa vor allem Laubwälder, Hecken, aber auch Parks und Gärten. In sumpfigem Gelände wird sie oft von der ihr sehr ähnlichen Weidenmeise vertreten (Foto Prenzel-Press).

Eine Baukünstlerin unter den Singvögeln ist die Beutelmeise. Sie baut aus langen Pflanzenfasern, Spinnweben und Tierhaaren freihängende Beutelnester. Das Männchen beginnt stets mit dem Nestbau. Erst nach der Erstellung des Grundgerüsts beteiligt sich auch das umworbene Weibchen an der

Auspolsterung. Der Nesteingang besteht aus einer besonderen Einflugröhre. Durch diese typischen Nester kann das gelegentliche Vorkommen der Beutelmeisen in Mitteleuropa sicher nachgewiesen werden (Foto J.-F. und M. Terrasse).

das Weibchen. Nach der Bindung der Partner beteiligt sich auch das Weibchen am weiteren Ausbau und vor allem an der Polsterung des Nestes. Es legt dann 5–8 Eier, die es gewöhnlich allein 12–14 Tage bebrütet, sowie es auch die Jungenaufzucht in 2–3 Wochen oft allein besorgt.

Eigentliche Meisen

Die artenreichste Gruppe der Meisen bildet die Unterfamilie Eigentliche Meisen *(Parinae)*. Sie umfaßt etwa 45 Arten, die jedoch eine große Zahl jeweils geographisch isolierter Unterarten bilden. Ihr Lebensraum erstreckt sich auf Europa, Asien, Nordamerika und Afrika. Die Nester werden immer in Höhlen angelegt. In der Regel baut das Weibchen allein das Nest und brütet auch allein, doch hilft das Männchen gewöhnlich bei der Fütterung der Jungen. Zu den Eigentlichen Meisen gehören 6 Arten, die regelmäßig in Deutschland brüten. Davon ist die häufige Kohlmeise die bekannteste.

Kohlmeise

Die oberseits olivgrüne, unterseits – von einem schwarzen Mittelstreifen unterbrochen – blaßgelbe und durch eine auffällig schwarz-weiße Kopfzeichnung kenntliche Kohlmeise *(Parus major)* ist

Die bekannteste und bei uns häufigste Meise ist die Kohlmeise. Dieser kleine, kräftige Singvogel stellt keine großen Ansprüche an seinen Lebensraum, es müssen nur Bäume und Hecken vorhanden sein; außerdem ist er für die Errichtung seines Nestes auf Höhlungen angewiesen in Bäumen, Mauern oder notfalls auch in Briefkästen. Männchen und Weibchen unterscheiden sich bei den Meisen meist nur wenig. Beim Kohlmeisenweibchen ist jedoch der schwarze Bauchstreifen im Vergleich zum Männchen schwach ausgebildet (Foto J. Markham).

einer der auffälligsten und häufigsten Singvögel. Sie ist von Nordafrika und Europa quer durch Asien bis zu den Sundainseln verbreitet.

Die Kohlmeise – 14 cm groß – vereinigt gewissermaßen alle Eigenschaften der Familienmitglieder. Wie diese ist sie ein außerordentlich lebhafter und rastloser, neugieriger und rauflustiger Vogel. Sie hält sich vor allem im Gezweig der Bäume auf. Ihre Stimme ist das gewöhnliche „Zitt" oder „Sitt"; ihm wird, wenn Gefahr droht, ein warnendes ‚Terrrr" angehängt, manchmal auch ein „Pink, pink" vorgesetzt. Der Gesang, der vor allem im Frühjahr überall zu hören ist, läßt sich durch die Silben „Zizibäh" ausdrücken und wird gewöhnlich mehrfach wiederholt. Kerbtiere und deren Eier oder Larven bilden die Hauptnahrung der Kohlmeise, Sämereien und Baumfrüchte kommen aber dazu. Die Nahrung wird in der Regel vorher stets zerkleinert. Dabei hält sie das Beutestück nach Krähen- oder Rabenart mit den Zehen fest, zerstückelt es mit dem Schnabel und frißt es in kleinen Teilen.

Das Nest wird stets in einer Höhle angelegt. Baumhöhlungen werden bevorzugt, aber auch Mauerritzen werden wie jede andere passende Nistgelegenheit benutzt. Trockene Halme, Würzelchen und etwas Moos bilden die Nestunterlage, Haare, Wolle, Borsten und Federn den Oberbau. Das Gelege besteht aus

Nach milden Wintern und günstigen Brutbedingungen kann die Bevölkerungsdichte der Kohlmeisen gelegentlich stark zunehmen, dann unternimmt vor allem ein Großteil der Jungvögel Wanderungen in andere Gebiete (Foto Grossa–Jacana).

Kohlmeisen finden auch im Winter gewöhnlich noch genügend Futter und können deshalb als Standvögel das ganze Jahr über im gleichen Gebiet bleiben. In der Zeit der Winterstarre ihrer wichtigsten Beutetiere, den Insekten, suchen sie vor allem in den Ritzen der Baumrinden nach überwinternden Larven und Puppen, zusätzlich fressen sie ölhaltige Samen (Foto Bille).

8–14 zartschaligen Eiern, die 18 mm lang und 13 mm dick und auf weißem Grund hellrötlich gepunktet sind. Nur das Weibchen brütet, aber beide Eltern füttern die zahlreichen Jungen. In guten Sommern nisten sie immer zweimal.

Kohlmeisen werden wie andere Meisen tagsüber vor allem vom Sperber und nachts vom Waldkauz verfolgt und gejagt. Ihre Brut ist ebenfalls mancherlei Gefahren durch kletternde Raubtiere, wie Marder, Wiesel und Eichhörnchen, sowie durch Spechte ausgesetzt. Dennoch vermehren sie sich in manchen Jahren sehr stark. Bei einer großen Bevölkerungsdichte zieht ein Großteil der Kohlmeisen weg; dabei kann es zu Massenwanderungen kommen.

Weitere Meisen

Die nur 11,5 cm große Blaumeise *(Parus caeruleus)* ist ebenfalls bei uns recht häufig. Kennzeichnend für die Blaumeise ist die Blaufärbung des Scheitels, der Flügel und des Schwanzes. Das Verbreitungsge-

Linke Seite oben: Während die meisten Meisen Laub- oder Mischwälder bevorzugen, besiedelt die Tannenmeise überwiegend Nadelwälder. Ihre Nisthöhlen befinden sich gewöhnlich in Bodennähe, manchmal sogar in alten Mäuselöchern an Böschungen (Foto B. Coleman – Photo Researchers).

Oben und linke Seite unten: Die kleine Blaumeise kommt in den gleichen Gebieten wie die Kohlmeise vor, doch meidet sie noch stärker Nadelwälder. Ihre Nahrung besteht ganz überwiegend aus tierischer Kost, besonders aus Insekteneiern (Fotos B. Coleman – Photo Researchers und J. Markham).

Oben und rechte Seite unten: Meisen besitzen – wie diese Sumpfmeisen – verhältnismäßig kurze, abgerundete Flügel. Sie eignen sich nicht für weite Flüge. Dagegen sind Meisen gute Kletterer, die mit ihren kräftigen, mit langen Krallen ausgestatteten Füßen geschickt in den Zweigen umherturnen können (Fotos ZEFA und Bille).

biet der Blaumeise umfaßt ganz Europa, soweit es bewaldet ist, Kleinasien, Persien und Westsibirien. In Mittelrußland ist sie mit der nahe verwandten, etwas größeren Lasurmeise *(Parus cyanus)* vergesellschaftet, deren Verbreitungsgebiet bis zum Amur reicht. Bei ihr sind Kopf und Unterseite weiß, die Oberteile hellblau.

Zum Aufenthalt wählt sich die Blaumeise bei uns vorzugsweise Laubhölzer, Baumpflanzungen und Obstgärten. Sie ähnelt in ihrem Verhalten, einschließlich dem Nestbau, dem Brüten und der Jungenaufzucht, weitgehend der Kohlmeise. Sie jagt ebenfalls eifrig Insekten, doch geht sie weniger an Sämereien.

Bei der knapp 11 cm langen Tannenmeise oder Pechmeise *(Parus ater)* sind Kopf und Hals bis zum Mantel, Kinn und Kehle schwarz, Backen und Halsseiten sowie ein breiter Streifen am Halse weiß, die übrigen Oberteile und die Außensäume der braunschwarzen Schwingen und Schwanzfedern aschgrau, die größ-

Oben: Wie der ganzen Gruppe der sogenannten Graumeisen fehlen der Sumpfmeise auffällige Farbtöne. Die ähnlich gefärbten Arten, z. B. die Weiden- und Trauermeisen, unterscheiden sich aber ganz eindeutig an den unterschiedlichen Gesängen (Foto A. Visage – Jacana).

ten und mittleren Oberflügeldecken durch weiße, zweireihig geordnete Spitzenflecke geziert. Die Unterseite ist schmutzig grauweiß, und die Seiten sind bräunlich gefärbt. Außer im hohen Norden fehlt die Tannenmeise nirgends in Europa, sie kommt weiter in Nordwestafrika vor und tritt ebenso in Asien, vom Libanon bis zum Amur sowie in Japan auf. Ihr bevorzugter Lebensraum bilden Nadelwälder, doch findet man sie im Süden auch regelmäßig in Korkeichenwäldern.

Die Nester legen Tannenmeisen mit Vorliebe in durchhöhlten Baumstümpfen oder an Böschungen in Erdhöhlen an. Sie brüten im Jahr zwei- bis dreimal.

Die Gruppe der Graumeisen umfaßt mehrere sehr ähnliche Arten. In großen Teilen Europas kommen die sehr ähnlichen Sumpfmeisen oder Nonnenmeisen *(Parus palustris)* und Weidenmeisen *(Parus montanus)* nebeneinander vor. Beide besitzen die schwarze Kopfplatte, den schwarzen Kinnfleck, die graue Mantelzeichnung und die gleiche Größe von 11,5 cm. Bei der Weidenmeise schimmern die Ränder der Flügeldeckfedern jedoch etwas weißlich. Im Gesang und auch im Nestbauverhalten liegen aber deutliche Unterschiede vor. So hackt die Weidenmeise im morschen Stammholz gewöhnlich selbst ihre Nesthöhlen.

Sehr ähnlich diesen beiden Graumeisen sind weiter die in Nordamerika beheimateten Chickadeemeise *(Parus atricapillus)*, die Karolinameise *(Parus carolinensis)* und die Mexikomeise *(Parus sclateri)*, ebenso die 14 cm lange, vom Balkan bis Persien vorkommende Trauermeise *(Parus lugubris)* und die gleichgroße Lapplandmeise *(Parus cinctus)*.

Die 11,5 cm lange Haubenmeise *(Parus cristatus)* trägt eine auffällige Federhaube auf dem Kopf. Ihr Verbreitungsgebiet erstreckt sich auf Europa, von Spanien bis zum Ural, doch fehlt sie in Italien, Irland, England und im nördlichen Skandinavien. Bei uns besiedelt sie vor allem Nadelwälder, seltener auch Laubwälder.

Während des Winters vereinigt sie sich mit Tannenmeisen und Goldhähnchen, Baumläufern und Kleibern zu größeren Gesellschaften.

Das Nest steht regelmäßig in Baumhöhlen mit engem Eingangsloch, hoch oder niedrig über dem Boden. Das Gelege aus 8–10 auf schneeweißem Grunde rostrot gepunkteten Eiern wird vom Weibchen in 13 Tagen erbrütet.

Die größte Meise ist die vom Himalaya bis Sumatra verbreitete 20 cm lange Sultansmeise *(Melanochlora sultanea)*. Außer der gelben Bauchseite und einer langen goldgelben Haube ist das Männchen tiefschwarz und das Weibchen grünlichbraun gefärbt.

An der auffälligen Kopfhaube ist die vor allem in Nadelwäldern vorkommende Haubenmeise leicht kenntlich. Sie hält sich bevorzugt in der Region der Baumkronen auf, brütet aber auch in Bodennähe. Das einmal gewählte Jagd- und Brutrevier wird ziemlich fest über längere Zeit eingehalten (Foto ZEFA).

Paradiesvögel und Laubenvögel

Zur Familie der Paradies- und Laubenvögel *(Paradisaeidae)* zählt man heute die beiden – früher als eigene Familien geführten – Unterfamilien der Paradiesvögel *(Paradisaeinae)* und der im Aussehen und Verhalten von ihnen recht verschiedenen Laubenvögel *(Ptilonorhynchinae).* Beide stammen wohl von rabenähnlichen Vögeln ab und haben sich in der Isolation ihres Verbreitungsgebietes, das Australien, Neuguinea und benachbarte Inseln umfaßt, zu hochspezialisierten Formen entwickelt, was Ausbildung des Gefieders und Balzverhalten betrifft. Die Angehörigen der Familie sind sperlings- bis rabengroß, ihre Nahrung bilden vorwiegend Früchte, daneben auch Insekten.

Nestbau und Brutpflege werden, außer bei einigen ursprünglichen Arten, allein von den Weibchen besorgt, die meist unscheinbare Tarnfarben tragen. Die Aufgabe der Männchen dagegen ist es, durch auffallendes Balzverhalten die Weibchen anzulocken und zu begatten. Die Paradiesvögel-Männchen erreichen das, indem sie in oft stundenlangen ekstatischen Balztänzen ihr märchenhaft schönes Gefieder zur Schau stellen. Bei den Laubenvögeln errichten die Männchen auf bestimmten Balzplätzen mehr oder weniger kunstvolle Bauten aus Pflanzenmaterial; durch Balztänze laden sie die Weibchen dann in ihre „Liebeslauben" ein.

Man könnte fragen, ob alle diese Anstrengungen denn wirklich nötig sind, d. h. ob sie diesen Vogelarten einen Selektionsvorteil verschaffen. Offenbar besteht er darin, daß einmal die Partnerfindung im dichten Urwald leichter ist, wenn sich die Angehörigen einer weit verstreut lebenden Population zur Balzzeit an wenigen Zentren treffen, zum andern, daß nur wenige Männchen einer Art genügen, um deren Bestand zu erhalten. Da die Weibchen offenbar von den prachtvollen Schaustellungen ebenso beeindruckt werden wie der staunende menschliche Beobachter, ist man fast versucht, ihnen einen gewissen „Geschmack" zuzuschreiben. Die meisten Paradies- und Laubenvögel leben höchstwahrscheinlich polygam, oder vielmehr: das Männchen kümmert sich nach der Paarung nicht mehr um die Weibchen. Diese bauen in einiger Entfernung vom Balzplatz ihre Nester allein, die Paradiesvögel in Bodennähe oder in Baumhöhlen als Napf- oder Kugelnester aus allerlei Pflanzenmaterial, die Laubenvögel auf Bäumen und Sträuchern in größerer Höhe aus dünnen Zweigen. Die wenigen Eier (1–3) werden nur von den Weibchen bebrütet.

Paradiesvögel

Schon seit Jahrhunderten gelangten immer wieder teilweise verstümmelte Bälge besonders schöner Vögel aus Neuguinea und den umliegenden Inseln nach Europa. Paradiesvögel nannte und nennt man sie, weil man annahm, daß sie unmittelbar dem Paradies entstammten und in eigentümlicher Weise lebten. Sie kamen ohne Füße zu uns; man übersah die ihnen durch die Eingeborenen zugefügte Verstümmelung und meinte, daß sie niemals Füße besessen hätten. Ihr ungewöhnlich schön gebildetes Federkleid und ihre prachtvollen Farben beflügelten die Phantasie, und so kam es, daß die unglaublichsten Fabeln wirklich geglaubt wurden. Als Pigafetta, Magalhães' überlebender Begleiter, 1525 in Sevilla wieder eintraf, brachte er die ersten Exemplare

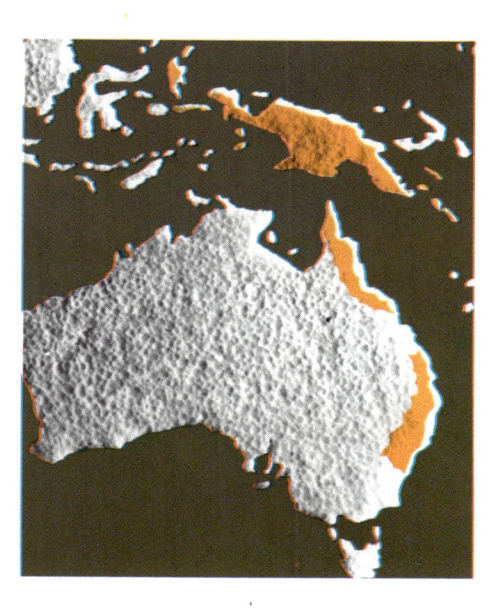

Das Gefieder des Lappenparadiesvogels ist schmucklos schwarz; Männchen und Weibchen tragen als Artmerkmal blau-gelb gefärbte Hautlappen zu beiden Seiten des Schnabelgrundes. Die Lebensweise dieser Art ist weitgehend unerforscht (Foto J. Fields).

Oben: Der Furchenvogel hat unter den Paradiesvogelarten noch die urtümlichsten Merkmale. Das Weibchen baut ein überdachtes Nest in Bodennähe; es füttert sein einziges Junges aus dem Kropf mit Steinfrüchten. Das Bild zeigt das schöngefärbte Männchen (Foto J. Fields).

Das Verbreitungsgebiet der Paradiesvögel ist auf Neuguinea, benachbarte Inselgruppen und Nordostaustralien beschränkt. Die meisten Arten leben dort in den dichten, kaum zugänglichen Bergwäldern.

mit. In dieser Zeit entstanden Fabeln, die lange Zeit Glauben fanden. Man betrachtete diese Vögel als luftige „Sylphen", die nur in der Luft schwebend lebten, alle der Selbsterhaltung dienenden Geschäfte fliegend vornahmen und nur während einiger flüchtiger Augenblicke ruhten, indem sie sich mit den langen, fadenförmigen Schwanzfedern an Baumästen aufhingen. Sie sollten gleich höheren Wesen von der Notwendigkeit, die Erde zu berühren, frei sein und von ätherischer Nahrung, vom Morgentau, sich nähren. Es half nichts, daß Pigafetta selbst die Fußlosigkeit jener Wundervögel als eine Fabel erklärte, das Volk blieb bei seiner vorgefaßten Ansicht.

Jahrhunderte vergingen, bevor uns das Leben der Paradiesvögel bekannt wurde. Erst René Lesson, der bei seiner Weltumseglung 1824 dreizehn Tage auf Neuguinea verweilte, berichtet aus seiner eigenen Anschauung über lebende Paradiesvögel.

Die Paradiesvögel (Unterfamilie *Paradisaeinae*) sind prachtvolle, in bestimmten Merkmalen, z. B. dem Bau des Schnabels und der Füße, an unsere Raben erinnernde Vögel von der Größe eines Hähers bis zu der einer Lerche. Weibchen und Junge sind stets einfacher gefärbt als die Männchen. Die Paradiesvögel bewohnen Nord- und Ostaustralien, Neuguinea und einige umliegende Inseln. Nicht nur ihre Bälge, sondern auch die anderer Prachtvögel wurden von den Papuas bereits seit Jahrhunderten in den Handel gebracht, und namentlich die Holländer haben sich mit dem Eintausch die-

Durch die Damenhutmode zu Ende des 19. Jh. wurde eine Reihe von Paradiesvogelarten fast ausgerottet; die Überlebenden sind in Freiheit nur unter großen Schwierigkeiten zu beobachten und noch schwerer zu fotografieren; deshalb muß man oft auf ausgestopfte Exemplare zurückgreifen.

ser begehrten Ware befaßt. Die Papuas erlegen die Männchen mit Pfeilen und streifen ihnen die besonders dicke Haut ab. Dann schneiden sie die Füße mit dem Hinterteil der Bauchhaut weg, reißen die großen Schwungfedern aus und spannen die so verarbeitete Haut über ein rundes Stäbchen, so daß dieses einige Zentimeter lang aus dem Schnabel hervorragt, der mit einer Schnur an dem Holzstäbchen befestigt wird. Hierauf hängen sie die mit Holzasche eingeriebenen Bälge im Innern der Hütte über der Feuerstelle auf, um sie im Rauch zu trocknen und vor Ungeziefer zu bewahren. Der Balg ist damit fertig. Das ist auch der Grund, weshalb die ersten Bälge stets fußlos nach Europa kamen.

Heute ist der Handel mit Paradiesvogelbälgen und -federn gesetzlich verboten, nachdem eine Reihe von Arten der Ausrottung nahe ist. In der zweiten Hälfte des 19. Jahrhunderts kamen die Federn dieser Vögel als Schmuck für Damenhüte in Mode. Die Ausfuhr der Bälge wurde zu einem Haupt-Wirtschaftsfaktor der deutschen Kolonie Neuguinea. Seit 1924 ist der Paradiesvogelfang in Neuguinea verboten, aber die Jagd der Eingeborenen wurde nicht eingeschränkt. Es wäre gar nicht möglich, die Durchführung eines solchen Jagdverbotes zu überwachen. Im Gegenteil: Die Papuas erlegen heute mehr Paradiesvögel denn je, da die Schrotflinte Pfeil und Bogen immer mehr ersetzt und andererseits die mit den kostbaren Federn fantastisch aufgeputzten Eingeborenen und ihre Schautänze sich zur Touristenattraktion entwickelt haben.

Zu den Paradiesvögeln werden 20 Gattungen mit knapp 40 Arten gezählt. Außer den typischen, meist prächtig geschmückten Vertretern werden hier auch eine Reihe von Arten eingeordnet, bei denen Schmuckgefieder und Balzverhalten noch nicht so weit entwickelt sind, so der Furchenvogel *(Cnemophilus macgregorii)*, die Grüne Manukode *(Manucodia chalybata)*, der Trompeterparadiesvogel *(Phonygammus keraudrenii)*, der Lappenparadiesvogel *(Paradigalla carunculata)* und andere. Bei den meisten dieser Arten sind Männchen und Weibchen ähnlich gefärbt; das Männchen soll sich bei einigen Arten an der Brutpflege beteiligen. Leider ist noch viel zu wenig über die Lebensweise dieser Vögel bekannt.

Sichelschnäbel

Die Sichelschnäbel (Gattungen *Epimachus* und *Drepanornis*) gehören zu den seltenen und in ihrer Lebensweise kaum bekannten Paradiesvögeln. Ihren Namen haben sie von ihrem bis 7 cm langen, gebogenen Schnabel. Der Rote Sichel-

Linke Seite oben: Das herrliche, samtige oder seidig schimmernde Schmuckgefieder der Männchen wurde den Paradiesvögeln zum Verhängnis, als vor ca. 100 Jahren die koloniale Erschließung in ihrem Verbreitungsgebiet begann. Sie werden auch von den Eingeborenen gejagt (Foto Merlet – Atlas Photo).

Linke Seite unten: Der Molukken-Paradiesvogel breitet bei der Balz einen zweizipfeligen grünschillernden Federschild auf der Brust aus; dazu richtet er auf jeder Seite zwei lange Oberflügeldeckenfedern in die Höhe (Foto Merlet – Atlas Photo).

Die Sichelschnäbel sind selten und in ihrer Lebensweise kaum erforscht. Der Meyer-Sichelschnabel entfaltet bei der Balz zwei „falsche Flügel" aus Brust- und Flankenfedern, die seinen Kopf umgeben. Das abgebildete Weibchen trägt Schutzfärbung (Foto S.-C. Porter – Photo Researchers).

schnabel *(Epimachus fastuosus)* ist einer der größten Paradiesvögel. Mit seinem langen, säbelförmig gebogenen Schwanz erreicht er eine Gesamtlänge von über 1 m. Die Männchen der Gattung *Epimachus* entfalten bei der Balz ein paar „falsche Flügel" aus Brust- und Flankenfedern, die ihren Kopf wie ein Glorienschein umgeben. Das vorwiegend schwarzgrundige Gefieder schillert in herrlichen Farben, besonders wenn die erregten Männchen sich im Höhepunkt der Balz im Sturzflug etwa 30 m tief in das Urwalddickicht stürzen und sofort wieder auf ihren Sitzplatz zurückkehren. Das Weibchen ist unscheinbar braungrau gefärbt. Der Rote Sichelschnabel lebt in Zentral- und Ostneuguinea in den Bergwäldern zwischen 1500 und 2000 m Höhe. Seine nächsten Verwandten sind der Meyer-Sichelschnabel *(Epimachus meyeri)* und der Weiß-Sichelschnabel *(Drepanornis bruijnii).*

Paradieselstern

Die Paradieselstern (Gattung *Astrapia*) unterscheiden sich von den oben beschriebenen Familienverwandten durch ihren mittellangen, geraden Schnabel und den abgestuften Schwanz, dessen zwei mittlere Federn mehr als doppelte Rumpflänge erreichen, sowie durch einen fächerförmigen, gewölbten Federbusch,

Der Seidenbandparadiesvogel gehört zu den Paradieselstern; er wurde erst 1940 entdeckt. Das Männchen richtet bei der Balz den metallisch schillernden Halskragen auf (Foto Okapia).

Rechte Seite: Zu den Paradieselstern gehört auch der Prinzessin-Stephanie-Paradiesvogel, eine der wenigen Arten, die sich bereits in Gefangenschaft fortgepflanzt haben. Er ist benannt nach der belgischen Prinzessin, der Gattin des Erzherzogs Rudolf von Habsburg (Foto Okapia).

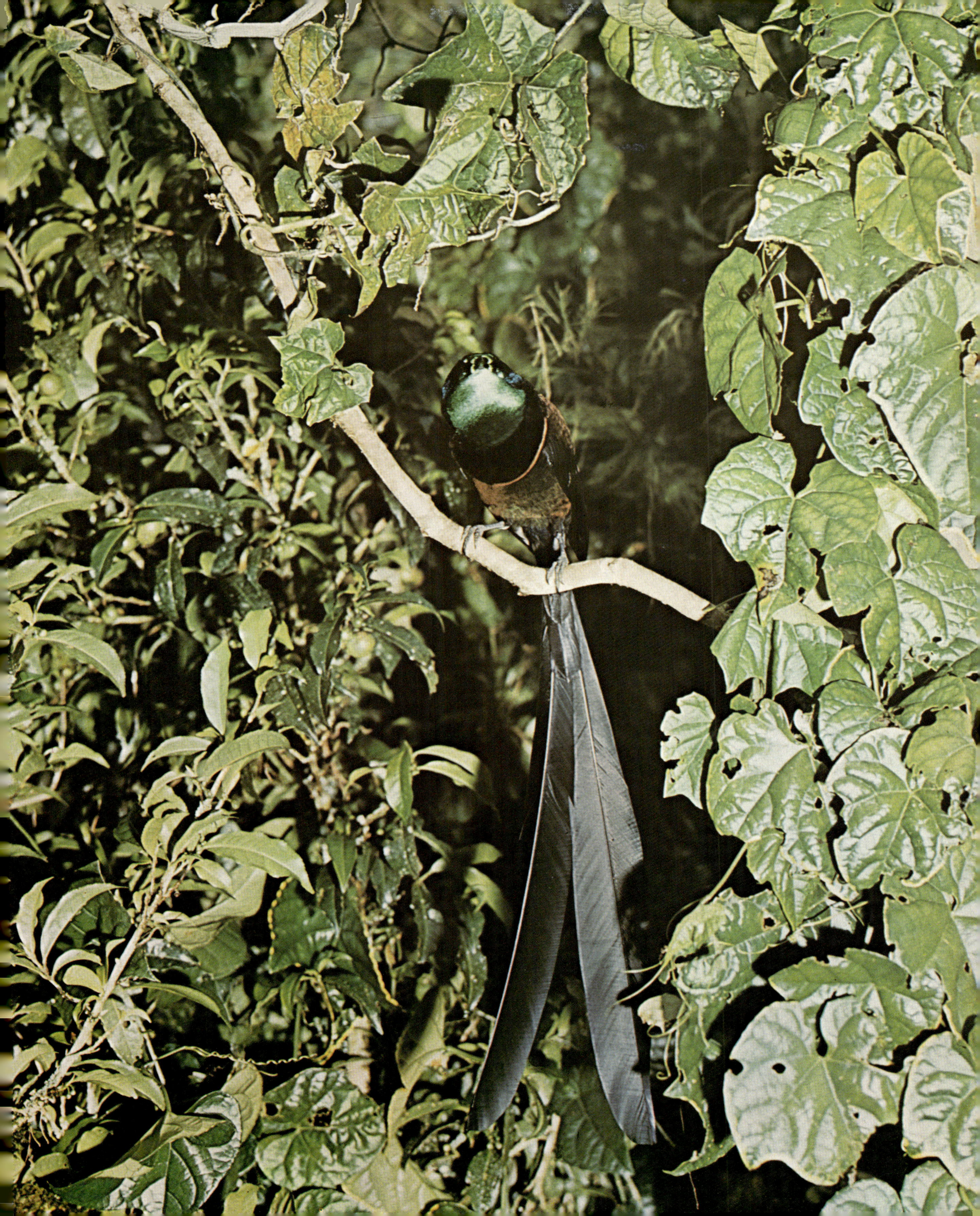

der beide Kopfseiten bekleidet. Sie leben in den dichten, undurchdringlichen Bergwäldern Neuguineas.

Lesson und andere Forscher erklären es für unmöglich, von der Schönheit der Paradieselster *(Astrapia nigra)* durch Worte eine Vorstellung zu geben. Das Gefieder, das je nach dem Lichteinfall in den glühendsten und wunderbarsten Farben leuchtet, ist auf der Oberseite purpurschwarz, mit prachtvoll metallischem Schiller. Die Scheitelfedern sind hyazinthrot, smaragdgolden zugespitzt, die Unterseite ist malachitgrün. Vom Augenwinkel läuft eine hyazinthrote Binde herab, die im Halbkreis unter der Kehle herumführt. Schnabel und Füße sind schwarz. Die Gesamtlänge beträgt etwa 70 cm, die Fittichlänge 22 cm, die Schwanzlänge 45 cm.

Der Seidenband-Paradiesvogel *(Astrapia mayeri)* zieht im Flug seine beiden mittleren, bis zu 1 m langen, weißen Schwanzfedern wie eine Schleppe hinter sich her. Die gleichen Schwanzfedern sind beim Prinzessin-Stephanie-Paradiesvogel *(Astrapia stephaniae)* etwas kürzer, schwarz und blauschillernd; sie sind bei den Papuas als Kopfschmuck sehr beliebt. Der Prinzessin-Stephanie-Paradiesvogel ist einer der wenigen Paradiesvögel, die sich in Gefangenschaft fortgepflanzt haben.

Der Prachtreifelvogel *(Ptiloris magnificus)* ist den Astrapien nahe verwandt, er lebt auf Neuguinea und in Nordostaustralien. Das Männchen stellt bei der Balz seine metallisch schillernde Kehle zur Schau, indem es die Flügel weit ausbreitet und den Kopf schräg seitlich zurücklegt.

Links: Der Kragenhopf kann zwei Federfächer abspreizen, einen blauschimmernden auf der Brust, einen schwarzen im Nacken. Der innen grüngelbe Schnabel wird bei der Balz zusätzlich weit geöffnet (Foto Time-Life).

Weitere Paradiesvögel

Einen höchst auffallenden „Schmuck" trägt der amselgroße Albert-Paradiesvogel oder Wimpelträger *(Pteridophora alberti)* in Form von zwei Kopffedern von je 45 cm Länge, deren Fahne nur einseitig, in Form kleiner emailblauer, regelmäßig am Schaft aufgereihter Blättchen ausgebildet ist.

Der Fadenhopf *(Seleucidis melanoleuca)* ist in den Küstenniederungen Neuguineas verbreitet. Das Männchen der etwa krähengroßen Art hat ein eigenartiges Prachtgefieder. Die samtartigen Federn des Kopfes, Halses und der Brust sind schwarz, dunkelgrün und purpurviolett schillernd, die verlängerten Brustseitenfedern, bis auf einen schillernden smaragdgrünen Saum, ebenso gefärbt, die langen, zerfaserten Flankenfedern prächtig goldgelb, Flügel und Schwanz violett, herrlich glänzend, unter bestimmtem Lichteinfall gebändert. Das merkwürdigste sind offenbar die langen Flankenfedern. Die längsten von ihnen reichen bis über den Schwanz hinaus, und die untersten verwandeln sich in ein langes nacktes Gebilde von der Stärke eines Pferdehaares, das am Ursprung goldgelb, sonst braun gefärbt ist. Diese dunklen Fäden, ca. 6 auf jeder Körperseite, sind nach vorn gerichtet. Das Auge ist scharlachrot, der Schnabel schwarz, innen gelb, der Fuß fleischgelb. In der Brutzeit richtet der Vogel den Brustkragen ringförmig und vom Leib abstehend nach vorn auf und öffnet die verlängerten Flankenfedern zu einem prachtvollen Fächer. Der Fadenhopf besucht blühende Bäume, namentlich Sagopalmen und Bananenstauden, um die Blüten auszusaugen. Selten verweilt er länger als einige Augenblicke auf einem Baum, klettert, durch seine großen Füße ausgezeichnet dazu befähigt, rasch und gewandt zwischen den Blüten umher und fliegt sodann mit großer Schnelligkeit einem zweiten Baum zu. Sein lauter und weithin hörbarer, der Silbe „Kah" vergleichbarer Ruf wird etwa fünfmal rasch nacheinander, meist vor dem Wegfliegen ausgestoßen. Bis gegen die Brutzeit hin lebt das Männchen ein-

Linke Seite oben: Die Strahlenparadiesvögel tragen auf dem Kopf 6 lange Federstrahlen mit einer kleinen Fahne am Ende. Bei der Balz werden diese Federn nach vorne geklappt. Hier ein Carolastrahlenparadiesvogel (Foto S.-C. Porter – Photo Researchers).

Auf sorgfältig gereinigten, von Pflanzenwuchs und Laub befreiten Balzplätzen tanzt das Männchen des Prachtparadiesvogels im Sonnenlicht, in dem seine metallischen Gefiederfarben wie Edelsteine leuchten (Foto M. Lelo – Jacana).

siedlerisch; später findet es sich meist wie seine Familienverwandten mit anderen seiner Art auf den Balzplätzen zusammen.

Der Kragenhopf (Lophorina superba) etwa amselgroß, mit schwarzer Grundfarbe, stellt bei der Balz zwei metallisch schillernde Federfächer auf, einen auf der Brust und einen im Nacken. Er bastardiert in seiner Heimat Neuguinea leicht mit Angehörigen anderer Gattungen.

Einen ähnlichen Brustfächer trägt der Wallace-Paradiesvogel (Semioptera wallacei), der auf den Molukken lebt und von Alfred Russell Wallace entdeckt wurde.

Der bekannteste Vertreter einer ebenfalls in den Bergwäldern Neuguineas verbreiteten Gattung ist der Strahlenparadiesvogel (Parotia sefilata). Der Schmuck des Männchens besteht aus sechs, zu beiden Seiten des Kopfes entspringenden, etwa 15 cm langen, bis auf eine kleine eirunde Endfahne bartlosen Federn, die bei der Balz nach vorn gekippt werden. Dabei spreizt der werbende Vogel seine Körperfedern wie einen runden Ballettrock ab und tanzt graziös, unter ekstatischem Zittern hin und her und im Kreis. Das Gefieder ist vorherrschend schwarz, glänzt und flimmert aber, je nach der Beleuchtung, wundervoll. Die Länge beträgt etwa 30 cm, die Fittichlänge 15 cm, die Schwanzlänge 13 cm. Verwandte sind der Blaunacken-Strahlenparadiesvogel (Parotia lawesii) und der Carola-Strahlenparadiesvogel (Parotia carolae).

Sichelschwänze

Die Sichelschwänze (Gattung Diphyllodes), in Neuguinea heimisch, sind mit 20 cm Gesamtlänge ziemlich klein, aber herrlich gefärbt. Der Prachtparadiesvogel (Diphyllodes magnificus) hat gelbe Flügel, braunroten Rücken und metallisch grüne Brust; im Nacken kann er einen goldgelben Federkragen aufstellen. Besonders auffallend sind seine 2 mittleren Schwanzfedern, deren lange, fahnenlose Schäfte in kühnem Schwung sichelförmig nach außen gerollt sind. Vor dem Beginn der Balztänze richtet das Männchen den Balzplatz her, indem es auf dem Waldboden auf einer Kreisfläche von etwa 5 m Durchmesser alle kleineren Pflanzen ausjätet und von den darüberhängenden Ästen der Bäume die Blätter abpflückt. Dann erst beginnt es zu tanzen, indem es auf den unteren entlaubten Zweigen mit gesträubtem Gefieder auf- und abhüpft und sich dreht, so daß sein Gefieder in der Sonne in metallischen Farben schimmert. Das unscheinbar gefärbte Weibchen sieht dem Weibchen des Königsparadiesvogels zum Verwechseln ähnlich; merkwürdigerweise bastardieren beide Arten leicht miteinander, obwohl sie verschiedenen Gattungen angehören.

Der Königsparadiesvogel (Cicinnurus regius), mit 16 cm Gesamtlänge der kleinste Paradiesvogel, ist zugleich einer der schönsten. Die Oberseite, einen kleinen viereckigen, schwarzen Fleck am oberen Augenrande ausgenommen, Kinn und Kehle sind prachtvoll kirschrot; Oberkopf und Oberschwanzdecken heller; die Unterseite weiß, mit Ausnahme einer über den Kopf verlaufenden, tief smaragdgrünen, oberseits von einem schmalen, rostbraunen Saum begrenzten Querbinde; die an den Kropfseiten entspringenden Federbüschel rauchbraun, ihre verbreiterten und abgestutzten Enden tief und glänzend goldgrün; die Schwingen zimtrot; die Schwanzfedern olivbraun, außen rostfarben gesäumt; die beiden mittleren fadenförmigen Steuerfedern an der schraubenförmig eingerollten Außenfahne tief goldgrün. Der Augenring ist braun, der Schnabel horngelb, der Fuß hellblau. Das Weibchen ist auf der Oberseite rotbraun, unten rostgelb, schmal braun quergestreift.

Der Königsparadiesvogel ist der verbreitetste von allen Paradiesvögeln. Er ist in Nord-Neuguinea und auf den benachbarten Inseln zu finden. Man sieht ihn oft nahe am Strand auf niedrigen Bäumen. Er ist stets in Bewegung und ebenso wie die anderen bemüht, seine Schönheit zu zeigen. Bei Erregung breitet er seinen goldgrünen Brustkragen fächerartig nach vorn aus. Seine Stimme, die er oft hören läßt, hat einige Ähnlichkeit mit dem Miauen junger Katzen, ungefähr wie man „Koü" mit sanft flötendem Ton ausspricht.

Der Königsparadiesvogel ist der kleinste Paradiesvogel, aber einer der schönsten. An beiden Seiten der Brust kann das Männchen bei der Balz zwei smaragdgrün gezeichnete Federfächer ausbreiten. Die beiden mittleren Schwanzfedern sind fadenförmig und am Ende spiralig eingerollt (Foto J. Fields).

Doppelseite links: Die mittleren Schwanzfedern des Seidenbandparadiesvogels sind mit fast 1 m Länge die längsten Vogelfedern. Sie bilden eine elegante Schleppe, die im Flug nachgezogen wird (Foto Okapia).

Doppelseite rechts: Hier ist besonders gut der beträchtliche äußere Unterschied zwischen Männchen und Weibchen der Paradiesvögel zu sehen, in diesem Fall am Prachtparadiesvogel. Die Weibchen einiger Paradiesvogelarten sehen sich zum Verwechseln ähnlich (Foto Okapia).

Der Große Paradiesvogel oder Göttervogel (Paradisaea apoda) verdankt seinen lateinischen Artnamen (der „fußlos" bedeutet) einer Legende, die entstand, als im 16. Jh. die ersten, von den Eingeborenen Neuguineas präparierten Bälge nach Europa gelangten. Nach dieser Legende sollen die Paradiesvögel ihr ganzes Leben in der Luft schwebend verbringen, sich vom Tau nähren und frei sein von allzu irdischen Bedürfnissen (Foto Time-Life).

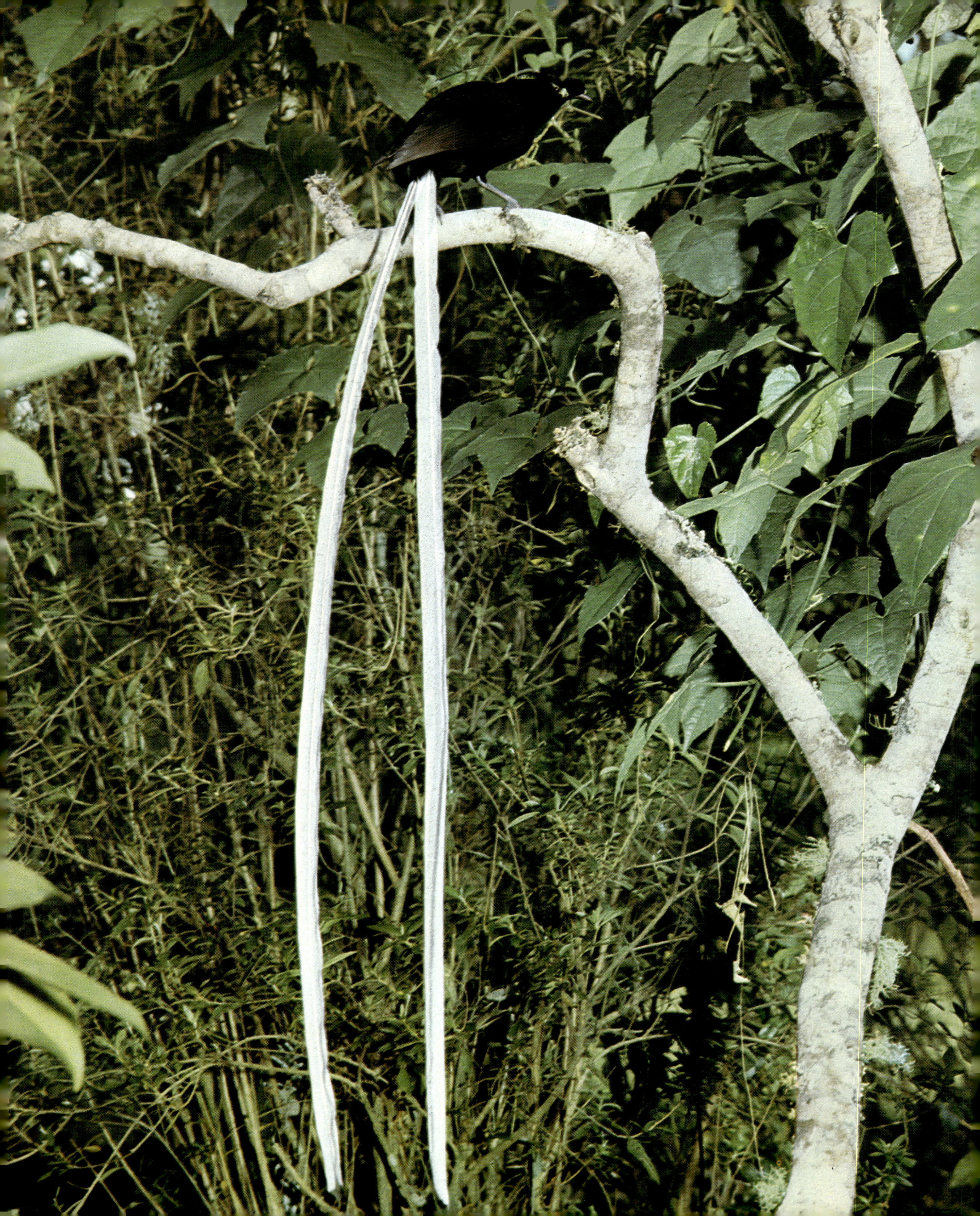

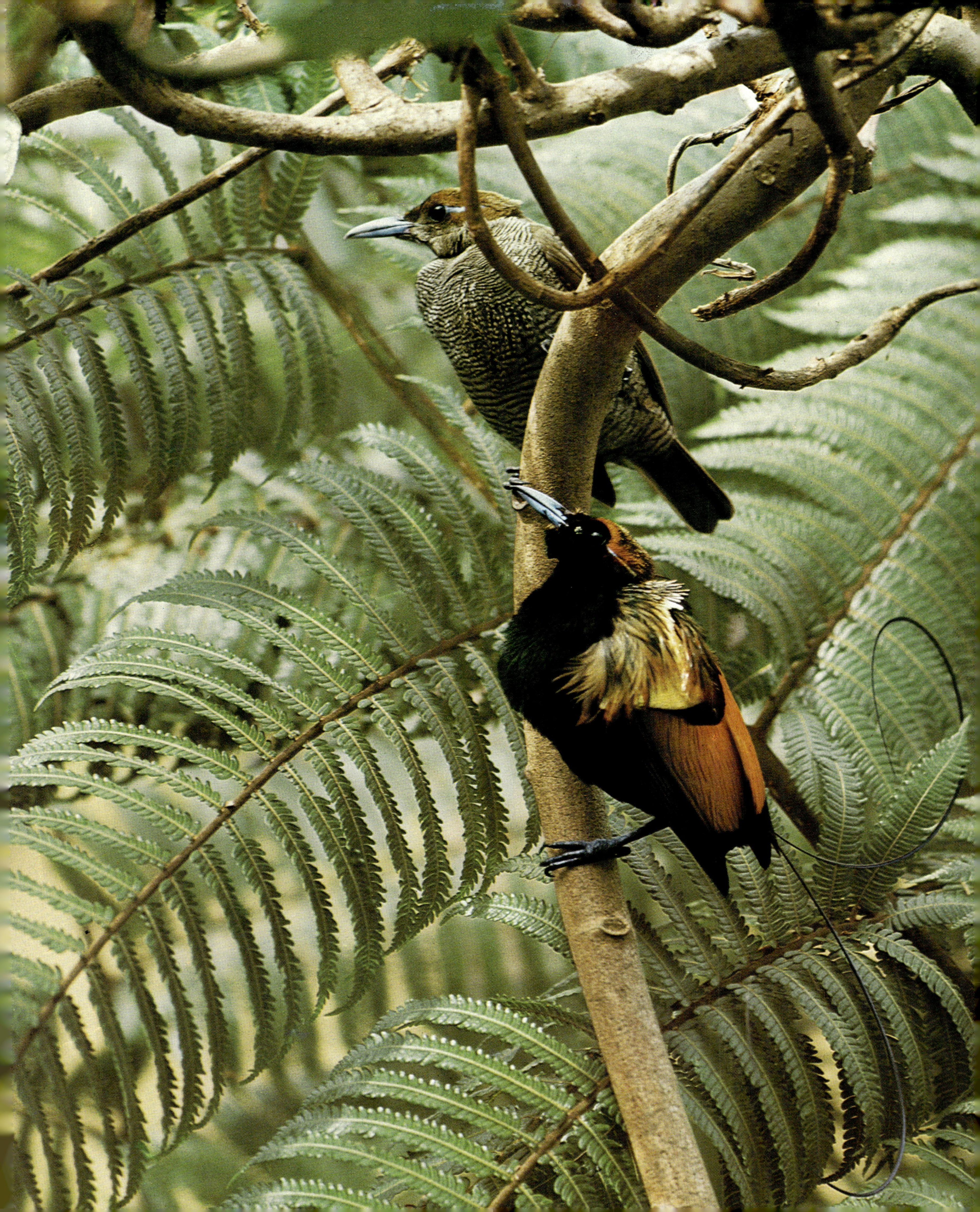

Der Seidenlaubenvogel baut auf seinem Balzplatz eine „Laubenallee" aus aufrecht in die Erde gesteckten Ästchen, die er gelegentlich sogar mit schwarzblauem Fruchtfleisch „anmalt". Vor der Laube dekoriert er den Boden mit vorwiegend bläulichen, grauen und grünlichen Gegenständen: Steinchen, Metallstückchen, Glasscherben usw. (Foto Bower).

Eigentliche Paradiesvögel

Die Eigentlichen Paradiesvögel (Gattung *Paradisaea*) besitzen im männlichen Geschlecht an den Flanken je einen Busch langer, seidiger Federn, der durch Muskeln aufgerichtet werden kann.

Der Große Paradies- oder Göttervogel, den Linné, der alten Sage gemäß, den fußlosen nannte *(Paradisaea apoda),* ist ungefähr so groß wie unsere Dohle. Seine Gesamtlänge beträgt etwa 45 cm, die Flügellänge 24 cm, die Schwanzlänge 18 cm. Das auffallendste Merkmal des Männchens ist die „Schleppe" aus verlängerten, goldgelben, seidig zerfransten Flankenfedern, die bei der Balz zu beiden Seiten aufgerichtet wird. Dem Weibchen fehlen alle verlängerten Federn, und seine Färbung ist düsterer. Die am längsten bekannte Unterart ist der Aruensische Große Paradiesvogel *(Paradisaea apoda apoda)* auf den Aru-Inseln südwestlich Neuguineas.

Der Kleine Paradiesvogel *(Paradisaea minor)* ist merklich kleiner als der Göttervogel, aber sehr ähnlich gefärbt. Seine Länge beträgt nur 38 cm. Der junge Vogel ist, wenn er das Nest verläßt, einfarbig braun, oben dunkler und an der Unterseite heller. Die Schwanzfedern sind gleich lang. Bei der nächsten Mauser färben sich Kopf und Nacken blaßgelb, Stirn und Kehle bedecken sich mit metallgrünen Federchen. Die beiden mittleren Schwanzfedern werden gleichzeitig um mehrere Zentimeter länger. Beim dritten Federwechsel endlich verlängern sie sich zu kahlen, langen Schäften, und nun erst brechen die schönen Federbüsche über den Flanken hervor, nehmen aber mit steigendem Alter noch an Länge zu.

Eine der prachtvollsten Unterarten des Großen Paradiesvogels ist Raggis Großer Paradiesvogel *(Paradisaea apoda raggiana)* in Südostneuguinea. Er ist nicht selten, da er gebietsweise zum Kulturfolger

Oben: Dieser unscheinbare Vogel ist das Weibchen von Raggis Großem Paradiesvogel. Wie alle Paradiesvogelweibchen hat es Nestbau, Brutgeschäft und Jungenaufzucht allein zu besorgen. Die Verwandtschaft zu den Rabenvögeln ist in diesem Bild augenfällig (Foto A. Visage – Jacana).

Die Männchen des Großen Paradiesvogels balzen nur auf bestimmten Bäumen. Meistens balzen mehrere auf einem Baum gleichzeitig. Das Prachtgefieder wird mit zunehmendem Alter des Vogels immer reicher und leuchtender (Foto A. Visage – Jacana).

wurde und sich in der Nähe menschlicher Siedlungen offenbar wohlfühlt. Ihn trifft deshalb nicht das Schicksal anderer, scheuer Paradiesvogelarten, die durch die Zerstörung ihres Lebensraumes, des unberührten Urwaldes, dem Untergang geweiht sind. Die Balz dieses besonders attraktiven Paradiesvogels wurde 1959 erstmalig von Eugen Schumacher gefilmt.

Nach dem österreichischen Kronprinzen Rudolph, dessen Leben in Mayerling endete, ist der Blaue Paradiesvogel *(Paradisaea rudolphi)* benannt. Das herrlich türkisblau und schwarz gefärbte Männchen von etwa 60 cm Gesamtlänge beginnt seine Balzvorführung, auf einem Zweig sitzend, mit lauten Rufen. Dann verlagert es langsam seinen Schwerpunkt nach rückwärts und hängt schließlich kopfunter. In dieser ungewöhnlichen Haltung tanzt es zitternd, mit gesträubtem Prachtgefieder, auf und ab, indem es

Oben: Die „Schleppe" des Großen Paradiesvogels besteht aus besonders ausgebildeten Flankenfedern. Der Schwanz ist relativ kurz, mit Ausnahme der zwei mittleren Federn, der „Drähte", die nur aus dem langen, fadenförmig ausgezogenen Federschaft bestehen (Foto Lauros – Atlas Photo).

Der nächste Verwandte, eine Unterart des Großen Paradiesvogels, ist Raggis Großer Paradiesvogel, der hier in voller Balz seine Flankenfedern zu herrlichen Fächern aufstellt (Foto C. Lenars – Atlas Photo).

Der „fußlose" Große Paradiesvogel hat wie alle Paradiesvögel sogar ganz besonders kräftige Astgreifer-Füße; seine Flügel sind zu ausdauerndem und schnellem Flug dagegen wenig geeignet. Sein Flugvermögen genügt für seinen Lebensraum und seine Lebensweise im Urwald (Foto Holmes-Lebel).

seine Beine beugt und streckt und leise und eintönig dazu singt.

Auch der nächste Verwandte, der Kaiser-Paradiesvogel *(Paradisaea guilielmi)* balzt in Hängelage an einem Zweig.

Der Rot- oder Blutparadiesvogel *(Paradisaea rubra)* zeichnet sich vor den bisher genannten Arten durch einen goldgrünen, aufrichtbaren Federbusch am Hinterkopf aus. Die Kehle ist smaragdgrün, die Brust und die Flügel sind rotbraun, die Schnabelwurzelgegend und ein Fleck hinter dem Auge samtschwarz, die seitlichen Federbüsche prachtvoll rot, am Ende spiralig gedreht, die langen Schwanzfedern, die sich nach außen krümmen, haben breitere Schäfte. Beim Weibchen sind Vorderkopf und Kehle samtbraun, die Oberseite und der Bauch rotbraun, der Hinterkopf, der Hals und die Brust hellrot. Bis jetzt ist diese Art nur auf den Inseln Weigeo und Batanta gefunden worden.

Vor und während der Balz lassen die Paradiesvögel der Gattung *Paradisaea* ihre Stimme ertönen, die allerdings wenig wohllautend ist, sogar etwas an das Krächzen der Raben erinnert. Ihr Geschrei klingt heiser, ist aber weit zu hören und kann am besten durch die Silben „Wuk, wuk, wuk" wiedergegeben werden, auf die oft ein kratzendes Geräusch folgt. Lesson sagt, daß das Geschrei wie „Woiko" klinge und ausgestoßen werde, um die Weibchen herbeizurufen, die gackernd auf niederen Bäumen sitzen. Morgens und abends, selten mitten am Tag, hört man dieses Geschrei.

Beständig in Bewegung, fliegt der Paradiesvogel von Baum zu Baum, bleibt nie lange auf demselben Zweig still sitzen und verbirgt sich beim mindesten Geräusch in die am dichtesten belaubten Wipfel der Bäume. Er ist schon lange vor Sonnenaufgang munter und damit beschäftigt, seine Nahrung zu suchen, die aus Früchten und Kerbtieren besteht. Abends versammeln sich die Vögel truppweise, um im Wipfel eines hohen Baumes zu übernachten.

Der Kleine Paradiesvogel ist seinem großen Verwandten sehr ähnlich; ein auffallendes Merkmal jedoch ist das goldgelbe Band, das bei ihm Kehl- und Brustgefieder trennt (Foto Time-Life).

Oben: Der Blaue Paradiesvogel ist besonders „geschmackvoll" gefärbt. Auffällig ist der weiße „Lidstrich" ober- und unterhalb der Augen (Foto S.-C. Porter – Photo Researchers).

Rechte Seite: Bei der Balz sitzt das Männchen des Blauen Paradiesvogels zuerst rufend auf einem Ast, dann läßt es sich langsam nach rückwärts gleiten, bis es kopfunter hängt (Foto Okapia).

Die Zeit der Paarung hängt vom Monsun ab. An der Ost- und Nordküste von Neuguinea fällt sie in den Mai, an der Westküste in den November. Die Männchen versammeln sich um diese Zeit in kleinen Trupps von zehn bis zwanzig Stück, die die Eingeborenen Tanzgesellschaften nennen, auf bestimmten, gewöhnlich sehr hohen, sperrigen und dünn beblätterten Waldbäumen, fliegen in lebhafter Erregung von Zweig zu Zweig, strecken die Hälse, erheben und schütteln die Flügel, drehen den Schwanz hin und her, öffnen und schließen die seitlichen Federbüschel und lassen dabei ein sonderbar quakendes Geräusch hören, das die Weibchen herbeilockt.

Verbreitungsgebiet: Die Laubenvögel sind, wie die Paradiesvögel, auf Neuguinea und den benachbarten Inseln und in Australien heimisch. In Australien ist ihr Verbreitungsgebiet aber weiter ausgedehnt und nicht auf den Nordosten beschränkt.

Laubenvögel

Die nächsten Verwandten der Paradiesvögel sind die Laubenvögel (Unterfamilie *Ptilonorhynchinae*) mit 8 Gattungen und 17 Arten. Die Unterfamilien der Familie Paradiesvögel unterscheiden sich im inneren Bau kaum, dagegen beträchtlich in Gefieder und Balzverhalten. Die Männchen der Laubenvögel sind verhältnismäßig schmucklos; bei einigen Arten unterscheiden sich die Geschlechter äußerlich überhaupt nicht. Die Männchen machen sich auf andere Weise attraktiv, nämlich durch den Bau mehr oder weniger kunstvoller, oft geschmückter Lauben, zu denen sie das andere Geschlecht mit Rufen und Tänzen einladen. Die Lauben dienen niemals als Nest, aber der angeborene Trieb der Männchen, diese Gebäude aus Zweigen und anderem Material zu errichten, ist wohl ein „Ableger" des Instinktverhaltens, das den Nestbau steuert. Das Laubenbau-Verhalten ist hormonbedingt: Kastrierte Männchen bauen keine Lauben mehr; wenn man ihnen männliche Geschlechtshormone einspritzt, beginnen sie wieder zu bauen. Die Laube ist ein Rendezvous-Platz, an dem sich in der Fortpflanzungszeit die Weibchen einfinden. Nach der Paarung besorgen sie Nestbau und Brutpflege allein. Die Männchen begatten in der Regel mehrere Weibchen während einer Balzsaison. In dieser Zeit bessern sie auch immer wieder ihre Lauben aus und schmücken sie neu.

Das Verbreitungsgebiet entspricht etwa dem der Paradiesvögel; in Australien reicht es fast über den ganzen Kontinent. Die Lebensräume der Laubenvögel sind die Regen- und Bergwälder ihrer Heimat. Man unterscheidet nach der Bautätigkeit mehrere Gruppen:

Die Katzenvögel (Gattung *Ailuroedus*) sind die urtümlichsten „Laubenvögel", sie bauen noch gar keine Lauben. Ihren Namen haben sie von ihrer miauenden Stimme. Der Grünkatzenvogel *(Ailuroedus crassirostris)* ist etwa 30 cm lang, mit leuchtend smaragdgrüner Oberseite und gelbgrün-grauer Unterseite. Männchen und Weibchen sehen gleich aus, ebenso beim Weißkehlkatzenvogel *(Ailuroedus buccoides)*, der sich vom Grünkatzenvogel durch helle Kehle und Wange unterscheidet. Die Balz besteht nur in langen Verfolgungsflügen; es scheint, daß das Männchen dem Weibchen beim Nestbau und bei der Brutpflege hilft.

Die Tennenbauer bilden eine Gruppe der Laubenvögel. Zu ihnen gehört der Zahnkatzenvogel *(Scenopoeetes dentirostris)*, der im Wald einen Balzplatz von 1 bis 1,5 m Durchmesser herrichtet, indem er ihn reinigt und mit abgebissenen Blättern belegt, deren helle Unterseite er immer nach oben legt, und die er, wenn sie welk sind, durch frische ersetzt. Er umgibt seine „Tenne" noch mit einem Ring aus Holzstückchen. Auf einem Ast über der „Tenne" singt er laut und ausdauernd, wobei er die verschiedensten Vogelrufe und andere Laute nachspottet. Seinen Namen hat er von einem „Zahn" hinter der Spitze des massiven Oberschnabels, mit dessen Hilfe er die Blattstiele seiner Dekoration durchsägt. Männchen und Weibchen sind oberseits braun, auf der Bauchseite heller mit brauner Zeichnung.

Zur Gruppe der Tennenbauer rechnet man auch den Gelbbandgärtner *(Archboldia papuensis)* und Sanfords Gärtner *(Archboldia papuensis sanfordi)*. Beide belegen ihre „Tenne" mit Farnwedeln und schmücken sie mit Häufchen von Schneckenschalen, Käferflügeln und Bambusstückchen.

Der Pfeilergärtner *(Prionodura newtoniana)* errichtet kunstvolle Reisigtürme, indem er um ein senkrechtes Baumstämmchen kleine Zweige verflicht, bis ein Turm von 1,5 bis fast 3 m Höhe entsteht. Auch ein benachbartes Stämmchen wird so bis zu etwas geringerer Höhe umbaut und mit dem Hauptturm durch eine Zweigbrücke verbunden. Über dieser, auf einem freiliegenden Ast oder einer Wurzel, zeigt sich das Männchen im Glanz seines goldgelben Gefieders den interessierten Weibchen.

Die Gärtnervögel im eigentlichen Sinne (Gattung *Amblyornis*) treiben die Baukunst noch wesentlich weiter. Der etwa taubengroße Gelbhaubengärtner (*Am-

Beim Grünkatzenvogel sehen Männchen und Weibchen gleich aus. Als ursprünglichster „Laubenvogel" baut er noch keine Balzlauben. Sein Ruf klingt wie das Miauen einer Katze (Foto Zuber – Rapho).

blyornis macgregoriae) legt um einen zentralen „Maibaum" von etwa 1 m Höhe, der mit Moos sorgfältig tapeziert wird, einen runden, etwas konkaven, mit einem Moosteppich ausgelegten Balzplatz an. Ein aufstellbarer, gelber bis orangefarbener Federfächer am Kopf unterstützt die Bemühungen des Männchens, den Weibchen zu gefallen.

Der Rothaubengärtner (Amblyornis subalaris), ebenso groß wie sein vorher beschriebener Verwandter, mit kürzerer roter Kopfhaube, baut seinen „Maibaum" zu einem vom Baumstamm zeltartig ausgehenden Dach von 60 cm Firsthöhe und 90 cm Breite aus. Dieses Dach ist an einer Seite offen, so daß um den zentralen, zweigumflochtenen Stamm ein halbrunder Tunnel führt. Das Gebäude, samt dem davorliegenden moosbelegten, umzäunten „Hofplatz" ist mit Beeren, Blüten und glänzenden Insektenflügeln reich geschmückt.

Das Männchen des Hüttengärtners (Amblyornis inornatus) ist unscheinbar und trägt keine Haube, dafür baut es „Häuschen", die wie menschliche Bauwerke aussehen. Paradiesvogeljäger hielten sie auch zuerst für das Werk spielender Eingeborenenkinder. die kegelförmige Hütte ist um einen Mittelpfeiler errichtet; sie ist durchschnittlich 1 m hoch und 1,5 m im Durchmesser, mit einem breiten seitlichen Eingang, vor dem ein saubergefegter Hofplatz mit vorwiegend roten und gelben Gegenständen – Beeren, Blumen, Pilze, Holzstückchen, Patronenhülsen – geschmückt ist. Die Hütten, wie auch die Bauwerke der vorher beschriebenen Arten, werden mehrere Jahre benützt; bei Bedarf werden sie immer wieder ausgebessert.

Die Laubengangbauer bilden die letzte Gruppe. Sie umfaßt die Seidenlaubenvögel (Gattung *Ptilonorhynchus*), die Goldvögel (Gattung *Sericulus*) und die Kragenlaubenvögel (Gattung *Chlamydera*). Sie errichten parallele Wände (Laubengänge) aus aufrechtstehenden, miteinander verflochtenen Ästchen über einer Unterlage aus dicht verflochtenen Fasern, Zweiglein und anderem Material. Manchmal wölben sich die Wände oben dachartig zusammen. Die gebildeten Gänge sind so schmal, daß der Vogel gerade noch bequem durchlaufen kann. Seitenwände und Eingang der Allee sind reich geschmückt mit bunten Gegenständen. Einige Alleebauer malen ihre Alleen mit Pflanzensäften und Speichel an. Man hat sogar beobachtet, daß die Seidenlaubenvögel dazu gelegentlich einen „Pinsel" aus einem zerfaserten Rindenstück benützen.

Die bekannteste Art ist der Seidenlaubenvogel (*Ptilonorhynchus violaceus*).

Der Graukopflaubenvogel (Chlamydera cerviniventris) schmückt den Eingang seiner Allee vorzugsweise mit grünen Gegenständen, meist unreifen Beeren, aber auch Blättern. Die Allee wird immer wieder ausgebessert und neu geschmückt (Foto G. Pizzey – Photo Researchers).

Das wie Atlas glänzende Gefieder des alten Männchens ist tief blauschwarz; die Vorder- und Armschwingen, Flügeldeck- und Steuerfedern sind samtschwarz, an der Spitze blau. Das Auge ist hellblau bis auf einen schmalen roten Ring, der die Pupille umgibt, der Schnabel licht hornfarben, an der Spitze gelb, der Fuß rötlich. Das Weibchen ist auf der Oberseite grün, an den Flügeln und auf dem Schwanz dunkel gelbbraun, auf der Unterseite gelblichgrün, mit dunkelbrauner Schuppenzeichnung. Die Gesamtlänge beträgt etwa 36 cm.

Der Lieblingsaufenthalt des Seidenlaubenvogels ist das üppige, dicht beblätterte Gestrüpp der parkähnlich bewaldeten Gebiete des Innern wie der Küstenländer Australiens. Er lebt ständig am gleichen Ort, streicht aber in einem kleinen Umkreis hin und her, vielleicht in der Absicht, sich reichlichere Nahrung zu verschaffen. Diese besteht vorzugsweise aus Körnern und Früchten, nebenbei wohl auch aus Kerbtieren. Während des Fressens ist er so wenig scheu, daß er sich leicht beobachten läßt, sonst aber äußerst wachsam und vorsichtig. Im Herbst beobachtet man oft kleinere Trupps von Seidenlaubenvögeln bei geselliger Nahrungssuche. Die alten Männchen sitzen auf einem Baumwipfel und warnen, sobald sich etwas Verdächtiges zeigt, ihre auf dem Boden oder im Gezweig beschäftigten Artgenossen durch ihren hellen Lockton, dem bei Erregung ein rauher Gurgelton folgt. Unter den Trupps sieht man immer nur wenige ausgefärbte Männchen; es scheint daher, daß diese erst spät ihr volles Kleid erhalten.

Die Lauben werden gewöhnlich unter dem Schutz überhängender Baumzweige im einsamsten Teil des Waldes, und zwar stets auf dem Boden, angelegt. Hier wird aus dicht durchflochtenem Reisig der Grund gebildet und seitlich aus feineren und biegsameren Reisern und Zweigen die eigentliche Laube gebaut. Die Stoffe sind so gerichtet, daß die Spitzen und Gabeln der Zweige sich oben vereinigen. Auf jeder Seite bleibt ein Eingang frei. Besonderen Schmuck erhalten die Lauben dadurch, daß sie mit grellfarbigen Dingen aller Art verziert werden. Man findet hier buntfarbige Schwanzfedern verschiedener Papageien, Muschelschalen, Schneckenhäuser, Steinchen, gebleichte Knochen usw. Die Federn werden zwischen die Zweige gesteckt, die Knochen und Muscheln am Eingang hingelegt. Alle Eingeborenen kennen diese Liebhaberei der Vögel, glänzende Dinge wegzunehmen, und suchen verlorene Sachen deshalb immer zunächst bei deren Lauben. Die Größe der Lauben ist sehr verschieden.

Bei der Balz treibt das Männchen das Weibchen, das neugierig den Bau begutachtet, auf dem Balzplatz herum, dann geht es zur Laube, hackt auf eine bunte Feder oder ein großes Blatt, gibt einen sonderbaren Ton von sich, sträubt alle Federn und rennt rings um die Laube herum, in die endlich das Weibchen eintritt. Dann wird das Männchen so aufgeregt, daß ihm die Augen förmlich aus dem Kopf treten. Es hebt unablässig einen Flügel nach dem anderen, pickt wiederholt auf den Boden und läßt dabei ein leichtes Pfeifen hören, bis endlich das Weibchen gefällig zu ihm geht und das Spiel mit der Paarung endet.

Wie der Seidenlaubenvogel bemalt auch der Samtgoldvogel *(Sericulus chrysocephalus)* seine Laube mit Pflanzensaft.

Die Kragenlaubenvögel (Gattung *Chlamydera*) „tanzen" oft stundenlang vor ihren Lauben. Dabei richten einige Arten einen Federkragen im Nacken auf, den sie durch Halsverrenkungen den Weibchen zeigen. Ab und zu attackieren sie das eine oder andere „Schmuckstück" ihrer Dekoration mit Schnabelhieben oder heben es in die Höhe.

Der Große Kragenlaubenvogel *(Chlamydera nuchalis)* trägt eine rosa Balzhaube; der Graukopflaubenvogel *(Chlamydera cerviniventris)* besitzt keinen „Kragen", trotzdem wendet er beim Balztanz den Hals, wie seine geschmückten Verwandten: Das Schmuckgefieder ging im Laufe der Stammesentwicklung verloren, das dazugehörige Verhalten aber offenbar nicht.

Der Dreiganglaubenvogel *(Chlamydera lauterbachi)* errichtet ein doppelt T-förmiges Gangsystem auf einer 12 cm hohen, meterlangen Plattform aus verflochtenen Zweigen und schmückt den Vorplatz mit blauen, roten und grünen Beeren und Steinen. Er besitzt keine Haube, zeigt aber dafür dem Weibchen mit hocherhobenem Schnabel eine schöne rote Beere.

Bei den Laubenvögeln wird offenbar in zunehmendem Maße das auffallende Schmuckgefieder zurückgebildet; dafür werden ihre Bauten immer kunstvoller. Ihr schlichtes Äußeres schützt die Männchen weitgehend vor Verfolgung durch Tiere und Menschen; anders als die Paradiesvögel sind die Laubenvögel in ihrem Verbreitungsgebiet nirgends ernsthaft gefährdet.

Eine ganze Sammlung von „Schmuckstücken" trägt der Kragenlaubenvogel (Chlamydera maculata) vor seiner Allee zusammen. Er kann im Nacken einen rosa Federkragen aufstellen und „zeigt" ihn dem Weibchen durch Halsverdrehen (Foto J. Markham).